"十二五"普通高等教育本科国家级规划教材

经济数学

——线性代数

Jingji Shuxue

——Xianxing Daishu

(第3版)

主编　吴传生

编者　吴传生　王卫华　曾祥金

高等教育出版社·北京

内容提要

本书是“十二五”普通高等教育本科国家级规划教材，是在第 2 版（普通高等教育“十一五”国家级规划教材）的基础上修订而成的，它是经济数学首门国家级精品课程和中国大学资源共享课的主讲教材。

本书以线性方程组理论和实二次型化成标准形为两条主线展开讨论，主要内容包括：线性方程组的消元法和矩阵的初等变换，行列式、克拉默法则，矩阵的运算，线性方程组的理论，特征值和特征向量、矩阵的对角化，二次型，应用问题等，内容的深广度符合“经济和管理类本科数学基础课程教学基本要求”。

经过几次修订，本书集科学性、先进性、适用性于一体，较好地处理了数学与经济、经典与现代、理论与应用、知识与素质、教与学诸多复杂关系，具有“问题驱动，线条鲜明，窗口适当，系统完整，内容丰富”的鲜明特色。

本书结构严谨，逻辑清晰，叙述清楚，说明到位，行文流畅，例题典型，习题配备合理，可读性强，可作为高等学校经济、管理类专业的教材或硕士研究生入学统一考试的参考书，还可供工科类专业学生选用或参考。

图书在版编目(CIP)数据

经济数学. 线性代数 / 吴传生主编. --3 版. --北京:高等教育出版社,2015.12(2020.7 重印)
ISBN 978-7-04-044069-0

Ⅰ. ①经… Ⅱ. ①吴… Ⅲ. ①经济数学-高等学校-教材②线性代数-高等学校-教材 Ⅳ. ①F224.0 ②O151.2

中国版本图书馆 CIP 数据核字(2015)第 253394 号

策划编辑 张彦云　责任编辑 李冬莉　封面设计 张申申　版式设计 范晓红
插图绘制 郝 林　责任校对 刘丽娴　责任印制 刘思涵

出版发行 高等教育出版社
社　　址 北京市西城区德外大街 4 号
邮政编码 100120
印　　刷 山东韵杰文化科技有限公司
开　　本 787mm×960mm 1/16
印　　张 16
字　　数 290 千字
购书热线 010-58581118
咨询电话 400-810-0598
网　　址 http://www.hep.edu.cn
　　　　 http://www.hep.com.cn
网上订购 http://www.landraco.com
　　　　 http://www.landraco.com.cn
版　　次 2003 年 12 月第 1 版
　　　　 2015 年 12 月第 3 版
印　　次 2020 年 7 月第 8 次印刷
定　　价 29.40 元

物 料 号 44069-00

第3版前言

《经济数学》系列教材(第3版)是“十二五”普通高等教育本科国家级规划教材,是在第2版(普通高等教育“十一五”国家级规划教材)的基础上修订而成的,它是国家级精品课程和中国大学资源共享课的主讲教材,本系列教材的相关成果曾获得国家级教学成果二等奖。

本版的修订工作遵循“改革创新,突出特色,锤炼精品”的要求,全面保持了第2版的优点,进一步体现“数学为本,经济为用”,数学与经济学、管理学有机结合的原则,彰显“问题驱动,线条鲜明,窗口适当,系统完整,内容丰富”的特色,使教材内容更富有时代气息,叙述更流畅自如,从而更适应于当前经济数学课程的教学需求。

《经济数学——线性代数》(第2版)自2009年由高等教育出版社出版以来,被全国许多高校用作经济类、管理类等专业的教材。经过进一步的教学实践,并根据同行及专家们的宝贵建议,参照近年来课程建设及教材建设的成果和经验,在第2版的基础上进一步锤炼本版,所做的主要修改如下:

1. 对一些概念和内容的叙述作了更仔细的推敲,力求更准确到位,更通俗易懂,增强可读性。

2. 为了便于教学,第3章将矩阵秩的性质集中予以介绍。

3. 为了增强教材的可读性和完备性,第4章给出了向量组秩的两个不同定义的等价性证明;在本教材知识范围内,第5章给出了n阶方阵$\boldsymbol{A}$可对角化的一个充要条件及实对称矩阵可对角化的充要条件的较为严格且简洁的证明,均用小体字排印,供教学中选用。

4. 增加了部分例题和习题,使内容更加丰富,增强了教学适应性。

本书的修订工作主要由吴传生、黄小为等完成,楚扬杰、刘扬等也参加了修订工作。全书由吴传生统稿定稿。

在本书的修订过程中,参考了许多国内外教材。高等教育出版社的领导和编辑们对本书各版的出版给予了热情支持和帮助,尤其是李艳馥、马丽、张彦云、李冬莉等老师先后在本书各版的编辑和出版过程中付出了大量的心血。在此一并致谢!

对新版中存在的问题,欢迎广大专家、同行和读者继续给予批评指正。

编　者

2015年3月

第2版前言

《经济数学》系列教材(第2版)是普通高等教育"十一五"国家级规划教材，是在第1版(普通高等教育"十五"国家级规划教材)的基础上修订而成的，是经济数学首门国家级精品课程的使用教材。

该系列教材的主要特点是把数学知识和经济学、管理学的有关内容有机结合，融经济于数学，体现"数学为本，经济为用"的原则。

该系列教材的总体编写原则是：适应经济类、管理类各专业对数学的要求越来越高的趋势，注重适当渗透现代数学思想和方法，理论联系实际，加强学生应用数学知识和方法解决经济问题的能力的培养，突出数学的基本概念、基本理论和基本方法，突出数学的基本思想和应用背景，强调科学性、系统性、准确性和完整性。对课程体系进行优化，力求既能保证课程教学基本要求又适当降低学习难度，处理好具体和抽象，定量和定性，直观判断和逻辑推理等关系，体现数学文化的精髓。

《经济数学——线性代数》的第1版自2003年由高等教育出版社出版以来，被全国许多高校作为经济管理类等专业的教材。经过几年的教学实践并根据同行们的宝贵建议，我们进一步对国内外优秀的同类教材进行了比较研究，在保持第1版的优点、特色的基础上，第2版主要做了如下修订：

1. 本着"以学为本"的原则，加强了第1章"线性方程组的消元法与矩阵的初等变换"的内容，使得全书以线性方程组为主线，以矩阵的初等变换为主要方法，由浅入深，环环相扣，循序渐进地展开课程内容，化解了线性代数课程的教学难点，让学生能顺畅地阅读全书。

2. 在第2章，将行列式改用排列的方式定义，对相应的内容作了调整。

3. 在第4章，改写了第一节"线性方程组有解的条件"，使其为第一章内容的自然过渡和发展，为简化"线性相关性""向量组的最大无关组和秩"等内容的讨论奠定了基础；增加了第六节"向量空间"，以便让学生了解如何把一些具体的数学对象抽象为数学结构。

4. 在第7章的最后，增加了"基于二次型理论的最优化问题"一节内容，这与全书的第一个例子(其数学模型与线性规划问题相关联)相呼应，为同学们学习另一门重要的课程——运筹学作了铺垫。

5. 根据课程内容调整了部分习题。对有些学生易于产生模糊的问题(例如$\mathbf{R}^n$中含有无穷多个向量,但为什么我们讨论问题时一般都假设向量组只含有有限个向量等)做了“画龙点睛”的说明。

6. 对于一些非必读的内容,改用小字排印。

本版修订工作第2章主要由曾祥金完成,其他各章由吴传生完成。全书由吴传生负责统稿定稿。

本书在修订过程中,参考了众多的国内外教材;高等教育出版社的领导和编辑们对本书的编审和出版给予了热情支持和帮助,尤其是李艳馥、马丽和崔梅萍等老师在本书的编辑和出版过程中付出了大量心血,在此一并致谢!

新版中存在的问题,欢迎广大专家、同行和读者继续给予批评指正。

编　者

2008年9月

第1版前言

本书是普通高等教育“十五”国家级规划教材。教材注意将线性代数的知识和经济学及其他有关应用问题适当结合,在保持传统教材优点的基础上,对体系进行了适当的调整和优化。前4章以线性方程组为主线展开讨论,第5、6两章以实二次型化成标准形为主线展开讨论,第7章综合介绍线性代数的一些应用。全书突出“矩阵方法”,从始至终贯穿矩阵的初等变换的作用,表述上从具体问题入手,问题的引入自然、贴切,问题的讨论由浅入深,由易及难,由具体到抽象,循序渐进,脉络清晰,做到了难点分散,化难为易,便于组织教学。

本书的主要内容及教学处理意见如下:

第1章先介绍线性方程组及矩阵的一些基本概念,从线性方程组的消元法引出矩阵的初等变换,与中学代数紧密衔接,突出了线性方程组及矩阵的初等变换的作用,为以后各章的讨论提供了方便,奠定了基础;

第2章从分析二阶矩阵和三阶矩阵所确定的行列式的结构出发,递归地定义n阶矩阵所确定的n阶行列式,由此导出求解一类特殊线性方程组的克拉默法则;

第3章先进一步介绍产生矩阵概念的实际例子,再讨论矩阵运算、逆矩阵、分块矩阵、初等矩阵、矩阵的秩等内容,这一章叙述详尽,说理透彻,例题丰富,学生应该牢固掌握;

第4章先利用矩阵的秩的概念及性质讨论线性方程组有解的条件,以此为基础讨论向量组的线性相关性的理论,达到了化难为易的目的,再综合利用前面知识,讨论线性方程组解的结构,这样,从第1章到第4章循序渐进,形成一个有机整体;

第5章从实例出发讨论矩阵的特征值和特征向量,介绍了矩阵可对角化的条件,重点讨论实对称矩阵可对角化,为第6章做好准备;

第6章利用前面所学的知识,较全面地讨论二次型化为标准形的三种方法及正定二次型的判定,重点讨论用正交变换化二次型为标准形;

第7章介绍了线性代数在几何学、递推关系求解、经济学模型的建立和求解等三个方面的应用实例,以窥见线性代数应用的广泛性,这一章可供教学中选用。

本书的习题按节配置，遵循循序渐进的原则，充分注意基本概念、基本方法和基本理论，也适当配置了一些应用性习题。除第1章和第7章外，每章后配置总习题，这些题目有许多选自历年全国硕士研究生入学统一考试的考题，供学完一章后复习、总结、提高之用。需要说明的是，这些总习题不是要求每个学生都必做的。

本书结构严谨，逻辑清晰，叙述清楚，说明到位，文字流畅，例题丰富，注重应用，习题量较大，便于自学，可作为高等学校经济类、管理类专业学生的教材，也可供工科学生选用或参考。

本书第1,2,3,4章由吴传生编写，第5,6,7章由王卫华编写，全书由吴传生负责统稿定稿。

本书在编写过程中，参考了众多的国内外教材；高等教育出版社的领导和编辑们对本书的编审和出版给予了热情支持和帮助，尤其是李艳馥老师和胡乃冏老师在本书的编辑和出版过程中付出了大量心血；武汉理工大学教务处、理学院、数学系、统计学系对本书的出版也给予了大力支持，在此一并致谢！

由于编者水平有限，加之时间也比较仓促，教材中一定存在不妥之处，希望专家、同行、读者批评指正，使本书在教学实践中不断完善。

编　者

2003年8月

目　录

第 1 章　线性方程组的消元法和矩阵的初等变换

在许多自然现象和经济现象中，变量之间的依赖关系，本质上是非线性的，但如果忽略若干次要因素，线性依赖的法则不同程度上也会较好地反映实际情况，于是线性方程和线性方程组就可以在一定程度上作为描述一些客观事物的数学模型.科学技术和经济管理中的许多问题，往往可以归结为建立和求解线性方程组的问题.

本章主要介绍线性方程组的基本概念以及求解线性方程组的消元法，并由此引出矩阵及其初等变换的有关概念.这些概念和方法既与中学数学紧密相连，又贯穿于线性代数这门课程的始终，所以我们从第 1 章就开始对它们进行讨论，并将在以后各章不断深入研究.希望大家予以高度重视.

第一节　线性方程组的消元法

一、线性方程组的基本概念

1. 线性方程组的定义

先看一个实际例子：

引例(物资调运问题)　有三个生产同一产品的工厂 A_1, A_2, A_3，其年产量分别为 40 t,20 t 和 10 t,该产品每年有两个用户 B_1 和 B_2，其用量分别为 45 t 和25 t,由各产地 A_i 到各用户 B_j 的距离如表1-1所示($i=1,2,3;j=1,2$)，不妨假设每吨货物每千米的运费为 1(单位:元)，问各厂的产品如何调配才能使总运费最少?

表 1-1　　单位:km

	A_1	A_2	A_3
B_1	45	58	92
B_2	58	72	36

解 为解决这一问题,设各厂运到各用户的产品数量如表1-2所示.

表1-2 单位:t

	A_1	A_2	A_3
B_1	x_1	x_2	x_3
B_2	x_4	x_5	x_6

由题目可以看出,3个厂的总产量与两个用户的总用量刚好相等,所以对产地来讲,产品应全部调出,因而有

$$x_1+x_4=40, \tag{1}$$

$$x_2+x_5=20, \tag{2}$$

$$x_3+x_6=10. \tag{3}$$

同时对用户来说,调出的产品刚好为其所需要的,因而又有

$$x_1+x_2+x_3=45, \tag{4}$$

$$x_4+x_5+x_6=25. \tag{5}$$

再来看如何刻画运费.

显然,把 x_1 货物由 A_1 运到 B_1 的运费为 $45x_1$,把 x_4 货物由 A_1 运到 B_2 的运费为 $58x_4$……它们的和即为总运费 S,即

$$S=45x_1+58x_2+92x_3+58x_4+72x_5+36x_6. \tag{6}$$

于是,题目要解决的问题是:如何选择非负数 $x_1,x_2,\cdots,x_6$,使之满足(1)—(5),而使总用费 S 最小.此即为物资调运问题的数学模型.

物资调运问题的解决,首先依赖于对方程(1)—(5)的研究.在方程(1)—(5)中,每个方程都是一个线性方程.将这几个线性方程联立在一起,称之为**线性方程组**.因此方程(1)—(5)构成6个未知数5个方程的线性方程组.

类似上面的例子还可以举出很多.也就是说,不少实际问题可以化为线性方程组的问题.这样的方程组所包含的未知数的个数可能不止一两个,或是更多.因此,为了解决这类问题,需要讨论含有 n 个未知数 m 个方程的线性方程组.若用 $x_1,x_2,\cdots,x_n$ 代表 n 个未知量,设方程的个数为 m 个,则线性方程组就可以写成如下形式

$$\begin{cases} a_{11}x_1+a_{12}x_2+\cdots+a_{1n}x_n=b_1, \\ a_{21}x_1+a_{22}x_2+\cdots+a_{2n}x_n=b_2, \\ \cdots\cdots\cdots\cdots \\ a_{m1}x_1+a_{m2}x_2+\cdots+a_{mn}x_n=b_m, \end{cases} \tag{7}$$

这里 $a_{ij}(i=1,2,\cdots,m;j=1,2,\cdots,n)$ 为已知数,它是第 i 个方程中第 j 个未知量 x_j

的**系数**;$b_i(i=1,2,\cdots,m)$也是已知数,称为第 i 个方程的**常数项**.当线性方程组(7)的常数项均为零时,我们称它为**齐次线性方程组**,否则,称为**非齐次线性方程组**.

所谓方程组(7)的一个**解**就是指 n 个数 $x_1=c_1,x_2=c_2,\cdots,x_n=c_n$ 组成的有序数组

$$\boldsymbol{x}=\begin{pmatrix}c_1\\c_2\\\vdots\\c_n\end{pmatrix}\quad(\text{也可记为 }\boldsymbol{x}=(c_1,c_2,\cdots,c_n)^{\mathrm{T}}),$$

当 $x_1,x_2,\cdots,x_n$ 分别用 $x_1=c_1,x_2=c_2,\cdots,x_n=c_n$ 代入后,方程组(7)中的每个方程都成为恒等式.此种解可能不存在,也可能唯一存在或存在无穷多个.方程组(7)的所有解组成的集合称为它的**解集合**.解方程组实际上是找出它的全部解,或者说,求出它的解集合.如果两个方程组有相同的解集合,就称这两个方程组是**同解的**.

2. 线性方程的线性组合

线性方程的加法:将两个线性方程

$$a_{11}x_1+a_{12}x_2+\cdots+a_{1n}x_n=b_1, \tag{8}$$

$$a_{21}x_1+a_{22}x_2+\cdots+a_{2n}x_n=b_2 \tag{9}$$

的左、右两边相加得到的如下新的线性方程

$$(a_{11}+a_{21})x_1+(a_{12}+a_{22})x_2+\cdots+(a_{1n}+a_{2n})x_n=b_1+b_2 \tag{10}$$

称为原来两个线性方程(8)与(9)的和.

类似,可定义若干个线性方程的和.

线性方程乘常数:将线性方程 $a_1x_1+a_2x_2+\cdots+a_nx_n=b$ 两边同乘已知常数 λ,得到一个新的线性方程 $(\lambda a_1)x_1+(\lambda a_2)x_2+\cdots+(\lambda a_n)x_n=\lambda b$,称为原来的线性方程的 λ 倍.线性方程与常数相乘,也称为方程的数乘.

注意 方程所乘的常数 λ 可以为 0,这时得到的新方程 $0=0$ 是一个恒等式,任何一组数都是它的解.

线性方程的线性组合:对线性方程(8)和(9),分别乘两个已知常数 λ_1,λ_2,再将所得的两个方程相加,得到的新方程

$$(\lambda_1a_{11}+\lambda_2a_{21})x_1+(\lambda_1a_{12}+\lambda_2a_{22})x_2+\cdots+(\lambda_1a_{1n}+\lambda_2a_{2n})x_n=\lambda_1b_1+\lambda_2b_2 \tag{11}$$

称为原来的两个方程(8)和(9)的一个**线性组合**.这里常数 λ_1,λ_2 称为这个线性组合的系数.

类似,可定义 m 个含有 n 个未知量的线性方程的线性组合的概念.

将(8)和(9)看作一个线性方程组,根据解的定义,可以得到,该线性方程组

的任一组解一定是它们的线性组合(11)的解.这一结果对 m 个含有 n 个未知量的线性方程组成的线性方程组也成立.

注意 在方程(8)和(9)的线性组合(11)中分别取 $\lambda_1=1,\lambda_2=0$ 和 $\lambda_1=0$, $\lambda_2=1$ 即可分别得到方程(8)和(9),由此可以看到,一组方程中的每一个方程都是所有这些方程的线性组合.

对于给定的两个线性方程组,分别把它们记作(Ⅰ)和(Ⅱ),如果方程组(Ⅱ)中的每个方程都是方程组(Ⅰ)中的方程的线性组合,就称方程组(Ⅱ)是方程组(Ⅰ)的线性组合.此时方程组(Ⅰ)的每一个解也都是方程组(Ⅱ)的解.

如果方程组(Ⅰ)和方程组(Ⅱ)互为线性组合,就称这两个方程组**等价**(**可互推**).等价(可互推)的线性方程组一定同解,将方程组(Ⅰ)变成同解方程组(Ⅱ)的过程称为**同解变换**.

对于线性方程组(7),我们希望寻找适当的同解变换,直到最后所得到的方程组的解可以直接写出来为止.

二、线性方程组的消元法

1. 线性方程组的初等变换

在中学代数中,已经学过用消元法解二元或三元线性方程组,其基本思想是通过消元变形把方程组化成容易求解的同解方程组.不过我们要求消元过程规范而又简便.先看例子.

例 1 解线性方程组

$$\begin{cases}2x_1-x_2+3x_3=1,\\4x_1+2x_2+5x_3=4,\\2x_1+2x_3=6.\end{cases}\tag{12}$$

解 第二个方程减去第一个方程的2倍,第三个方程减去第一个方程,就变成

$$\begin{cases}2x_1-x_2+3x_3=1,\\4x_2-x_3=2,\\x_2-x_3=5;\end{cases}$$

将上面的第二个方程与第三个方程互换,即得

$$\begin{cases}2x_1-x_2+3x_3=1,\\x_2-x_3=5,\\4x_2-x_3=2;\end{cases}$$

将第三个方程减去第二个方程的4倍,得

$$\begin{cases} 2x_1 - x_2 + 3x_3 = 1, \\ \quad\quad x_2 - x_3 = 5, \\ \quad\quad\quad 3x_3 = -18; \end{cases}$$

将第三个方程两边乘$\frac{1}{3}$,得

$$\begin{cases} 2x_1 - x_2 + 3x_3 = 1, \\ \quad\quad x_2 - x_3 = 5, \\ \quad\quad\quad x_3 = -6; \end{cases} \tag{13}$$

将第一个方程减去第三个方程的 3 倍,第二个方程加上第三个方程,得

$$\begin{cases} 2x_1 - x_2 \quad = 19, \\ \quad\quad x_2 \quad = -1, \\ \quad\quad\quad x_3 = -6; \end{cases}$$

将第一个方程加上第二个方程,得

$$\begin{cases} 2x_1 \quad\quad = 18, \\ \quad\quad x_2 \quad = -1, \\ \quad\quad\quad x_3 = -6; \end{cases}$$

将第一个方程两边乘$\frac{1}{2}$,得

$$\begin{cases} x_1 = 9, \\ x_2 = -1, \\ x_3 = -6, \end{cases}$$

即

$$\begin{pmatrix} x_1 \\ x_2 \\ x_3 \end{pmatrix} = \begin{pmatrix} 9 \\ -1 \\ -6 \end{pmatrix}. \tag{14}$$

上面的求解过程就是对方程组反复进行变换直至化为最简的过程.从(12)到(13)的过程称为**消元过程**,形如(13)的方程组称为**阶梯形方程组**.从(13)到(14)的过程称为**回代过程**.

(14)是否一定是线性方程组(12)的解呢?

分析一下消元法,它实际上是对方程组进行了以下 3 种变换:

(i) 交换两个方程的次序;

(ii) 用一个非零的常数乘某个方程;

(iii) 把一个方程的适当倍数加到另一个方程上.

定义 1 上述三种变换均称为线性方程组的**初等变换**.

定理 1 线性方程组的初等变换总是把方程组变成同解方程组.

证 我们只对初等变换(iii)来证明.

对方程组

$$\begin{cases} a_{11}x_1+a_{12}x_2+\cdots+a_{1n}x_n=b_1, \\ a_{21}x_1+a_{22}x_2+\cdots+a_{2n}x_n=b_2, \\ \cdots\cdots\cdots\cdots \\ a_{m1}x_1+a_{m2}x_2+\cdots+a_{mn}x_n=b_m \end{cases} \tag{15}$$

进行第3种初等变换.为简便起见,不妨设把第二个方程的 k 倍加到第一个方程得到新方程组

$$\begin{cases} (a_{11}+ka_{21})x_1+(a_{12}+ka_{22})x_2+\cdots+(a_{1n}+ka_{2n})x_n=b_1+kb_2, \\ a_{21}x_1+a_{22}x_2+\cdots+a_{2n}x_n=b_2, \\ \cdots\cdots\cdots\cdots \\ a_{m1}x_1+a_{m2}x_2+\cdots+a_{mn}x_n=b_m. \end{cases} \tag{16}$$

现在设$(c_1,c_2,\cdots,c_n)^{\mathrm{T}}$是(15)的任一解,因(15)和(16)的后 $m-1$ 个方程是一样的,所以它也满足(16)的后 $m-1$ 个方程.又因为$(c_1,c_2,\cdots,c_n)^{\mathrm{T}}$满足(15)的前两个方程

$$a_{11}c_1+a_{12}c_2+\cdots+a_{1n}c_n=b_1,$$
$$a_{21}c_1+a_{22}c_2+\cdots+a_{2n}c_n=b_2.$$

把第二式的两边乘 k,再与第一式相加,即为

$$(a_{11}+ka_{21})c_1+(a_{12}+ka_{22})c_2+\cdots+(a_{1n}+ka_{2n})c_n=b_1+kb_2.$$

故$(c_1,c_2,\cdots,c_n)^{\mathrm{T}}$又满足(16)的第一个方程,因而是(16)的解.

由于方程组(16)的第二个方程乘以 $-k$ 倍加到第一个方程,就得到方程组(15),因此,类似地可证(16)的任一解也是(15)的解.这就证明了方程组(15)与方程组(16)是同解的.

对(i)、(ii)两种初等变换由读者自己去证明.

由定理1知,**线性方程组的初等变换是一种同解变换**.

由此可知,在例1中,(14)一定是线性方程组(12)的解.

2. 利用初等变换解一般线性方程组(化为阶梯形方程组)

下面我们来说明,如何仿照例1中的消元过程,利用初等变换来解一般的线性方程组.

对于方程组(15),首先检查 x_1 的系数.如果 x_1 的系数 $a_{11},a_{21},\cdots,a_{m1}$ 全为零,

那么方程组(15)对 x_1 没有任何限制，x_1 就可以取任何值，而方程组(15)可以看作 $x_2,\cdots,x_n$ 的方程组来解.如果 x_1 的系数不全为零，那么利用初等变换(i)，可以设 $a_{11}\neq 0$.利用初等变换(iii)，分别把第一个方程的 $-\dfrac{a_{i1}}{a_{11}}$ 倍加到第 i 个方程 $(i=2,\cdots,m)$ 上，方程组(15)就变成

$$\begin{cases}a_{11}x_1+a_{12}x_2+\cdots+a_{1n}x_n=b_1,\\ \qquad a'_{22}x_2+\cdots+a'_{2n}x_n=b'_2,\\ \qquad\cdots\cdots\cdots\cdots\\ \qquad a'_{m2}x_2+\cdots+a'_{mn}x_n=b'_m,\end{cases}\tag{17}$$

其中 $a'_{ij}=a_{ij}-\dfrac{a_{i1}}{a_{11}}a_{1j}$，　$b'_i=b_i-\dfrac{a_{i1}}{a_{11}}b_1\ (i=2,\cdots,m;j=2,\cdots,n)$.这样，解方程组(15)的问题就归结为解方程组

$$\begin{cases}a'_{22}x_2+\cdots+a'_{2n}x_n=b'_2,\\ \qquad\cdots\cdots\cdots\cdots\\ a'_{m2}x_2+\cdots+a'_{mn}x_n=b'_m\end{cases}\tag{18}$$

的问题.事实上，由(18)的一个解，代入(17)的第一个方程就定出 x_1 的值，这就得出(17)的一个解；而(17)的解显然都是(18)的解.这就是说，方程组(17)有解的充分必要条件为方程组(18)有解，而(17)与(15)是同解的，因此，方程组(15)有解的充分必要条件为方程组(18)有解.

对(18)再按上面的方法进行变换，并且这样一步步下去，最后就得到一个阶梯形方程组.为了讨论起来方便，不妨设所得的方程组为

$$\begin{cases}c_{11}x_1+c_{12}x_2+\cdots+c_{1r}x_r+\cdots+c_{1n}x_n=d_1,\\ \qquad c_{22}x_2+\cdots+c_{2r}x_r+\cdots+c_{2n}x_n=d_2,\\ \qquad\cdots\cdots\cdots\cdots\\ \qquad\qquad c_{rr}x_r+\cdots+c_{rn}x_n=d_r,\\ \qquad\qquad\qquad 0=d_{r+1},\\ \qquad\qquad\qquad 0=0,\\ \qquad\cdots\cdots\cdots\cdots\\ \qquad\qquad\qquad 0=0,\end{cases}\tag{19}$$

其中 $c_{ii}\neq 0,i=1,2,\cdots,r$.方程组(19)中的“$0=0$”这样一些恒等式可能不出现，也可能出现，这时去掉它们也不会影响(19)的解，而且方程组(15)与方程组(19)是同解的.

现在考察方程组(19)的解的情况.

(1) 如果(19)中有方程 $0=d_{r+1}$，而 $d_{r+1}\neq 0$.这时不管 $x_1,\cdots,x_n$ 取什么值都不能使它成为等式.故(19)无解，因而(15)无解.

(2) 当 $d_{r+1}=0$ 或(19)中根本没有"0=0"的方程时，分两种情况：

① $r=n$.这时阶梯形方程组为

$$\begin{cases} c_{11}x_1+c_{12}x_2+\cdots+c_{1n}x_n=d_1, \\ \qquad\quad c_{22}x_2+\cdots+c_{2n}x_n=d_2, \\ \qquad\qquad\cdots\cdots\cdots\cdots \\ \qquad\qquad\qquad\quad c_{nn}x_n=d_n, \end{cases} \tag{20}$$

其中 $c_{ii}\neq 0, i=1,2,\cdots,n$.由最后一个方程开始，$x_n,x_{n-1},\cdots,x_1$ 的值就可以逐步地唯一地确定了.在这个情形下，方程组(20)所确定的 $(x_1,x_2,\cdots,x_n)^{\mathrm{T}}$ 就是方程组(15)的唯一的解.

前面例1中的线性方程组(12)经过一系列初等变换变成阶梯形方程组(13)，正好对应的就是这种情形.从(13)到(14)的回代过程也可按如下方式完成：

把(13)中的 $x_3=-6$ 代入第二个方程，得

$$x_2=-1.$$

再把 $x_3=-6, x_2=-1$ 代入第一个方程，得

$$x_1=9.$$

因此，例1中的线性方程组(12)有唯一解

$$\begin{pmatrix} x_1 \\ x_2 \\ x_3 \end{pmatrix}=\begin{pmatrix} 9 \\ -1 \\ -6 \end{pmatrix}.$$

② $r<n$.这时阶梯形方程组为

$$\begin{cases} c_{11}x_1+c_{12}x_2+\cdots+c_{1r}x_r+c_{1,r+1}x_{r+1}+\cdots+c_{1n}x_n=d_1, \\ \qquad\quad c_{22}x_2+\cdots+c_{2r}x_r+c_{2,r+1}x_{r+1}+\cdots+c_{2n}x_n=d_2, \\ \qquad\qquad\qquad\cdots\cdots\cdots\cdots \\ \qquad\qquad\qquad c_{rr}x_r+c_{r,r+1}x_{r+1}+\cdots+c_{rn}x_n=d_r, \end{cases}$$

其中 $c_{ii}\neq 0, i=1,2,\cdots,r$.将它改写为

$$\begin{cases} c_{11}x_1+c_{12}x_2+\cdots+c_{1r}x_r=d_1-c_{1,r+1}x_{r+1}-\cdots-c_{1n}x_n, \\ \qquad\quad c_{22}x_2+\cdots+c_{2r}x_r=d_2-c_{2,r+1}x_{r+1}-\cdots-c_{2n}x_n, \\ \qquad\qquad\qquad\cdots\cdots\cdots\cdots \\ \qquad\qquad\qquad c_{rr}x_r=d_r-c_{r,r+1}x_{r+1}-\cdots-c_{rn}x_n. \end{cases} \tag{21}$$

由此可见，任意给定 $x_{r+1},\cdots,x_n$ 一组值，就唯一地定出 $x_1,x_2,\cdots,x_r$ 的值，也就是说求出方程组(21)的一个解.一般地，由(21)我们可以把 $x_1,x_2,\cdots,x_r$ 通过 $x_{r+1},\cdots,x_n$ 表示出来，这样一组表达式称为方程组(15)的**一般解**，而 $x_{r+1},\cdots,x_n$ 称为一组**自由未知量**.

例 2　解方程组

$$\begin{cases}x_1+2x_2-x_3+2x_4=1,\\2x_1+4x_2+x_3+x_4=5,\\-x_1-2x_2-2x_3+x_4=-4.\end{cases}\tag{22}$$

解　用初等变换消去第 2,3 个方程的 x_1，得

$$\begin{cases}x_1+2x_2-x_3+2x_4=1,\\3x_3-3x_4=3,\\-3x_3+3x_4=-3.\end{cases}$$

将第 2 个方程加到第 3 个方程，去掉恒等式"0=0"，得

$$\begin{cases}x_1+2x_2-x_3+2x_4=1,\\3x_3-3x_4=3.\end{cases}$$

将第 2 个方程乘$\frac{1}{3}$，得

$$\begin{cases}x_1+2x_2-x_3+2x_4=1,\\x_3-x_4=1.\end{cases}\tag{23}$$

将阶梯形方程组(23)改写一下，有

$$\begin{cases}x_1-x_3=1-2x_2-2x_4,\\x_3=1+x_4.\end{cases}\tag{24}$$

对方程组(24)实施回代过程，将第 2 个方程加到第 1 个方程，得

$$\begin{cases}x_1=2-2x_2-x_4,\\x_3=1+x_4.\end{cases}\tag{25}$$

此即为原方程组(22)的一般解，其中 x_2,x_4 是一组自由未知量.取 $x_2=c_1,x_4=c_2$ (c_1,c_2为任意常数)，则

$$\begin{cases}x_1=2-2c_1-c_2,\\x_2=c_1,\\x_3=1+c_2,\\x_4=c_2.\end{cases}$$

即方程组的解为

$$\begin{pmatrix} x_1 \\ x_2 \\ x_3 \\ x_4 \end{pmatrix} = \begin{pmatrix} 2-2c_1-c_2 \\ c_1 \\ 1+c_2 \\ c_2 \end{pmatrix} \quad (c_1, c_2 \text{为任意常数}). \tag{26}$$

形如(26)的解所含参数个数为自由未知量的个数($n-r=4-2=2$),表示了该线性方程组的任一解,称之为**线性方程组的通解**.

注意 (1) 从这个例子看出,一般线性方程组化成阶梯形,不一定就是(19)的形式,但是只要把方程组中的某些项调动一下,总可以化成(19)的形式.

(2) 自由未知量的取法不一定唯一.例2中也可以把阶梯形方程组(23)改写为

$$\begin{cases} 2x_2-x_3=1-x_1-2x_4, \\ x_3=1+x_4. \end{cases}$$

若把 x_1, x_4 取为自由未知量,则得一般解为

$$\begin{cases} x_2=1-\dfrac{1}{2}x_1-\dfrac{1}{2}x_4, \\ x_3=1+x_4. \end{cases}$$

应该看到,$r>n$ 的情形是不可能出现的.

以上就是用消元法解线性方程组的整个过程,归纳一下,我们有如下结论.

首先用初等变换化线性方程组为阶梯形方程组,把最后的一些恒等式"0=0"(如果出现的话)去掉,如果剩下的方程当中最后的一个等式是零等于非零的数,那么方程组无解,否则有解.在有解的情况下,如果阶梯形方程组中方程的个数 r 等于未知量的个数,那么方程组有唯一的解;如果阶梯形方程组中方程的个数 r 小于未知量的个数,那么方程组就有无穷多个解.

把以上结果应用到齐次线性方程组,就有

定理 2 在齐次线性方程组

$$\begin{cases} a_{11}x_1+a_{12}x_2+\cdots+a_{1n}x_n=0, \\ a_{21}x_1+a_{22}x_2+\cdots+a_{2n}x_n=0, \\ \cdots\cdots\cdots\cdots \\ a_{m1}x_1+a_{m2}x_2+\cdots+a_{mn}x_n=0 \end{cases}$$

中,如果 $m<n$,那么它必有非零解.

证 显然,方程组在化成阶梯形方程组之后,方程组个数不会超过原方程组中方程的个数,即

$$r \leqslant m < n.$$

由 $r<n$ 得知，它的解不是唯一的，因而必有非零解.

习题 1-1

1. 用消元法解线性方程组.

(1) $\begin{cases} x_1+2x_2+x_3=3, \\ -2x_1+x_2-x_3=-3, \\ x_1-4x_2+2x_3=-5; \end{cases}$

(2) $\begin{cases} x_1+x_2+2x_3+4x_4=3, \\ 3x_1+x_2+6x_3+2x_4=3, \\ -x_1+2x_2-2x_3+x_4=1; \end{cases}$

(3) $\begin{cases} 4x_1+2x_2-x_3=2, \\ 3x_1-x_2+2x_3=10, \\ x_1+3x_2=8. \end{cases}$

2. 不解方程组，判别下面两个齐次线性方程组是否有非零解.

(1) $\begin{cases} x+y+z=0, \\ 2x+y+5z=0; \end{cases}$ (2) $\begin{cases} x+y+z=0, \\ 2x+y+5z=0, \\ 3x+2y+6z=0. \end{cases}$

（提示：(2) 中的第 3 个方程是前两个方程的和.）

第二节 矩阵的初等变换

从上一节用消元法解线性方程组的过程中可以看出，我们只是对各方程的系数和常数项进行运算.因此，可以略去未知量而把方程组的系数和常数项排成一个表，用这个表来代替该线性方程组，直接对这个表进行与求解线性方程组相对应的初等变换来求解该线性方程组.为此，我们将引出矩阵的概念，介绍用矩阵的初等行变换化线性方程组为阶梯形方程组后求解.为了后续各章的需要，我们还将介绍矩阵的初等列变换和初等变换等有关概念.

一、矩阵及其初等变换

显然，知道了一个线性方程组的全部系数和常数项，这个线性方程组就确定了.确切地说，上一节中的线性方程组(7)可为如下形式的矩形数表

$$\begin{matrix} a_{11} & a_{12} & \cdots & a_{1n} & b_1 \\ a_{21} & a_{22} & \cdots & a_{2n} & b_2 \\ \vdots & \vdots & & \vdots & \vdots \\ a_{m1} & a_{m2} & \cdots & a_{mn} & b_m \end{matrix}$$

所确定,这样的矩形数表就称为**矩阵**.

一般地,可给出如下的矩阵定义.

定义1 由 $m\times n$ 个数 $a_{ij}(i=1,2,\cdots,m;j=1,2,\cdots,n)$ 排成的 m 行 n 列的数表

$$\begin{matrix} a_{11} & a_{12} & \cdots & a_{1n} \\ a_{21} & a_{22} & \cdots & a_{2n} \\ \vdots & \vdots & & \vdots \\ a_{m1} & a_{m2} & \cdots & a_{mn} \end{matrix}$$

称为 m 行 n 列的**矩阵**,简称 $m\times n$ **矩阵**,为表示它是一个整体,总是加一个圆括弧(或方括弧),并用大写黑体字母表示它.例如可记作

$$\boldsymbol{A}=\begin{pmatrix} a_{11} & a_{12} & \cdots & a_{1n} \\ a_{21} & a_{22} & \cdots & a_{2n} \\ \vdots & \vdots & & \vdots \\ a_{m1} & a_{m2} & \cdots & a_{mn} \end{pmatrix},$$

有时也写成 $\boldsymbol{A}=(a_{ij})_{m\times n}$ 或 $\boldsymbol{A}=(a_{ij})$.

数 a_{ij} 称为矩阵 $\boldsymbol{A}$ 的第 i 行第 j 列的**元或元素**.元全是实数的矩阵称为**实矩阵**,元中有复数的矩阵称为**复矩阵**.本书中的矩阵如不特别说明,都是指实矩阵.

行数和列数都是 n 的矩阵 $\boldsymbol{A}$ 称为 n 阶矩阵或 n 阶方阵,n 阶矩阵 $\boldsymbol{A}$ 也记作 $\boldsymbol{A}_n$.

只有一行的矩阵

$$\boldsymbol{A}=(a_1 \quad a_2 \quad \cdots \quad a_n)$$

称为**行矩阵**,又称**行向量**.为避免元之间的混淆,行矩阵也记作 $\boldsymbol{A}=(a_1,a_2,\cdots,a_n)$.

只有一列的矩阵

$$\boldsymbol{B}=\begin{pmatrix} b_1 \\ b_2 \\ \vdots \\ b_n \end{pmatrix}$$

称为**列矩阵**,又称为**列向量**.(以后,行矩阵和列矩阵我们也可用小写黑体字母

表示.)

两个矩阵的行数相等,列数也相等时,就称它们是同型矩阵.如果 $\boldsymbol{A}=(a_{ij})$,$\boldsymbol{B}=(b_{ij})$ 是同型矩阵,并且它们的对应元相等,即 $a_{ij}=b_{ij}(i=1,2,\cdots,m;j=1,2,\cdots,n)$,那么就称矩阵 $\boldsymbol{A}$ 与矩阵 $\boldsymbol{B}$ **相等**,记作 $\boldsymbol{A}=\boldsymbol{B}$.

元都是零的矩阵称为**零矩阵**,记作 $\boldsymbol{0}$. 注意不同型的零矩阵是不相等的.

另外,如果把矩阵 $\boldsymbol{A}$ 的行换成同序数的列得到的一个新矩阵,叫做 $\boldsymbol{A}$ 的转置矩阵,记作 $\boldsymbol{A}^{\mathrm{T}}$或 $\boldsymbol{A}'$.

第一节的线性方程组(7)的未知量的系数所确定的矩阵

$$\boldsymbol{A}=\begin{pmatrix} a_{11} & a_{12} & \cdots & a_{1n} \\ a_{21} & a_{22} & \cdots & a_{2n} \\ \vdots & \vdots & & \vdots \\ a_{m1} & a_{m2} & \cdots & a_{mn} \end{pmatrix}$$

称为该线性方程组的**系数矩阵**.

线性方程组的系数及常数项所组成的矩阵

$$\boldsymbol{B}=\begin{pmatrix} a_{11} & a_{12} & \cdots & a_{1n} & b_1 \\ a_{21} & a_{22} & \cdots & a_{2n} & b_2 \\ \vdots & \vdots & & \vdots & \vdots \\ a_{m1} & a_{m2} & \cdots & a_{mn} & b_m \end{pmatrix}$$

称为它的**增广矩阵**.

线性方程组由其增广矩阵 $\boldsymbol{B}$ 唯一确定.

利用消元法解线性方程组,实际上只是对方程组的系数和常数项进行运算,未知量并未参与运算.因此,例如第一节的例 1 中,对方程组的变换完全可以转换成对其增广矩阵

$$\boldsymbol{B}=\begin{pmatrix} 2 & -1 & 3 & 1 \\ 4 & 2 & 5 & 4 \\ 2 & 0 & 2 & 6 \end{pmatrix}$$

的行进行变换.

把线性方程组的三种初等变换移植到矩阵上,就得到矩阵的三种初等行变换.

定义 2　下面的三种变换称为矩阵的**初等行变换**:

(i) 对调矩阵的两行(对调第 i,j 两行,记作 $r_i\leftrightarrow r_j$);

(ii) 以非零常数 k 乘矩阵某一行的各元(第 i 行乘 k,记作 $r_i\times k$);

(iii) 把某一行所有的元素的 k 倍加到另一行对应的元上去(第 j 行的 k 倍

加到第 i 行上，记作 r_i+kr_j).

把定义中的"行"变成"列"，即得矩阵的**初等列变换**的定义(所用记号是把"r"换成"c").

矩阵的初等行变换与初等列变换，统称为**初等变换**.

定义 3 如果矩阵 $\boldsymbol{A}$ 经过有限次初等变换变成矩阵 $\boldsymbol{B}$，就称矩阵 $\boldsymbol{A}$ 与矩阵 $\boldsymbol{B}$ **等价**，记作 $\boldsymbol{A}\sim\boldsymbol{B}$.

不难验证，矩阵之间的等价具有下列性质：

(i) 自反性 $\boldsymbol{A}\sim\boldsymbol{A}$；

(ii) 对称性 若 $\boldsymbol{A}\sim\boldsymbol{B}$，则 $\boldsymbol{B}\sim\boldsymbol{A}$；

(iii) 传递性 若 $\boldsymbol{A}\sim\boldsymbol{B}$，$\boldsymbol{B}\sim\boldsymbol{C}$，则 $\boldsymbol{A}\sim\boldsymbol{C}$.

数学中把具有上述三条性质的关系称为**等价关系**.线性方程组同解，就是线性方程组间的一种等价关系.

由第一节的定义 1 和本节的定义 2 可知，线性方程组的初等变换，对应着其增广矩阵的初等行变换.对于第一节的例 1，其求解过程用增广矩阵的初等行变换来描述，其一一对照过程如下：

$$\boldsymbol{B}=\begin{pmatrix}2&-1&3&1\\4&2&5&4\\2&0&2&6\end{pmatrix}\xrightarrow[r_3-r_1]{r_2-2r_1}\begin{pmatrix}2&-1&3&1\\0&4&-1&2\\0&1&-1&5\end{pmatrix}=\boldsymbol{B}_1$$

$$\xrightarrow{r_2\leftrightarrow r_3}\begin{pmatrix}2&-1&3&1\\0&1&-1&5\\0&4&-1&2\end{pmatrix}=\boldsymbol{B}_2$$

$$\xrightarrow{r_3-4r_2}\begin{pmatrix}2&-1&3&1\\0&1&-1&5\\0&0&3&-18\end{pmatrix}=\boldsymbol{B}_3$$

$$\xrightarrow{r_3\div 3}\begin{pmatrix}2&-1&3&1\\0&1&-1&5\\0&0&1&-6\end{pmatrix}=\boldsymbol{B}_4$$

$$\xrightarrow[r_2+r_3]{r_1-3r_3}\begin{pmatrix}2&-1&0&19\\0&1&0&-1\\0&0&1&-6\end{pmatrix}=\boldsymbol{B}_5$$

$$\xrightarrow{r_1+r_2}\begin{pmatrix}2&0&0&18\\0&1&0&-1\\0&0&1&-6\end{pmatrix}=\boldsymbol{B}_6$$

$$\xrightarrow{r_1 \div 2}\begin{pmatrix}1 & 0 & 0 & 9\\0 & 1 & 0 & -1\\0 & 0 & 1 & -6\end{pmatrix}=\boldsymbol{B}_7.$$

由 $\boldsymbol{B}_7$所对应的

$$\begin{cases}x_1=9,\\x_2=-1,\\x_3=-6,\end{cases}$$

即

$$\begin{pmatrix}x_1\\x_2\\x_3\end{pmatrix}=\begin{pmatrix}9\\-1\\-6\end{pmatrix}$$

就是原方程组的解.

以上由 $\boldsymbol{B}$ 到 $\boldsymbol{B}_4$的变换过程对应的是消元过程,而从 $\boldsymbol{B}_4$到 $\boldsymbol{B}_7$的变换对应的是回代过程.

例 1　解线性方程组

$$\begin{cases}2x_1-x_2-x_3+x_4=2,\\x_1+x_2-2x_3+x_4=4,\\4x_1-6x_2+2x_3-2x_4=4,\\3x_1+6x_2-9x_3+7x_4=9.\end{cases}$$

解

$$\boldsymbol{B}=\begin{pmatrix}2 & -1 & -1 & 1 & 2\\1 & 1 & -2 & 1 & 4\\4 & -6 & 2 & -2 & 4\\3 & 6 & -9 & 7 & 9\end{pmatrix}\xrightarrow[r_3\div 2]{r_1\leftrightarrow r_2}\begin{pmatrix}1 & 1 & -2 & 1 & 4\\2 & -1 & -1 & 1 & 2\\2 & -3 & 1 & -1 & 2\\3 & 6 & -9 & 7 & 9\end{pmatrix}=\boldsymbol{B}_1$$

$$\xrightarrow[\substack{r_3-2r_1\\r_4-3r_1}]{r_2-r_3}\begin{pmatrix}1 & 1 & -2 & 1 & 4\\0 & 2 & -2 & 2 & 0\\0 & -5 & 5 & -3 & -6\\0 & 3 & -3 & 4 & -3\end{pmatrix}=\boldsymbol{B}_2$$

$$\xrightarrow[\substack{r_3+5r_2\\r_4-3r_2}]{r_2\div 2}\begin{pmatrix}1 & 1 & -2 & 1 & 4\\0 & 1 & -1 & 1 & 0\\0 & 0 & 0 & 2 & -6\\0 & 0 & 0 & 1 & -3\end{pmatrix}=\boldsymbol{B}_3$$

$$\xrightarrow[r_4-2r_3]{r_3\leftrightarrow r_4}\begin{pmatrix}1&1&-2&1&4\\0&1&-1&1&0\\0&0&0&1&-3\\0&0&0&0&0\end{pmatrix}=\boldsymbol{B}_4$$

$$\xrightarrow[r_2-r_3]{r_1-r_2}\begin{pmatrix}1&0&-1&0&4\\0&1&-1&0&3\\0&0&0&1&-3\\0&0&0&0&0\end{pmatrix}=\boldsymbol{B}_5.$$

$\boldsymbol{B}_5$对应的方程组为

$$\begin{cases}x_1=x_3+4,\\x_2=x_3+3,\\x_4=\quad -3.\end{cases}$$

这里 x_3称为自由未知量,它可以自由地取值. 取 $x_3=c$,即得

$$\begin{pmatrix}x_1\\x_2\\x_3\\x_4\end{pmatrix}=\begin{pmatrix}c+4\\c+3\\c\\-3\end{pmatrix}\quad (c\text{ 为任意常数}).$$

形如 $\boldsymbol{B}_4$和 $\boldsymbol{B}_5$的矩阵都称为**行阶梯形矩阵**,其特点是:可画出一条阶梯线(见矩阵中虚线),线的下方的元素全为0;每个台阶只有一行,台阶数即是非零行的行数,阶梯线的竖线(每段竖线的长度为一行)后面的第一个元为非零元,也就是非零行的第一个非零元,或称非零行的非零首元.

形如 $\boldsymbol{B}_5$的行阶梯形矩阵还称为**行最简形矩阵**,其特点是:非零行的第一个非零元为1,且非零行的第一个非零元所在的列的其他元都为零.

一般地,对于任何矩阵 $\boldsymbol{A}_{m\times n}$,总可经过有限次初等行变换把它变成行阶梯形矩阵和行最简形矩阵.由前面讨论可知,我们求解线性方程组的时候,可以将方程组的增广矩阵经过初等行变换化为行最简形矩阵,然后写出这个最简形矩阵所对应的方程组,此方程组与原方程组同解.

齐次线性方程组的解法与例1一样.比方说,若例1中4个方程的常数项均为零,那么该齐次线性方程组的解为

$$\begin{pmatrix}x_1\\x_2\\x_3\\x_4\end{pmatrix}=\begin{pmatrix}c\\c\\c\\0\end{pmatrix}\quad (c\text{ 为任意常数}).$$

例 2 解线性方程组

$$\begin{cases} x_1 + 2x_2 - 2x_3 + x_4 = 5, \\ x_1 - x_2 + 2x_3 - 2x_4 = 3, \\ 3x_2 - 4x_3 + 3x_4 = 1, \\ 2x_1 + x_2 - x_4 = 2. \end{cases}$$

解

$$\boldsymbol{B} = \begin{pmatrix} 1 & 2 & -2 & 1 & 5 \\ 1 & -1 & 2 & -2 & 3 \\ 0 & 3 & -4 & 3 & 1 \\ 2 & 1 & 0 & -1 & 2 \end{pmatrix} \xrightarrow[r_4 - 2r_1]{r_2 - r_1} \begin{pmatrix} 1 & 2 & -2 & 1 & 5 \\ 0 & -3 & 4 & -3 & -2 \\ 0 & 3 & -4 & 3 & 1 \\ 0 & -3 & 4 & -3 & -8 \end{pmatrix}$$

$$\xrightarrow[r_4 - r_2]{r_3 + r_2} \begin{pmatrix} 1 & 2 & -2 & 1 & 5 \\ 0 & -3 & 4 & -3 & -2 \\ 0 & 0 & 0 & 0 & -1 \\ 0 & 0 & 0 & 0 & -6 \end{pmatrix} \xrightarrow{r_4 - 6r_3} \begin{pmatrix} 1 & 2 & -2 & 1 & 5 \\ 0 & -3 & 4 & -3 & -2 \\ 0 & 0 & 0 & 0 & -1 \\ 0 & 0 & 0 & 0 & 0 \end{pmatrix},$$

其中第三行所表示的方程 $0x_1+0x_2+0x_3+0x_4=-1$ 显然无解,故原线性方程组无解.

由例 2 可知,若已发现方程组无解,则不必将增广矩阵化为行最简形.

请读者用上面所介绍的方法,求解引例中所建立的由方程(1)—(5)所组成的方程组,并由此求出总运费 S 的最小值(留作习题).

从以上的例子可以看到,矩阵提供了描述线性方程组的简捷方法,可以利用增广矩阵的**初等行变换**直接解线性方程组.

要提请读者注意,对增广矩阵的**初等列变换**,虽然有时为了方便,允许交换两个系数列(但按前面的方法求解具体的线性方程组并不需要这样做),这相当于交换方程组两个未知量的位置,但是,对矩阵的其他两种**初等列变换**,在解线性方程组时是绝对不允许运用的,这是因为这样变换后得到的方程组与原来的方程组一般不同解.例如,若将增广矩阵的第一列乘 k,则对应的方程组的第一个未知量 x_1 的系数就改变了,如 a_{11} 变为 ka_{11},这时,这个方程组与原来的方程组不会同解.

至于矩阵的初等列变换的运用,在下面我们将可以看到.

二、用矩阵的初等变换化矩阵为标准形

对行最简形再施以初等列变换,可变成一种形式更简单的矩阵,称为标准形.例如,在例 1 中对 $\boldsymbol{B}$ 的行最简形矩阵 $\boldsymbol{B}_5$ 再施以初等列变换,有

$$\boldsymbol{B}_5=\begin{pmatrix}1&0&-1&0&4\\0&1&-1&0&3\\0&0&0&1&-3\\0&0&0&0&0\end{pmatrix}\xrightarrow{c_3\leftrightarrow c_4}\begin{pmatrix}1&0&0&-1&4\\0&1&0&-1&3\\0&0&1&0&-3\\0&0&0&0&0\end{pmatrix}.$$

$$\xrightarrow[c_5-4c_1-3c_2+3c_3]{c_4+c_1+c_2}\begin{pmatrix}1&0&0&0&0\\0&1&0&0&0\\0&0&1&0&0\\0&0&0&0&0\end{pmatrix}=\boldsymbol{F}.$$

矩阵 $\boldsymbol{F}$ 称为矩阵 $\boldsymbol{B}$ 的**标准形**,其特点是:$\boldsymbol{F}$ 的左上角元 $a_{ii}=1\ (i=1,2,3)$,其余元为 0.

一般地,有如下定理:

定理 1 任意一个 $m\times n$ 矩阵 $\boldsymbol{A}$,总可以经过初等变换(行变换和列变换)把它化为标准形

$$\boldsymbol{F}=\begin{pmatrix}1&0&\cdots&0&0&\cdots&0\\0&1&\cdots&0&0&\cdots&0\\\vdots&\vdots&&\vdots&\vdots&&\vdots\\0&0&\cdots&1&0&\cdots&0\\0&0&\cdots&0&0&\cdots&0\\\vdots&\vdots&&\vdots&\vdots&&\vdots\\0&0&\cdots&0&0&\cdots&0\end{pmatrix},$$

其中 1 的个数 r 就是行阶梯形矩阵中非零行的行数($\boldsymbol{F}$ 中 1 的个数可以为零).

矩阵及其初等变换是研究线性代数的重要工具及方法,在以后各章都有重要应用.

习题 1-2

1. 用矩阵的初等行变换解下列线性方程组(请将其中解(1)、(2)的过程及结果与习题 1-1 第 1 题中的(1)、(2)进行比较).

(1) $\begin{cases}x_1+2x_2+x_3=3,\\-2x_1+x_2-x_3=-3,\\x_1-4x_2+2x_3=-5;\end{cases}$

(2) $\begin{cases}x_1+x_2+2x_3+4x_4=3,\\3x_1+x_2+6x_3+2x_4=3,\\-x_1+2x_2-2x_3+x_4=1;\end{cases}$

(3) $\begin{cases} x_1 + x_2 - 2x_3 = 0, \\ 2x_1 - 3x_2 + x_3 = 0; \end{cases}$

(4) $\begin{cases} x_1 + 3x_2 - 2x_3 = 4, \\ 3x_1 + 2x_2 - 5x_3 = 11, \\ x_1 - 4x_2 - x_3 = 3, \\ -2x_1 + x_2 + 3x_3 = -7; \end{cases}$

(5) $\begin{cases} x_1 - 2x_2 + 3x_3 - x_4 = 1, \\ 3x_1 - x_2 + 5x_3 - 3x_4 = 2, \\ 2x_1 + x_2 + 2x_3 - 2x_4 = 3; \end{cases}$

(6) $\begin{cases} x_1 + 2x_2 + x_3 - x_4 = 0, \\ 3x_1 + 6x_2 - x_3 - 3x_4 = 0, \\ 5x_1 + 10x_2 + x_3 - 5x_4 = 0. \end{cases}$

2. 将下列矩阵化为行最简形矩阵.

(1) $\begin{pmatrix} 0 & 2 & -3 & 1 \\ 0 & 3 & -4 & 3 \\ 0 & 4 & -7 & -1 \end{pmatrix}$;　　(2) $\begin{pmatrix} 2 & 3 & 1 & -3 & -7 \\ 1 & 2 & 0 & -2 & -4 \\ 3 & -2 & 8 & 3 & 0 \\ 2 & -3 & 7 & 4 & 3 \end{pmatrix}$.

3. 一投资者想把10万元投入给三个企业A_1,A_2,A_3,所得利润率分别是12%,15%,22%.如果投入给A_2的钱是投给A_1的钱的2倍,他想得到2万元的利润,那么应当分别给A_1,A_2,A_3投资多少?

第1章总习题

1. 将矩阵$\boldsymbol{B}=\begin{pmatrix} 0 & -2 & 1 & 1 & 0 & 0 \\ 3 & 0 & -2 & 0 & 1 & 0 \\ -2 & 3 & 0 & 0 & 0 & 1 \end{pmatrix}$化成行最简形矩阵.(请读者注意本题的结果.)

2. 先求解本章第一节引例中的方程(1)—(5)组成的方程组,再求S的最小值.

3. λ取何值时,非齐次线性方程组

$$\begin{cases} \lambda x_1 + x_2 + x_3 = 1, \\ x_1 + \lambda x_2 + x_3 = \lambda, \\ x_1 + x_2 + \lambda x_3 = \lambda^2 \end{cases}$$

① 有唯一解;② 无解;③ 有无穷多解.

4. 对于线性方程组

$$\begin{cases} \lambda x_1 + x_2 + x_3 = \lambda - 3, \\ x_1 + \lambda x_2 + x_3 = -2, \\ x_1 + x_2 + \lambda x_3 = -2, \end{cases}$$

问:当 λ 为何值时,方程组无解?有唯一解?有无穷多解.

5. 对于给定的三个线性方程组(Ⅰ)、(Ⅱ)、(Ⅲ),证明:

(1) 若方程组(Ⅱ)是方程组(Ⅰ)的线性组合,方程组(Ⅲ)是方程组(Ⅱ)的线性组合,则方程组(Ⅲ)是方程组(Ⅰ)的线性组合.

(2) 若方程组(Ⅰ)与方程组(Ⅱ)等价,方程组(Ⅱ)与方程组(Ⅲ)等价,则方程组(Ⅰ)与方程组(Ⅲ)等价.

第2章 行列式 克拉默法则

行列式是线性代数中的一个重要的概念,它广泛用于数学、工程技术及经济学等众多领域.本章主要讨论 n 阶行列式的定义、性质及计算方法,进而介绍用行列式求解一类特殊线性方程组的克拉默(Cramér)法则.

第一节 二阶和三阶行列式

一、二阶行列式

对于给定的二元线性方程组

$$\begin{cases} a_{11}x_1 + a_{12}x_2 = b_1, \\ a_{21}x_1 + a_{22}x_2 = b_2, \end{cases} \tag{1}$$

其系数矩阵

$$\boldsymbol{A} = \begin{pmatrix} a_{11} & a_{12} \\ a_{21} & a_{22} \end{pmatrix}$$

是一个二阶方阵.

用消元法求解线性方程组(1),分别消去 x_1 和 x_2,得同解方程组

$$\begin{cases} (a_{11}a_{22} - a_{12}a_{21})x_1 = b_1a_{22} - b_2a_{12}, \\ (a_{11}a_{22} - a_{12}a_{21})x_2 = b_2a_{11} - b_1a_{21}. \end{cases} \tag{2}$$

(2)式中 x_1 和 x_2 的系数 $a_{11}a_{22}-a_{12}a_{21}$ 称为由二阶方阵 $\boldsymbol{A}$ 所确定的二阶行列式,记为

$$D = \begin{vmatrix} a_{11} & a_{12} \\ a_{21} & a_{22} \end{vmatrix}.$$

矩阵 $\boldsymbol{A}$ 的行列式还记作 $|\boldsymbol{A}|$ 或 $\det \boldsymbol{A}$,即

$$\det \boldsymbol{A} = |\boldsymbol{A}| = \begin{vmatrix} a_{11} & a_{12} \\ a_{21} & a_{22} \end{vmatrix} = a_{11}a_{22} - a_{12}a_{21}.$$

一般地,二阶行列式 $\begin{vmatrix} a_{11} & a_{12} \\ a_{21} & a_{22} \end{vmatrix} = a_{11}a_{22} - a_{12}a_{21}$ 可按如图 2-1 所示的对角线法则确定其值.

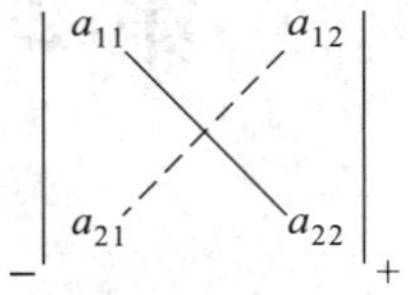

图 2-1

于是,若记

$$A_1 = \begin{pmatrix} b_1 & a_{12} \\ b_2 & a_{22} \end{pmatrix}, \qquad A_2 = \begin{pmatrix} a_{11} & b_1 \\ a_{21} & b_2 \end{pmatrix},$$

则(2)式的右端可分别记为

$$\det \boldsymbol{A}_1 = |\boldsymbol{A}_1| = D_1 = \begin{vmatrix} b_1 & a_{12} \\ b_2 & a_{22} \end{vmatrix},$$

$$\det \boldsymbol{A}_2 = |\boldsymbol{A}_2| = D_2 = \begin{vmatrix} a_{11} & b_1 \\ a_{21} & b_2 \end{vmatrix}.$$

从而,当 $D \neq 0$ 时,(2)可表示成

$$\begin{cases} x_1 = \dfrac{D_1}{D}, \\ x_2 = \dfrac{D_2}{D}, \end{cases}$$

即

$$\begin{pmatrix} x_1 \\ x_2 \end{pmatrix} = \begin{pmatrix} \dfrac{D_1}{D} \\ \dfrac{D_2}{D} \end{pmatrix} \tag{3}$$

为方程组(1)的唯一解.

这里 $D = |\boldsymbol{A}|$ 是由方程组(1)的系数矩阵 $\boldsymbol{A}$ 所确定的二阶行列式(亦称作系数行列式),$D_1 = |\boldsymbol{A}_1|$ 是将二阶行列式 D 中的第一列用方程组(1)的常数项 b_1, b_2 替换而得的二阶行列式,$D_2 = |\boldsymbol{A}_2|$ 是将二阶行列式 D 中的第二列用方程组(1)的常数项 b_1, b_2 替换后得到的二阶行列式.

要注意的是,二阶方阵和二阶行列式是两个不同的概念.二阶方阵是 2^2 个数按确定的方式排成的一个数表,而二阶行列式是这个数表(也就是二阶矩阵 $\boldsymbol{A}$)按一定的运算法则所确定的一个**数值**.在后面讨论三阶及 n 阶行列式时,也请读者注意这一点.

例 1　求解二元线性方程组

$$\begin{cases} 2x_1 + 4x_2 = 1, \\ x_1 + 3x_2 = 2. \end{cases}$$

解　因为

$$D=\begin{vmatrix}2&4\\1&3\end{vmatrix}=6-4=2\neq 0,$$

$$D_1=\begin{vmatrix}1&4\\2&3\end{vmatrix}=3-8=-5,$$

$$D_2=\begin{vmatrix}2&1\\1&2\end{vmatrix}=4-1=3,$$

所以

$$\begin{pmatrix}x_1\\x_2\end{pmatrix}=\begin{pmatrix}\dfrac{D_1}{D}\\\dfrac{D_2}{D}\end{pmatrix}=\begin{pmatrix}-\dfrac{5}{2}\\\dfrac{3}{2}\end{pmatrix}.$$

二、三阶行列式

对于给定的三元线性方程组

$$\begin{cases}a_{11}x_1+a_{12}x_2+a_{13}x_3=b_1,\\a_{21}x_1+a_{22}x_2+a_{23}x_3=b_2,\\a_{31}x_1+a_{32}x_2+a_{33}x_3=b_3,\end{cases}\tag{4}$$

为了得到类似于(3)的求解公式,先介绍三阶行列式的定义.

定义 1　对于一个给定的 3 阶方阵 $\boldsymbol{A}=(a_{ij})(i,j=1,2,3)$ 将之与数 $a_{11}a_{22}a_{33}+a_{12}a_{23}a_{31}+a_{13}a_{21}a_{32}-a_{11}a_{23}a_{32}-a_{12}a_{21}a_{33}-a_{13}a_{22}a_{31}$ 相对应,那么这个数可记作

$$D=\det\boldsymbol{A}=|\boldsymbol{A}|=\begin{vmatrix}a_{11}&a_{12}&a_{13}\\a_{21}&a_{22}&a_{23}\\a_{31}&a_{32}&a_{33}\end{vmatrix}.$$

即矩阵 $\boldsymbol{A}$ 所确定的三阶行列式为

$$\begin{aligned}D=\det\boldsymbol{A}=|\boldsymbol{A}|=&\begin{vmatrix}a_{11}&a_{12}&a_{13}\\a_{21}&a_{22}&a_{23}\\a_{31}&a_{32}&a_{33}\end{vmatrix}\\=&a_{11}a_{22}a_{33}+a_{12}a_{23}a_{31}+a_{13}a_{21}a_{32}-\\&a_{11}a_{23}a_{32}-a_{12}a_{21}a_{33}-a_{13}a_{22}a_{31}.\end{aligned}\tag{5}$$

三阶行列式可按图 2-2 所示的对角线法则而得到.

例 2　计算三阶行列式

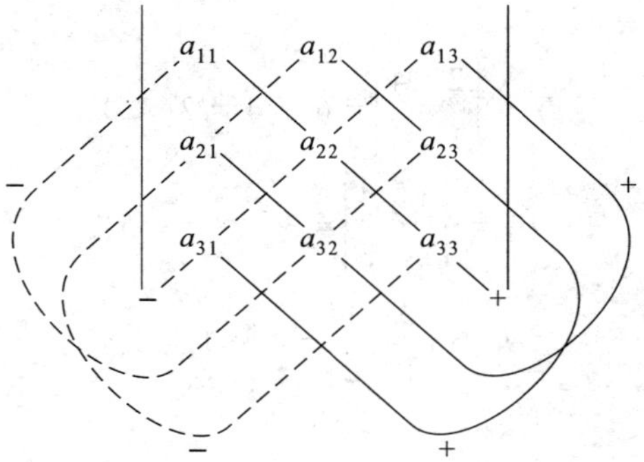

图 2-2

$$D=\begin{vmatrix}1&2&3\\3&1&2\\2&3&1\end{vmatrix}.$$

解 $D=1^3+2^3+3^3-1\times2\times3-2\times3\times1-3\times1\times2=18.$

对于三元线性方程组(4),如果它的系数行列式

$$D=\begin{vmatrix}a_{11}&a_{12}&a_{13}\\a_{21}&a_{22}&a_{23}\\a_{31}&a_{32}&a_{33}\end{vmatrix}\neq 0,$$

利用消元法求解,则可得(4)的解为

$$\begin{pmatrix}x_1\\x_2\\x_3\end{pmatrix}=\begin{pmatrix}\dfrac{D_1}{D}\\\dfrac{D_2}{D}\\\dfrac{D_3}{D}\end{pmatrix}.$$

为书写方便,将之记成

$$(x_1,x_2,x_3)^{\mathrm{T}}=\left(\frac{D_1}{D},\frac{D_2}{D},\frac{D_3}{D}\right)^{\mathrm{T}},\tag{6}$$

其中 $D_j(j=1,2,3)$ 是用常数项 b_1,b_2,b_3 替换 D 中的第 j 列所得的三阶行列式,即

$$D_1=\begin{vmatrix}b_1&a_{12}&a_{13}\\b_2&a_{22}&a_{23}\\b_3&a_{32}&a_{33}\end{vmatrix},\quad D_2=\begin{vmatrix}a_{11}&b_1&a_{13}\\a_{21}&b_2&a_{23}\\a_{31}&b_3&a_{33}\end{vmatrix},\quad D_3=\begin{vmatrix}a_{11}&a_{12}&b_1\\a_{21}&a_{22}&b_2\\a_{31}&a_{32}&b_3\end{vmatrix}.$$

例 3 求解三元线性方程组

$$\begin{cases}2x_1-4x_2+x_3=1,\\ x_1-5x_2+3x_3=2,\\ x_1-x_2+x_3=-1.\end{cases}$$

解 $D=\begin{vmatrix}2&-4&1\\1&-5&3\\1&-1&1\end{vmatrix}=-10-12-1+5+6+4=-8\neq0,$

$$D_1=\begin{vmatrix}1&-4&1\\2&-5&3\\-1&-1&1\end{vmatrix}=11,\quad D_2=\begin{vmatrix}2&1&1\\1&2&3\\1&-1&1\end{vmatrix}=9,$$

$$D_3=\begin{vmatrix}2&-4&1\\1&-5&2\\1&-1&-1\end{vmatrix}=6.$$

故

$$(x_1,x_2,x_3)^{\mathrm T}=\left(\frac{D_1}{D},\frac{D_2}{D},\frac{D_3}{D}\right)^{\mathrm T}=\left(-\frac{11}{8},-\frac{9}{8},-\frac{3}{4}\right)^{\mathrm T}.$$

在这一章我们要把这个结果推广到 n 元线性方程组

$$\begin{cases}a_{11}x_1+a_{12}x_2+\cdots+a_{1n}x_n=b_1,\\ a_{21}x_1+a_{22}x_2+\cdots+a_{2n}x_n=b_2,\\ \cdots\cdots\cdots\cdots\\ a_{n1}x_1+a_{n2}x_2+\cdots+a_{nn}x_n=b_n\end{cases}$$

的情形.为此,我们首先要给出 n 阶行列式的定义并讨论它的性质,这是本章的主要内容.

习题 2-1

1. 计算下列二、三阶行列式.

(1) $\begin{vmatrix}2&5\\3&7\end{vmatrix}$;　(2) $\begin{vmatrix}a^2&ab\\ab&b^2\end{vmatrix}$;　(3) $\begin{vmatrix}1&2&3\\4&5&6\\7&8&9\end{vmatrix}$;

(4) $\begin{vmatrix}0&1&1\\1&0&1\\1&1&0\end{vmatrix}$;　(5) $\begin{vmatrix}1&x&x\\x&2&x\\x&x&3\end{vmatrix}$.

2. 求解方程 $\begin{vmatrix}1&1&1\\2&3&x\\4&9&x^2\end{vmatrix}=0$.

3. 求解方程组

$$\begin{cases}2x_1 - x_2 - x_3 = 4, \\ 3x_1 + 4x_2 - 2x_3 = 11, \\ 3x_1 - 2x_2 + 4x_3 = 11.\end{cases}$$

第二节 排　　列

作为定义 n 阶行列式的准备,我们先讨论排列及其性质.

定义 1 由 $1,2,\cdots,n$ 组成的一个有序数组称为一个 n 级**排列**.

例如,2431 是一个四级排列,45321 是一个五级排列.我们知道,n 级排列的总数是

$$P_n = n\cdot(n-1)\cdot\cdots\cdot3\cdot2\cdot1 = n!.$$

显然,$12\cdots n$ 也是一个 n 级排列,这个排列具有自然顺序,就是按递增的顺序排起来的.我们称为**自然排列**.其他的排列都或多或少地破坏了自然顺序.

定义 2 在一个排列中,如果一对数的前后位置与大小顺序相反,即前面的数大于后面的数,那么它们的排列就称为一个**逆序**,一个排列中逆序的总数就称为这个排列的**逆序数**.

逆序数为奇数的排列称为**奇排列**,逆序数为偶数(或零)的排列称为**偶排列**.

下面介绍求逆序数的方法,设

$$p_1p_2\cdots p_n$$

为 $1,2,\cdots,n$ 的一个排列,考虑数 $p_i(i=1,2,\cdots,n)$,如果比 p_i 大且排在 p_i 前面的数有 τ_i 个,就说 p_i 的逆序数为 τ_i,每个数的逆序数之总和

$$\tau_1+\tau_2+\cdots+\tau_n$$

即是这个排列的逆序数,记为 $\tau(p_1p_2\cdots p_n)$,简记为 τ,即

$$\tau=\tau_1+\tau_2+\cdots+\tau_n.$$

例 1 求排列 45321 的逆序数.

解 在排列 45321 中,

4 排在首位,逆序数为 0;

5 是最大数,故逆序数为 0;

3 的前面比 3 大的数有两个:4,5,故逆序数为 2;

2 的前面比 2 大的数有三个:4,5,3,故逆序数为 3;

1 的前面比 1 大的数有四个:4,5,3,2,故逆序数为 4.

于是这个排列的逆序数为

$$\tau(45321)=0+0+2+3+4=9.$$

故排列 45321 是一个奇排列.显然,$\tau(12\cdots n)=0$.故自然排列是偶排列.

把一个排列中某两个数的位置互换,而其余的数不动,就得到另一个排列.这样的一个变换称为**对换**.将相邻两个数对换,叫做**相邻对换**.

定理 1 对换改变排列的奇偶性.

证 先证相邻对换的情形.

设排列为 $a_1\cdots a_s abb_1\cdots b_t$,对换 a 与 b,变为排列 $a_1\cdots a_s bab_1\cdots b_t$.显然,$a_1,\cdots,a_s;b_1,\cdots,b_t$ 这些数的逆序数经过对换并不改变,而 a,b 两数的逆序数改变为:当 $a<b$ 时,经对换后 a 的逆序数增加 1 而 b 的逆序数不变;当 $a>b$ 时,经对换后 a 的逆序数不变而 b 的逆序数减少 1,所以排列 $a_1\cdots a_s abb_1\cdots b_t$ 与排列 $a_1\cdots a_s bab_1\cdots b_t$ 的奇偶性不同.

再证一般对换的情形.

设排列为 $a_1\cdots a_s ab_1\cdots b_t bc_1\cdots c_m$,把它作 t 次相邻的对换,变成 $a_1\cdots a_s abb_1\cdots b_t c_1\cdots c_m$,再作 $t+1$ 次相邻的对换,变成 $a_1\cdots a_s bb_1\cdots b_t ac_1\cdots c_m$.总之,经 $2t+1$ 次相邻对换,排列 $a_1\cdots a_s ab_1\cdots b_t bc_1\cdots c_m$ 变成排列 $a_1\cdots a_s bb_1\cdots b_t ac_1\cdots c_m$,所以这两个排列的奇偶性相反.

推论 1 在全部 n 级排列中,奇、偶排列的个数相等,各有 $\frac{n!}{2}$ 个.

证 假设在全部 n 级排列中共有 s 个奇排列,t 个偶排列.将 s 个奇排列中的前两个数字对换,得到 s 个不同的偶排列,因此,$s\leqslant t$.同理可证 $t\leqslant s$,于是 $s=t$,即奇、偶排列的总数相等,各有 $\frac{n!}{2}$ 个.

推论 2 奇排列变成自然排列的对换次数为奇数,偶排列变成自然排列的对换次数为偶数.

证 由定理 1 知对换的次数就是排列奇偶性的变化次数,而自然排列是偶排列(逆序数为 0),因此知推论成立.

习题 2-2

1. 计算下列排列的逆序数.

(1) 1234;　　(2) 4132;

(3) 3421;　　(4) 2413;

(5) 523146879;　　(6) $135\cdots(2n-1)24\cdots(2n)$;

(7) $135\cdots(2n-1)(2n)(2n-2)\cdots 2$.

2. 选择 i 和 k,使

(1) $1274i56k9$ 成偶排列;

(2) $1i25k4897$ 成奇排列.

3. 计算排列 $n,n-1,\cdots,2,1$ 的逆序数,并讨论它的奇偶性.

*4. 写出把排列 12345 变成排列 25341 的那些对换.

5. 设 $\tau(p_1p_2\cdots p_n)=k$,求 $\tau(p_n\cdots p_2p_1)$.

第三节 n 阶行列式的定义和性质

一、n 阶行列式的定义

为了给出 n 阶行列式的定义,先来研究三阶行列式的结构.

我们知道,三阶行列式定义为

$$\begin{vmatrix} a_{11} & a_{12} & a_{13} \\ a_{21} & a_{22} & a_{23} \\ a_{31} & a_{32} & a_{33} \end{vmatrix} = a_{11}a_{22}a_{33}+a_{12}a_{23}a_{31}+a_{13}a_{21}a_{32}- \tag{1}$$

$$a_{11}a_{23}a_{32}-a_{12}a_{21}a_{33}-a_{13}a_{22}a_{31}.$$

容易看出:

(i) (1)式右边的每一项都恰是三个元的乘积,这三个元位于不同的行、不同的列.因此,(1)式右端的任一项除正负号外可以写成 $a_{1p_1}a_{2p_2}a_{3p_3}$.这里第一个下标(行标)排成自然顺序 123,而第二个下标(列标)排成 $p_1p_2p_3$,它是 1,2,3 这三个数的某个排列.这样的排列共有 6 种,对应(1)式右端共含 6 项.

(ii) 各项的正负号与列标的排列对照:

带正号的三项列标排列是:123,231,312;

带负号的三项列标排列是:132,213,321.

经计算可知前三个排列都是偶排列,后三个排列都是奇排列.因此各项所带的正负号可以表示为 $(-1)^{\tau(p_1p_2p_3)}$,其中 $\tau(p_1p_2p_3)$ 为列标排列的逆序数.

经过分析,三阶行列式可以写成

$$\begin{vmatrix} a_{11} & a_{12} & a_{13} \\ a_{21} & a_{22} & a_{23} \\ a_{31} & a_{32} & a_{33} \end{vmatrix} = \sum_{p_1p_2p_3} (-1)^{\tau(p_1p_2p_3)} a_{1p_1}a_{2p_2}a_{3p_3},$$

其中 $\sum$ 表示对 1,2,3 这三个数的所有排列 $p_1p_2p_3$ 求和.

仿此,可把行列式推广到一般情形.

定义 1 n 阶矩阵

$$\boldsymbol{A}=(a_{ij})=\begin{pmatrix} a_{11} & a_{12} & \cdots & a_{1n} \\ a_{21} & a_{22} & \cdots & a_{2n} \\ \vdots & \vdots & & \vdots \\ a_{n1} & a_{n2} & \cdots & a_{nn} \end{pmatrix}$$

的行列式记作

$$D=|\boldsymbol{A}|=\begin{vmatrix} a_{11} & a_{12} & \cdots & a_{1n} \\ a_{21} & a_{22} & \cdots & a_{2n} \\ \vdots & \vdots & & \vdots \\ a_{n1} & a_{n2} & \cdots & a_{nn} \end{vmatrix}$$

(简记为 $\det(a_{ij})$ 或 $\det \boldsymbol{A}$),它表示如下形式的一个代数和:

$$\begin{vmatrix} a_{11} & a_{12} & \cdots & a_{1n} \\ a_{21} & a_{22} & \cdots & a_{2n} \\ \vdots & \vdots & & \vdots \\ a_{n1} & a_{n2} & \cdots & a_{nn} \end{vmatrix}=\sum_{p_1p_2\cdots p_n}(-1)^{\tau(p_1p_2\cdots p_n)}a_{1p_1}a_{2p_2}\cdots a_{np_n}, \tag{2}$$

这里,$\sum$ 表示对 $1,2,\cdots,n$ 这 n 个数的所有排列 $p_1p_2\cdots p_n$ 求和.

按此定义的二阶、三阶行列式,与本章第一节中用对角线法则定义的二阶、三阶行列式,显然是一致的.当 $n=1$ 时,一阶行列式 $|a|=a$.注意不要与绝对值符号相混淆.

例 1 证明 n 阶**对角行列式**(其中对角线上的元是 λ_i,未写出的元均为 0)

$$\begin{vmatrix} \lambda_1 & & & \\ & \lambda_2 & & \\ & & \ddots & \\ & & & \lambda_n \end{vmatrix}=\lambda_1\lambda_2\cdots\lambda_n;$$

$$\begin{vmatrix} & & & \lambda_1 \\ & & \lambda_2 & \\ & \iddots & & \\ \lambda_n & & & \end{vmatrix}=(-1)^{\frac{n(n-1)}{2}}\lambda_1\lambda_2\cdots\lambda_n.$$

证 第一式是显然的,下面只证第二式.

若记 $\lambda_i=a_{i,n-i+1}$,则依行列式的定义有

$$\begin{aligned}\begin{vmatrix} & & & \lambda_1 \\ & & \lambda_2 & \\ & \iddots & & \\ \lambda_n & & & \end{vmatrix}&=\begin{vmatrix} & & & a_{1n} \\ & & a_{2,n-1} & \\ & \iddots & & \\ a_{n1} & & & \end{vmatrix}\\ &=(-1)^{\tau[n(n-1)\cdots 21]}a_{1n}a_{2,n-1}\cdots a_{n1}\\ &=(-1)^{\tau[n(n-1)\cdots 21]}\lambda_1\lambda_2\cdots\lambda_n,\end{aligned}$$

而 $\tau[n(n-1)\cdots 21]=1+2+\cdots+(n-1)=\dfrac{n(n-1)}{2}$,故第二式成立.

为了方便起见,一般称 n 阶行列式从左上角到右下角的对角线为**主对角线**;从右上角到左下角的对角线为**次对角线**.如果主对角线以下(上)的元均为零,则行列式称为**上(下)三角形行列式**.

例 2 证明上三角形行列式

$$D=\begin{vmatrix} a_{11} & a_{12} & \cdots & a_{1n} \\ 0 & a_{22} & \cdots & a_{2n} \\ \vdots & \vdots & & \vdots \\ 0 & 0 & \cdots & a_{nn} \end{vmatrix}=a_{11}a_{22}\cdots a_{nn}.$$

证 由于当 $j<i$ 时,$a_{ij}=0$,故

$$D=\sum(-1)^{\tau(p_1p_2\cdots p_n)}a_{1p_1}a_{2p_2}\cdots a_{np_n}$$

中可能不为零的项中元 a_{ip_i},其下标应有 $p_i\geqslant i$,即 $p_1\geqslant 1,p_2\geqslant 2,\cdots,p_n\geqslant n$.由此可得 $p_n=n,p_{n-1}=n-1,\cdots,p_1=1$,所以

$$D=(-1)^{\tau(12\cdots n)}a_{11}a_{22}\cdots a_{nn}=a_{11}a_{22}\cdots a_{nn}.$$

利用第二节定理 1,下面讨论行列式定义的另一种表示法.

对于行列式的任一项

$$(-1)^{\tau}a_{1p_1}\cdots a_{ip_i}\cdots a_{jp_j}\cdots a_{np_n},$$

其中 $1\cdots i\cdots j\cdots n$ 为自然排列,τ 为排列 $p_1\cdots p_i\cdots p_j\cdots p_n$ 的逆序数,对换元 a_{ip_i} 与 a_{jp_j} 成

$$(-1)^{\tau}a_{1p_1}\cdots a_{jp_j}\cdots a_{ip_i}\cdots a_{np_n},$$

这时,这一项的值不变,而行标排列与列标排列同时作了一次相应的对换.设新的行标排列 $1\cdots j\cdots i\cdots n$ 的逆序数为 r,则 r 为奇数;设新的列标排列 $p_1\cdots p_j\cdots p_i\cdots p_n$ 的逆序数为 τ_1,则 $(-1)^{\tau_1}=-(-1)^{\tau}$.故 $(-1)^{\tau}=(-1)^{r+\tau_1}$,于是

$$(-1)^{\tau}a_{1p_1}\cdots a_{ip_i}\cdots a_{jp_j}\cdots a_{np_n}=(-1)^{r+\tau_1}a_{1p_1}\cdots a_{jp_j}\cdots a_{ip_i}\cdots a_{np_n}.$$

这就表明,对换乘积中两元素的次序,从而行标排列与列标排列同时作了相应的对换,则行标排列与列标排列的逆序数之和并不改变奇偶性.经一次对换是如此,经多次对换当然还是如此.于是,经过若干次对换,使:

列标排列 $p_1p_2\cdots p_n$(逆序数为 τ)变为自然排列(逆序数为 0);

行标排列则相应地从自然排列变为某个新的排列,设此新排列为 $q_1q_2\cdots q_n$,其逆序数为 s,则有

$$(-1)^{\tau}a_{1p_1}a_{2p_2}\cdots a_{np_n}=(-1)^{s}a_{q_11}a_{q_22}\cdots a_{q_nn}.$$

又,若 $p_i=j$,则 $q_j=i$(即 $a_{ip_i}=a_{ij}=a_{q_jj}$).可见排列 $q_1q_2\cdots q_n$ 由排列 $p_1p_2\cdots p_n$ 所唯一确定.

由此可得

定理 1　n 阶行列式也可定义为

$$D=\sum(-1)^{\tau}a_{p_1 1}a_{p_2 2}\cdots a_{p_n n},$$

其中 τ 为行标排列 $p_1p_2\cdots p_n$ 的逆序数.

证　按行列式定义有

$$D=\sum(-1)^{\tau}a_{1p_1}a_{2p_2}\cdots a_{np_n},$$

记

$$D_1=\sum(-1)^{\tau}a_{p_1 1}a_{p_2 2}\cdots a_{p_n n}.$$

由上面讨论知:对于 D 中任一项 $(-1)^{\tau}a_{1p_1}a_{2p_2}\cdots a_{np_n}$,总有且仅有 D_1 中的某一项 $(-1)^{s}a_{q_1 1}a_{q_2 2}\cdots a_{q_n n}$ 与之对应并相等;反之,对于 D_1 中的任一项 $(-1)^{\tau}a_{p_1 1}a_{p_2 2}\cdots a_{p_n n}$,也总有且仅有 D 中的某一项 $(-1)^{s}a_{1q_1}a_{2q_2}\cdots a_{nq_n}$ 与之对应并相等,于是 D 与 D_1 中的项可以一一对应并相等,从而 $D=D_1$.

注　更一般地,行列式可以等价地定义为

$$D=\sum(-1)^{\tau_1+\tau_2}a_{i_1j_1}a_{i_2j_2}\cdots a_{i_nj_n},$$

其中 τ_1 为行标排列 $i_1i_2\cdots i_n$ 的逆序数,τ_2 为列标排列 $j_1j_2\cdots j_n$ 的逆序数.

二、行列式的性质

设 n 阶矩阵 $\boldsymbol{A}=(a_{ij})$ 的行列式为 $|\boldsymbol{A}|$,称 $|\boldsymbol{A}^{\mathrm{T}}|$ 为 $|\boldsymbol{A}|$ 的转置行列式.

性质 1　行列式与它的转置行列式相等.

证　记 $|\boldsymbol{A}|$ 的转置行列式

$$|\boldsymbol{A}^{\mathrm{T}}|=\begin{vmatrix} b_{11} & b_{12} & \cdots & b_{1n} \\ b_{21} & b_{22} & \cdots & b_{2n} \\ \vdots & \vdots & & \vdots \\ b_{n1} & b_{n2} & \cdots & b_{nn} \end{vmatrix},$$

则 $b_{ij}=a_{ji}(i,j=1,2,\cdots,n)$,按定义

$$\begin{aligned}|\boldsymbol{A}^{\mathrm{T}}| &= \sum_{p_1p_2\cdots p_n}(-1)^{\tau(p_1p_2\cdots p_n)}b_{1p_1}b_{2p_2}\cdots b_{np_n} \\ &= \sum_{p_1p_2\cdots p_n}(-1)^{\tau(p_1p_2\cdots p_n)}a_{p_1 1}a_{p_2 2}\cdots a_{p_n n},\end{aligned}$$

而由定理 1,有

$$|\boldsymbol{A}|=\sum_{p_1p_2\cdots p_n}(-1)^{\tau(p_1p_2\cdots p_n)}a_{p_1 1}a_{p_2 2}\cdots a_{p_n n},$$

故 $|\boldsymbol{A}^{\mathrm{T}}|=|\boldsymbol{A}|$.

由此性质知,行列式中的行与列具有同等的地位,行列式性质凡是对行成立的对列也同样成立,反之亦然.

性质 2　互换行列式的两行(列),行列式变号.

证 设行列式

$$D_1=\begin{vmatrix} b_{11} & b_{12} & \cdots & b_{1n} \\ b_{21} & b_{22} & \cdots & b_{2n} \\ \vdots & \vdots & & \vdots \\ b_{n1} & b_{n2} & \cdots & b_{nn} \end{vmatrix}$$

是将行列式 $D=|a_{ij}|_n$ 的第 k 行与第 s 行互换得到的,即当 $i\neq k,s$ 时,$b_{ij}=a_{ij}$;当 $i=k,s$ 时,$b_{kj}=a_{sj}$,$b_{sj}=a_{kj}$,于是

$$\begin{aligned} D_1&=\sum(-1)^{\tau(p_1\cdots p_k\cdots p_s\cdots p_n)}b_{1p_1}\cdots b_{kp_k}\cdots b_{sp_s}\cdots b_{np_n}\\ &=\sum(-1)^{\tau(p_1\cdots p_k\cdots p_s\cdots p_n)}a_{1p_1}\cdots a_{sp_s}\cdots a_{kp_k}\cdots a_{np_n}\\ &=-\sum(-1)^{\tau(p_1\cdots p_s\cdots p_k\cdots p_n)}a_{1p_1}\cdots a_{sp_s}\cdots a_{kp_k}\cdots a_{np_n}\\ &=-D, \end{aligned}$$

其中第三步利用了对换改变排列奇偶性的结论.

以 r_i 表示行列式的第 i 行,以 c_i 表示第 i 列,互换 i,j 两行记为 $r_i\leftrightarrow r_j$;互换 i,j 两列记为 $c_i\leftrightarrow c_j$.

性质 3 用数 k 乘行列式的某一行(列)的每个元,等于用数 k 乘此行列式,即

$$\begin{vmatrix} a_{11} & a_{12} & \cdots & a_{1n} \\ \vdots & \vdots & & \vdots \\ ka_{i1} & ka_{i2} & \cdots & ka_{in} \\ \vdots & \vdots & & \vdots \\ a_{n1} & a_{n2} & \cdots & a_{nn} \end{vmatrix}=k\begin{vmatrix} a_{11} & a_{12} & \cdots & a_{1n} \\ \vdots & \vdots & & \vdots \\ a_{i1} & a_{i2} & \cdots & a_{in} \\ \vdots & \vdots & & \vdots \\ a_{n1} & a_{n2} & \cdots & a_{nn} \end{vmatrix}.$$

证 由行列式的定义,有

$$\begin{aligned} \begin{vmatrix} a_{11} & a_{12} & \cdots & a_{1n} \\ \vdots & \vdots & & \vdots \\ ka_{i1} & ka_{i2} & \cdots & ka_{in} \\ \vdots & \vdots & & \vdots \\ a_{n1} & a_{n2} & \cdots & a_{nn} \end{vmatrix}&=\sum(-1)^{\tau(p_1\cdots p_i\cdots p_n)}a_{1p_1}\cdots(ka_{ip_i})\cdots a_{np_n}\\ &=k\sum(-1)^{\tau(p_1\cdots p_i\cdots p_n)}a_{1p_1}\cdots a_{ip_i}\cdots a_{np_n}\\ &=k\begin{vmatrix} a_{11} & a_{12} & \cdots & a_{1n} \\ \vdots & \vdots & & \vdots \\ a_{i1} & a_{i2} & \cdots & a_{in} \\ \vdots & \vdots & & \vdots \\ a_{n1} & a_{n2} & \cdots & a_{nn} \end{vmatrix}. \end{aligned}$$

推论 1　行列式某一行(列)的所有元的公因子可以提到行列式符号的外面.

推论 2　若行列式中有两行(列)的对应元成比例,则此行列式为零.

第 i 行(列)乘以 k,记为 $k\times r_i$(或 $k\times c_i$);第 i 行(列)提出公因子 k,记为$r_i\div k$(或 $c_i\div k$).

性质 4　若行列式的某一行(列)的元皆为两数之和,则此行列式等于两个行列式的和,例如有

$$\begin{vmatrix} a_{11} & a_{12} & \cdots & a_{1n} \\ \vdots & \vdots & & \vdots \\ b_{i1}+c_{i1} & b_{i2}+c_{i2} & \cdots & b_{in}+c_{in} \\ \vdots & \vdots & & \vdots \\ a_{n1} & a_{n2} & \cdots & a_{nn} \end{vmatrix}$$

$$=\begin{vmatrix} a_{11} & a_{12} & \cdots & a_{1n} \\ \vdots & \vdots & & \vdots \\ b_{i1} & b_{i2} & \cdots & b_{in} \\ \vdots & \vdots & & \vdots \\ a_{n1} & a_{n2} & \cdots & a_{nn} \end{vmatrix}+\begin{vmatrix} a_{11} & a_{12} & \cdots & a_{1n} \\ \vdots & \vdots & & \vdots \\ c_{i1} & c_{i2} & \cdots & c_{in} \\ \vdots & \vdots & & \vdots \\ a_{n1} & a_{n2} & \cdots & a_{nn} \end{vmatrix}.$$

利用性质 4 及性质 3 的推论,可得

性质 5　用数 k 乘行列式的某一行(列)的所有元加到另一行(列)的对应元上去,行列式的值不变,例如有

$$\begin{vmatrix} a_{11} & a_{12} & \cdots & a_{1n} \\ \vdots & \vdots & & \vdots \\ a_{i1} & a_{i2} & \cdots & a_{in} \\ \vdots & \vdots & & \vdots \\ a_{j1} & a_{j2} & \cdots & a_{jn} \\ \vdots & \vdots & & \vdots \\ a_{n1} & a_{n2} & \cdots & a_{nn} \end{vmatrix}=\begin{vmatrix} a_{11} & a_{12} & \cdots & a_{1n} \\ \vdots & \vdots & & \vdots \\ a_{i1}+ka_{j1} & a_{i2}+ka_{j2} & \cdots & a_{in}+ka_{jn} \\ \vdots & \vdots & & \vdots \\ a_{j1} & a_{j2} & \cdots & a_{jn} \\ \vdots & \vdots & & \vdots \\ a_{n1} & a_{n2} & \cdots & a_{nn} \end{vmatrix}.$$

以数 k 乘第 j 行加到第 i 行上,记为 r_i+kr_j;以数 k 乘第 j 列加到第 i 列上,记为 c_i+kc_j.

以上未证明的性质及推论留给读者自己证明.

利用这些性质可以简化行列式的计算,下面以例题介绍如何利用行列式的

性质化行列式为三角形行列式,然后进行计算.

例 3 计算

$$D=\begin{vmatrix} 2 & -5 & 1 & 2 \\ -3 & 7 & -1 & 4 \\ 5 & -9 & 2 & 7 \\ 4 & -6 & 1 & 2 \end{vmatrix}.$$

解

$$D \xlongequal{c_1 \leftrightarrow c_3} -\begin{vmatrix} 1 & -5 & 2 & 2 \\ -1 & 7 & -3 & 4 \\ 2 & -9 & 5 & 7 \\ 1 & -6 & 4 & 2 \end{vmatrix} \xlongequal[r_4-r_1]{\substack{r_2+r_1 \\ r_3-2r_1}} -\begin{vmatrix} 1 & -5 & 2 & 2 \\ 0 & 2 & -1 & 6 \\ 0 & 1 & 1 & 3 \\ 0 & -1 & 2 & 0 \end{vmatrix}$$

$$\xlongequal{r_2 \leftrightarrow r_4} \begin{vmatrix} 1 & -5 & 2 & 2 \\ 0 & -1 & 2 & 0 \\ 0 & 1 & 1 & 3 \\ 0 & 2 & -1 & 6 \end{vmatrix} \xlongequal{\substack{r_3+r_2 \\ r_4+2r_2}} \begin{vmatrix} 1 & -5 & 2 & 2 \\ 0 & -1 & 2 & 0 \\ 0 & 0 & 3 & 3 \\ 0 & 0 & 3 & 6 \end{vmatrix}$$

$$\xlongequal{r_4-r_3} \begin{vmatrix} 1 & -5 & 2 & 6 \\ 0 & -1 & 2 & 0 \\ 0 & 0 & 3 & 3 \\ 0 & 0 & 0 & 3 \end{vmatrix} = -9.$$

例 4 计算 n 阶行列式

$$D=\begin{vmatrix} a & b & \cdots & b \\ b & a & \cdots & b \\ \vdots & \vdots & & \vdots \\ b & b & \cdots & a \end{vmatrix} \quad (a \neq b).$$

解 行列式中每行元之和均为 $a+(n-1)b$,从第 2 列起,把每列均加到第 1 列上,提出公因子 $a+(n-1)b$,然后各行减去第 1 行:

$$D \xlongequal{c_1+c_2+\cdots+c_n} \begin{vmatrix} a+(n-1)b & b & \cdots & b \\ a+(n-1)b & a & \cdots & b \\ \vdots & \vdots & & \vdots \\ a+(n-1)b & b & \cdots & a \end{vmatrix}$$

$$\xlongequal{c_1 \div [a+(n-1)b]} [a+(n-1)b] \begin{vmatrix} 1 & b & \cdots & b \\ 1 & a & \cdots & b \\ \vdots & \vdots & & \vdots \\ 1 & b & \cdots & a \end{vmatrix}$$

$$\xlongequal[r_n - r_1]{\substack{r_2 - r_1 \\ r_3 - r_1 \\ \vdots}} [a+(n-1)b] \begin{vmatrix} 1 & b & \cdots & b \\ 0 & a-b & \cdots & 0 \\ \vdots & \vdots & & \vdots \\ 0 & 0 & \cdots & a-b \end{vmatrix}$$

$$= [a+(n-1)b](a-b)^{n-1}.$$

在上述诸例将行列式化为上三角形行列式的过程中,虽然我们用到了行列式的性质 2,3,5 中的各种运算,但是起关键作用的是运算 r_i+kr_j,其他几种运算只是使计算过程变得简单一点而已.稍作分析,便不难发现任何 n 阶行列式总能利用运算 r_i+kr_j 化为上三角形行列式,或化为下三角形行列式.类似地,利用运算 c_i+kc_j 也可把行列式化为上三角形行列式或下三角形行列式.

例 5 设

$$D = \begin{vmatrix} a_{11} & \cdots & a_{1n} & 0 & \cdots & 0 \\ \vdots & & \vdots & \vdots & & \vdots \\ a_{n1} & \cdots & a_{nn} & 0 & \cdots & 0 \\ c_{11} & \cdots & c_{1n} & b_{11} & \cdots & b_{1m} \\ \vdots & & \vdots & \vdots & & \vdots \\ c_{m1} & \cdots & c_{mn} & b_{m1} & \cdots & b_{mm} \end{vmatrix},$$

$$D_1 = \det(a_{ij}) = \begin{vmatrix} a_{11} & \cdots & a_{1n} \\ \vdots & & \vdots \\ a_{n1} & \cdots & a_{nn} \end{vmatrix},$$

$$D_2 = \det(b_{ij}) = \begin{vmatrix} b_{11} & \cdots & b_{1m} \\ \vdots & & \vdots \\ b_{m1} & \cdots & b_{mm} \end{vmatrix}.$$

证明 $D=D_1D_2$.

证 对 D_1 作运算 r_i+kr_j,把 D_1 化为下三角形行列式,设为

$$D_1 = \begin{vmatrix} p_{11} & & 0 \\ \vdots & \ddots & \\ p_{n1} & \cdots & p_{nn} \end{vmatrix} = p_{11}p_{22}\cdots p_{nn}.$$

对 D_2 作运算 c_i+lc_j，把 D_2 化为下三角形行列式，设为

$$D_2=\begin{vmatrix} q_{11} & & 0 \\ \vdots & \ddots & \\ q_{m1} & \cdots & q_{mm} \end{vmatrix}=q_{11}q_{22}\cdots q_{mm}.$$

于是，对 D 的前 n 行作运算 r_i+kr_j，再对 D 的后 m 列作运算 c_i+lc_j，把 D 化成下三角形行列式

$$D=\begin{vmatrix} p_{11} & & & & & 0 \\ \vdots & \ddots & & & & \\ p_{n1} & \cdots & p_{nn} & & & \\ c_{11} & \cdots & c_{1n} & q_{11} & & \\ \vdots & & \vdots & \vdots & \ddots & \\ c_{m1} & \cdots & c_{mn} & q_{m1} & \cdots & q_{mm} \end{vmatrix},$$

故

$$D=p_{11}\cdots p_{nn}\cdot q_{11}\cdots q_{mm}=D_1D_2.$$

习题 2-3

1. 判断下列乘积是否是5阶行列式 $\det(a_{ij})$ 的项；若是，试确定其所带的符号.

(1) $a_{21}a_{13}a_{45}a_{54}a_{22}$；

(2) $a_{32}a_{41}a_{15}a_{24}a_{53}$.

2. 写出4阶行列式 $\det(a_{ij})$ 中所带负号并且包含因子 a_{23} 的项.

3. 按定义计算下列行列式：

$$D_1=\begin{vmatrix} 0 & 0 & \cdots & 0 & 1 \\ 0 & 0 & \cdots & 2 & 0 \\ \vdots & \vdots & & \vdots & \vdots \\ 0 & n-1 & \cdots & 0 & 0 \\ n & 0 & \cdots & 0 & 0 \end{vmatrix};$$

$$D_2=\begin{vmatrix} 0 & 1 & 0 & \cdots & 0 \\ 0 & 0 & 2 & \cdots & 0 \\ \vdots & \vdots & \vdots & & \vdots \\ 0 & 0 & 0 & \cdots & n-1 \\ n & 0 & 0 & \cdots & 0 \end{vmatrix};$$

$$D_3=\begin{vmatrix} 0 & \cdots & 0 & 1 & 0 \\ 0 & \cdots & 2 & 0 & 0 \\ \vdots & & \vdots & \vdots & \vdots \\ n-1 & \cdots & 0 & 0 & 0 \\ 0 & \cdots & 0 & 0 & n \end{vmatrix}.$$

4. 按定义计算

$$f(x)=\begin{vmatrix} 2x & x & 1 & 2 \\ 1 & x & 1 & -1 \\ 3 & 2 & x & 1 \\ 1 & 1 & 1 & x \end{vmatrix}$$

中 x^4 与 x^3 的系数,并说明理由.

5. 计算下列各行列式.

(1) $\begin{vmatrix} 1 & 1 & 1 & 1 \\ 0 & 1 & 1 & 0 \\ 0 & 0 & 1 & 1 \\ 1 & 0 & 0 & 1 \end{vmatrix}$; (2) $\begin{vmatrix} 2 & 1 & 4 & 1 \\ 4 & 1 & 2 & 3 \\ 3 & 4 & 1 & 2 \\ 2 & 3 & 4 & 1 \end{vmatrix}$;

(3) $\begin{vmatrix} 1 & 2 & 3 & 4 \\ 4 & 1 & 2 & 3 \\ 3 & 4 & 1 & 2 \\ 2 & 3 & 4 & 1 \end{vmatrix}$; (4) $\begin{vmatrix} -ab & ac & ae \\ bd & -cd & de \\ bf & cf & -ef \end{vmatrix}$;

(5) $\begin{vmatrix} 5 & 0 & 4 & 2 \\ 1 & -1 & 2 & 1 \\ 4 & 1 & 2 & 0 \\ 1 & 1 & 1 & 1 \end{vmatrix}$; (6) $\begin{vmatrix} 1 & 2 & 0 & 0 \\ 3 & 4 & 0 & 0 \\ 0 & 0 & -1 & 3 \\ 0 & 0 & 5 & 1 \end{vmatrix}$;

(7) $\begin{vmatrix} 1 & 2 & 3 & 4 & 5 \\ 6 & 7 & 8 & 9 & 10 \\ 0 & 0 & 0 & 1 & 3 \\ 0 & 0 & 0 & 2 & 4 \\ 0 & 1 & 0 & 1 & 1 \end{vmatrix}$; (8) $\begin{vmatrix} 1+x & 1 & 1 & 1 \\ 1 & 1+x & 1 & 1 \\ 1 & 1 & 1+y & 1 \\ 1 & 1 & 1 & 1+y \end{vmatrix}$.

6. 证明

(1) $\begin{vmatrix} a_1+b_1 & b_1+c_1 & c_1+a_1 \\ a_2+b_2 & b_2+c_2 & c_2+a_2 \\ a_3+b_3 & b_3+c_3 & c_3+a_3 \end{vmatrix}=2\begin{vmatrix} a_1 & b_1 & c_1 \\ a_2 & b_2 & c_2 \\ a_3 & b_3 & c_3 \end{vmatrix}$;

(2) $\begin{vmatrix} a^2 & (a+1)^2 & (a+2)^2 & (a+3)^2 \\ b^2 & (b+1)^2 & (b+2)^2 & (b+3)^2 \\ c^2 & (c+1)^2 & (c+2)^2 & (c+3)^2 \\ d^2 & (d+1)^2 & (d+2)^2 & (d+3)^2 \end{vmatrix}=0.$

第四节　行列式的展开和计算

一、行列式按行(列)展开

我们知道,行列式的阶越低越容易计算.于是很自然提出,能否把高阶行列式转化为低阶行列式来计算,为此,先引进余子式和代数余子式的概念.

定义 1　在 n 阶行列式 $\det(a_{ij})$ 中,划去元 a_{ij} 所在的第 i 行和第 j 列的元,剩下的元不改变原来的顺序所构成的 $n-1$ 阶行列式称为元 a_{ij} 的**余子式**,记作 M_{ij};又记

$$A_{ij}=(-1)^{i+j}M_{ij},$$

称为元 a_{ij} 的**代数余子式**.

例如,三阶行列式

$$D=\begin{vmatrix} a_{11} & a_{12} & a_{13} \\ a_{21} & a_{22} & a_{23} \\ a_{31} & a_{32} & a_{33} \end{vmatrix}$$

中元 a_{23} 的余子式和代数余子式分别为

$$M_{23}=\begin{vmatrix} a_{11} & a_{12} \\ a_{31} & a_{32} \end{vmatrix},\quad A_{23}=(-1)^{2+3}M_{23}=-M_{23}.$$

引理　一个 n 阶行列式,如果其中第 i 行所有元除 a_{ij} 外都为零,则这个行列式等于 a_{ij} 与它的代数余子式的乘积,即

$$D=a_{ij}A_{ij}.$$

证　首先讨论 D 的第一行中元除 $a_{11}\neq 0$ 外,其余元都为 0 的特殊情形,即

$$D=\begin{vmatrix} a_{11} & 0 & \cdots & 0 \\ a_{21} & a_{22} & \cdots & a_{2n} \\ \vdots & \vdots & & \vdots \\ a_{n1} & a_{n2} & \cdots & a_{nn} \end{vmatrix}.$$

由第三节例 5 知

$$D=a_{11}\begin{vmatrix} a_{22} & \cdots & a_{2n} \\ \vdots & & \vdots \\ a_{n2} & \cdots & a_{nn} \end{vmatrix}=a_{11}M_{11},$$

又

$$A_{11}=(-1)^{1+1}M_{11}=M_{11},$$

从而

$$D=a_{11}A_{11}.$$

再讨论一般情形,此时

$$D=\begin{vmatrix} a_{11} & \cdots & a_{1j} & \cdots & a_{1n} \\ \vdots & & \vdots & & \vdots \\ 0 & \cdots & a_{ij} & \cdots & 0 \\ \vdots & & \vdots & & \vdots \\ a_{n1} & \cdots & a_{nj} & \cdots & a_{nn} \end{vmatrix}.$$

为了利用上述特殊情形的结果,将 D 的第 i 行依次与第 $i-1,\cdots,2,1$ 各行交换后,再将第 j 列依次与第 $j-1,\cdots,2,1$ 各列交换,经过 $i+j-2$ 次交换 D 的行和列,得

$$\begin{aligned} D &= (-1)^{i+j-2}\begin{vmatrix} a_{ij} & 0 & \cdots & 0 & 0 & \cdots & 0 \\ a_{1j} & a_{11} & \cdots & a_{1,j-1} & a_{1,j+1} & \cdots & a_{1n} \\ \vdots & \vdots & & \vdots & \vdots & & \vdots \\ a_{nj} & a_{n1} & \cdots & a_{n,j-1} & a_{n,j+1} & \cdots & a_{nn} \end{vmatrix} \\ &= (-1)^{i+j}a_{ij}M_{ij}=a_{ij}A_{ij}. \end{aligned}$$

定理 1　行列式等于它的任一行(列)的各元与其对应的代数余子式乘积之和,即

$$D=a_{i1}A_{i1}+a_{i2}A_{i2}+\cdots+a_{in}A_{in}\quad(i=1,2,\cdots,n),$$

或

$$D=a_{1j}A_{1j}+a_{2j}A_{2j}+\cdots+a_{nj}A_{nj}\quad(j=1,2,\cdots,n).$$

证

$$D=\begin{vmatrix} a_{11} & a_{12} & \cdots & a_{1n} \\ \vdots & \vdots & & \vdots \\ a_{i1}+0+\cdots+0 & 0+a_{i2}+\cdots+0 & \cdots & 0+\cdots+0+a_{in} \\ \vdots & \vdots & & \vdots \\ a_{n1} & a_{n2} & \cdots & a_{nn} \end{vmatrix}$$

$$
=\begin{vmatrix} a_{11} & a_{12} & \cdots & a_{1n} \\ \vdots & \vdots & & \vdots \\ a_{i1} & 0 & \cdots & 0 \\ \vdots & \vdots & & \vdots \\ a_{n1} & a_{n2} & \cdots & a_{nn} \end{vmatrix}+\begin{vmatrix} a_{11} & a_{12} & \cdots & a_{1n} \\ \vdots & \vdots & & \vdots \\ 0 & a_{i2} & \cdots & 0 \\ \vdots & \vdots & & \vdots \\ a_{n1} & a_{n2} & \cdots & a_{nn} \end{vmatrix}+\cdots+
$$

$$
\begin{vmatrix} a_{11} & a_{12} & \cdots & a_{1n} \\ \vdots & \vdots & & \vdots \\ 0 & 0 & \cdots & a_{in} \\ \vdots & \vdots & & \vdots \\ a_{n1} & a_{n2} & \cdots & a_{nn} \end{vmatrix},
$$

根据引理,即得

$$
D=a_{i1}A_{i1}+a_{i2}A_{i2}+\cdots+a_{in}A_{in} \quad (i=1,2,\cdots,n).
$$

类似地,若按列证明,可得

$$
D=a_{1j}A_{1j}+a_{2j}A_{2j}+\cdots+a_{nj}A_{nj} \quad (j=1,2,\cdots,n).
$$

这个定理叫做**行列式按行(列)展开法则**.利用这一法则并结合行列式的性质,可以简化行列式的计算.

例1 计算行列式

$$
D=\begin{vmatrix} 1 & 0 & 0 & 0 & 0 \\ -1 & 3 & 1 & 0 & 6 \\ 0 & 0 & 4 & -2 & 6 \\ 1 & -2 & 5 & 0 & 9 \\ 0 & 2 & -9 & 3 & -9 \end{vmatrix}.
$$

解 这个行列式的第一行只有一个元不为零,故可按第一行展开而降阶计算.

$$
D=1\cdot A_{11}+0\cdot A_{12}+0\cdot A_{13}+0\cdot A_{14}+0\cdot A_{15}
$$

$$
=\begin{vmatrix} 3 & 1 & 0 & 6 \\ 0 & 4 & -2 & 6 \\ -2 & 5 & 0 & 9 \\ 2 & -9 & 3 & -9 \end{vmatrix} \xlongequal{r_2\div 2} 2\begin{vmatrix} 3 & 1 & 0 & 6 \\ 0 & 2 & -1 & 3 \\ -2 & 5 & 0 & 9 \\ 2 & -9 & 3 & -9 \end{vmatrix}
$$

$$
\xlongequal{c_4\div 3} 6\begin{vmatrix} 3 & 1 & 0 & 2 \\ 0 & 2 & -1 & 1 \\ -2 & 5 & 0 & 3 \\ 2 & -9 & 3 & -3 \end{vmatrix} \xlongequal{r_4+3r_2} 6\begin{vmatrix} 3 & 1 & 0 & 2 \\ 0 & 2 & -1 & 1 \\ -2 & 5 & 0 & 3 \\ 2 & -3 & 0 & 0 \end{vmatrix}
$$

$$=6\cdot(-1)^{2+3}\cdot(-1)\begin{vmatrix}3&1&2\\-2&5&3\\2&-3&0\end{vmatrix}=6\begin{vmatrix}3&1&2\\-2&5&3\\2&-3&0\end{vmatrix}$$

$$=3\begin{vmatrix}3&2&2\\-2&10&3\\2&-6&0\end{vmatrix}\overset{c_2+3c_1}{=\!=\!=}3\begin{vmatrix}3&11&2\\-2&4&3\\2&0&0\end{vmatrix}$$

$$=3\cdot2\cdot(-1)^{1+3}\begin{vmatrix}11&2\\4&3\end{vmatrix}=150.$$

由定理 1,还可得下述重要推论.

推论　行列式某一行(列)的元与另一行(列)的对应元的代数余子式乘积之和等于零.即

$$a_{i1}A_{j1}+a_{i2}A_{j2}+\cdots+a_{in}A_{jn}=0\quad(i\neq j)$$

或

$$a_{1i}A_{1j}+a_{2i}A_{2j}+\cdots+a_{ni}A_{nj}=0\quad(i\neq j).$$

证　将行列式 $D=\det(a_{ij})$ 按第 j 行展开,有

$$a_{j1}A_{j1}+a_{j2}A_{j2}+\cdots+a_{jn}A_{jn}=\begin{vmatrix}a_{11}&\cdots&a_{1n}\\\vdots&&\vdots\\a_{i1}&\cdots&a_{in}\\\vdots&&\vdots\\a_{j1}&\cdots&a_{jn}\\\vdots&&\vdots\\a_{n1}&\cdots&a_{nn}\end{vmatrix},$$

在上式中把 a_{jk} 换成 $a_{ik}(k=1,2,\cdots,n)$,可得

$$a_{i1}A_{j1}+a_{i2}A_{j2}+\cdots+a_{in}A_{jn}=\begin{vmatrix}a_{11}&\cdots&a_{1n}\\\vdots&&\vdots\\a_{i1}&\cdots&a_{in}\\\vdots&&\vdots\\a_{i1}&\cdots&a_{in}\\\vdots&&\vdots\\a_{n1}&\cdots&a_{nn}\end{vmatrix}\begin{matrix}\\\\\leftarrow\text{第 } i \text{ 行}\\\\\leftarrow\text{第 } j \text{ 行}\\\\\\\end{matrix}.$$

当 $i\neq j$ 时,上式右端行列式中有两行对应元相同,故行列式等于零,即得

$$a_{i1}A_{j1}+a_{i2}A_{j2}+\cdots+a_{in}A_{jn}=0\quad(i\neq j).$$

上述证法如按列进行,即可得

$$a_{1i}A_{1j}+a_{2i}A_{2j}+\cdots+a_{ni}A_{nj}=0\quad(i\neq j).$$

综合定理1及其推论,有关于代数余子式的重要性质:

$$\sum_{k=1}^{n}a_{ki}A_{kj}=D\delta_{ij}=\begin{cases}D, & 当\ i=j,\\ 0, & 当\ i\neq j\end{cases}$$

或

$$\sum_{k=1}^{n}a_{ik}A_{jk}=D\delta_{ij}=\begin{cases}D, & 当\ i=j,\\ 0, & 当\ i\neq j,\end{cases}$$

其中

$$\delta_{ij}=\begin{cases}1, & 当\ i=j,\\ 0, & 当\ i\neq j.\end{cases}$$

仿照上述推论证明中所用的方法,在行列式 $\det(a_{ij})$ 按第 i 行展开的展开式

$$\det(a_{ij})=a_{i1}A_{i1}+a_{i2}A_{i2}+\cdots+a_{in}A_{in}$$

中,用 $b_1,b_2,\cdots,b_n$ 依次代替 $a_{i1},a_{i2},\cdots,a_{in}$,可得

$$\begin{vmatrix}a_{11} & \cdots & a_{1n}\\ \vdots & & \vdots\\ a_{i-1,1} & \cdots & a_{i-1,n}\\ b_1 & \cdots & b_n\\ a_{i+1,1} & \cdots & a_{i+1,n}\\ \vdots & & \vdots\\ a_{n1} & \cdots & a_{nn}\end{vmatrix}=b_1A_{i1}+b_2A_{i2}+\cdots+b_nA_{in}. \tag{1}$$

类似地,用 $b_1,\cdots,b_n$ 代替 $\det(a_{ij})$ 中的第 j 列,可得

$$\begin{vmatrix}a_{11} & \cdots & a_{1,j-1} & b_1 & a_{1,j+1} & \cdots & a_{1n}\\ \vdots & & \vdots & \vdots & \vdots & & \vdots\\ a_{n1} & \cdots & a_{n,j-1} & b_n & a_{n,j+1} & \cdots & a_{nn}\end{vmatrix}=b_1A_{1j}+b_2A_{2j}+\cdots+b_nA_{nj}. \tag{2}$$

例 2 设

$$D=\begin{vmatrix}3 & -5 & 2 & 1\\ 1 & 1 & 0 & -5\\ -1 & 3 & 1 & 3\\ 2 & -4 & -1 & -3\end{vmatrix},$$

求 $A_{11}+A_{12}+A_{13}+A_{14}$ 及 $M_{11}+M_{21}+M_{31}+M_{41}$.

解 按(1)式可知 $A_{11}+A_{12}+A_{13}+A_{14}$ 等于用 1,1,1,1 代替 D 的第 1 行所得的行列式,即

$$A_{11}+A_{12}+A_{13}+A_{14}=\begin{vmatrix}1&1&1&1\\1&1&0&-5\\-1&3&1&3\\2&-4&-1&-3\end{vmatrix}\xlongequal[r_3-r_1]{r_4+r_3}\begin{vmatrix}1&1&1&1\\1&1&0&-5\\-2&2&0&2\\1&-1&0&0\end{vmatrix}$$

$$=\begin{vmatrix}1&1&-5\\-2&2&2\\1&-1&0\end{vmatrix}\xlongequal{c_2+c_1}\begin{vmatrix}1&2&-5\\-2&0&2\\1&0&0\end{vmatrix}$$

$$=\begin{vmatrix}2&-5\\0&2\end{vmatrix}=4.$$

按(2)式可知

$$\begin{aligned}&M_{11}+M_{21}+M_{31}+M_{41}\\&=A_{11}-A_{21}+A_{31}-A_{41}\\&=\begin{vmatrix}1&-5&2&1\\-1&1&0&-5\\1&3&1&3\\-1&-4&-1&-3\end{vmatrix}\xlongequal{r_4+r_3}\begin{vmatrix}1&-5&2&1\\-1&1&0&-5\\1&3&1&3\\0&-1&0&0\end{vmatrix}\\&=(-1)\begin{vmatrix}1&2&1\\-1&0&-5\\1&1&3\end{vmatrix}\xlongequal{r_1-2r_3}-\begin{vmatrix}-1&0&-5\\-1&0&-5\\1&1&3\end{vmatrix}=0.\end{aligned}$$

二、行列式的计算

我们知道，一个 n 阶行列式可看作是由一个 n 阶方阵 $\boldsymbol{A}$ 决定的.性质 2,3,5 介绍的行列式关于行(列)的三种运算，正好与矩阵的三种初等变换相对应，因此我们在前面把行列式的这三种运算分别记成了 $r_i\leftrightarrow r_j(c_i\leftrightarrow c_j)$；$r_i\times k(c_i\times k)$；$r_i+kr_j(c_i+kc_j)$.而行列式的性质 2,3,5 正好说明这三种运算对行列式值的影响.每个方阵 $\boldsymbol{A}$ 总可以经过一系列的初等行变换变成阶梯形矩阵 $\boldsymbol{J}$.(若适当加进一些初等列变换，变成阶梯形矩阵的过程会更简单些!)由行列式的性质 2,3,5，对方阵每作一次初等变换，相应地，行列式的值或者不变，或者差一非零的倍数，也就是

$$|\boldsymbol{A}|=k|\boldsymbol{J}|,\ k\neq 0,$$

而 $|\boldsymbol{J}|$ 是上三角形行列式，其值十分容易计算.

因此，计算行列式的一种基本方法是利用性质 2,3,5 将其化成三角形行列式后再计算.另一种方法是利用行列式的展开将行列式降阶后进行计算.

例 3　计算行列式

$$D=\begin{vmatrix}3&1&-1&2\\-5&1&3&-4\\2&0&1&-1\\1&-5&3&-3\end{vmatrix}.$$

解

$$D\xlongequal{c_1\leftrightarrow c_2}-\begin{vmatrix}1&3&-1&2\\1&-5&3&-4\\0&2&1&-1\\-5&1&3&-3\end{vmatrix}\xlongequal[r_4+5r_1]{r_2-r_1}-\begin{vmatrix}1&3&-1&2\\0&-8&4&-6\\0&2&1&-1\\0&16&-2&7\end{vmatrix}$$

$$\xlongequal{r_2\leftrightarrow r_3}\begin{vmatrix}1&3&-1&2\\0&2&1&-1\\0&-8&4&-6\\0&16&-2&7\end{vmatrix}\xlongequal[r_4-8r_2]{r_3+4r_2}\begin{vmatrix}1&3&-1&2\\0&2&1&-1\\0&0&8&-10\\0&0&-10&15\end{vmatrix}$$

$$\xlongequal{r_4+\frac{5}{4}r_3}\begin{vmatrix}1&3&-1&2\\0&2&1&-1\\0&0&8&-10\\0&0&0&\frac{5}{2}\end{vmatrix}=40.$$

上述解法中,先用了运算 $c_1\leftrightarrow c_2$,其目的是把 a_{11} 换成1,从而利用运算 $r_i-a_{i1}r_1$,即可把 $a_{i1}(i=2,3,4)$ 变为0.如果不先作 $c_1\leftrightarrow c_2$,则由于原式中 $a_{11}=3$,需用运算 $r_i-\frac{a_{i1}}{3}r_1$ 把 a_{i1} 变为0,这样计算就比较麻烦.第二步把 r_2-r_1 和 r_4+5r_1 写在一起,这里两次运算,并把第一次运算结果的书写省略了.

例4 计算 $2n$ 阶行列式

$$D_{2n}=\begin{vmatrix}a&&&&&&&b\\&a&&&&&b&\\&&\ddots&&&\iddots&&\\&&&a&b&&&\\&&&b&a&&&\\&&\iddots&&&\ddots&&\\&b&&&&&a&\\b&&&&&&&a\end{vmatrix}.$$

解 按第一行展开,有

$$D_{2n}=a\begin{vmatrix}a&&&&&b&0\\&\ddots&&&\iddots&&\\&&a&b&&&\\&&b&a&&&\\&\iddots&&&\ddots&&\\b&&&&&a&0\\0&&&&&0&a\end{vmatrix}+(-1)^{2n+1}b\begin{vmatrix}0&a&&&&&b\\&&\ddots&&&\iddots&\\&&&a&b&&\\&&&b&a&&\\&&\iddots&&&\ddots&\\&b&&&&&a\\b&&&&&&0\end{vmatrix}$$

$$=a^2D_{2(n-1)}-b^2D_{2(n-1)}=(a^2-b^2)D_{2(n-1)}.$$

以此作为递推公式,可得

$$D_{2n}=(a^2-b^2)D_{2(n-1)}=(a^2-b^2)^2D_{2(n-2)}=\cdots=(a^2-b^2)^{n-1}D_2$$

$$=(a^2-b^2)^{n-1}\begin{vmatrix}a&b\\b&a\end{vmatrix}=(a^2-b^2)^n.$$

例 5 证明范德蒙德(Vandermonde)行列式

$$D_n=\begin{vmatrix}1&1&1&\cdots&1\\x_1&x_2&x_3&\cdots&x_n\\x_1^2&x_2^2&x_3^2&\cdots&x_n^2\\\vdots&\vdots&\vdots&&\vdots\\x_1^{n-1}&x_2^{n-1}&x_3^{n-1}&\cdots&x_n^{n-1}\end{vmatrix}=\prod_{1\leqslant i<j\leqslant n}(x_j-x_i),\tag{3}$$

这里记号“$\prod$”表示全体同类因子的乘积.

证 用数学归纳法.因为

$$D_2=\begin{vmatrix}1&1\\x_1&x_2\end{vmatrix}=x_2-x_1=\prod_{1\leqslant i<j\leqslant 2}(x_j-x_i),$$

所以,当 $n=2$ 时(3)式成立.

现假设(3)式对 $n-1$ 阶范德蒙德行列式成立,要证明(3)式对 n 阶行列式也成立.为此,从第 n 行开始,后行减去前行的 x_1 倍,有

$$D_n=\begin{vmatrix}1&1&1&\cdots&1\\0&x_2-x_1&x_3-x_1&\cdots&x_n-x_1\\0&x_2(x_2-x_1)&x_3(x_3-x_1)&\cdots&x_n(x_n-x_1)\\\vdots&\vdots&\vdots&&\vdots\\0&x_2^{n-2}(x_2-x_1)&x_3^{n-2}(x_3-x_1)&\cdots&x_n^{n-2}(x_n-x_1)\end{vmatrix}.$$

按第一列展开,并把每列的公因子 (x_i-x_1) 提出,就有

$$D_n=(x_2-x_1)(x_3-x_1)\cdots(x_n-x_1)\begin{vmatrix}1&1&\cdots&1\\x_2&x_3&\cdots&x_n\\\vdots&\vdots&&\vdots\\x_2^{n-2}&x_3^{n-2}&\cdots&x_n^{n-2}\end{vmatrix}.$$

上式右端的行列式是一个 $n-1$ 阶范德蒙德行列式，按归纳法假设，它等于所有 (x_j-x_i) 因子的乘积，其中 $2\leqslant i<j\leqslant n$. 故

$$\begin{aligned}D_n&=(x_2-x_1)(x_3-x_1)\cdots(x_n-x_1)\prod_{2\leqslant i<j\leqslant n}(x_j-x_i)\\&=\prod_{1\leqslant i<j\leqslant n}(x_j-x_i).\end{aligned}$$

行列式在几何中有许多应用，下面仅举一个简单的例子.

例 6 证明：通过平面上两个不同定点 $A(x_1,y_1)$，$B(x_2,y_2)$ 的直线方程为

$$\begin{vmatrix}1&x&y\\1&x_1&y_1\\1&x_2&y_2\end{vmatrix}=0,$$

且平面上的三个不同点 $A(x_1,y_1)$，$B(x_2,y_2)$，$C(x_3,y_3)$ 不共线的充要条件为

$$\begin{vmatrix}1&x_1&y_1\\1&x_2&y_2\\1&x_3&y_3\end{vmatrix}\neq 0.$$

证 将行列式 $D=\begin{vmatrix}1&x&y\\1&x_1&y_1\\1&x_2&y_2\end{vmatrix}$ 按第一行展开，

$$D(x,y)=\begin{vmatrix}1&x&y\\1&x_1&y_1\\1&x_2&y_2\end{vmatrix}=-\begin{vmatrix}1&y_1\\1&y_2\end{vmatrix}x+\begin{vmatrix}1&x_1\\1&x_2\end{vmatrix}y+\begin{vmatrix}x_1&y_1\\x_2&y_2\end{vmatrix},$$

在平面解析几何中，

$$-\begin{vmatrix}1&y_1\\1&y_2\end{vmatrix}x+\begin{vmatrix}1&x_1\\1&x_2\end{vmatrix}y+\begin{vmatrix}x_1&y_1\\x_2&y_2\end{vmatrix}=0$$

表示平面上的直线方程，将 $A(x_1,y_1)$ 及 $B(x_2,y_2)$ 代入 $D(x,y)$，由行列式的性质可知

$$D(x_1,y_1)=D(x_2,y_2)=0,$$

故 $\begin{vmatrix} 1 & x & y \\ 1 & x_1 & y_1 \\ 1 & x_2 & y_2 \end{vmatrix}=0$ 表示通过点 $A(x_1,y_1)$，$B(x_2,y_2)$ 的直线方程.

由此知平面上的三个不同点 $A(x_1,y_1)$，$B(x_2,y_2)$，$C(x_3,y_3)$ 不共线的充要条件为

$$\begin{vmatrix} 1 & x_1 & y_1 \\ 1 & x_2 & y_2 \\ 1 & x_3 & y_3 \end{vmatrix} \neq 0.$$

习题 2-4

1. 求行列式

$$D=|\boldsymbol{A}|=\begin{vmatrix} -3 & 1 & 0 \\ 2 & 1 & -1 \\ 1 & 0 & 1 \end{vmatrix}$$

的每个元的代数余子式；并写出 D 对第二行和第三列的展开式.

2. 计算下列行列式.

(1)

$$D_{2n}=\begin{vmatrix} a & 0 & 0 & \cdots & 0 & 0 & b \\ 0 & a & 0 & \cdots & 0 & b & 0 \\ 0 & 0 & a & \cdots & b & 0 & 0 \\ \vdots & \vdots & \vdots & & \vdots & \vdots & \vdots \\ 0 & 0 & b & \cdots & a & 0 & 0 \\ 0 & b & 0 & \cdots & 0 & a & 0 \\ b & 0 & 0 & \cdots & 0 & 0 & a \end{vmatrix};$$

(2)

$$D_n=\begin{vmatrix} a & & 1 \\ & \ddots & \\ 1 & & a \end{vmatrix};$$

（其中对角线上元都是 a，未写出的元都是 0.）

(3)

$$D_n=\begin{vmatrix} 1 & 2 & 2 & \cdots & 2 & 2 \\ 2 & 2 & 2 & \cdots & 2 & 2 \\ 2 & 2 & 3 & \cdots & 2 & 2 \\ \vdots & \vdots & \vdots & & \vdots & \vdots \\ 2 & 2 & 2 & \cdots & n-1 & 2 \\ 2 & 2 & 2 & \cdots & 2 & n \end{vmatrix} \quad (n\geqslant 2);$$

(4)

$$D_n=\begin{vmatrix} x & y & 0 & \cdots & 0 & 0 \\ 0 & x & y & \cdots & 0 & 0 \\ 0 & 0 & x & \cdots & 0 & 0 \\ \vdots & \vdots & \vdots & & \vdots & \vdots \\ 0 & 0 & 0 & \cdots & x & y \\ y & 0 & 0 & \cdots & 0 & x \end{vmatrix};$$

(5)

$$D_n=\begin{vmatrix} 1+a_1 & 1 & 1 & \cdots & 1 \\ 1 & 1+a_2 & 1 & \cdots & 1 \\ 1 & 1 & 1+a_3 & \cdots & 1 \\ \vdots & \vdots & \vdots & & \vdots \\ 1 & 1 & 1 & \cdots & 1+a_n \end{vmatrix}\quad (\text{其中 } a_i\neq 0, i=1,2,\cdots,n).$$

3. 证明

$$\begin{vmatrix} x & -1 & 0 & \cdots & 0 & 0 \\ 0 & x & -1 & \cdots & 0 & 0 \\ \vdots & \vdots & \vdots & & \vdots & \vdots \\ 0 & 0 & 0 & \cdots & x & -1 \\ a_n & a_{n-1} & a_{n-2} & \cdots & a_2 & x+a_1 \end{vmatrix}=x^n+a_1x^{n-1}+\cdots+a_{n-1}x+a_n.$$

第五节　克拉默法则

对方程个数与未知量的个数相等的如下的线性方程组

$$\begin{cases} a_{11}x_1+a_{12}x_2+\cdots+a_{1n}x_n=b_1, \\ a_{21}x_1+a_{22}x_2+\cdots+a_{2n}x_n=b_2, \\ \cdots\cdots\cdots\cdots \\ a_{n1}x_1+a_{n2}x_2+\cdots+a_{nn}x_n=b_n, \end{cases}\tag{1}$$

与二、三元线性方程组类似，在一定的条件下，它的解可用 n 阶行列式表示，即有

定理 1（克拉默法则）　如果线性方程组(1)的系数矩阵

$$\boldsymbol{A}=\begin{pmatrix} a_{11} & a_{12} & \cdots & a_{1n} \\ a_{21} & a_{22} & \cdots & a_{2n} \\ \vdots & \vdots & & \vdots \\ a_{n1} & a_{n2} & \cdots & a_{nn} \end{pmatrix}\tag{2}$$

的行列式 $D=|\boldsymbol{A}|\neq 0$，那么线性方程组(1)有解，并且解是唯一的，解可以通过系数与常数项表示为

$$(x_1,x_2,\cdots,x_n)^{\mathrm{T}}=\left(\frac{D_1}{D},\frac{D_2}{D},\cdots,\frac{D_n}{D}\right)^{\mathrm{T}}, \tag{3}$$

其中 D_j 是把矩阵 $\boldsymbol{A}$ 中的第 j 列换成方程组的常数项 $b_1,b_2,\cdots,b_n$ 所成的矩阵的行列式，即

$$D_j=\begin{vmatrix} a_{11} & \cdots & a_{1,j-1} & b_1 & a_{1,j+1} & \cdots & a_{1n} \\ a_{21} & \cdots & a_{2,j-1} & b_2 & a_{2,j+1} & \cdots & a_{2n} \\ \vdots & & \vdots & \vdots & \vdots & & \vdots \\ a_{n1} & \cdots & a_{n,j-1} & b_n & a_{n,j+1} & \cdots & a_{nn} \end{vmatrix},\ j=1,2,\cdots,n. \tag{4}$$

注意，将行列式 D_j 按第 j 列展开，显然

$$D_j=b_1A_{1j}+b_2A_{2j}+\cdots+b_nA_{nj},$$

其中 $A_{ij}(i=1,2,\cdots,n)$ 是矩阵 $\boldsymbol{A}$ 中元 a_{ij} 的代数余子式. 定理 1 中包含三个结论：① 方程组有解；② 解是唯一的；③ 解由公式(3)给出. 这三个结论是有联系的，定理的证明步骤是

(1) 把$\left(\frac{D_1}{D},\frac{D_2}{D},\cdots,\frac{D_n}{D}\right)^{\mathrm{T}}$代入方程组，验证它确实是解；

(2) 假如方程组有解，证明它的解必由公式(3)给出.

但是根据已有的知识来证明这一定理略嫌繁琐. 在保证不出现循环论证的前提下，下一章我们将用矩阵的方法给出该定理的一个较简洁的证明.

例 1 已知三次曲线 $y=f(x)=a_0+a_1x+a_2x^2+a_3x^3$ 在 4 个点 $x=\pm1$，$x=\pm2$ 处的值：$f(1)=f(-1)=f(2)=6$，$f(-2)=-6$，试求其系数 a_0,a_1,a_2,a_3.

解 将三次曲线在 4 个点处的值代入方程，得到关于 a_0,a_1,a_2,a_3 的非齐次线性方程组

$$\begin{cases} a_0+a_1+a_2+a_3=6, \\ a_0+(-1)a_1+(-1)^2a_2+(-1)^3a_3=6, \\ a_0+2a_1+2^2a_2+2^3a_3=6, \\ a_0+(-2)a_1+(-2)^2a_2+(-2)^3a_3=-6. \end{cases}$$

它的系数矩阵所对应的行列式为

$$D=|\boldsymbol{A}|=\begin{vmatrix} 1 & 1 & 1 & 1 \\ 1 & -1 & (-1)^2 & (-1)^3 \\ 1 & 2 & 2^2 & 2^3 \\ 1 & -2 & (-2)^2 & (-2)^3 \end{vmatrix}=\begin{vmatrix} 1 & 1 & 1 & 1 \\ 1 & -1 & 2 & -2 \\ 1 & (-1)^2 & 2^2 & (-2)^2 \\ 1 & (-1)^3 & 2^3 & (-2)^3 \end{vmatrix}$$

$$=(-1-1)(2-1)(-2-1)(2+1)(-2+1)(-2-2)=72.$$

于是,由克拉默法则可得三次曲线方程的系数 $a_j=\dfrac{D_j}{D}, j=0,1,2,3$,其中

$$D_0=\begin{vmatrix}6&1&1&1\\6&-1&1&-1\\6&2&4&8\\-6&-2&4&-8\end{vmatrix}=576,\qquad D_1=\begin{vmatrix}1&6&1&1\\1&6&1&-1\\1&6&4&8\\1&-6&4&-8\end{vmatrix}=-72,$$

$$D_2=\begin{vmatrix}1&1&6&1\\1&-1&6&-1\\1&2&6&8\\1&-2&-6&-8\end{vmatrix}=-144,\qquad D_3=\begin{vmatrix}1&1&1&6\\1&-1&1&6\\1&2&4&6\\1&-2&4&-6\end{vmatrix}=72,$$

所以 $a_0=8, a_1=-1, a_2=-2, a_3=1$.这是唯一解,因此过上述4点所唯一确定的三次曲线方程为

$$f(x)=8-x-2x^2+x^3.$$

定理1的逆否定理为

定理1′ 如果线性方程组(1)无解或至少有两个不同的解,则它的系数行列式必为零.

对于齐次线性方程组

$$\begin{cases}a_{11}x_1+a_{12}x_2+\cdots+a_{1n}x_n=0,\\a_{21}x_1+a_{22}x_2+\cdots+a_{2n}x_n=0,\\\quad\cdots\cdots\cdots\cdots\\a_{n1}x_1+a_{n2}x_2+\cdots+a_{nn}x_n=0,\end{cases}\tag{5}$$

显然$(0,0,\cdots,0)^{\mathrm T}$一定是解,称为**零解**.对于齐次线性方程组(5),我们常常关心的问题是,它除零解外还有没有其他解,或者说有没有非零解.

将克拉默法则用于齐次线性方程组(5),可得

定理2 如果齐次线性方程组(5)的系数矩阵的行列式 $D=|\boldsymbol{A}|\neq 0$,那么它只有零解;也就是说,如果方程组(5)有非零解,那么必有 $D=|\boldsymbol{A}|=0$.

证 因为行列式 D_j 中有一列全为零,所以

$$D_j=0,\qquad j=1,2,\cdots,n.$$

由克拉默法则,它的唯一解为

$$\left(\frac{D_1}{D},\frac{D_2}{D},\cdots,\frac{D_n}{D}\right)^{\mathrm T}=(0,0,\cdots,0)^{\mathrm T}.$$

定理2告诉我们,方程组(5)的系数矩阵 $\boldsymbol{A}$ 的行列式 $D=|\boldsymbol{A}|=0$ 是方程组(5)有非零解的必要条件,第4章中还将证明这个条件也是充分的.

例2 问 λ 为何值时,齐次线性方程组

$$\begin{cases} x_1 + \lambda x_2 + x_3 = 0, \\ x_1 - x_2 + x_3 = 0, \\ \lambda x_1 + x_2 + 2x_3 = 0 \end{cases}$$

有非零解?

解 由定理 2,如果方程组有非零解,那么它的系数矩阵的行列式

$$D = |\boldsymbol{A}| = \begin{vmatrix} 1 & \lambda & 1 \\ 1 & -1 & 1 \\ \lambda & 1 & 2 \end{vmatrix} = -(1+\lambda)(2-\lambda) = 0.$$

由此得,$\lambda=-1$ 或 $\lambda=2$.

容易验证,当 $\lambda=-1$ 或 $\lambda=2$ 时,方程组确有非零解.

用克拉默法则求解系数矩阵的行列式不为零的 n 元非齐次线性方程组,需计算 $n+1$ 个 n 阶行列式,其计算工作量很大.实际上,对于各种类型的数字系数的线性方程组,一般都采用第 1 章中介绍的消元法求解.克拉默法则主要是有一定的理论意义,特别是它给出了方程组的解与系数间的明显关系.

习题 2-5

1. 利用克拉默法则解下列方程组.

(1) $\begin{cases} x_1 + x_2 - 2x_3 = -2, \\ x_2 + 2x_3 = 1, \\ x_1 - x_2 = 2; \end{cases}$ (2) $\begin{cases} 2x_1 + 2x_2 - x_3 + x_4 = 4, \\ 4x_1 + 3x_2 - x_3 + 2x_4 = 6, \\ 8x_1 + 5x_2 - 3x_3 + 4x_4 = 12, \\ 3x_1 + 3x_2 - 2x_3 + 2x_4 = 6. \end{cases}$

2. 问 λ 为何值时,齐次线性方程组

$$\begin{cases} (5-\lambda)x + 2y + 2z = 0, \\ 2x + (6-\lambda)y = 0, \\ 2x + (4-\lambda)z = 0 \end{cases}$$

有非零解?

3. 某公司人员有主管与职员两类,其月薪分别为 5 000 元与 2 500 元,以前公司每月工资支出 6 万元,现在经营状况不佳,为将月工资支出减少到 3.8 万元,公司决定将主管月薪降至 4 000 元,并裁减$\frac{2}{5}$职员,问公司原有主管与职员各多少人?

第 2 章总习题

1. 选择题

(1) 如果 $\begin{vmatrix} a_{11} & a_{12} & a_{13} \\ a_{21} & a_{22} & a_{23} \\ a_{31} & a_{32} & a_{33} \end{vmatrix} = 2$,则 $\begin{vmatrix} 2a_{11} & 2a_{12} & 2a_{13} \\ 2a_{21} & 2a_{22} & 2a_{23} \\ 2a_{31} & 2a_{32} & 2a_{33} \end{vmatrix} =$ ( ).

(A) 2 (B) 4 (C) 12 (D) 16

(2) 已知 4 阶方阵 $\boldsymbol{A}$,其第三列元分别为 1,3,-2,2,它们的余子式的值分别为 3,-2,1,1,则行列式 $|\boldsymbol{A}| =$ ( ).

(A) 5 (B) -5 (C) -3 (D) 3

2. 设 $|\boldsymbol{A}| = \begin{vmatrix} 1 & 2 & 3 & 4 & 5 \\ 7 & 7 & 7 & 3 & 3 \\ 3 & 2 & 4 & 5 & 2 \\ 3 & 3 & 3 & 2 & 2 \\ 4 & 6 & 5 & 2 & 3 \end{vmatrix}$,则 $A_{31}+A_{32}+A_{33}=$ ________;$A_{34}+A_{35}=$ ________.

3. 计算下列 n 阶行列式.

(1) $\begin{vmatrix} 1 & 2 & 3 & \cdots & n \\ 2 & 3 & 4 & \cdots & 1 \\ 3 & 4 & 5 & \cdots & 2 \\ \vdots & \vdots & \vdots & & \vdots \\ n & 1 & 2 & \cdots & n-1 \end{vmatrix}$;

(2) $\begin{vmatrix} x & a & a & \cdots & a & a \\ -a & x & a & \cdots & a & a \\ -a & -a & x & \cdots & a & a \\ \vdots & \vdots & \vdots & & \vdots & \vdots \\ -a & -a & -a & \cdots & -a & x \end{vmatrix}$;

(3) $\begin{vmatrix} 1 & 1 & \cdots & 1 & -n \\ 1 & 1 & \cdots & -n & 1 \\ \vdots & \vdots & & \vdots & \vdots \\ 1 & -n & \cdots & 1 & 1 \\ -n & 1 & \cdots & 1 & 1 \end{vmatrix}$.

4. 证明 $\begin{vmatrix} \cos\alpha & 1 & & & \\ 1 & 2\cos\alpha & 1 & & \\ & \ddots & \ddots & \ddots & \\ & & 1 & 2\cos\alpha & 1 \\ & & & 1 & 2\cos\alpha \end{vmatrix} = \cos n\alpha$.

5. 某电器公司销售三种电器,其销售原则是,每种电器 10 台以下不打折,10 台及 10 台以上打 9.5 折,20 台及 20 台以上打 9 折,有三家公司来采购电器,其数量与总价见下表:

公司	电器			总价
	甲	乙	丙	
1	10	20	15	21 350
2	20	10	10	17 650
3	20	30	20	31 500

问各电器原价为多少？

6. 问 λ,μ 为何值时，齐次线性方程组$\begin{cases}\lambda x_1 + x_2 + x_3 = 0, \\ x_1 + \mu x_2 + x_3 = 0, \\ x_1 + 2\mu x_2 + x_3 = 0\end{cases}$有非零解？

第3章 矩阵的运算

第一节 矩阵的概念及运算

一、矩阵的概念

在第1章有关线性方程组的初步讨论中,引出了矩阵的概念及矩阵的初等变换的运算.我们已经看到,线性方程组的一些性质反映在它的系数矩阵和增广矩阵上,解线性方程组的过程也表现为变换这些矩阵的过程.除线性方程组外,还有大量的各种各样问题也都提出矩阵的概念,且这些问题的研究常常表现为对矩阵的某些方面的研究.甚至于某些性质上完全不同的、表面上无联系的问题,归结成矩阵后却是相同的,这就使得矩阵成为数学中一个极其重要的概念,且在自然科学和经济管理领域中得到广泛的应用.这一章主要是引入矩阵的运算,并讨论其基本性质.

为了加深对矩阵概念的理解,下面我们再介绍一些产生矩阵概念的背景.

例1 某企业生产3种产品,各产品的季度产值可用数表3-1表示.

表3-1

季度	产值		
	产品1	产品2	产品3
1	20	13	9
2	23	17	7
3	27	21	6
4	18	16	11

这张表可简单地表示成矩阵

$$\begin{pmatrix} 20 & 13 & 9 \\ 23 & 17 & 7 \\ 27 & 21 & 6 \\ 18 & 16 & 11 \end{pmatrix}.$$

例 2　设某省有 m 个产煤地 $A_1,\cdots,A_m$,它们所产的煤有 n 个销地 $B_1,\cdots,B_n$,那么一个调运方案就可用一个矩阵

$$\begin{pmatrix} a_{11} & a_{12} & \cdots & a_{1n} \\ a_{21} & a_{22} & \cdots & a_{2n} \\ \vdots & \vdots & & \vdots \\ a_{m1} & a_{m2} & \cdots & a_{mn} \end{pmatrix}$$

来表示,其中 a_{ij} 表示由产地 A_i 运到销地 B_j 的数量($i=1,2,\cdots,m;j=1,2,\cdots,n$).

例 3　四个城市间的单向航线如图 3-1 所示,若令

$$a_{ij}=\begin{cases} 1, & \text{从 } i \text{ 市到 } j \text{ 市有一条单向航线}, \\ 0, & \text{从 } i \text{ 市到 } j \text{ 市没有单向航线}, \end{cases}$$

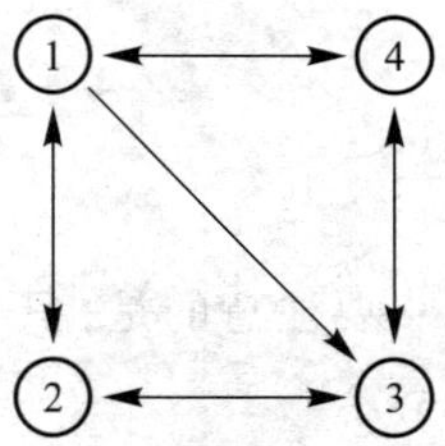

图 3-1

则图 3-1 可用矩阵表示为

$$\boldsymbol{A}=(a_{ij})=\begin{pmatrix} 0 & 1 & 1 & 1 \\ 1 & 0 & 1 & 0 \\ 0 & 1 & 0 & 1 \\ 1 & 0 & 1 & 0 \end{pmatrix}.$$

一般地,若干个点之间的单向通道都可用这样的矩阵表示.

例 4　二次曲线的一般方程为

$$ax^2+2bxy+cy^2+2dx+2ey+f=0. \tag{1}$$

(1)式左端可以用表

	x	y	1
x	a	b	d
y	b	c	e
1	d	e	f

来表示.其中每一个数就是它所在行和列所对应的 x,y 或 1 的乘积的系数,而(1)式的左端即为按这样的约定所形成的项之和.也就是说,只要规定了 $x,y,1$ 的顺序,(1)的左端就可用矩阵

$$\begin{pmatrix} a & b & d \\ b & c & e \\ d & e & f \end{pmatrix}$$

来表示.

总之,许多问题都可用矩阵表示,读者可根据自己所接触的问题思考一下,哪些是可用矩阵来表示的.

二、矩阵的线性运算

1. 矩阵的加法

定义 1 设有两个 $m\times n$ 的矩阵 $\boldsymbol{A}=(a_{ij})$ 和 $\boldsymbol{B}=(b_{ij})$,那么矩阵 $\boldsymbol{A}$ 与矩阵 $\boldsymbol{B}$ 的和记作 $\boldsymbol{A}+\boldsymbol{B}$,规定为

$$\boldsymbol{A}+\boldsymbol{B}=\begin{pmatrix} a_{11}+b_{11} & a_{12}+b_{12} & \cdots & a_{1n}+b_{1n} \\ a_{21}+b_{21} & a_{22}+b_{22} & \cdots & a_{2n}+b_{2n} \\ \vdots & \vdots & & \vdots \\ a_{m1}+b_{m1} & a_{m2}+b_{m2} & \cdots & a_{mn}+b_{mn} \end{pmatrix}.$$

要注意的是,只有当两个矩阵是同型矩阵时,这两个矩阵才能进行加法运算.

显然,矩阵的加法运算满足下列运算规律(设 $\boldsymbol{A},\boldsymbol{B},\boldsymbol{C}$ 都是 $m\times n$ 矩阵):

(1) $\boldsymbol{A}+\boldsymbol{B}=\boldsymbol{B}+\boldsymbol{A}$.

(2) $(\boldsymbol{A}+\boldsymbol{B})+\boldsymbol{C}=\boldsymbol{A}+(\boldsymbol{B}+\boldsymbol{C})$.

设矩阵 $\boldsymbol{A}=(a_{ij})$,记 $-\boldsymbol{A}=(-a_{ij})$,$-\boldsymbol{A}$ 称为矩阵 $\boldsymbol{A}$ 的负矩阵,显然有

(3) $\boldsymbol{A}+(-\boldsymbol{A})=\boldsymbol{0}$.

由此可规定矩阵的减法为

$$\boldsymbol{A}-\boldsymbol{B}=\boldsymbol{A}+(-\boldsymbol{B}).$$

2. 数与矩阵相乘

定义 2 数 λ 与矩阵 $\boldsymbol{A}$ 的乘积记作 $\lambda\boldsymbol{A}$ 或 $\boldsymbol{A}\lambda$,规定为

$$\lambda\boldsymbol{A}=\boldsymbol{A}\lambda=\begin{pmatrix} \lambda a_{11} & \lambda a_{12} & \cdots & \lambda a_{1n} \\ \lambda a_{21} & \lambda a_{22} & \cdots & \lambda a_{2n} \\ \vdots & \vdots & & \vdots \\ \lambda a_{m1} & \lambda a_{m2} & \cdots & \lambda a_{mn} \end{pmatrix}.$$

数乘矩阵满足下列运算规律(设 $\boldsymbol{A},\boldsymbol{B}$ 为 $m\times n$ 矩阵,λ,μ 为数):

(4) $(\lambda\mu)\boldsymbol{A}=\lambda(\mu\boldsymbol{A})$.

(5) $(\lambda+\mu)\boldsymbol{A}=\lambda\boldsymbol{A}+\mu\boldsymbol{A}$.

(6) $\lambda(\boldsymbol{A}+\boldsymbol{B})=\lambda\boldsymbol{A}+\lambda\boldsymbol{B}$.

(7) $1\cdot\boldsymbol{A}=\boldsymbol{A}$.

(8) $\lambda\boldsymbol{A}=\boldsymbol{0}$当且仅当 $\lambda=0$ 或 $\boldsymbol{A}=\boldsymbol{0}$.

矩阵的加法运算与数乘运算统称为矩阵的**线性运算**.

三、矩阵的乘法

定义 3 设 $\boldsymbol{A}=(a_{ij})_{m\times s}$,$\boldsymbol{B}=(b_{ij})_{s\times n}$,那么规定:矩阵 $\boldsymbol{A}$ 与矩阵 $\boldsymbol{B}$ 的乘积是一个 $m\times n$ 矩阵 $\boldsymbol{C}=(c_{ij})$,其中

$$\begin{aligned}c_{ij}&=a_{i1}b_{1j}+a_{i2}b_{2j}+\cdots+a_{is}b_{sj}\\&=\sum_{k=1}^{s}a_{ik}b_{kj}\quad(i=1,2,\cdots,m;j=1,2,\cdots,n),\end{aligned}$$

并把此乘积记作 $\boldsymbol{C}=\boldsymbol{AB}$.

由此定义,一个 $1\times s$ 的行矩阵与一个 $s\times1$ 的列矩阵的乘积是一个 1 阶方阵,也就是一个数,即

$$(a_{i1},a_{i2},\cdots,a_{is})\begin{pmatrix}b_{1j}\\b_{2j}\\\vdots\\b_{sj}\end{pmatrix}=a_{i1}b_{1j}+a_{i2}b_{2j}+\cdots+a_{is}b_{sj}=\sum_{k=1}^{s}a_{ik}b_{kj}=c_{ij}.$$

由此可知,矩阵 $\boldsymbol{AB}=\boldsymbol{C}$ 的第 i 行和第 j 列交叉处的元 c_{ij} 就是 $\boldsymbol{A}$ 的第 i 行与 $\boldsymbol{B}$ 的第 j 列的乘积.

注意:只有当第一个矩阵(左矩阵)的列数等于第二个矩阵(右矩阵)的行数时,乘积 $\boldsymbol{AB}$ 才是有意义的;并且 $\boldsymbol{AB}$ 的行数等于第一个矩阵 $\boldsymbol{A}$ 的行数,$\boldsymbol{AB}$ 的列数等于第二个矩阵 $\boldsymbol{B}$ 的列数.

例 5 $\boldsymbol{A}=\begin{pmatrix}1\\2\\3\end{pmatrix}$,$\boldsymbol{B}=(4\quad5\quad6)$,求 $\boldsymbol{AB}$,$\boldsymbol{BA}$.

解 $\boldsymbol{AB}=\begin{pmatrix}1\\2\\3\end{pmatrix}(4\quad5\quad6)=\begin{pmatrix}1\times4&1\times5&1\times6\\2\times4&2\times5&2\times6\\3\times4&3\times5&3\times6\end{pmatrix}=\begin{pmatrix}4&5&6\\8&10&12\\12&15&18\end{pmatrix}$.

$$\boldsymbol{BA}=(4\quad5\quad6)\begin{pmatrix}1\\2\\3\end{pmatrix}=4\times1+5\times2+6\times3=32.$$

显然 $\boldsymbol{AB}\neq\boldsymbol{BA}$.

例 6 设 $\boldsymbol{A}=\begin{pmatrix}1&2&3\\3&0&1\end{pmatrix}$，$\boldsymbol{B}=\begin{pmatrix}4&0&1\\2&1&1\\-1&2&2\end{pmatrix}$，求 $\boldsymbol{AB}$，并问 $\boldsymbol{BA}$ 是否有意义？

解

$$\boldsymbol{AB}=\begin{pmatrix}1&2&3\\3&0&1\end{pmatrix}\begin{pmatrix}4&0&1\\2&1&1\\-1&2&2\end{pmatrix}$$

$$=\begin{pmatrix}1\times4+2\times2+3\times(-1)&1\times0+2\times1+3\times2&1\times1+2\times1+3\times2\\3\times4+0\times2+1\times(-1)&3\times0+0\times1+1\times2&3\times1+0\times1+1\times2\end{pmatrix}$$

$$=\begin{pmatrix}5&8&9\\11&2&5\end{pmatrix}.$$

显然 $\boldsymbol{BA}$ 无意义.

例 7 设 $\boldsymbol{A}=\begin{pmatrix}-2&4\\1&-2\end{pmatrix}$，$\boldsymbol{B}=\begin{pmatrix}2&4\\-3&-6\end{pmatrix}$，求 $\boldsymbol{AB}$，$\boldsymbol{BA}$.

解 $$\boldsymbol{AB}=\begin{pmatrix}-2&4\\1&-2\end{pmatrix}\begin{pmatrix}2&4\\-3&-6\end{pmatrix}=\begin{pmatrix}-16&-32\\8&16\end{pmatrix}.$$

$$\boldsymbol{BA}=\begin{pmatrix}2&4\\-3&-6\end{pmatrix}\begin{pmatrix}-2&4\\1&-2\end{pmatrix}=\begin{pmatrix}0&0\\0&0\end{pmatrix}.$$

注：(1) 在例 6 中，$\boldsymbol{A}$ 是 2×3 矩阵，$\boldsymbol{B}$ 是 3×3 矩阵，乘积 $\boldsymbol{AB}$ 有意义，而 $\boldsymbol{BA}$ 却没有意义.因此，在矩阵乘法中，必须注意矩阵相乘的顺序.$\boldsymbol{AB}$ 是 $\boldsymbol{A}$ 左乘 $\boldsymbol{B}$ 的乘积，$\boldsymbol{BA}$ 是 $\boldsymbol{A}$ 右乘 $\boldsymbol{B}$ 的乘积，$\boldsymbol{AB}$ 有意义时，$\boldsymbol{BA}$ 可以没有意义.

(2) 在例 5 中，$\boldsymbol{A}$ 是 3×1 矩阵，$\boldsymbol{B}$ 是 1×3 矩阵，$\boldsymbol{AB}$ 与 $\boldsymbol{BA}$ 均有意义，但 $\boldsymbol{AB}\neq\boldsymbol{BA}$.一般地，$\boldsymbol{A}=(a_{ij})_{m\times n}$，$\boldsymbol{B}=(b_{ij})_{n\times m}$，这时 $\boldsymbol{AB}$ 与 $\boldsymbol{BA}$ 均有意义.若 $m\neq n$，一定有 $\boldsymbol{AB}\neq\boldsymbol{BA}$；若 $m=n$，则例 7 告诉我们，仍有可能 $\boldsymbol{AB}\neq\boldsymbol{BA}$.

总之，一般说来，$\boldsymbol{AB}\neq\boldsymbol{BA}$，即矩阵的乘法不满足交换律.

例 7 还表明，矩阵 $\boldsymbol{A}\neq\boldsymbol{0}$，$\boldsymbol{B}\neq\boldsymbol{0}$，却有 $\boldsymbol{BA}=\boldsymbol{0}$.这就提醒我们：若有两个矩阵 $\boldsymbol{A}$，$\boldsymbol{B}$ 满足 $\boldsymbol{AB}=\boldsymbol{0}$，不能轻易得出 $\boldsymbol{A}=\boldsymbol{0}$ 或 $\boldsymbol{B}=\boldsymbol{0}$ 的结论；也就是说，当 $\boldsymbol{AB}=\boldsymbol{AC}$，且 $\boldsymbol{A}\neq\boldsymbol{0}$ 时，一般情况下不能推出 $\boldsymbol{B}=\boldsymbol{C}$.

不过，在有些情况下，也可能有 $\boldsymbol{AB}=\boldsymbol{BA}$.

例如 $\boldsymbol{A}=\begin{pmatrix}1&1\\0&1\end{pmatrix}$，$\boldsymbol{B}=\begin{pmatrix}x_1&x_2\\0&x_1\end{pmatrix}$，不难验证：

$$\boldsymbol{AB}=\boldsymbol{BA}=\begin{pmatrix} x_1 & x_1+x_2 \\ 0 & x_1 \end{pmatrix}.$$

一般地,如果方阵 $\boldsymbol{A}$,$\boldsymbol{B}$ 的乘积与次序无关,即 $\boldsymbol{AB}=\boldsymbol{BA}$,称方阵 $\boldsymbol{A}$ 与 $\boldsymbol{B}$ 可交换.

矩阵的乘法虽不满足交换律,但仍满足下列结合律和分配律(假设运算都是可行的):

(1) $(\boldsymbol{AB})\boldsymbol{C}=\boldsymbol{A}(\boldsymbol{BC})$;

(2) $\lambda(\boldsymbol{AB})=(\lambda\boldsymbol{A})\boldsymbol{B}=\boldsymbol{A}(\lambda\boldsymbol{B})$(其中 λ 为数);

(3) $\boldsymbol{A}(\boldsymbol{B}+\boldsymbol{C})=\boldsymbol{AB}+\boldsymbol{AC}$,

$(\boldsymbol{B}+\boldsymbol{C})\boldsymbol{A}=\boldsymbol{BA}+\boldsymbol{CA}$.

有了矩阵的乘法,可以将线性方程组简洁地表示成一个矩阵等式.

例 8　证明线性方程组

$$\begin{cases} a_{11}x_1+a_{12}x_2+\cdots+a_{1n}x_n=b_1, \\ a_{21}x_1+a_{22}x_2+\cdots+a_{2n}x_n=b_2, \\ \cdots\cdots\cdots\cdots \\ a_{m1}x_1+a_{m2}x_2+\cdots+a_{mn}x_n=b_m \end{cases} \tag{2}$$

可以表示成

$$\boldsymbol{Ax}=\boldsymbol{b}$$

的形式,其中 $\boldsymbol{A}$ 是方程组的系数矩阵,

$$\boldsymbol{x}=\begin{pmatrix} x_1 \\ \vdots \\ x_n \end{pmatrix},\quad \boldsymbol{b}=\begin{pmatrix} b_1 \\ \vdots \\ b_m \end{pmatrix}.$$

证　因为

$$\boldsymbol{Ax}=\begin{pmatrix} a_{11} & a_{12} & \cdots & a_{1n} \\ a_{21} & a_{22} & \cdots & a_{2n} \\ \vdots & \vdots & & \vdots \\ a_{m1} & a_{m2} & \cdots & a_{mn} \end{pmatrix}\begin{pmatrix} x_1 \\ x_2 \\ \vdots \\ x_n \end{pmatrix}=\begin{pmatrix} a_{11}x_1+a_{12}x_2+\cdots+a_{1n}x_n \\ a_{21}x_1+a_{22}x_2+\cdots+a_{2n}x_n \\ \vdots \\ a_{m1}x_1+a_{m2}x_2+\cdots+a_{mn}x_n \end{pmatrix},$$

根据矩阵相等的定义,即知(2)可表示成 $\boldsymbol{Ax}=\boldsymbol{b}$ 的形式.

例如,线性方程组

$$\begin{cases} x_1+2x_2-x_3=2, \\ 4x_1-3x_2+5x_3=0 \end{cases}$$

可写成

$$\begin{pmatrix}1 & 2 & -1\\4 & -3 & 5\end{pmatrix}\begin{pmatrix}x_1\\x_2\\x_3\end{pmatrix}=\begin{pmatrix}2\\0\end{pmatrix}.$$

例 9 设变量 $y_1,y_2,\cdots,y_m$ 均可表示成变量 $x_1,x_2,\cdots,x_n$ 的线性函数,即

$$\begin{cases}y_1=a_{11}x_1+a_{12}x_2+\cdots+a_{1n}x_n,\\y_2=a_{21}x_1+a_{22}x_2+\cdots+a_{2n}x_n,\\\cdots\cdots\cdots\cdots\\y_m=a_{m1}x_1+a_{m2}x_2+\cdots+a_{mn}x_n,\end{cases}\tag{3}$$

其中 a_{ij} 为常数($i=1,2,\cdots,m;j=1,2,\cdots,n$).(3)式称为从变量 $x_1,x_2,\cdots,x_n$ 到变量 $y_1,y_2,\cdots,y_m$ 的**线性变换**.

令 $\boldsymbol{A}=(a_{ij})$, $\boldsymbol{x}=\begin{pmatrix}x_1\\\vdots\\x_n\end{pmatrix}$, $\boldsymbol{y}=\begin{pmatrix}y_1\\\vdots\\y_m\end{pmatrix}$,利用矩阵的乘法,则线性变换(3)可写成矩阵形式:$\boldsymbol{y}=\boldsymbol{A}\boldsymbol{x}$.这里 $\boldsymbol{A}$ 称为该线性变换的矩阵.

利用矩阵的乘法和矩阵乘法的结合律,可以方便地连续施行线性变换.

例 10 已知两个线性变换

$$\begin{cases}x_1=2y_1+y_3,\\x_2=-2y_1+3y_2+2y_3,\\x_3=4y_1+y_2+5y_3,\end{cases}\qquad\begin{cases}y_1=-3z_1+z_2,\\y_2=2z_1+z_3,\\y_3=-z_2+3z_3.\end{cases}$$

求从 z_1,z_2,z_3 到 x_1,x_2,x_3 的线性变换.

解 上述两个线性变换的矩阵分别为

$$\boldsymbol{A}=\begin{pmatrix}2 & 0 & 1\\-2 & 3 & 2\\4 & 1 & 5\end{pmatrix},\qquad\boldsymbol{B}=\begin{pmatrix}-3 & 1 & 0\\2 & 0 & 1\\0 & -1 & 3\end{pmatrix}.$$

记 $\boldsymbol{x}=\begin{pmatrix}x_1\\x_2\\x_3\end{pmatrix}$, $\boldsymbol{y}=\begin{pmatrix}y_1\\y_2\\y_3\end{pmatrix}$, $\boldsymbol{z}=\begin{pmatrix}z_1\\z_2\\z_3\end{pmatrix}$,则上述两个线性变换可分别写成为:$\boldsymbol{x}=\boldsymbol{A}\boldsymbol{y}$,$\boldsymbol{y}=\boldsymbol{B}\boldsymbol{z}$.于是

$$\boldsymbol{x}=\boldsymbol{A}(\boldsymbol{B}\boldsymbol{z})=(\boldsymbol{A}\boldsymbol{B})\boldsymbol{z},$$

即

$$\begin{pmatrix}x_1\\x_2\\x_3\end{pmatrix}=\begin{pmatrix}2 & 0 & 1\\-2 & 3 & 2\\4 & 1 & 5\end{pmatrix}\begin{pmatrix}-3 & 1 & 0\\2 & 0 & 1\\0 & -1 & 3\end{pmatrix}\begin{pmatrix}z_1\\z_2\\z_3\end{pmatrix}=\begin{pmatrix}-6 & 1 & 3\\12 & -4 & 9\\-10 & -1 & 16\end{pmatrix}\begin{pmatrix}z_1\\z_2\\z_3\end{pmatrix},$$

即

$$\begin{cases} x_1 = -6z_1 + z_2 + 3z_3, \\ x_2 = 12z_1 - 4z_2 + 9z_3, \\ x_3 = -10z_1 - z_2 + 16z_3. \end{cases}$$

这就是由变量 z_1,z_2,z_3 到 x_1,x_2,x_3 的线性变换.

例 11 设某地有两个工厂Ⅰ和Ⅱ都生产甲,乙,丙三种产品,若以

$$\boldsymbol{A} = \begin{pmatrix} a_{11} & a_{12} & a_{13} \\ a_{21} & a_{22} & a_{23} \end{pmatrix} \begin{matrix} \text{Ⅰ} \\ \text{Ⅱ} \end{matrix}$$

甲 乙 丙

表示一年中各厂生产产品的产量;以

$$\boldsymbol{B} = \begin{pmatrix} b_{11} & b_{12} \\ b_{21} & b_{22} \\ b_{31} & b_{32} \end{pmatrix} \begin{matrix} \text{甲} \\ \text{乙} \\ \text{丙} \end{matrix}$$

价格 利润

表示各产品的单位价格和单位利润,则

$$\boldsymbol{C} = \boldsymbol{AB} = \begin{pmatrix} a_{11}b_{11} + a_{12}b_{21} + a_{13}b_{31} & a_{11}b_{12} + a_{12}b_{22} + a_{13}b_{32} \\ a_{21}b_{11} + a_{22}b_{21} + a_{23}b_{31} & a_{21}b_{12} + a_{22}b_{22} + a_{23}b_{32} \end{pmatrix} \begin{matrix} \text{Ⅰ} \\ \text{Ⅱ} \end{matrix}$$

年收入 年利润

表示各厂的年收入和年利润.

有了矩阵的乘法,就可以定义**方阵的幂**.设 $\boldsymbol{A}$ 是 n 阶方阵,定义

$$\boldsymbol{A}^1 = \boldsymbol{A}, \boldsymbol{A}^2 = \boldsymbol{A}^1\boldsymbol{A}^1, \cdots, \boldsymbol{A}^{k+1} = \boldsymbol{A}^k\boldsymbol{A}^1,$$

其中 k 为正整数.显然,$\boldsymbol{A}^k$ 就是 k 个 $\boldsymbol{A}$ 连乘.注意:只有 $\boldsymbol{A}$ 是方阵时,它的幂才有意义.

由于矩阵的乘法适合结合律,所以方阵的幂满足:

(1) $\boldsymbol{A}^k\boldsymbol{A}^l = \boldsymbol{A}^{k+l}$; (2) $(\boldsymbol{A}^k)^l = \boldsymbol{A}^{kl}$, 其中 k,l 为正整数.

由于矩阵的乘法不满足交换律,所以对于同阶方阵 $\boldsymbol{A}$ 与 $\boldsymbol{B}$,一般说来

$$(\boldsymbol{AB})^k \neq \boldsymbol{A}^k\boldsymbol{B}^k.$$

但是,如果方阵 $\boldsymbol{A}$ 与 $\boldsymbol{B}$ 可交换,即 $\boldsymbol{AB}=\boldsymbol{BA}$,则

$$(\boldsymbol{AB})^k = \boldsymbol{A}^k\boldsymbol{B}^k.$$

设 $f(x) = a_0x^m + a_1x^{m-1} + \cdots + a_{m-1}x + a_m (a_0 \neq 0)$ 为 m 次多项式,$\boldsymbol{A}$ 为 n 阶方阵,则

$$f(\boldsymbol{A}) = a_0\boldsymbol{A}^m + a_1\boldsymbol{A}^{m-1} + \cdots + a_{m-1}\boldsymbol{A} + a_m\boldsymbol{E}$$

仍为一个 n 阶方阵,称 $f(\boldsymbol{A})$ 为方阵 $\boldsymbol{A}$ 的多项式,其中

$$E=\begin{pmatrix}1&0&\cdots&0\\0&1&\cdots&0\\\vdots&\vdots&&\vdots\\0&0&\cdots&1\end{pmatrix}_{n\times n}$$

称为 n 阶**单位矩阵**,后面我们还将对它进行讨论.

例 12 设 $f(x)=x^n+2x^2+1$, $\boldsymbol{A}=\begin{pmatrix}1&1\\0&1\end{pmatrix}$,求 $f(\boldsymbol{A})$.

解 $f(\boldsymbol{A})=\boldsymbol{A}^n+2\boldsymbol{A}^2+\boldsymbol{E}$.

因为 $\boldsymbol{A}^2=\boldsymbol{A}\boldsymbol{A}=\begin{pmatrix}1&1\\0&1\end{pmatrix}\begin{pmatrix}1&1\\0&1\end{pmatrix}=\begin{pmatrix}1&2\\0&1\end{pmatrix}$,用数学归纳法,设

$$\boldsymbol{A}^{n-1}=\begin{pmatrix}1&n-1\\0&1\end{pmatrix},$$

则

$$\boldsymbol{A}^n=\boldsymbol{A}^{n-1}\boldsymbol{A}=\begin{pmatrix}1&n-1\\0&1\end{pmatrix}\begin{pmatrix}1&1\\0&1\end{pmatrix}=\begin{pmatrix}1&n\\0&1\end{pmatrix},$$

故

$$f(\boldsymbol{A})=\begin{pmatrix}1&n\\0&1\end{pmatrix}+\begin{pmatrix}2&4\\0&2\end{pmatrix}+\begin{pmatrix}1&0\\0&1\end{pmatrix}=\begin{pmatrix}4&n+4\\0&4\end{pmatrix}.$$

习题 3-1

1. 设矩阵

$$\boldsymbol{A}=\begin{pmatrix}5&-2&1\\3&4&-1\end{pmatrix},\quad \boldsymbol{B}=\begin{pmatrix}-3&2&0\\-2&0&1\end{pmatrix}.$$

求 $\boldsymbol{A}+\boldsymbol{B}$, $\boldsymbol{A}-\boldsymbol{B}$, $2\boldsymbol{A}-3\boldsymbol{B}$.

2. 计算下列矩阵的乘积.

(1) $\begin{pmatrix}4&3&1\\1&-2&3\\5&7&0\end{pmatrix}\begin{pmatrix}7\\2\\1\end{pmatrix}$; (2) $\begin{pmatrix}1&-1&1\\2&0&1\\3&1&-2\end{pmatrix}\begin{pmatrix}1&1\\0&1\\1&0\end{pmatrix}$;

(3) $\begin{pmatrix}2&1&-2\\1&0&4\\-3&1&0\\0&1&1\end{pmatrix}\begin{pmatrix}3&1&0\\0&0&1\\-1&2&0\end{pmatrix}$; (4) $(2\quad 3\quad -1)\begin{pmatrix}1\\-1\\-1\end{pmatrix}$;

(5) $\begin{pmatrix}1\\-1\\-1\end{pmatrix}(2\quad 3\quad -1)$; (6) $(x_1\quad x_2)\begin{pmatrix}a_{11}&a_{12}\\a_{12}&a_{22}\end{pmatrix}\begin{pmatrix}x_1\\x_2\end{pmatrix}$;

(7) $\begin{pmatrix} 3 & 2 \\ -4 & -2 \end{pmatrix}^3$；　　(8) $\begin{pmatrix} \lambda_1 & 0 & 0 \\ 0 & \lambda_2 & 0 \\ 0 & 0 & \lambda_3 \end{pmatrix}^5$.

3. 举例说明下列命题是错误的.

(1) 若 $\boldsymbol{A}^2=\boldsymbol{0}$,则 $\boldsymbol{A}=\boldsymbol{0}$；　(2) 若 $\boldsymbol{A}^2=\boldsymbol{A}$,则 $\boldsymbol{A}=\boldsymbol{0}$或 $\boldsymbol{A}=\boldsymbol{E}$；

(3) 若 $\boldsymbol{AX}=\boldsymbol{AY}$,且 $\boldsymbol{A}\neq\boldsymbol{0}$,则 $\boldsymbol{X}=\boldsymbol{Y}$.

4. 设 $\boldsymbol{A}=\begin{pmatrix} 1 & 2 \\ 1 & 3 \end{pmatrix}$,$\boldsymbol{B}=\begin{pmatrix} 1 & 0 \\ 1 & 2 \end{pmatrix}$.问

(1) $\boldsymbol{AB}=\boldsymbol{BA}$ 吗？　(2) $(\boldsymbol{A}+\boldsymbol{B})^2=\boldsymbol{A}^2+2\boldsymbol{AB}+\boldsymbol{B}^2$吗？

(3) $(\boldsymbol{A}+\boldsymbol{B})(\boldsymbol{A}-\boldsymbol{B})=\boldsymbol{A}^2-\boldsymbol{B}^2$吗？

5. 已知 n 阶方阵 $\boldsymbol{A}$,$\boldsymbol{B}$ 可交换,即 $\boldsymbol{AB}=\boldsymbol{BA}$,证明

(1) $(\boldsymbol{A}+\boldsymbol{B})^2=\boldsymbol{A}^2+2\boldsymbol{AB}+\boldsymbol{B}^2$；　(2) $(\boldsymbol{A}+\boldsymbol{B})(\boldsymbol{A}-\boldsymbol{B})=\boldsymbol{A}^2-\boldsymbol{B}^2$；

(3) $(\boldsymbol{AB})^k=\boldsymbol{A}^k\boldsymbol{B}^k$($k$ 为正整数).

6. 设 $f(x)=x^2-5x+3$,$\boldsymbol{A}=\begin{pmatrix} 2 & -1 \\ -3 & 3 \end{pmatrix}$,证明 $f(\boldsymbol{A})=\boldsymbol{0}$.

7. 计算 $\begin{pmatrix} 1 & 0 \\ \lambda & 1 \end{pmatrix}^n$.

8. 某单位准备建一电脑机房,需购买指定型号的计算机 30 台,激光打印机 5 台,电脑桌椅 20 套,已问得 3 家公司的报价：

	每台计算机价格/元	每台打印机价格/元	每台电脑桌椅价格/元
甲	6 000	3 500	420
乙	5 800	4 000	500
丙	5 900	3 800	450

如果决定只在一家选购,应选哪家？

第二节　特殊矩阵　方阵乘积的行列式

本节首先介绍几种重要的特殊矩阵及其乘法运算,再介绍方阵的乘积的行列式的一个重要的性质.

一、特殊矩阵

1. 单位矩阵

形如

$$\begin{pmatrix} 1 & 0 & \cdots & 0 \\ 0 & 1 & \cdots & 0 \\ \vdots & \vdots & & \vdots \\ 0 & 0 & \cdots & 1 \end{pmatrix}$$

的 n 阶方阵称为 n 阶**单位矩阵**,记作 $\boldsymbol{E}_n$,简记作 $\boldsymbol{E}$.这个方阵的特点是:从左上角到右下角的直线(即**主对角线**)上的元都是1,其他元都是0,即单位矩阵 $\boldsymbol{E}$ 的第 i 行第 j 列处的元为

$$\delta_{ij} = \begin{cases} 1, & \text{当 } i = j, \\ 0, & \text{当 } i \neq j. \end{cases}$$

容易验证

$$\boldsymbol{E}_m \boldsymbol{A}_{m\times n} = \boldsymbol{A}_{m\times n}, \qquad \boldsymbol{A}_{m\times n}\boldsymbol{E}_n = \boldsymbol{A}_{m\times n},$$

或简写成

$$\boldsymbol{EA} = \boldsymbol{AE} = \boldsymbol{A}.$$

可见单位矩阵 $\boldsymbol{E}$ 在矩阵乘法中的作用类似于数1在数的乘法中的作用.

2. 对角矩阵

形如

$$\boldsymbol{\Lambda} = \begin{pmatrix} \lambda_1 & 0 & \cdots & 0 \\ 0 & \lambda_2 & \cdots & 0 \\ \vdots & \vdots & & \vdots \\ 0 & 0 & \cdots & \lambda_n \end{pmatrix}$$

的 n 阶方阵称为**对角矩阵**,其特点是:主对角线上以外的元全是零.对角矩阵常记作

$$\boldsymbol{\Lambda} = \mathrm{diag}(\lambda_1, \lambda_2, \cdots, \lambda_n).$$

显然,对角矩阵具有如下性质:

(1) $\mathrm{diag}(a_1, a_2, \cdots, a_n) \pm \mathrm{diag}(b_1, b_2, \cdots, b_n)$
$= \mathrm{diag}(a_1 \pm b_1, a_2 \pm b_2, \cdots, a_n \pm b_n)$;

(2) $k\mathrm{diag}(a_1, a_2, \cdots, a_n) = \mathrm{diag}(ka_1, ka_2, \cdots, ka_n)$;

(3) $\mathrm{diag}(a_1, a_2, \cdots, a_n) \cdot \mathrm{diag}(b_1, b_2, \cdots, b_n)$
$= \mathrm{diag}(b_1, b_2, \cdots, b_n) \cdot \mathrm{diag}(a_1, a_2, \cdots, a_n)$
$= \mathrm{diag}(a_1 b_1, a_2 b_2, \cdots, a_n b_n)$;

(4) $[\mathrm{diag}(a_1, a_2, \cdots, a_n)]^m = \mathrm{diag}(a_1^m, a_2^m, \cdots, a_n^m)$,其中 m 为正整数.

特别地,主对角线上元都相等的对角矩阵称为**数量矩阵**,记作 $\mathrm{diag}(a, a, \cdots, a)$,即

$$\operatorname{diag}(a,a,\cdots,a)=\begin{pmatrix} a & 0 & \cdots & 0 \\ 0 & a & \cdots & 0 \\ \vdots & \vdots & & \vdots \\ 0 & 0 & \cdots & a \end{pmatrix}=a\boldsymbol{E}.$$

设 $\boldsymbol{A}$ 为任一 n 阶方阵，$a\boldsymbol{E}$ 为任一 n 阶数量矩阵，则

$$(a\boldsymbol{E})\boldsymbol{A}=a(\boldsymbol{E}\boldsymbol{A})=a(\boldsymbol{A}\boldsymbol{E})=(a\boldsymbol{A})\boldsymbol{E}=\boldsymbol{A}(a\boldsymbol{E}),$$

即 n 阶数量矩阵与任一 n 阶方阵 $\boldsymbol{A}$ 相乘可交换.

当 $a=1$ 时，数量矩阵即为单位矩阵.

例 1　设 $\boldsymbol{A}=\begin{pmatrix} \lambda & 1 & 0 \\ 0 & \lambda & 1 \\ 0 & 0 & \lambda \end{pmatrix}$，计算 $\boldsymbol{A}^n$，其中 n 为正整数.

解

$$\boldsymbol{A}=\begin{pmatrix} \lambda & 0 & 0 \\ 0 & \lambda & 0 \\ 0 & 0 & \lambda \end{pmatrix}+\begin{pmatrix} 0 & 1 & 0 \\ 0 & 0 & 1 \\ 0 & 0 & 0 \end{pmatrix}=\lambda\boldsymbol{E}+\boldsymbol{B},$$

其中

$$\boldsymbol{B}=\begin{pmatrix} 0 & 1 & 0 \\ 0 & 0 & 1 \\ 0 & 0 & 0 \end{pmatrix}.$$

显然

$$\boldsymbol{B}^2=\begin{pmatrix} 0 & 1 & 0 \\ 0 & 0 & 1 \\ 0 & 0 & 0 \end{pmatrix}\begin{pmatrix} 0 & 1 & 0 \\ 0 & 0 & 1 \\ 0 & 0 & 0 \end{pmatrix}=\begin{pmatrix} 0 & 0 & 1 \\ 0 & 0 & 0 \\ 0 & 0 & 0 \end{pmatrix},$$

$$\boldsymbol{B}^3=\boldsymbol{B}^2\boldsymbol{B}=\boldsymbol{0}.$$

因数量矩阵 $\lambda\boldsymbol{E}$ 与 $\boldsymbol{B}$ 可交换，所以利用二项式定理得到

$$\begin{aligned} \boldsymbol{A}^n &= (\lambda\boldsymbol{E}+\boldsymbol{B})^n \\ &= (\lambda\boldsymbol{E})^n+\mathrm{C}_n^1(\lambda\boldsymbol{E})^{n-1}\boldsymbol{B}+\mathrm{C}_n^2(\lambda\boldsymbol{E})^{n-2}\boldsymbol{B}^2+\mathrm{C}_n^3(\lambda\boldsymbol{E})^{n-3}\boldsymbol{B}^3+\cdots+\boldsymbol{B}^n \\ &= \lambda^n\boldsymbol{E}+n\lambda^{n-1}\boldsymbol{B}+\frac{n(n-1)}{2}\lambda^{n-2}\boldsymbol{B}^2 \\ &= \begin{pmatrix} \lambda^n & 0 & 0 \\ 0 & \lambda^n & 0 \\ 0 & 0 & \lambda^n \end{pmatrix}+\begin{pmatrix} 0 & n\lambda^{n-1} & 0 \\ 0 & 0 & n\lambda^{n-1} \\ 0 & 0 & 0 \end{pmatrix}+\begin{pmatrix} 0 & 0 & \frac{n(n-1)}{2}\lambda^{n-2} \\ 0 & 0 & 0 \\ 0 & 0 & 0 \end{pmatrix} \end{aligned}$$

$$=\begin{pmatrix}\lambda^n & n\lambda^{n-1} & \frac{n(n-1)}{2}\lambda^{n-2}\\ 0 & \lambda^n & n\lambda^{n-1}\\ 0 & 0 & \lambda^n\end{pmatrix}.$$

3. 三角形矩阵

形如

$$\begin{pmatrix}a_{11} & a_{12} & \cdots & a_{1n}\\ 0 & a_{22} & \cdots & a_{2n}\\ \vdots & \vdots & & \vdots\\ 0 & 0 & \cdots & a_{nn}\end{pmatrix}$$

的矩阵称为**上三角形矩阵**.其特点是:主对角线的左下方的元全为零.

类似地,主对角线右上方的元全为零的矩阵

$$\begin{pmatrix}a_{11} & 0 & \cdots & 0\\ a_{21} & a_{22} & \cdots & 0\\ \vdots & \vdots & & \vdots\\ a_{n1} & a_{n2} & \cdots & a_{nn}\end{pmatrix}$$

称为**下三角形矩阵**.显然,对角矩阵既可以看做是上三角形矩阵,也可以看做是下三角形矩阵.上、下三角形矩阵统称为**三角形矩阵**.直接验证可知

$$\begin{pmatrix}a_{11} & a_{12} & \cdots & a_{1n}\\ & a_{22} & \cdots & a_{2n}\\ & & \ddots & \vdots\\ 0 & & & a_{nn}\end{pmatrix}\begin{pmatrix}b_{11} & b_{12} & \cdots & b_{1n}\\ & b_{22} & \cdots & b_{2n}\\ & & \ddots & \vdots\\ 0 & & & b_{nn}\end{pmatrix}=\begin{pmatrix}a_{11}b_{11} & * & \cdots & *\\ & a_{22}b_{22} & \cdots & *\\ & & \ddots & \vdots\\ 0 & & & a_{nn}b_{nn}\end{pmatrix},$$

其中“$*$”表示主对角线上方的元,即两个同阶的上三角形矩阵的乘积仍为上三角形矩阵;下三角形矩阵具有类似性质.

4. 转置矩阵

在第1章里,我们已经知道把矩阵 $\boldsymbol{A}$ 的行换成同序数的列所得到的一个新矩阵,叫做 $\boldsymbol{A}$ 的**转置矩阵**,记作 $\boldsymbol{A}^{\mathrm{T}}$ 或 $\boldsymbol{A}'$.

若 $\boldsymbol{A}=(a_{ij})_{m\times n}$,如果记 $\boldsymbol{A}^{\mathrm{T}}=(b_{ij})_{n\times m}$,则 $b_{ij}=a_{ji}$,即 $\boldsymbol{A}^{\mathrm{T}}$ 的第 i 行第 j 列处的元等于 $\boldsymbol{A}$ 的第 j 行第 i 列的元.

例如 $\boldsymbol{A}=\begin{pmatrix}1 & 2 & -1\\ 3 & 4 & 5\end{pmatrix}$, $\boldsymbol{A}^{\mathrm{T}}=\begin{pmatrix}1 & 3\\ 2 & 4\\ -1 & 5\end{pmatrix}$.

转置矩阵具有如下性质:

(1) $(\boldsymbol{A}^{\mathrm{T}})^{\mathrm{T}}=\boldsymbol{A}$; (2) $(\boldsymbol{A}+\boldsymbol{B})^{\mathrm{T}}=\boldsymbol{A}^{\mathrm{T}}+\boldsymbol{B}^{\mathrm{T}}$;

(3) $(\lambda\boldsymbol{A})^{\mathrm{T}}=\lambda\boldsymbol{A}^{\mathrm{T}}$,其中 λ 为任意数;

(4) $(\boldsymbol{AB})^{\mathrm{T}}=\boldsymbol{B}^{\mathrm{T}}\boldsymbol{A}^{\mathrm{T}}$.

证 性质(1)—(3)是显然的,这里仅给出(4)的证明.

设 $\boldsymbol{A}=(a_{ij})_{m\times s}$,$\boldsymbol{B}=(b_{ij})_{s\times n}$,记 $\boldsymbol{AB}=\boldsymbol{C}=(c_{ij})_{m\times n}$,$\boldsymbol{B}^{\mathrm{T}}\boldsymbol{A}^{\mathrm{T}}=\boldsymbol{D}=(d_{ij})_{n\times m}$.于是按矩阵乘法的定义,有 $c_{ji}=\sum\limits_{k=1}^{s}a_{jk}b_{ki}$.

而 $\boldsymbol{B}^{\mathrm{T}}$ 的第 i 行为 $(b_{1i},\cdots,b_{si})$,$\boldsymbol{A}^{\mathrm{T}}$ 的第 j 列为 $(a_{j1},\cdots,a_{js})^{\mathrm{T}}$,因此

$$d_{ij}=\sum_{k=1}^{s}b_{ki}a_{jk}=\sum_{k=1}^{s}a_{jk}b_{ki},$$

所以 $d_{ij}=c_{ji}(i=1,2,\cdots,n;j=1,2,\cdots,m)$,即 $\boldsymbol{D}=\boldsymbol{C}^{\mathrm{T}}$,亦即 $\boldsymbol{B}^{\mathrm{T}}\boldsymbol{A}^{\mathrm{T}}=(\boldsymbol{AB})^{\mathrm{T}}$.

由(4),根据数学归纳法可证 $(\boldsymbol{A}_1\cdots\boldsymbol{A}_k)^{\mathrm{T}}=\boldsymbol{A}_k^{\mathrm{T}}\boldsymbol{A}_{k-1}^{\mathrm{T}}\cdots\boldsymbol{A}_1^{\mathrm{T}}$.

5. 对称矩阵和反称矩阵

设 $\boldsymbol{A}=(a_{ij})$ 为 n 阶方阵,如果 $\boldsymbol{A}^{\mathrm{T}}=\boldsymbol{A}$,那么称 $\boldsymbol{A}$ 为**对称矩阵**;如果 $\boldsymbol{A}^{\mathrm{T}}=-\boldsymbol{A}$,则称 $\boldsymbol{A}$ 为**反称矩阵**.

由以上定义可知,对称矩阵的特点是:它的元以主对角线为对称轴对应相等,即有

$$a_{ij}=a_{ji}\quad(i,j=1,2,\cdots,n).$$

$\boldsymbol{A}$ 为反称矩阵时,必有 $a_{ij}=-a_{ji}(i,j=1,2,\cdots,n)$,这时,$\boldsymbol{A}$ 的主对角线上的元全为0.

因此,对称矩阵必取如下的形式

$$\begin{pmatrix} a_{11} & a_{12} & \cdots & a_{1n} \\ a_{12} & a_{22} & \cdots & a_{2n} \\ \vdots & \vdots & & \vdots \\ a_{1n} & a_{2n} & \cdots & a_{nn} \end{pmatrix}.$$

例如 $\begin{pmatrix} -5 & 2 & 3 \\ 2 & -6 & 0 \\ 3 & 0 & 8 \end{pmatrix}$ 为一对称矩阵.

反称矩阵必取如下形式

$$\begin{pmatrix} 0 & a_{12} & \cdots & a_{1n} \\ -a_{12} & 0 & \cdots & a_{2n} \\ \vdots & \vdots & & \vdots \\ -a_{1n} & -a_{2n} & \cdots & 0 \end{pmatrix}.$$

例如$\begin{pmatrix} 0 & -1 & 2 \\ 1 & 0 & 3 \\ -2 & -3 & 0 \end{pmatrix}$为一反称矩阵.

例 2 设 $\boldsymbol{B}$ 是一个 $m\times n$ 矩阵,则 $\boldsymbol{B}^{\mathrm{T}}\boldsymbol{B}$ 和 $\boldsymbol{B}\boldsymbol{B}^{\mathrm{T}}$都是对称矩阵.

证 因 $\boldsymbol{B}\boldsymbol{B}^{\mathrm{T}}$是 m 阶矩阵,且$(\boldsymbol{B}\boldsymbol{B}^{\mathrm{T}})^{\mathrm{T}}=(\boldsymbol{B}^{\mathrm{T}})^{\mathrm{T}}\boldsymbol{B}^{\mathrm{T}}=\boldsymbol{B}\boldsymbol{B}^{\mathrm{T}}$,故 $\boldsymbol{B}\boldsymbol{B}^{\mathrm{T}}$是 m 阶对称矩阵.

同理,$\boldsymbol{B}^{\mathrm{T}}\boldsymbol{B}$ 是 n 阶对称矩阵.

请读者自己证明对称矩阵的下列基本性质:

(1) 若 $\boldsymbol{A},\boldsymbol{B}$ 都是对称矩阵,则 $\boldsymbol{A}+\boldsymbol{B},\lambda\boldsymbol{A}$ 仍是对称矩阵(其中 λ 为任意常数);

(2) 若 $\boldsymbol{A},\boldsymbol{B}$ 都是对称矩阵,则 $\boldsymbol{AB}$ 为对称矩阵的充要条件是 $\boldsymbol{AB}=\boldsymbol{BA}$.

例 3 设列矩阵 $\boldsymbol{x}=(x_1,x_2,\cdots,x_n)^{\mathrm{T}}$满足 $\boldsymbol{x}^{\mathrm{T}}\boldsymbol{x}=1$,$\boldsymbol{E}$ 为 n 阶单位矩阵,$\boldsymbol{H}=\boldsymbol{E}-2\boldsymbol{x}\boldsymbol{x}^{\mathrm{T}}$,证明 $\boldsymbol{H}$ 是对称矩阵,且 $\boldsymbol{H}\boldsymbol{H}^{\mathrm{T}}=\boldsymbol{E}$.

证 首先请注意:$\boldsymbol{x}^{\mathrm{T}}\boldsymbol{x}=x_1^2+x_2^2+\cdots+x_n^2$ 是一阶方阵,即一个数,而 $\boldsymbol{x}\boldsymbol{x}^{\mathrm{T}}$是 n 阶方阵.

$\boldsymbol{H}^{\mathrm{T}}=(\boldsymbol{E}-2\boldsymbol{x}\boldsymbol{x}^{\mathrm{T}})^{\mathrm{T}}=\boldsymbol{E}^{\mathrm{T}}-2(\boldsymbol{x}\boldsymbol{x}^{\mathrm{T}})^{\mathrm{T}}=\boldsymbol{E}-2\boldsymbol{x}\boldsymbol{x}^{\mathrm{T}}=\boldsymbol{H}$, 所以 $\boldsymbol{H}$ 是对称矩阵.

$$\begin{aligned}\boldsymbol{H}\boldsymbol{H}^{\mathrm{T}}&=\boldsymbol{H}^2=(\boldsymbol{E}-2\boldsymbol{x}\boldsymbol{x}^{\mathrm{T}})^2=\boldsymbol{E}-4\boldsymbol{x}\boldsymbol{x}^{\mathrm{T}}+4(\boldsymbol{x}\boldsymbol{x}^{\mathrm{T}})(\boldsymbol{x}\boldsymbol{x}^{\mathrm{T}})\\&=\boldsymbol{E}-4\boldsymbol{x}\boldsymbol{x}^{\mathrm{T}}+4\boldsymbol{x}(\boldsymbol{x}^{\mathrm{T}}\boldsymbol{x})\boldsymbol{x}^{\mathrm{T}}=\boldsymbol{E}-4\boldsymbol{x}\boldsymbol{x}^{\mathrm{T}}+4\boldsymbol{x}\boldsymbol{x}^{\mathrm{T}}=\boldsymbol{E}.\end{aligned}$$

例 4 设 $\boldsymbol{A}$ 是 n 阶反称矩阵,$\boldsymbol{B}$ 是 n 阶对称矩阵,则 $\boldsymbol{AB}+\boldsymbol{BA}$ 是 n 阶反称矩阵.

证 因为

$$\begin{aligned}(\boldsymbol{AB}+\boldsymbol{BA})^{\mathrm{T}}&=(\boldsymbol{AB})^{\mathrm{T}}+(\boldsymbol{BA})^{\mathrm{T}}=\boldsymbol{B}^{\mathrm{T}}\boldsymbol{A}^{\mathrm{T}}+\boldsymbol{A}^{\mathrm{T}}\boldsymbol{B}^{\mathrm{T}}\\&=\boldsymbol{B}(-\boldsymbol{A})+(-\boldsymbol{AB})=-(\boldsymbol{AB}+\boldsymbol{BA}),\end{aligned}$$

所以 $\boldsymbol{AB}+\boldsymbol{BA}$ 是 n 阶反称矩阵.

二、方阵乘积的行列式

在第 2 章定义了 n 阶方阵 $\boldsymbol{A}=(a_{ij})$所确定的 n 阶行列式 $D=|\boldsymbol{A}|=\det\boldsymbol{A}$.行列式的性质 1 说明$|\boldsymbol{A}^{\mathrm{T}}|=|\boldsymbol{A}|$,由数乘矩阵的定义及行列式的性质 3 可知:$|\lambda\boldsymbol{A}|=\lambda^n|\boldsymbol{A}|$.下面我们着重讨论方阵乘积的行列式的运算规律.

定理 1 设 $\boldsymbol{A},\boldsymbol{B}$ 是两个 n 阶方阵,则$|\boldsymbol{AB}|=|\boldsymbol{A}||\boldsymbol{B}|$.

证 设 $\boldsymbol{A}=(a_{ij})$,$\boldsymbol{B}=(b_{ij})$均为 n 阶方阵,记 $2n$ 阶行列式

$$D=\begin{vmatrix} a_{11} & \cdots & a_{1n} & 0 & \cdots & 0 \\ \vdots & & \vdots & \vdots & & \vdots \\ a_{n1} & \cdots & a_{nn} & 0 & \cdots & 0 \\ -1 & \cdots & 0 & b_{11} & \cdots & b_{1n} \\ \vdots & \ddots & \vdots & \vdots & & \vdots \\ 0 & \cdots & -1 & b_{n1} & \cdots & b_{nn} \end{vmatrix}=\begin{vmatrix} \boldsymbol{A} & \boldsymbol{0} \\ -\boldsymbol{E} & \boldsymbol{B} \end{vmatrix}.$$

（注：这里的记号$\begin{vmatrix} \boldsymbol{A} & \boldsymbol{0} \\ -\boldsymbol{E} & \boldsymbol{B} \end{vmatrix}$可看作后面将要讲到的分块矩阵$\begin{pmatrix} \boldsymbol{A} & \boldsymbol{0} \\ -\boldsymbol{E} & \boldsymbol{B} \end{pmatrix}$的行列式，现在仅把它看作写在它前面的 $2n$ 阶行列式的一个记号.）

由第 2 章第三节的例 5 可知 $D=|\boldsymbol{A}||\boldsymbol{B}|$.而在 D 中以 b_{1j}乘第 1 列，b_{2j}乘第 2 列，…，b_{nj}乘第 n 列，都加到第 $n+j$ 列上（$j=1,2,\cdots,n$），有

$$D=\begin{vmatrix} \boldsymbol{A} & \boldsymbol{C} \\ -\boldsymbol{E} & \boldsymbol{0} \end{vmatrix},$$

其中 $\boldsymbol{C}=(c_{ij})$，$c_{ij}=b_{1j}a_{i1}+b_{2j}a_{i2}+\cdots+b_{nj}a_{in}$，故 $\boldsymbol{C}=\boldsymbol{AB}$.

再对 D 的行作 $r_j\leftrightarrow r_{n+j}(j=1,2,\cdots,n)$，有

$$D=(-1)^n\begin{vmatrix} -\boldsymbol{E} & \boldsymbol{0} \\ \boldsymbol{A} & \boldsymbol{C} \end{vmatrix},$$

从而由第 2 章第三节例 5，有

$$D=(-1)^n|-\boldsymbol{E}||\boldsymbol{C}|=(-1)^n(-1)^n|\boldsymbol{C}|=|\boldsymbol{C}|=|\boldsymbol{AB}|,$$

于是

$$|\boldsymbol{AB}|=|\boldsymbol{A}||\boldsymbol{B}|.$$

由上面的定理 1 可知，对于 n 阶矩阵 $\boldsymbol{A},\boldsymbol{B}$，一般来说，$\boldsymbol{AB}\neq\boldsymbol{BA}$，但有

$$|\boldsymbol{AB}|=|\boldsymbol{BA}|=|\boldsymbol{A}||\boldsymbol{B}|.$$

推论　设 $\boldsymbol{A}_1,\cdots,\boldsymbol{A}_k$均为 n 阶方阵，则

$$|\boldsymbol{A}_1\boldsymbol{A}_2\cdots\boldsymbol{A}_k|=|\boldsymbol{A}_1||\boldsymbol{A}_2|\cdots|\boldsymbol{A}_k|.$$

例 5　若 $\boldsymbol{A}$ 是 n 阶方阵，且满足 $\boldsymbol{AA}^{\mathrm{T}}=\boldsymbol{E}$，$|\boldsymbol{A}|=-1$，则 $|\boldsymbol{E}+\boldsymbol{A}|=0$.

证　因为 $\boldsymbol{AA}^{\mathrm{T}}=\boldsymbol{E}$，所以

$$\begin{aligned}|\boldsymbol{E}+\boldsymbol{A}|&=|\boldsymbol{AA}^{\mathrm{T}}+\boldsymbol{A}|=|\boldsymbol{A}(\boldsymbol{A}^{\mathrm{T}}+\boldsymbol{E})|=|\boldsymbol{A}||(\boldsymbol{A}+\boldsymbol{E})^{\mathrm{T}}|\\&=-|\boldsymbol{A}+\boldsymbol{E}|=-|\boldsymbol{E}+\boldsymbol{A}|,\end{aligned}$$

于是 $2|\boldsymbol{E}+\boldsymbol{A}|=0$，故 $|\boldsymbol{E}+\boldsymbol{A}|=0$.

例 6　n 阶行列式$|\boldsymbol{A}|$的各个元的代数余子式 A_{ij}所构成的如下的矩阵

$$A^* = \begin{pmatrix} A_{11} & A_{21} & \cdots & A_{n1} \\ A_{12} & A_{22} & \cdots & A_{n2} \\ \vdots & \vdots & & \vdots \\ A_{1n} & A_{2n} & \cdots & A_{nn} \end{pmatrix},$$

称为矩阵 A 的**伴随矩阵**.试证

(1) $AA^* = A^*A = |A|E$;　　(2) 当 $|A| \neq 0$ 时, $|A^*| = |A|^{n-1}$.

证 (1) 设 $AA^* = (b_{ij})$,则

$$b_{ij} = a_{i1}A_{j1} + a_{i2}A_{j2} + \cdots + a_{in}A_{jn} = |A|\delta_{ij}$$
$$= \begin{cases} |A|, & j = i, \\ 0, & j \neq i \end{cases} \quad (i,j = 1,2,\cdots,n).$$

于是

$$AA^* = \begin{pmatrix} |A| & & & \\ & |A| & & \\ & & \ddots & \\ & & & |A| \end{pmatrix} = |A|E.$$

类似地,

$$A^*A = \left(\sum_{k=1}^{n} A_{ki}a_{kj}\right) = \begin{pmatrix} |A| & & & \\ & |A| & & \\ & & \ddots & \\ & & & |A| \end{pmatrix} = |A|E.$$

(2) 由(1)且根据本节定理1可知

$$|A||A^*| = |AA^*| = |A|^n.$$

由于 $|A| \neq 0$,故 $|A^*| = |A|^{n-1}$.

习题 3-2

1. 设 $A = \begin{pmatrix} 2 & 0 & 0 \\ -1 & 1 & 1 \\ 3 & -1 & 3 \end{pmatrix}$,求 $A^{\mathrm{T}}A, AA^{\mathrm{T}}$.

2. 证明:(1) 若 A,B 是对称矩阵,则 $A+B, \lambda A$ 仍是对称矩阵(λ 为常数);

(2) 若 A,B 都是对称矩阵,则 AB 为对称矩阵的充要条件是 $AB=BA$.

3. 设 $A = \begin{pmatrix} 1 & 1 & 0 & 0 \\ 0 & 1 & 1 & 0 \\ 0 & 0 & 1 & 1 \\ 0 & 0 & 0 & 1 \end{pmatrix}$,求 A^2, A^3 和 A^n.

4. 设 $\boldsymbol{A},\boldsymbol{B}$ 为 n 阶矩阵，且 $\boldsymbol{A}$ 为对称矩阵，证明 $\boldsymbol{B}^{\mathrm{T}}\boldsymbol{A}\boldsymbol{B}$ 也是对称矩阵.

5. 对任一 n 阶矩阵 $\boldsymbol{A}$，证明

（1）$\boldsymbol{A}+\boldsymbol{A}^{\mathrm{T}}$ 是对称矩阵，$\boldsymbol{A}-\boldsymbol{A}^{\mathrm{T}}$ 是反称矩阵；

（2）$\boldsymbol{A}$ 可以表示为对称矩阵与反称矩阵之和.

6. 设 $\boldsymbol{A}$ 是实对称矩阵，且 $\boldsymbol{A}^2=\boldsymbol{0}$，证明 $\boldsymbol{A}=\boldsymbol{0}$.

（提示：注意 $\boldsymbol{A}^2$ 的对角线上的元 $\sum\limits_{k=1}^{n} a_{ik}a_{ki}=0$ 及 $\boldsymbol{A}^{\mathrm{T}}=\boldsymbol{A}$.）

7. 设 $\boldsymbol{A}=\begin{pmatrix} a & -b \\ b & a \end{pmatrix}$，计算 $|3\boldsymbol{A}\boldsymbol{A}^{\mathrm{T}}|$.

8. 求矩阵 $\boldsymbol{A}$ 的伴随矩阵：

（1）设 $\boldsymbol{A}=\begin{pmatrix} 2 & 0 & 3 \\ 1 & -1 & 1 \\ 0 & 1 & -2 \end{pmatrix}$，求 $\boldsymbol{A}^*$；

（2）设 $\boldsymbol{A}=\begin{pmatrix} 1 & 2 & 3 \\ 2 & 4 & 6 \\ -1 & 6 & 9 \end{pmatrix}$，求 $\boldsymbol{A}^*$.

第三节　逆　矩　阵

在数的乘法中，如果常数 $a\neq 0$，则存在 a 的逆 a^{-1}：$a^{-1}=\dfrac{1}{a}$，使 $a^{-1}a=aa^{-1}=1$. 这使得求解一元线性方程 $ax=b$ 变得非常简单：在方程两端左乘 a^{-1}，即得 $1\cdot x=x=a^{-1}b$. 在矩阵的乘法中，单位矩阵 $\boldsymbol{E}$ 起着数 1 在数量的乘法中的类似作用. 因此要问：对 n 阶方阵 $\boldsymbol{A}$，是否也存在着"逆"，即是否存在一个 n 阶方阵 $\boldsymbol{B}$，使 $\boldsymbol{AB}=\boldsymbol{BA}=\boldsymbol{E}$？为此，我们引入下面的逆矩阵的定义.

定义 1　对于 n 阶方阵 $\boldsymbol{A}$，如果有一个 n 阶方阵 $\boldsymbol{B}$，使

$$\boldsymbol{AB}=\boldsymbol{BA}=\boldsymbol{E}, \tag{1}$$

则称 $\boldsymbol{A}$ 是**可逆**的，并把矩阵 $\boldsymbol{B}$ 称为 $\boldsymbol{A}$ 的**逆矩阵**.

如果方阵 $\boldsymbol{A}$ 可逆，则它的逆矩阵是唯一的. 这是因为，若 $\boldsymbol{B},\boldsymbol{C}$ 都是 $\boldsymbol{A}$ 的逆矩阵，则有

$$\boldsymbol{B}=\boldsymbol{BE}=\boldsymbol{B}(\boldsymbol{AC})=(\boldsymbol{BA})\boldsymbol{C}=\boldsymbol{EC}=\boldsymbol{C},$$

所以 $\boldsymbol{A}$ 的逆矩阵是唯一的.

将 $\boldsymbol{A}$ 的逆矩阵记作 $\boldsymbol{A}^{-1}$，即若 $\boldsymbol{AB}=\boldsymbol{BA}=\boldsymbol{E}$，则 $\boldsymbol{B}=\boldsymbol{A}^{-1}$.

注意，在定义 1 中，$\boldsymbol{A},\boldsymbol{B}$ 的地位是平等的，即如果(1)成立，则 $\boldsymbol{B}$ 也可逆，并且 $\boldsymbol{B}^{-1}=\boldsymbol{A}$.

例 1 设 $\boldsymbol{A}=\mathrm{diag}(\lambda_1,\lambda_2,\cdots,\lambda_n)$,且 $\lambda_1\lambda_2\cdots\lambda_n\neq 0$,求 $\boldsymbol{A}^{-1}$.

解 因为

$$\mathrm{diag}(\lambda_1,\lambda_2,\cdots,\lambda_n)\cdot\mathrm{diag}\left(\frac{1}{\lambda_1},\frac{1}{\lambda_2},\cdots,\frac{1}{\lambda_n}\right)$$

$$=\mathrm{diag}\left(\frac{1}{\lambda_1},\frac{1}{\lambda_2},\cdots,\frac{1}{\lambda_n}\right)\cdot\mathrm{diag}(\lambda_1,\lambda_2,\cdots,\lambda_n)=\boldsymbol{E},$$

所以 $\boldsymbol{A}^{-1}=[\mathrm{diag}(\lambda_1,\lambda_2,\cdots,\lambda_n)]^{-1}=\mathrm{diag}\left(\frac{1}{\lambda_1},\frac{1}{\lambda_2},\cdots,\frac{1}{\lambda_n}\right)$.

但一般来讲,什么样的方阵是可逆的?如果方阵 $\boldsymbol{A}$ 可逆,怎样求 $\boldsymbol{A}^{-1}$?下面的定理回答了这一问题.

定理 1 方阵 $\boldsymbol{A}$ 可逆的充分必要条件是 $|\boldsymbol{A}|\neq 0$,且当 $\boldsymbol{A}$ 可逆时,$\boldsymbol{A}^{-1}=\frac{1}{|\boldsymbol{A}|}\boldsymbol{A}^*$,其中 $\boldsymbol{A}^*$ 为矩阵 $\boldsymbol{A}$ 的伴随矩阵.

证 必要性.因为 $\boldsymbol{A}$ 可逆,即存在 $\boldsymbol{A}^{-1}$,使 $\boldsymbol{A}\boldsymbol{A}^{-1}=\boldsymbol{E}$.故 $|\boldsymbol{A}|\,|\boldsymbol{A}^{-1}|=|\boldsymbol{A}\boldsymbol{A}^{-1}|=|\boldsymbol{E}|=1$,所以 $|\boldsymbol{A}|\neq 0$.

充分性.由本章第二节例 6 知,$\boldsymbol{A}\boldsymbol{A}^*=\boldsymbol{A}^*\boldsymbol{A}=|\boldsymbol{A}|\boldsymbol{E}$.因为 $|\boldsymbol{A}|\neq 0$,故有

$$\boldsymbol{A}\frac{1}{|\boldsymbol{A}|}\boldsymbol{A}^*=\frac{1}{|\boldsymbol{A}|}\boldsymbol{A}^*\boldsymbol{A}=\boldsymbol{E},$$

所以,按逆矩阵的定义,即有

$$\boldsymbol{A}^{-1}=\frac{1}{|\boldsymbol{A}|}\boldsymbol{A}^*.$$

当 $|\boldsymbol{A}|\neq 0$ 时,$\boldsymbol{A}$ 称为**非奇异矩阵**,否则称为**奇异矩阵**.该定理指出:可逆矩阵就是非奇异矩阵.同时,它也提供了一种求逆矩阵的方法——伴随矩阵法.

例 2 设 $\boldsymbol{A}=\begin{pmatrix}a & b\\ c & d\end{pmatrix}$,试问:$a,b,c,d$ 满足什么条件时,方阵 $\boldsymbol{A}$ 可逆?当 $\boldsymbol{A}$ 可逆时,求 $\boldsymbol{A}^{-1}$.

解 当 $|\boldsymbol{A}|=\begin{vmatrix}a & b\\ c & d\end{vmatrix}=ad-bc\neq 0$ 时,$\boldsymbol{A}$ 可逆.这时

$$\boldsymbol{A}^{-1}=\frac{1}{|\boldsymbol{A}|}\boldsymbol{A}^*=\frac{1}{ad-bc}\begin{pmatrix}d & -b\\ -c & a\end{pmatrix}.$$

上式可以作为求二阶方阵的逆矩阵的一般公式.由上面的定理可得如下推论.

推论 若 n 阶方阵 $\boldsymbol{A},\boldsymbol{B}$ 满足 $\boldsymbol{A}\boldsymbol{B}=\boldsymbol{E}$(或 $\boldsymbol{B}\boldsymbol{A}=\boldsymbol{E}$),则 $\boldsymbol{B}=\boldsymbol{A}^{-1}$.

证 $|\boldsymbol{A}||\boldsymbol{B}|=|\boldsymbol{AB}|=|\boldsymbol{E}|=1$,故 $|\boldsymbol{A}|\neq 0$,从而 $\boldsymbol{A}^{-1}$存在,于是

$$\boldsymbol{B}=\boldsymbol{EB}=(\boldsymbol{A}^{-1}\boldsymbol{A})\boldsymbol{B}=\boldsymbol{A}^{-1}(\boldsymbol{AB})=\boldsymbol{A}^{-1}\boldsymbol{E}=\boldsymbol{A}^{-1}.$$

利用上面的推论去判断一个矩阵是否可逆,比用定义判断可减少一半的工作量.

例 3 设 $\boldsymbol{A},\boldsymbol{B}$ 为 n 阶方阵,满足 $\boldsymbol{A}+\boldsymbol{B}=\boldsymbol{AB}$.证明 $\boldsymbol{A}-\boldsymbol{E}$ 为可逆矩阵.

证 由 $\boldsymbol{A}+\boldsymbol{B}=\boldsymbol{AB}$ 知 $\boldsymbol{AB}-\boldsymbol{A}-\boldsymbol{B}+\boldsymbol{E}=\boldsymbol{E}$,即

$$(\boldsymbol{A}-\boldsymbol{E})(\boldsymbol{B}-\boldsymbol{E})=\boldsymbol{E}.$$

由本节的推论知,$\boldsymbol{A}-\boldsymbol{E}$ 可逆,且

$$(\boldsymbol{A}-\boldsymbol{E})^{-1}=\boldsymbol{B}-\boldsymbol{E}.$$

例 4 若 n 阶方阵可逆,则 $\boldsymbol{A}^*$ 可逆,并求$(\boldsymbol{A}^*)^{-1}$.

证 因为 $\boldsymbol{A}$ 可逆,故 $\boldsymbol{A}^{-1}=\dfrac{1}{|\boldsymbol{A}|}\boldsymbol{A}^*$,并且$\dfrac{1}{|\boldsymbol{A}|}\boldsymbol{A}\boldsymbol{A}^*=\boldsymbol{A}\left(\dfrac{1}{|\boldsymbol{A}|}\boldsymbol{A}^*\right)=\boldsymbol{A}\boldsymbol{A}^{-1}=\boldsymbol{E}$,所以 $\boldsymbol{A}^*$ 可逆,并且$(\boldsymbol{A}^*)^{-1}=\dfrac{1}{|\boldsymbol{A}|}\boldsymbol{A}$.

方阵的逆矩阵满足下列运算规律:

(1) 若 n 阶方阵 $\boldsymbol{A}$ 可逆,则 $\boldsymbol{A}^{-1}$也可逆,且$(\boldsymbol{A}^{-1})^{-1}=\boldsymbol{A}$.

(2) 若 $\boldsymbol{A}$ 可逆,数 $\lambda\neq 0$,则 $\lambda\boldsymbol{A}$ 可逆,且$(\lambda\boldsymbol{A})^{-1}=\dfrac{1}{\lambda}\boldsymbol{A}^{-1}$.

(3) 若 $\boldsymbol{A},\boldsymbol{B}$ 为同阶方阵且均可逆,则 $\boldsymbol{AB}$ 亦可逆,且$(\boldsymbol{AB})^{-1}=\boldsymbol{B}^{-1}\boldsymbol{A}^{-1}$.

(4) 若 $\boldsymbol{A}$ 可逆,则 $\boldsymbol{A}^{\mathrm{T}}$也可逆,且$(\boldsymbol{A}^{\mathrm{T}})^{-1}=(\boldsymbol{A}^{-1})^{\mathrm{T}}$.

(5) 若 $\boldsymbol{A}$ 可逆,且 $\boldsymbol{AB}=\boldsymbol{AC}$,则 $\boldsymbol{B}=\boldsymbol{C}$.

证 仅给出(3),(4)的证明,(1),(2),(5)的证明留作练习.

(3) $(\boldsymbol{AB})(\boldsymbol{B}^{-1}\boldsymbol{A}^{-1})=\boldsymbol{A}(\boldsymbol{B}\boldsymbol{B}^{-1})\boldsymbol{A}^{-1}=\boldsymbol{A}\boldsymbol{E}\boldsymbol{A}^{-1}=\boldsymbol{A}\boldsymbol{A}^{-1}=\boldsymbol{E}$,由推论,即有$(\boldsymbol{AB})^{-1}=\boldsymbol{B}^{-1}\boldsymbol{A}^{-1}$.

(4) $\boldsymbol{A}^{\mathrm{T}}(\boldsymbol{A}^{-1})^{\mathrm{T}}=(\boldsymbol{A}^{-1}\boldsymbol{A})^{\mathrm{T}}=\boldsymbol{E}^{\mathrm{T}}=\boldsymbol{E}$,所以$(\boldsymbol{A}^{\mathrm{T}})^{-1}=(\boldsymbol{A}^{-1})^{\mathrm{T}}$.

当 $|\boldsymbol{A}|\neq 0$ 时,还可以定义

$$\boldsymbol{A}^0=\boldsymbol{E},\qquad \boldsymbol{A}^{-k}=(\boldsymbol{A}^{-1})^k,$$

其中 k 为正整数,这样,当 $|\boldsymbol{A}|\neq 0,\lambda,\mu$ 为整数时,有

$$\boldsymbol{A}^{\lambda}\boldsymbol{A}^{\mu}=\boldsymbol{A}^{\lambda+\mu},\qquad (\boldsymbol{A}^{\lambda})^{\mu}=\boldsymbol{A}^{\lambda\mu}.$$

例 5 求方阵 $\boldsymbol{A}=\begin{pmatrix}3&7&-3\\-2&-5&2\\-4&-10&3\end{pmatrix}$的逆矩阵.

解
$$|A|=\begin{vmatrix}3&7&-3\\-2&-5&2\\-4&-10&3\end{vmatrix}=1\neq 0,$$

所以 A^{-1} 存在，且

$$A^{-1}=\frac{1}{|A|}A^*=\frac{1}{|A|}\begin{pmatrix}A_{11}&A_{21}&A_{31}\\A_{12}&A_{22}&A_{32}\\A_{13}&A_{23}&A_{33}\end{pmatrix}.$$

而

$$A_{11}=\begin{vmatrix}-5&2\\-10&3\end{vmatrix}=5,A_{21}=-\begin{vmatrix}7&-3\\-10&3\end{vmatrix}=9,A_{31}=\begin{vmatrix}7&-3\\-5&2\end{vmatrix}=-1,$$

类似，

$$A_{12}=-2,\quad A_{22}=-3,\quad A_{32}=0,\quad A_{13}=0,\quad A_{23}=2,\quad A_{33}=-1,$$

从而 $A^{-1}=\begin{pmatrix}5&9&-1\\-2&-3&0\\0&2&-1\end{pmatrix}$.

例6 利用逆矩阵求解线性方程组

$$\begin{cases}3x_1+7x_2-3x_3=2,\\-2x_1-5x_2+2x_3=1,\\-4x_1-10x_2+3x_3=3.\end{cases}$$

解 记

$$A=\begin{pmatrix}3&7&-3\\-2&-5&2\\-4&-10&3\end{pmatrix},\qquad x=\begin{pmatrix}x_1\\x_2\\x_3\end{pmatrix},\qquad b=\begin{pmatrix}2\\1\\3\end{pmatrix},$$

则方程组可写成矩阵形式 $Ax=b$.

由例5可知

$$A^{-1}=\begin{pmatrix}5&9&-1\\-2&-3&0\\0&2&-1\end{pmatrix},$$

故在矩阵方程两端左乘 A^{-1}，得到

$$x=A^{-1}b=\begin{pmatrix}5&9&-1\\-2&-3&0\\0&2&-1\end{pmatrix}\begin{pmatrix}2\\1\\3\end{pmatrix}=\begin{pmatrix}16\\-7\\-1\end{pmatrix},$$

即为方程组的解.

例 7　证明第 2 章第五节的定理 1(克拉默法则).

证　将所给线性方程组表示成矩阵形式

$$\boldsymbol{A}\boldsymbol{x}=\boldsymbol{b}, \tag{2}$$

其中 $\boldsymbol{A}=(a_{ij})_{n\times n},\boldsymbol{x}=(x_1,\cdots,x_n)^{\mathrm{T}},\boldsymbol{b}=(b_1,\cdots,b_n)^{\mathrm{T}}$.

由于 $D=|\boldsymbol{A}|\neq 0$,故 $\boldsymbol{A}$ 可逆,将(2)式两边左乘 $\boldsymbol{A}^{-1}$,得到(2)的解为

$$\boldsymbol{x}=\boldsymbol{A}^{-1}\boldsymbol{b}. \tag{3}$$

由于 $\boldsymbol{A}^{-1}=\dfrac{1}{|\boldsymbol{A}|}\boldsymbol{A}^*=\dfrac{1}{D}\boldsymbol{A}^*$;从而(3)式即为

$$\begin{pmatrix} x_1\\ x_2\\ \vdots\\ x_n\end{pmatrix}=\frac{1}{D}\begin{pmatrix} A_{11} & A_{21} & \cdots & A_{n1}\\ A_{12} & A_{22} & \cdots & A_{n2}\\ \vdots & \vdots & & \vdots\\ A_{1n} & A_{2n} & \cdots & A_{nn}\end{pmatrix}\begin{pmatrix} b_1\\ b_2\\ \vdots\\ b_n\end{pmatrix}$$

$$=\frac{1}{D}\begin{pmatrix} A_{11}b_1+A_{21}b_2+\cdots+A_{n1}b_n\\ A_{12}b_1+A_{22}b_2+\cdots+A_{n2}b_n\\ \vdots\\ A_{1n}b_1+A_{2n}b_2+\cdots+A_{nn}b_n\end{pmatrix}$$

$$=\frac{1}{D}\begin{pmatrix} D_1\\ D_2\\ \vdots\\ D_n\end{pmatrix}=\begin{pmatrix} \dfrac{D_1}{D}\\ \dfrac{D_2}{D}\\ \vdots\\ \dfrac{D_n}{D}\end{pmatrix}. \tag{4}$$

其中

$$D_j=A_{1j}b_1+A_{2j}b_2+\cdots+A_{nj}b_n\quad (j=1,2,\cdots,n),$$

即 D_j 是按第 j 列展开的展开式,从而 $x_j=\dfrac{D_j}{D}(j=1,2,\cdots,n)$. 又当 $\boldsymbol{A}$ 可逆时,逆矩阵 $\boldsymbol{A}^{-1}$ 唯一,从而解的表达式(4)是唯一的.

下面再举两个综合性的例子.

例 8　设 $\boldsymbol{A}$ 为 4 阶方阵,$|\boldsymbol{A}|=2$,求 $|(3\boldsymbol{A})^{-1}-2\boldsymbol{A}^*|$ 的值.

解　因为 $|\boldsymbol{A}|=2$,所以 $\boldsymbol{A}$ 可逆,且

$$(3\boldsymbol{A})^{-1}=\frac{1}{3}\boldsymbol{A}^{-1}=\frac{1}{3}\frac{1}{|\boldsymbol{A}|}\boldsymbol{A}^{*}=\frac{1}{6}\boldsymbol{A}^{*},$$

$$|\boldsymbol{A}^{*}|=|\boldsymbol{A}|^{4-1}=2^{3},$$

所以 $\left|(3\boldsymbol{A})^{-1}-2\boldsymbol{A}^{*}\right|=\left|-\frac{11}{6}\boldsymbol{A}^{*}\right|=\left(-\frac{11}{6}\right)^{4}|\boldsymbol{A}^{*}|=\left(\frac{11}{6}\right)^{4}\times2^{3}$.

例 9 设 $\boldsymbol{A},\boldsymbol{B}$ 均为 n 阶可逆矩阵,证明

(1) $(\boldsymbol{AB})^{*}=\boldsymbol{B}^{*}\boldsymbol{A}^{*}$;

(2) $(\boldsymbol{A}^{*})^{*}=|\boldsymbol{A}|^{n-2}\boldsymbol{A}$.

证 (1) 由 $|\boldsymbol{AB}|=|\boldsymbol{A}||\boldsymbol{B}|\neq0$ 可知,$\boldsymbol{AB}$ 为可逆矩阵.又

$$(\boldsymbol{AB})(\boldsymbol{AB})^{*}=|\boldsymbol{AB}|\boldsymbol{E},$$

所以

$$\begin{aligned}(\boldsymbol{AB})^{*}&=|\boldsymbol{AB}|(\boldsymbol{AB})^{-1}\\&=|\boldsymbol{A}||\boldsymbol{B}|\boldsymbol{B}^{-1}\boldsymbol{A}^{-1}=|\boldsymbol{A}|\boldsymbol{B}^{*}\boldsymbol{A}^{-1}\\&=\boldsymbol{B}^{*}|\boldsymbol{A}|\boldsymbol{A}^{-1}=\boldsymbol{B}^{*}\boldsymbol{A}^{*}.\end{aligned}$$

(2) 由 $(\boldsymbol{A}^{*})^{*}\boldsymbol{A}^{*}=|\boldsymbol{A}^{*}|\boldsymbol{E}$,可得

$$(\boldsymbol{A}^{*})^{*}|\boldsymbol{A}|\boldsymbol{A}^{-1}=|\boldsymbol{A}|^{n-1}\boldsymbol{E}.$$

从而 $(\boldsymbol{A}^{*})^{*}=|\boldsymbol{A}|^{n-2}\boldsymbol{A}$.

习题 3-3

1. 判断下列方阵是否可逆,可逆时,求其逆矩阵.

(1) $\begin{pmatrix}3&1\\2&-5\end{pmatrix}$; (2) $\begin{pmatrix}\cos\theta&-\sin\theta\\\sin\theta&\cos\theta\end{pmatrix}$;

(3) $\begin{pmatrix}0&0&1\\0&1&0\\1&0&0\end{pmatrix}$; (4) $\begin{pmatrix}1&-1\\-1&1\end{pmatrix}\begin{pmatrix}2&1\\1&2\end{pmatrix}$;

(5) $\begin{pmatrix}1&-1&2\\2&3&-1\\0&-5&5\end{pmatrix}$; (6) $\begin{pmatrix}1&1&1&1\\0&1&1&1\\0&0&1&1\\0&0&0&1\end{pmatrix}$;

(7) $\begin{pmatrix}1&0&0&0\\a&1&0&0\\a^{2}&a&1&0\\a^{3}&a^{2}&a&1\end{pmatrix}$.

2. 已知三阶方阵 $\boldsymbol{A}$ 的逆矩阵为 $\boldsymbol{A}^{-1}=\begin{pmatrix}1&1&1\\1&2&1\\1&1&3\end{pmatrix}$,试求伴随矩阵 $\boldsymbol{A}^*$ 的逆矩阵.

3. 解矩阵方程.

(1) $\begin{pmatrix}2&5\\1&3\end{pmatrix}\boldsymbol{X}=\begin{pmatrix}7&19\\4&11\end{pmatrix}$;　　(2) $\boldsymbol{X}\begin{pmatrix}2&1&-1\\1&1&1\\3&2&1\end{pmatrix}=\begin{pmatrix}1&-1&3\\4&3&2\\2&-2&5\end{pmatrix}$;

(3) $\begin{pmatrix}1&4\\-1&2\end{pmatrix}\boldsymbol{X}\begin{pmatrix}2&0\\-1&1\end{pmatrix}=\begin{pmatrix}3&1\\0&-1\end{pmatrix}$.

4. 利用逆矩阵解下列线性方程组.

(1) $\begin{cases}x_1-x_2+2x_3=1,\\-2x_1-x_2-2x_3=3,\\4x_1+3x_2+3x_3=-1;\end{cases}$　　(2) $\begin{cases}x-2y+z=5,\\2x-3y+5z=-1,\\3x+y+2z=4.\end{cases}$

5. 若 $\boldsymbol{A},\boldsymbol{B}$ 均为 n 阶方阵,下列命题是否成立？若成立,给出证明;若不成立,举例说明.

(1) 若 $\boldsymbol{A},\boldsymbol{B}$ 都可逆, 则 $\boldsymbol{A}+\boldsymbol{B}$ 也可逆;

(2) 若 $\boldsymbol{AB}$ 可逆, 则 $\boldsymbol{A},\boldsymbol{B}$ 都可逆.

6. 设 n 阶矩阵 $\boldsymbol{A}$ 满足 $\boldsymbol{A}^m=\boldsymbol{0}$, m 是正整数, 试证 $\boldsymbol{E}-\boldsymbol{A}$ 可逆, 且 $(\boldsymbol{E}-\boldsymbol{A})^{-1}=\boldsymbol{E}+\boldsymbol{A}+\boldsymbol{A}^2+\cdots+\boldsymbol{A}^{m-1}$.

7. 若方阵 $\boldsymbol{A}$ 满足 $\boldsymbol{A}^2-\boldsymbol{A}-2\boldsymbol{E}=\boldsymbol{0}$,证明 $\boldsymbol{A}$ 及 $\boldsymbol{A}+2\boldsymbol{E}$ 都可逆,并求 $\boldsymbol{A}^{-1}$ 及 $(\boldsymbol{A}+2\boldsymbol{E})^{-1}$.

8. 已知 $\boldsymbol{AP}=\boldsymbol{PB}$,其中 $\boldsymbol{B}=\begin{pmatrix}1&0&0\\0&0&0\\0&0&-1\end{pmatrix}$,$\boldsymbol{P}=\begin{pmatrix}1&0&0\\2&-1&0\\2&1&1\end{pmatrix}$,求 $\boldsymbol{A}$ 及 $\boldsymbol{A}^{10}$.

9. 设 $\boldsymbol{A}$ 是三阶方阵,且 $|\boldsymbol{A}|=\dfrac{1}{27}$,求 $|(3\boldsymbol{A})^{-1}-18\boldsymbol{A}^*|$.

第四节　分块矩阵

一、分块矩阵的概念

在理论研究及一些实际问题中,经常遇到行数和列数较高或结构特殊的矩阵 $\boldsymbol{A}$,运算时常采用**分块法**,使大矩阵的运算化成小矩阵的运算.将矩阵 $\boldsymbol{A}$ 用若干条横线和竖线分成许多个小矩阵,每一个小矩阵称为 $\boldsymbol{A}$ 的**子块**,以子块为元的形式上的矩阵称为**分块矩阵**.

例 1　对于矩阵

$$A=\begin{pmatrix}1&0&0&0\\0&1&0&0\\-1&2&1&0\\1&1&0&1\end{pmatrix},$$

分成子块的分法很多,下面举出三种分块形式:

$$\left(\begin{array}{cc:cc}1&0&0&0\\0&1&0&0\\ \hdashline -1&2&1&0\\1&1&0&1\end{array}\right),\quad \left(\begin{array}{cccc}1&0&0&0\\ \hdashline 0&1&0&0\\ \hdashline -1&2&1&0\\ \hdashline 1&1&0&1\end{array}\right),\quad \left(\begin{array}{c:ccc}1&0&0&0\\ \hdashline 0&1&0&0\\-1&2&1&0\\1&1&0&1\end{array}\right).$$

第一种分法可记为

$$A=\begin{pmatrix}E_2&0\\A_1&E_2\end{pmatrix},$$

其中 $$E_2=\begin{pmatrix}1&0\\0&1\end{pmatrix},\quad A_1=\begin{pmatrix}-1&2\\1&1\end{pmatrix},\quad 0=\begin{pmatrix}0&0\\0&0\end{pmatrix},$$

即 $E_2, 0, A_1, E_2$ 为 A 的子块，而 A 形式上成为以这些子块为元的分块矩阵.

第二种、第三种方法的分块矩阵的记法可类似给出.

二、分块矩阵的运算

分块矩阵的运算规则与普通矩阵的运算规则相类似.

1. 加法

设同型矩阵 A 与 B 有相同的分块法,即

$$A=\begin{pmatrix}A_{11}&A_{12}&\cdots&A_{1s}\\ \vdots&\vdots&&\vdots\\ A_{r1}&A_{r2}&\cdots&A_{rs}\end{pmatrix},\qquad B=\begin{pmatrix}B_{11}&B_{12}&\cdots&B_{1s}\\ \vdots&\vdots&&\vdots\\ B_{r1}&B_{r2}&\cdots&B_{rs}\end{pmatrix},$$

其中 A_{ij} 与 B_{ij} 也是同型阵($i=1,2,\cdots,r;j=1,2,\cdots,s$),则

$$A\pm B=\begin{pmatrix}A_{11}\pm B_{11}&A_{12}\pm B_{12}&\cdots&A_{1s}\pm B_{1s}\\ \vdots&\vdots&&\vdots\\ A_{r1}\pm B_{r1}&A_{r2}\pm B_{r2}&\cdots&A_{rs}\pm B_{rs}\end{pmatrix}.$$

2. 数乘分块矩阵

用数 λ 乘一个分块矩阵时,等于用 λ 去乘矩阵的每一个块,即

$$\lambda\boldsymbol{A}=\lambda\begin{pmatrix}\boldsymbol{A}_{11}&\boldsymbol{A}_{12}&\cdots&\boldsymbol{A}_{1s}\\\boldsymbol{A}_{21}&\boldsymbol{A}_{22}&\cdots&\boldsymbol{A}_{2s}\\\vdots&\vdots&&\vdots\\\boldsymbol{A}_{r1}&\boldsymbol{A}_{r2}&\cdots&\boldsymbol{A}_{rs}\end{pmatrix}=\begin{pmatrix}\lambda\boldsymbol{A}_{11}&\lambda\boldsymbol{A}_{12}&\cdots&\lambda\boldsymbol{A}_{1s}\\\lambda\boldsymbol{A}_{21}&\lambda\boldsymbol{A}_{22}&\cdots&\lambda\boldsymbol{A}_{2s}\\\vdots&\vdots&&\vdots\\\lambda\boldsymbol{A}_{r1}&\lambda\boldsymbol{A}_{r2}&\cdots&\lambda\boldsymbol{A}_{rs}\end{pmatrix}.$$

3. 分块矩阵的乘法

设 $\boldsymbol{A}$ 为 $m\times l$ 矩阵,$\boldsymbol{B}$ 为 $l\times n$ 矩阵,分块成

$$\boldsymbol{A}=\begin{pmatrix}\boldsymbol{A}_{11}&\boldsymbol{A}_{12}&\cdots&\boldsymbol{A}_{1t}\\\boldsymbol{A}_{21}&\boldsymbol{A}_{22}&\cdots&\boldsymbol{A}_{2t}\\\vdots&\vdots&&\vdots\\\boldsymbol{A}_{r1}&\boldsymbol{A}_{r2}&\cdots&\boldsymbol{A}_{rt}\end{pmatrix},\qquad\boldsymbol{B}=\begin{pmatrix}\boldsymbol{B}_{11}&\boldsymbol{B}_{12}&\cdots&\boldsymbol{B}_{1s}\\\boldsymbol{B}_{21}&\boldsymbol{B}_{22}&\cdots&\boldsymbol{B}_{2s}\\\vdots&\vdots&&\vdots\\\boldsymbol{B}_{t1}&\boldsymbol{B}_{t2}&\cdots&\boldsymbol{B}_{ts}\end{pmatrix},$$

其中 $\boldsymbol{A}_{i1},\boldsymbol{A}_{i2},\cdots,\boldsymbol{A}_{it}(i=1,2,\cdots,r)$ 的列数分别等于 $\boldsymbol{B}_{1j},\boldsymbol{B}_{2j},\cdots,\boldsymbol{B}_{tj}(j=1,2,\cdots,s)$ 的行数,则

$$\boldsymbol{AB}=\begin{pmatrix}\boldsymbol{C}_{11}&\boldsymbol{C}_{12}&\cdots&\boldsymbol{C}_{1s}\\\boldsymbol{C}_{21}&\boldsymbol{C}_{22}&\cdots&\boldsymbol{C}_{2s}\\\vdots&\vdots&&\vdots\\\boldsymbol{C}_{r1}&\boldsymbol{C}_{r2}&\cdots&\boldsymbol{C}_{rs}\end{pmatrix},$$

其中 $\boldsymbol{C}_{ij}=\sum\limits_{k=1}^{t}\boldsymbol{A}_{ik}\boldsymbol{B}_{kj}(i=1,2,\cdots,r;j=1,2,\cdots,s)$.

4. 分块矩阵的转置

设矩阵 $\boldsymbol{A}$ 可写成分块矩阵

$$\boldsymbol{A}=\begin{pmatrix}\boldsymbol{A}_{11}&\boldsymbol{A}_{12}&\cdots&\boldsymbol{A}_{1t}\\\boldsymbol{A}_{21}&\boldsymbol{A}_{22}&\cdots&\boldsymbol{A}_{2t}\\\vdots&\vdots&&\vdots\\\boldsymbol{A}_{r1}&\boldsymbol{A}_{r2}&\cdots&\boldsymbol{A}_{rt}\end{pmatrix},$$

则矩阵 $\boldsymbol{A}$ 的转置阵 $\boldsymbol{A}^{\mathrm{T}}$ 为

$$\boldsymbol{A}^{\mathrm{T}}=\begin{pmatrix}\boldsymbol{A}_{11}^{\mathrm{T}}&\boldsymbol{A}_{21}^{\mathrm{T}}&\cdots&\boldsymbol{A}_{r1}^{\mathrm{T}}\\\boldsymbol{A}_{12}^{\mathrm{T}}&\boldsymbol{A}_{22}^{\mathrm{T}}&\cdots&\boldsymbol{A}_{r2}^{\mathrm{T}}\\\vdots&\vdots&&\vdots\\\boldsymbol{A}_{1t}^{\mathrm{T}}&\boldsymbol{A}_{2t}^{\mathrm{T}}&\cdots&\boldsymbol{A}_{rt}^{\mathrm{T}}\end{pmatrix}.$$

5. 分块对角矩阵

设 $\boldsymbol{A}$ 为 n 阶方阵,若 $\boldsymbol{A}$ 的分块矩阵只有在主对角线上有非零子块,其他子块都是零矩阵,且非零子块都是方阵,即

$$A=\begin{pmatrix}A_1 & & & 0\\ & A_2 & & \\ & & \ddots & \\ 0 & & & A_s\end{pmatrix},$$

其中 $A_i(i=1,2,\cdots,s)$ 都是方阵,则称 A 为**分块对角矩阵**.

设

$$A=\begin{pmatrix}A_1 & & & 0\\ & A_2 & & \\ & & \ddots & \\ 0 & & & A_s\end{pmatrix},\quad B=\begin{pmatrix}B_1 & & & 0\\ & B_2 & & \\ & & \ddots & \\ 0 & & & B_s\end{pmatrix},$$

其中 $A_i,B_i(i=1,2,\cdots,s)$ 是同阶的子方块,则

$$A+B=\begin{pmatrix}A_1+B_1 & & & 0\\ & A_2+B_2 & & \\ & & \ddots & \\ 0 & & & A_s+B_s\end{pmatrix},$$

$$AB=\begin{pmatrix}A_1B_1 & & & 0\\ & A_2B_2 & & \\ & & \ddots & \\ 0 & & & A_sB_s\end{pmatrix},$$

$$A^k=\begin{pmatrix}A_1^k & & & 0\\ & A_2^k & & \\ & & \ddots & \\ 0 & & & A_s^k\end{pmatrix}\quad (k\text{ 为正整数}).$$

由第 2 章第三节例 5 不难知道

$$|A|=|A_1||A_2|\cdots|A_s|.$$

因此,如果 $|A_i|\neq 0(i=1,2,\cdots,s)$,则 $|A|\neq 0$. 即若 $A_1,A_2,\cdots,A_s$ 都是可逆矩阵,则 A 必为可逆矩阵.

由于

$$\begin{pmatrix} A_1 & & & 0 \\ & A_2 & & \\ & & \ddots & \\ 0 & & & A_s \end{pmatrix}\begin{pmatrix} A_1^{-1} & & & 0 \\ & A_2^{-1} & & \\ & & \ddots & \\ 0 & & & A_s^{-1} \end{pmatrix} = E,$$

所以

$$\begin{pmatrix} A_1 & & & 0 \\ & A_2 & & \\ & & \ddots & \\ 0 & & & A_s \end{pmatrix}^{-1} = \begin{pmatrix} A_1^{-1} & & & 0 \\ & A_2^{-1} & & \\ & & \ddots & \\ 0 & & & A_s^{-1} \end{pmatrix}.$$

例 2 设矩阵

$$A = \begin{pmatrix} 1 & 1 & -1 & 0 \\ -1 & 0 & 1 & 0 \\ 0 & 0 & 0 & 1 \\ 0 & 0 & 0 & 2 \end{pmatrix}, \quad B = \begin{pmatrix} 1 & 2 & 0 & 0 \\ 1 & -1 & 0 & 0 \\ 0 & 0 & 0 & 0 \\ 0 & 0 & 1 & 2 \end{pmatrix}.$$

用分块矩阵的乘法求 AB.

解 将矩阵 A 进行如下分块

$$A = \left(\begin{array}{cc:cc} 1 & 1 & -1 & 0 \\ -1 & 0 & 1 & 0 \\ \hdashline 0 & 0 & 0 & 1 \\ 0 & 0 & 0 & 2 \end{array}\right) = \begin{pmatrix} A_{11} & A_{12} \\ 0 & A_{22} \end{pmatrix}.$$

矩阵 A 分块后，矩阵 B 的分块方法就不能任意了，矩阵 B 的行的分法必须与矩阵 A 的列的分法相一致，因为矩阵 A 的列分成两部分，每一部分都是两列，所以矩阵 B 的行也必须分成两部分，且每一部分都是两行. 关于矩阵 B 的列的分法可以任意选取. 根据矩阵 B 的结构，这里将矩阵 B 进行如下分块：

$$B = \left(\begin{array}{cc:cc} 1 & 2 & 0 & 0 \\ 1 & -1 & 0 & 0 \\ \hdashline 0 & 0 & 0 & 0 \\ 0 & 0 & 1 & 2 \end{array}\right) = \begin{pmatrix} B_{11} & 0 \\ 0 & B_{22} \end{pmatrix}.$$

按分块矩阵的乘法，有

$$AB = \begin{pmatrix} A_{11} & A_{12} \\ 0 & A_{22} \end{pmatrix}\begin{pmatrix} B_{11} & 0 \\ 0 & B_{22} \end{pmatrix} = \begin{pmatrix} A_{11}B_{11} & A_{12}B_{22} \\ 0 & A_{22}B_{22} \end{pmatrix}.$$

而

$$A_{11}B_{11}=\begin{pmatrix}1&1\\-1&0\end{pmatrix}\begin{pmatrix}1&2\\1&-1\end{pmatrix}=\begin{pmatrix}2&1\\-1&-2\end{pmatrix},$$

$$A_{12}B_{22}=\begin{pmatrix}-1&0\\1&0\end{pmatrix}\begin{pmatrix}0&0\\1&2\end{pmatrix}=\begin{pmatrix}0&0\\0&0\end{pmatrix},$$

$$A_{22}B_{22}=\begin{pmatrix}0&1\\0&2\end{pmatrix}\begin{pmatrix}0&0\\1&2\end{pmatrix}=\begin{pmatrix}1&2\\2&4\end{pmatrix},$$

所以

$$AB=\begin{pmatrix}2&1&0&0\\-1&-2&0&0\\0&0&1&2\\0&0&2&4\end{pmatrix}.$$

可以验证,这与矩阵 A,B 直接相乘所得的结果是一致的.

例 3 设矩阵

$$A=\begin{pmatrix}5&2&0&0\\2&1&0&0\\0&0&8&3\\0&0&5&2\end{pmatrix},$$

求 A^{-1} 及 $|A^8|$.

解 令

$$A=\begin{pmatrix}A_1&0\\0&A_2\end{pmatrix},\text{其中 }A_1=\begin{pmatrix}5&2\\2&1\end{pmatrix},A_2=\begin{pmatrix}8&3\\5&2\end{pmatrix},$$

则 $|A|=|A_1|\,|A_2|=1\cdot 1=1\neq 0$,所以

$$A^{-1}=\begin{pmatrix}A_1^{-1}&0\\0&A_2^{-1}\end{pmatrix}=\begin{pmatrix}1&-2&0&0\\-2&5&0&0\\0&0&2&-3\\0&0&-5&8\end{pmatrix}.$$

$$|A^8|=|A|^8=1.$$

例 4 设 n 阶方阵 A 与 m 阶方阵 B 都是可逆矩阵,求

$$\begin{pmatrix}0&A\\B&0\end{pmatrix}^{-1}.$$

解 令

$$\begin{pmatrix} \mathbf{0} & \boldsymbol{A} \\ \boldsymbol{B} & \mathbf{0} \end{pmatrix}^{-1} = \begin{pmatrix} \boldsymbol{X}_{11} & \boldsymbol{X}_{12} \\ \boldsymbol{X}_{21} & \boldsymbol{X}_{22} \end{pmatrix},$$

有

$$\begin{pmatrix} \mathbf{0} & \boldsymbol{A} \\ \boldsymbol{B} & \mathbf{0} \end{pmatrix}\begin{pmatrix} \boldsymbol{X}_{11} & \boldsymbol{X}_{12} \\ \boldsymbol{X}_{21} & \boldsymbol{X}_{22} \end{pmatrix} = \begin{pmatrix} \boldsymbol{AX}_{21} & \boldsymbol{AX}_{22} \\ \boldsymbol{BX}_{11} & \boldsymbol{BX}_{12} \end{pmatrix} = \begin{pmatrix} \boldsymbol{E}_n & \mathbf{0} \\ \mathbf{0} & \boldsymbol{E}_m \end{pmatrix}.$$

于是

$$\begin{cases} \boldsymbol{AX}_{21} = \boldsymbol{E}_n, \\ \boldsymbol{AX}_{22} = \mathbf{0}, \\ \boldsymbol{BX}_{11} = \mathbf{0}, \\ \boldsymbol{BX}_{12} = \boldsymbol{E}_m. \end{cases}$$

解此得

$$\boldsymbol{X}_{21} = \boldsymbol{A}^{-1}, \quad \boldsymbol{X}_{12} = \boldsymbol{B}^{-1}, \quad \boldsymbol{X}_{22} = \mathbf{0}, \quad \boldsymbol{X}_{11} = \mathbf{0}.$$

所以

$$\begin{pmatrix} \mathbf{0} & \boldsymbol{A} \\ \boldsymbol{B} & \mathbf{0} \end{pmatrix}^{-1} = \begin{pmatrix} \mathbf{0} & \boldsymbol{B}^{-1} \\ \boldsymbol{A}^{-1} & \mathbf{0} \end{pmatrix}.$$

上式可以作为公式应用.

例 5 仿照例 4,对于矩阵 $\boldsymbol{P} = \begin{pmatrix} \boldsymbol{A} & \mathbf{0} \\ \boldsymbol{C} & \boldsymbol{B} \end{pmatrix}\left[\boldsymbol{P} = \begin{pmatrix} \boldsymbol{A} & \boldsymbol{C} \\ \mathbf{0} & \boldsymbol{B} \end{pmatrix}\right]$,若假设 $\boldsymbol{A}, \boldsymbol{B}$ 都是可逆的方阵,则 $\boldsymbol{P}$ 一定可逆,并可求出 $\boldsymbol{P}^{-1} = \begin{pmatrix} \boldsymbol{A}^{-1} & \mathbf{0} \\ -\boldsymbol{B}^{-1}\boldsymbol{C}\boldsymbol{A}^{-1} & \boldsymbol{B}^{-1} \end{pmatrix}$ $\left[\boldsymbol{P}^{-1} = \begin{pmatrix} \boldsymbol{A}^{-1} & -\boldsymbol{A}^{-1}\boldsymbol{C}\boldsymbol{B}^{-1} \\ \mathbf{0} & \boldsymbol{B}^{-1} \end{pmatrix}\right]$,请读者自行完成计算过程.

三、矩阵按行分块和按列分块

以上我们已经看到,由所研究问题的实际背景和具体需要,将矩阵进行分块,可以使矩阵的结构变得更加清晰.下面讨论的按行分块和按列分块这两种分块方法,在矩阵的乘法和线性方程组的讨论中十分重要,应予以重视.

$m \times n$ 矩阵 $\boldsymbol{A}$ 有 m 行,称为矩阵 $\boldsymbol{A}$ 的 m 个行向量,将第 i 行记作

$$\boldsymbol{\alpha}_i^{\mathrm{T}} = (a_{i1}, a_{i2}, \cdots, a_{in}) \quad (i = 1, 2, \cdots, m)$$

(注:这里再次说明一下,列向量(列矩阵)常用小写黑体字母表示,如 $\boldsymbol{a}, \boldsymbol{\alpha}, \boldsymbol{x}$ 等,而行向量(行矩阵)则用列向量的转置表示,如 $\boldsymbol{a}^{\mathrm{T}}, \boldsymbol{\alpha}^{\mathrm{T}}, \boldsymbol{x}^{\mathrm{T}}$ 等),则矩阵 $\boldsymbol{A}$ 可记为

$$A=\begin{pmatrix}\boldsymbol{\alpha}_1^{\mathrm{T}}\\ \boldsymbol{\alpha}_2^{\mathrm{T}}\\ \vdots\\ \boldsymbol{\alpha}_m^{\mathrm{T}}\end{pmatrix}.$$

$m\times n$ 矩阵 $\boldsymbol{A}$ 有 n 列,称为矩阵 $\boldsymbol{A}$ 的 n 个列向量,若将第 j 列记作

$$\boldsymbol{a}_j=\begin{pmatrix}a_{1j}\\ a_{2j}\\ \vdots\\ a_{mj}\end{pmatrix}\quad(j=1,2,\cdots,n),$$

则 $\boldsymbol{A}=(\boldsymbol{a}_1,\boldsymbol{a}_2,\cdots,\boldsymbol{a}_n)$.

对于线性方程组

$$\begin{cases}a_{11}x_1+a_{12}x_2+\cdots+a_{1n}x_n=b_1,\\ a_{21}x_1+a_{22}x_2+\cdots+a_{2n}x_n=b_2,\\ \cdots\cdots\cdots\cdots\\ a_{m1}x_1+a_{m2}x_2+\cdots+a_{mn}x_n=b_m,\end{cases}$$

记 $\boldsymbol{A}=(a_{ij})$ 为其系数矩阵,$\boldsymbol{x}=\begin{pmatrix}x_1\\ \vdots\\ x_n\end{pmatrix}$ 为未知数向量,$\boldsymbol{b}=\begin{pmatrix}b_1\\ \vdots\\ b_m\end{pmatrix}$ 为常数项向量,则按分块矩阵的记法,增广矩阵 $\boldsymbol{B}$ 可记为

$$\boldsymbol{B}=(\boldsymbol{A}\,\vdots\,\boldsymbol{b})=(\boldsymbol{A},\boldsymbol{b})=(\boldsymbol{a}_1,\boldsymbol{a}_2,\cdots,\boldsymbol{a}_n,\boldsymbol{b}).$$

如我们已知,此方程组可记作 $\boldsymbol{Ax}=\boldsymbol{b}$.

若将系数矩阵按行分成 m 块,则线性方程组 $\boldsymbol{Ax}=\boldsymbol{b}$ 可记成

$$\begin{pmatrix}\boldsymbol{a}_1^{\mathrm{T}}\\ \boldsymbol{a}_2^{\mathrm{T}}\\ \vdots\\ \boldsymbol{a}_m^{\mathrm{T}}\end{pmatrix}\boldsymbol{x}=\begin{pmatrix}b_1\\ b_2\\ \vdots\\ b_m\end{pmatrix},$$

这就相当于把每个线性方程

$$a_{i1}x_1+a_{i2}x_2+\cdots+a_{in}x_n=b_i$$

记作 $\boldsymbol{a}_i^{\mathrm{T}}\boldsymbol{x}=\boldsymbol{b}_i(i=1,2,\cdots,m)$.

若将系数矩阵 $\boldsymbol{A}$ 按列分成 n 块,则与 $\boldsymbol{A}$ 相乘的 $\boldsymbol{x}$ 相应地应该按行分成 n 块,则 $\boldsymbol{Ax}=\boldsymbol{b}$ 可记成

$$(\boldsymbol{a}_1,\boldsymbol{a}_2,\cdots,\boldsymbol{a}_n)\begin{pmatrix}x_1\\x_2\\\vdots\\x_n\end{pmatrix}=\boldsymbol{b},$$

即

$$x_1\boldsymbol{a}_1+x_2\boldsymbol{a}_2+\cdots+x_n\boldsymbol{a}_n=\boldsymbol{b}.$$

对于矩阵 $\boldsymbol{A}=(a_{ij})_{m\times s}$ 与矩阵 $\boldsymbol{B}=(b_{ij})_{s\times n}$ 的乘积 $\boldsymbol{AB}=(c_{ij})_{m\times n}$，若把 $\boldsymbol{A}$ 按行分成 m 块，把 $\boldsymbol{B}$ 按列分成 n 块，便有

$$\boldsymbol{AB}=\begin{pmatrix}\boldsymbol{\alpha}_1^{\mathrm{T}}\\\boldsymbol{\alpha}_2^{\mathrm{T}}\\\vdots\\\boldsymbol{\alpha}_m^{\mathrm{T}}\end{pmatrix}(\boldsymbol{b}_1,\boldsymbol{b}_2,\cdots,\boldsymbol{b}_n)=\begin{pmatrix}\boldsymbol{\alpha}_1^{\mathrm{T}}\boldsymbol{b}_1&\boldsymbol{\alpha}_1^{\mathrm{T}}\boldsymbol{b}_2&\cdots&\boldsymbol{\alpha}_1^{\mathrm{T}}\boldsymbol{b}_n\\\boldsymbol{\alpha}_2^{\mathrm{T}}\boldsymbol{b}_1&\boldsymbol{\alpha}_2^{\mathrm{T}}\boldsymbol{b}_2&\cdots&\boldsymbol{\alpha}_2^{\mathrm{T}}\boldsymbol{b}_n\\\vdots&\vdots&&\vdots\\\boldsymbol{\alpha}_m^{\mathrm{T}}\boldsymbol{b}_1&\boldsymbol{\alpha}_m^{\mathrm{T}}\boldsymbol{b}_2&\cdots&\boldsymbol{\alpha}_m^{\mathrm{T}}\boldsymbol{b}_n\end{pmatrix}=(c_{ij})_{m\times n},$$

其中 $c_{ij}=\boldsymbol{\alpha}_i^{\mathrm{T}}\boldsymbol{b}_j=(a_{i1},a_{i2},\cdots,a_{is})\begin{pmatrix}b_{1j}\\b_{2j}\\\vdots\\b_{sj}\end{pmatrix}=\sum\limits_{k=1}^{s}a_{ik}b_{kj}$.

另外，若记 $\boldsymbol{\Lambda}_m=\mathrm{diag}(\lambda_1,\cdots,\lambda_m)$，$\boldsymbol{A}=(a_{ij})_{m\times n}$，则

$$\boldsymbol{\Lambda}_m\boldsymbol{A}_{m\times n}=\begin{pmatrix}\lambda_1&&&\\&\lambda_2&&\\&&\ddots&\\&&&\lambda_m\end{pmatrix}\begin{pmatrix}\boldsymbol{\alpha}_1^{\mathrm{T}}\\\boldsymbol{\alpha}_2^{\mathrm{T}}\\\vdots\\\boldsymbol{\alpha}_m^{\mathrm{T}}\end{pmatrix}=\begin{pmatrix}\lambda_1\boldsymbol{\alpha}_1^{\mathrm{T}}\\\lambda_2\boldsymbol{\alpha}_2^{\mathrm{T}}\\\vdots\\\lambda_m\boldsymbol{\alpha}_m^{\mathrm{T}}\end{pmatrix},$$

$$\boldsymbol{A}_{m\times n}\boldsymbol{\Lambda}_n=(\boldsymbol{a}_1,\boldsymbol{a}_2,\cdots,\boldsymbol{a}_n)\begin{pmatrix}\lambda_1&&&\\&\lambda_2&&\\&&\ddots&\\&&&\lambda_n\end{pmatrix}=(\lambda_1\boldsymbol{a}_1,\lambda_2\boldsymbol{a}_2,\cdots,\lambda_n\boldsymbol{a}_n).$$

由此可见，以对角矩阵 $\boldsymbol{\Lambda}_m$ 左乘 $\boldsymbol{A}$ 的结果是 $\boldsymbol{A}$ 的每一行乘 $\boldsymbol{\Lambda}_m$ 中与该行对应的对角线上的元；以对角矩阵 $\boldsymbol{\Lambda}_n$ 右乘 $\boldsymbol{A}$ 的结果是 $\boldsymbol{A}$ 的每一列乘 $\boldsymbol{\Lambda}_n$ 中与该列对应的对角线上的元.

例 6　证明矩阵 $\boldsymbol{A}=\boldsymbol{0}$ 的充要条件是方阵 $\boldsymbol{A}^{\mathrm{T}}\boldsymbol{A}=\boldsymbol{0}$.

证　条件的必要性是显然的，下面证明条件的充分性.

设 $\boldsymbol{A}=(a_{ij})_{m\times n}$，把 $\boldsymbol{A}$ 用列向量表示为 $\boldsymbol{A}=(\boldsymbol{a}_1,\boldsymbol{a}_2,\cdots,\boldsymbol{a}_n)$，则

$$A^{\mathrm{T}}A=\begin{pmatrix}\boldsymbol{a}_1^{\mathrm{T}}\\ \boldsymbol{a}_2^{\mathrm{T}}\\ \vdots\\ \boldsymbol{a}_n^{\mathrm{T}}\end{pmatrix}(\boldsymbol{a}_1,\boldsymbol{a}_2,\cdots,\boldsymbol{a}_n)=\begin{pmatrix}\boldsymbol{a}_1^{\mathrm{T}}\boldsymbol{a}_1 & \boldsymbol{a}_1^{\mathrm{T}}\boldsymbol{a}_2 & \cdots & \boldsymbol{a}_1^{\mathrm{T}}\boldsymbol{a}_n\\ \boldsymbol{a}_2^{\mathrm{T}}\boldsymbol{a}_1 & \boldsymbol{a}_2^{\mathrm{T}}\boldsymbol{a}_2 & \cdots & \boldsymbol{a}_2^{\mathrm{T}}\boldsymbol{a}_n\\ \vdots & \vdots & & \vdots\\ \boldsymbol{a}_n^{\mathrm{T}}\boldsymbol{a}_1 & \boldsymbol{a}_n^{\mathrm{T}}\boldsymbol{a}_2 & \cdots & \boldsymbol{a}_n^{\mathrm{T}}\boldsymbol{a}_n\end{pmatrix},$$

即 $\boldsymbol{A}^{\mathrm{T}}\boldsymbol{A}$ 的 i 行 j 列处的元为 $\boldsymbol{a}_i^{\mathrm{T}}\boldsymbol{a}_j$. 因 $\boldsymbol{A}^{\mathrm{T}}\boldsymbol{A}=\boldsymbol{0}$, 故

$$\boldsymbol{a}_i^{\mathrm{T}}\boldsymbol{a}_j=0\quad(i,j=1,2,\cdots,n),$$

特殊地, 有

$$\boldsymbol{a}_j^{\mathrm{T}}\boldsymbol{a}_j=0\quad(j=1,2,\cdots,n),$$

而

$$\boldsymbol{a}_j^{\mathrm{T}}\boldsymbol{a}_j=(a_{1j},a_{2j},\cdots,a_{mj})\begin{pmatrix}a_{1j}\\ a_{2j}\\ \vdots\\ a_{mj}\end{pmatrix}=a_{1j}^2+a_{2j}^2+\cdots+a_{mj}^2,$$

由 $a_{1j}^2+a_{2j}^2+\cdots+a_{mj}^2=0$(因 a_{ij} 为实数)得

$$a_{1j}=a_{2j}=\cdots=a_{mj}=0\quad(j=1,2,\cdots,n),$$

即

$$\boldsymbol{A}=\boldsymbol{0}.$$

本例阐明了矩阵 $\boldsymbol{A}$ 与方阵 $\boldsymbol{A}^{\mathrm{T}}\boldsymbol{A}$ 之间的一种关系. 特别地, 当 $\boldsymbol{A}=\boldsymbol{a}$ 为列向量时, 由于 $\boldsymbol{a}^{\mathrm{T}}\boldsymbol{a}$ 为 1×1 矩阵, 即 $\boldsymbol{a}^{\mathrm{T}}\boldsymbol{a}$ 是一个数, 这时, 本例的结论可叙述为: 列向量 $\boldsymbol{a}=\boldsymbol{0}$ 的充要条件是 $\boldsymbol{a}^{\mathrm{T}}\boldsymbol{a}=0$.

习题 3-4

1. 设 $\boldsymbol{A}$ 是 $m\times n$ 矩阵, $\boldsymbol{B}$ 是 $n\times s$ 矩阵, $\boldsymbol{x}$ 是 $n\times1$ 矩阵, 证明: $\boldsymbol{AB}=\boldsymbol{0}$ 的充分必要条件是 $\boldsymbol{B}$ 的每一列都是齐次线性方程组 $\boldsymbol{Ax}=\boldsymbol{0}$ 的解.

2. 设 $\boldsymbol{C}$ 是 n 阶可逆矩阵, $\boldsymbol{D}$ 是 $3\times n$ 矩阵, 且 $\boldsymbol{D}=\begin{pmatrix}1&2&\cdots&n\\0&0&\cdots&0\\0&0&\cdots&0\end{pmatrix}$, 试用分块矩阵的乘法, 求一个 $n\times(n+3)$ 矩阵 $\boldsymbol{A}$, 使得 $\boldsymbol{A}\begin{pmatrix}\boldsymbol{C}\\ \boldsymbol{D}\end{pmatrix}=\boldsymbol{E}_n$.

3. 设矩阵 $\boldsymbol{A}=\begin{pmatrix}1&1&0&0\\3&2&0&0\\0&0&3&-2\\0&0&0&-1\end{pmatrix}$, 求 $|\boldsymbol{A}|$, $\boldsymbol{A}^{-1}$, $|\boldsymbol{A}^{10}|$, $\boldsymbol{AA}^{\mathrm{T}}$.

4. 设矩阵 $A=\begin{pmatrix}0&0&1&-2\\0&0&0&3\\1&0&0&0\\0&1&0&0\end{pmatrix}$，证明 A 可逆，并求 A^{-1}.

5. 证明例 5 中给出的结果.

6. 设 A,B 均为 2 阶矩阵，A^*，B^* 分别为 A,B 的伴随矩阵，若 $|A|=2$，$|B|=3$，计算分块矩阵 $\begin{pmatrix}\mathbf{0}&A\\B&\mathbf{0}\end{pmatrix}$ 的伴随矩阵.

第五节　初 等 矩 阵

在第 1 章，我们已经给出了矩阵的初等变换的定义，并且“任何一个矩阵都可用初等行变换变成行阶梯形矩阵和行最简形矩阵”的结论和方法，为我们提供了求解线性方程组的一种重要而又通用的方法——消元法. 这一节通过引入初等矩阵的概念，建立矩阵的初等变换与矩阵乘法的联系，以此为基础，给出用初等变换求逆矩阵的方法.

一、初等矩阵

定义 1　由 n 阶单位矩阵 E 经过一次初等变换得到的矩阵称为 n 阶**初等矩阵**.

三种初等变换对应着三种初等矩阵.

1. 对调 n 阶单位矩阵 E_n 的第 i,j 两行（或两列），得到的初等矩阵记为 $E_n(i,j)$，即

$$E_n(i,j)=\begin{pmatrix}1&&&&&&&&\\&\ddots&&&&&&&\\&&1&&&&&&\\&&&0&\cdots&1&&&\\&&&&1&&&&\\&&&\vdots&\ddots&\vdots&&&\\&&&&1&&&&\\&&&1&\cdots&0&&&\\&&&&&&1&&\\&&&&&&&\ddots&\\&&&&&&&&1\end{pmatrix}\begin{matrix}\\\\\\\leftarrow \text{第 } i \text{ 行}\\\\\\\\\leftarrow \text{第 } j \text{ 行}\\\\\\\\\end{matrix}.$$

2. 用数 $k\neq 0$ 乘 E_n 的第 i 行（或第 i 列）得到的矩阵，记为 $E_n(i(k))$，即

$$E_n(i(k))=\begin{pmatrix}1&&&&\\&\ddots&&&\\&&k&&\\&&&\ddots&\\&&&&1\end{pmatrix}\begin{matrix}\\\\\leftarrow 第\ i\ 行\\\\\\\end{matrix}.$$

3. 用数 k 乘 E_n 的第 j 行加到第 i 行上(或以 k 乘 E_n 的第 i 列加到第 j 列上)得到的矩阵,记为 $E_n(i,j(k))$,即

$$E_n(i,j(k))=\begin{pmatrix}1&&&&&&\\&\ddots&&&&&\\&&1&\cdots&k&&\\&&&\ddots&\vdots&&\\&&&&1&&\\&&&&&\ddots&\\&&&&&&1\end{pmatrix}\begin{matrix}\\\\\leftarrow 第\ i\ 行\\\\\leftarrow 第\ j\ 行\\\\\\\end{matrix}.$$

因为初等矩阵都是单位矩阵经过一次初等变换得到的,所以它们的行列式都不等于零,因此初等矩阵都是可逆矩阵.由于

$$E_n(i,j)E_n(i,j)=E_n,$$

$$E_n\left[i\left(\frac{1}{k}\right)\right]E_n[i(k)]=E_n\quad(k\neq 0),$$

$$E_n[i,j(-k)]E_n[i,j(k)]=E_n,$$

所以

$$E_n(i,j)^{-1}=E_n(i,j),$$

$$E_n[i(k)]^{-1}=E_n\left[i\left(\frac{1}{k}\right)\right],$$

$$E_n[i,j(k)]^{-1}=E_n[i,j(-k)].$$

定理 1(初等变换和初等矩阵的关系)

设 $\boldsymbol{A}$ 是一个 $m\times n$ 矩阵,对 $\boldsymbol{A}$ 施行一次初等行变换,相当于在矩阵 $\boldsymbol{A}$ 的左边乘相应的 m 阶初等矩阵;对 $\boldsymbol{A}$ 施行一次初等列变换,相当于在矩阵 $\boldsymbol{A}$ 的右边乘相应的 n 阶初等矩阵.即

$$A_{m\times n}\xrightarrow{r_i\leftrightarrow r_j}E_m(i,j)A_{m\times n},$$

$$A_{m\times n}\xrightarrow{c_i\leftrightarrow c_j}A_{m\times n}E_n(i,j),$$

$$A_{m\times n}\xrightarrow{kr_i}E_m[i(k)]A_{m\times n},$$

$$\boldsymbol{A}_{m\times n}\xrightarrow{kc_i}\boldsymbol{A}_{m\times n}\boldsymbol{E}_n[i(k)],$$

$$\boldsymbol{A}_{m\times n}\xrightarrow{r_i+kr_j}\boldsymbol{E}_m[i,j(k)]\boldsymbol{A}_{m\times n},$$

$$\boldsymbol{A}_{m\times n}\xrightarrow{c_j+kc_i}\boldsymbol{A}_{m\times n}\boldsymbol{E}_n[i,j(k)].$$

证　将矩阵 $\boldsymbol{A}_{m\times n}$ 表示成按行分块的分块矩阵

$$\boldsymbol{A}=\begin{pmatrix}\boldsymbol{a}_1^{\mathrm{T}}\\ \boldsymbol{a}_2^{\mathrm{T}}\\ \vdots\\ \boldsymbol{a}_m^{\mathrm{T}}\end{pmatrix},$$

其中 $\boldsymbol{a}_i^{\mathrm{T}}=(a_{i1},a_{i2},\cdots,a_{in})(i=1,2,\cdots,m)$.于是

$$\boldsymbol{E}_m(i,j)\boldsymbol{A}=\begin{pmatrix}1&&&&&&\\&\ddots&&&&&\\&&0&\cdots&1&&\\&&\vdots&&\vdots&&\\&&1&\cdots&0&&\\&&&&&\ddots&\\&&&&&&1\end{pmatrix}\begin{pmatrix}\boldsymbol{a}_1^{\mathrm{T}}\\ \vdots\\ \boldsymbol{a}_i^{\mathrm{T}}\\ \vdots\\ \boldsymbol{a}_j^{\mathrm{T}}\\ \vdots\\ \boldsymbol{a}_m^{\mathrm{T}}\end{pmatrix}=\begin{pmatrix}\boldsymbol{a}_1^{\mathrm{T}}\\ \vdots\\ \boldsymbol{a}_j^{\mathrm{T}}\\ \vdots\\ \boldsymbol{a}_i^{\mathrm{T}}\\ \vdots\\ \boldsymbol{a}_m^{\mathrm{T}}\end{pmatrix},$$

其结果相当于矩阵 $\boldsymbol{A}$ 进行一次第一种初等行变换,即交换矩阵的第 i,j 两行.又

$$\boldsymbol{E}_m[i(k)]\boldsymbol{A}=\begin{pmatrix}1&&&&\\&\ddots&&&\\&&k&&\\&&&\ddots&\\&&&&1\end{pmatrix}\begin{pmatrix}\boldsymbol{a}_1^{\mathrm{T}}\\ \vdots\\ \boldsymbol{a}_i^{\mathrm{T}}\\ \vdots\\ \boldsymbol{a}_m^{\mathrm{T}}\end{pmatrix}=\begin{pmatrix}\boldsymbol{a}_1^{\mathrm{T}}\\ \vdots\\ k\boldsymbol{a}_i^{\mathrm{T}}\\ \vdots\\ \boldsymbol{a}_m^{\mathrm{T}}\end{pmatrix},$$

其结果相当于对矩阵 $\boldsymbol{A}$ 进行一次第二种初等行变换,即用数 k 乘矩阵 $\boldsymbol{A}$ 的第 i 行各元.又

$$\boldsymbol{E}_m[i,j(k)]\boldsymbol{A}=\begin{pmatrix}1 & & & & & \\ & \ddots & & & & \\ & & 1 & \cdots & k & \\ & & & \ddots & \vdots & \\ & & & & 1 & \\ & & & & & \ddots \\ & & & & & & 1\end{pmatrix}\begin{pmatrix}\boldsymbol{a}_1^{\mathrm{T}}\\ \vdots\\ \boldsymbol{a}_i^{\mathrm{T}}\\ \vdots\\ \boldsymbol{a}_j^{\mathrm{T}}\\ \vdots\\ \boldsymbol{a}_m^{\mathrm{T}}\end{pmatrix}=\begin{pmatrix}\boldsymbol{a}_1^{\mathrm{T}}\\ \vdots\\ \boldsymbol{a}_i^{\mathrm{T}}+k\boldsymbol{a}_j^{\mathrm{T}}\\ \vdots\\ \boldsymbol{a}_j^{\mathrm{T}}\\ \vdots\\ \boldsymbol{a}_m^{\mathrm{T}}\end{pmatrix},$$

其结果相当于对矩阵 $\boldsymbol{A}$ 进行一次第三种初等行变换,即将 k 乘矩阵 $\boldsymbol{A}$ 的第 j 行加到第 i 行上.

初等列变换的相关结论可类似证明.

例如,令 $\boldsymbol{A}=\begin{pmatrix}a_{11} & a_{12} & a_{13}\\ a_{21} & a_{22} & a_{23}\end{pmatrix}$,则

$$\boldsymbol{E}_2(1,2)\boldsymbol{A}=\begin{pmatrix}0 & 1\\ 1 & 0\end{pmatrix}\begin{pmatrix}a_{11} & a_{12} & a_{13}\\ a_{21} & a_{22} & a_{23}\end{pmatrix}=\begin{pmatrix}a_{21} & a_{22} & a_{23}\\ a_{11} & a_{12} & a_{13}\end{pmatrix}.$$

$$\boldsymbol{A}\boldsymbol{E}_3(1,2)=\begin{pmatrix}a_{11} & a_{12} & a_{13}\\ a_{21} & a_{22} & a_{23}\end{pmatrix}\begin{pmatrix}0 & 1 & 0\\ 1 & 0 & 0\\ 0 & 0 & 1\end{pmatrix}=\begin{pmatrix}a_{12} & a_{11} & a_{13}\\ a_{22} & a_{21} & a_{23}\end{pmatrix}.$$

$$\boldsymbol{E}_2(2(k))\boldsymbol{A}=\begin{pmatrix}1 & 0\\ 0 & k\end{pmatrix}\begin{pmatrix}a_{11} & a_{12} & a_{13}\\ a_{21} & a_{22} & a_{23}\end{pmatrix}=\begin{pmatrix}a_{11} & a_{12} & a_{13}\\ ka_{21} & ka_{22} & ka_{23}\end{pmatrix}.$$

$$\boldsymbol{A}\boldsymbol{E}_3(2(k))=\begin{pmatrix}a_{11} & a_{12} & a_{13}\\ a_{21} & a_{22} & a_{23}\end{pmatrix}\begin{pmatrix}1 & 0 & 0\\ 0 & k & 0\\ 0 & 0 & 1\end{pmatrix}=\begin{pmatrix}a_{11} & ka_{12} & a_{13}\\ a_{21} & ka_{22} & a_{23}\end{pmatrix}.$$

$$\begin{aligned}\boldsymbol{E}_2(1,2(k))\boldsymbol{A}&=\begin{pmatrix}1 & k\\ 0 & 1\end{pmatrix}\begin{pmatrix}a_{11} & a_{12} & a_{13}\\ a_{21} & a_{22} & a_{23}\end{pmatrix}\\ &=\begin{pmatrix}a_{11}+ka_{21} & a_{12}+ka_{22} & a_{13}+ka_{23}\\ a_{21} & a_{22} & a_{23}\end{pmatrix}.\end{aligned}$$

$$\boldsymbol{A}\boldsymbol{E}_3(1,2(k))=\begin{pmatrix}a_{11} & a_{12} & a_{13}\\ a_{21} & a_{22} & a_{23}\end{pmatrix}\begin{pmatrix}1 & k & 0\\ 0 & 1 & 0\\ 0 & 0 & 1\end{pmatrix}=\begin{pmatrix}a_{11} & a_{12}+ka_{11} & a_{13}\\ a_{21} & a_{22}+ka_{21} & a_{23}\end{pmatrix}.$$

二、利用初等变换求逆矩阵

在第 1 章的最后部分,我们已经知道,对于任一 $m\times n$ 的矩阵 $\boldsymbol{A}$,总可以经过初等变换(行变换和列变换)把它化成标准形:

$$\boldsymbol{F}=\begin{pmatrix}\boldsymbol{E}_r & \boldsymbol{0}\\ \boldsymbol{0} & \boldsymbol{0}\end{pmatrix}_{m\times n},$$

其中的 r 为行阶梯形矩阵中的非零行的行数.

利用本节的定理 1,可将该结论叙述为

定理 2 对于任一 $m\times n$ 矩阵 $\boldsymbol{A}$,一定存在有限个 m 阶初等矩阵 $\boldsymbol{P}_1,\boldsymbol{P}_2,\cdots,\boldsymbol{P}_s$ 和 n 阶初等方阵 $\boldsymbol{P}_{s+1},\cdots,\boldsymbol{P}_k$,使

$$\boldsymbol{P}_1\cdots\boldsymbol{P}_s\boldsymbol{A}\boldsymbol{P}_{s+1}\cdots\boldsymbol{P}_k=\begin{pmatrix}\boldsymbol{E}_r & \boldsymbol{0}\\ \boldsymbol{0} & \boldsymbol{0}\end{pmatrix}_{m\times n}=\boldsymbol{F}_{m\times n}.$$

将定理 2 用于 n 阶可逆矩阵 $\boldsymbol{A}$,则有

定理 3 对于 n 阶可逆矩阵 $\boldsymbol{A}$,一定存在有限个 n 阶初等矩阵 $\boldsymbol{P}_1,\cdots,\boldsymbol{P}_s,\boldsymbol{P}_{s+1},\cdots,\boldsymbol{P}_k$,使得

$$\boldsymbol{P}_1\cdots\boldsymbol{P}_s\boldsymbol{A}\boldsymbol{P}_{s+1}\cdots\boldsymbol{P}_k=\boldsymbol{E}.$$

证 由定理 2,对 n 阶矩阵 $\boldsymbol{A}$,一定存在 n 阶初等矩阵 $\boldsymbol{P}_1,\cdots,\boldsymbol{P}_s,\boldsymbol{P}_{s+1},\cdots,\boldsymbol{P}_k$,使

$$\boldsymbol{P}_1\cdots\boldsymbol{P}_s\boldsymbol{A}\boldsymbol{P}_{s+1}\cdots\boldsymbol{P}_k=\boldsymbol{F}_{n\times n}. \tag{1}$$

下面证明:如果矩阵 $\boldsymbol{A}$ 可逆,则 $\boldsymbol{F}_{n\times n}=\boldsymbol{E}$.

事实上,若 $\boldsymbol{F}\neq\boldsymbol{E}$,则 $\boldsymbol{F}_{n\times n}$ 的对角线上必有零元,在(1)的两端取行列式,并利用方阵的乘积的行列式性质,有

$$|\boldsymbol{P}_1|\cdots|\boldsymbol{P}_s||\boldsymbol{A}||\boldsymbol{P}_{s+1}|\cdots|\boldsymbol{P}_k|=|\boldsymbol{F}_{n\times n}|=0.$$

于是,$|\boldsymbol{P}_1|,\cdots,|\boldsymbol{P}_s|,|\boldsymbol{A}|,|\boldsymbol{P}_{s+1}|,\cdots,|\boldsymbol{P}_k|$ 中必至少有一个是零,这与 $\boldsymbol{P}_1,\cdots,\boldsymbol{P}_s,\boldsymbol{A},\boldsymbol{P}_{s+1},\cdots,\boldsymbol{P}_k$ 均为可逆矩阵相矛盾.故 $\boldsymbol{F}_{n\times n}=\boldsymbol{E}$.

该定理告诉我们,可逆矩阵 $\boldsymbol{A}$ 一定与单位矩阵等价,即 $\boldsymbol{A}\sim\boldsymbol{E}$.

定理 4 设 $\boldsymbol{A}$ 为可逆矩阵,则存在有限个初等矩阵 $\boldsymbol{P}_1,\boldsymbol{P}_2,\cdots,\boldsymbol{P}_k$,使 $\boldsymbol{A}=\boldsymbol{P}_1\boldsymbol{P}_2\cdots\boldsymbol{P}_k$.

证 由定理 3,$\boldsymbol{A}\sim\boldsymbol{E}$.由矩阵等价的对称性知,$\boldsymbol{E}\sim\boldsymbol{A}$.即 $\boldsymbol{E}$ 可经过有限次初等变换变成 $\boldsymbol{A}$,即存在有限个初等矩阵 $\boldsymbol{P}_1,\boldsymbol{P}_2,\cdots,\boldsymbol{P}_k$,使

$$\boldsymbol{P}_1\cdots\boldsymbol{P}_s\boldsymbol{E}\boldsymbol{P}_{s+1}\cdots\boldsymbol{P}_k=\boldsymbol{A},$$

即

$$\boldsymbol{A}=\boldsymbol{P}_1\cdots\boldsymbol{P}_s\cdots\boldsymbol{P}_k.$$

事实上,我们不难看到定理 3 和定理 4 不仅是矩阵 A 可逆的必要条件,也是

充分条件.

推论 $m\times n$ 矩阵 $\boldsymbol{A}$ 与 $\boldsymbol{B}$ 等价的充要条件是存在 m 阶可逆矩阵 $\boldsymbol{P}$ 和 n 阶可逆矩阵 $\boldsymbol{Q}$,使 $\boldsymbol{PAQ}=\boldsymbol{B}$.

由定理 4 可推出用初等行变换求逆矩阵的方法:若 $\boldsymbol{A}$ 为可逆矩阵,则存在初等矩阵 $\boldsymbol{P}_1,\cdots,\boldsymbol{P}_k$ 使 $\boldsymbol{A}=\boldsymbol{P}_1\cdots\boldsymbol{P}_k$,即

$$\boldsymbol{P}_k^{-1}\boldsymbol{P}_{k-1}^{-1}\cdots\boldsymbol{P}_1^{-1}\boldsymbol{A}=\boldsymbol{E}. \tag{2}$$

在(2)式两端分别右乘 $\boldsymbol{A}^{-1}$ 得

$$\boldsymbol{P}_k^{-1}\boldsymbol{P}_{k-1}^{-1}\cdots\boldsymbol{P}_1^{-1}\boldsymbol{E}=\boldsymbol{A}^{-1}. \tag{3}$$

由于初等矩阵的逆矩阵仍为初等矩阵,所以,(2)式表明可逆矩阵 $\boldsymbol{A}$ 经过一系列初等行变换可变成 $\boldsymbol{E}$,(3)式表明同样的初等行变换将单位矩阵 $\boldsymbol{E}$ 变成矩阵 $\boldsymbol{A}$ 的逆矩阵 $\boldsymbol{A}^{-1}$.

用分块矩阵的形式,(2)(3)两式合并为

$$\boldsymbol{P}_k^{-1}\boldsymbol{P}_{k-1}^{-1}\cdots\boldsymbol{P}_1^{-1}(\boldsymbol{A}\mid\boldsymbol{E})=(\boldsymbol{E}\mid\boldsymbol{A}^{-1}),$$

即对 $n\times 2n$ 矩阵 $(\boldsymbol{A}\mid\boldsymbol{E})$ 施行初等行变换,把左边的方阵 $\boldsymbol{A}$ 变成单位矩阵 $\boldsymbol{E}$ 的同时,右边的单位矩阵 $\boldsymbol{E}$ 也就变成了方阵 $\boldsymbol{A}$ 的逆矩阵 $\boldsymbol{A}^{-1}$.

例 1 设 $\boldsymbol{A}=\begin{pmatrix}1&2&3\\2&2&1\\3&4&3\end{pmatrix}$,求 $\boldsymbol{A}^{-1}$.

解

$$(\boldsymbol{A}\mid\boldsymbol{E})=\left(\begin{array}{ccc:ccc}1&2&3&1&0&0\\2&2&1&0&1&0\\3&4&3&0&0&1\end{array}\right)$$

$$\xrightarrow[r_3-3r_1]{r_2-2r_1}\left(\begin{array}{ccc:ccc}1&2&3&1&0&0\\0&-2&-5&-2&1&0\\0&-2&-6&-3&0&1\end{array}\right)$$

$$\xrightarrow[r_3-r_2]{r_1+r_2}\left(\begin{array}{ccc:ccc}1&0&-2&-1&1&0\\0&-2&-5&-2&1&0\\0&0&-1&-1&-1&1\end{array}\right)$$

$$\xrightarrow[r_2-5r_3]{r_1-2r_3}\left(\begin{array}{ccc:ccc}1&0&0&1&3&-2\\0&-2&0&3&6&-5\\0&0&-1&-1&-1&1\end{array}\right)$$

$$\xrightarrow[r_3\div(-1)]{r_2\div(-2)}\left(\begin{array}{ccc:ccc}1&0&0&1&3&-2\\0&1&0&-\dfrac{3}{2}&-3&\dfrac{5}{2}\\0&0&1&1&1&-1\end{array}\right),$$

所以

$$A^{-1}=\begin{pmatrix} 1 & 3 & -2 \\ -\frac{3}{2} & -3 & \frac{5}{2} \\ 1 & 1 & -1 \end{pmatrix}.$$

矩阵的初等行变换还可用于求解矩阵方程 $AX=B$,其中 A 为可逆矩阵.显然

$$X=A^{-1}B.$$

而

$$A^{-1}(A \mid B)=(E \mid A^{-1}B),$$

且 A^{-1}可写成有限个初等方阵的乘积,即

$$A^{-1}=P_1\cdots P_l.$$

从而

$$P_1\cdots P_l(A \mid B)=(E \mid A^{-1}B).$$

因此,若对矩阵$(A \mid B)$施行初等行变换,当把 A 变成 E 时,B 就变成 $X=A^{-1}B$.

例 2　解矩阵方程

$$\begin{pmatrix} 0 & 1 & 2 \\ 1 & 1 & 4 \\ 2 & -1 & 0 \end{pmatrix} X=\begin{pmatrix} 1 & 1 \\ 0 & 1 \\ -1 & 0 \end{pmatrix}.$$

解　$$(A \mid B)=\left(\begin{array}{ccc|cc} 0 & 1 & 2 & 1 & 1 \\ 1 & 1 & 4 & 0 & 1 \\ 2 & -1 & 0 & -1 & 0 \end{array}\right)$$

$$\xrightarrow{r_1 \leftrightarrow r_2}\left(\begin{array}{ccc|cc} 1 & 1 & 4 & 0 & 1 \\ 0 & 1 & 2 & 1 & 1 \\ 2 & -1 & 0 & -1 & 0 \end{array}\right)$$

$$\xrightarrow{r_3-2r_1}\left(\begin{array}{ccc|cc} 1 & 1 & 4 & 0 & 1 \\ 0 & 1 & 2 & 1 & 1 \\ 0 & -3 & -8 & -1 & -2 \end{array}\right)$$

$$\xrightarrow[r_3+3r_2]{r_1-r_2}\left(\begin{array}{ccc|cc} 1 & 0 & 2 & -1 & 0 \\ 0 & 1 & 2 & 1 & 1 \\ 0 & 0 & -2 & 2 & 1 \end{array}\right)$$

$$\xrightarrow[r_3\div(-2)]{r_1+r_3,\ r_2+r_3}\left(\begin{array}{ccc|cc} 1 & 0 & 0 & 1 & 1 \\ 0 & 1 & 0 & 3 & 2 \\ 0 & 0 & 1 & -1 & -\frac{1}{2} \end{array}\right),$$

故

$$X=A^{-1}B=\begin{pmatrix}1&1\\3&2\\-1&-\frac{1}{2}\end{pmatrix}.$$

类似地，当 A 可逆时，矩阵方程 $XA=B$ 的解 $X=BA^{-1}$ 可按下面的方法求得

$$\begin{pmatrix}A\\B\end{pmatrix}\xrightarrow{\text{初等列变换}}\begin{pmatrix}E\\BA^{-1}\end{pmatrix}.$$

习题 3-5

1. 计算 $\begin{pmatrix}0&0&1\\0&1&0\\1&0&0\end{pmatrix}^{20}\begin{pmatrix}a_1&a_2&a_3\\b_1&b_2&b_3\\c_1&c_2&c_3\end{pmatrix}\begin{pmatrix}0&0&1\\0&1&0\\1&0&0\end{pmatrix}^{21}$.

2. 用初等变换求下列矩阵的逆矩阵.

（1）$\begin{pmatrix}1&0&0&0\\1&2&0&0\\1&2&3&0\\1&2&3&4\end{pmatrix}$； （2）$\begin{pmatrix}3&2&1\\3&1&5\\3&2&3\end{pmatrix}$； （3）$\begin{pmatrix}1&2&1&1\\2&3&1&0\\3&1&1&-2\\4&2&-1&-6\end{pmatrix}$.

3. 利用初等变换解矩阵方程.

（1）$X\begin{pmatrix}5&3&1\\1&-3&-2\\-5&2&1\end{pmatrix}=\begin{pmatrix}-8&3&0\\-5&9&0\\-2&15&0\end{pmatrix}$；

（2）$\begin{pmatrix}1&2&3\\3&1&2\\2&3&1\end{pmatrix}X=\begin{pmatrix}2&4&0\\4&0&2\\0&2&4\end{pmatrix}$.

4. 设 A 是4阶可逆方阵，将 A 的第二行和第三行对换得到的矩阵记为 B.

（1）证明 B 可逆； （2）求 AB^{-1}.

5. 设 A,P 均为3阶矩阵，且 $P^{T}AP=\begin{pmatrix}1&0&0\\0&1&0\\0&0&2\end{pmatrix}$. 若 $P=(\alpha_1,\alpha_2,\alpha_3)$，$Q=(\alpha_1+\alpha_2,\alpha_2,\alpha_3)$，计算 $Q^{T}AQ$.

第六节　矩阵的秩

一、矩阵的秩

在第一章已经看到,利用消元法解非齐次线性方程组 $\boldsymbol{Ax}=\boldsymbol{b}$(齐次线性方程组 $\boldsymbol{Ax}=\boldsymbol{0}$),将增广矩阵(系数矩阵 $\boldsymbol{A}$)化成行阶梯形矩阵后,其非零的 r 行所对应的非齐次(齐次)线性方程组即为与原方程组同解且包含方程个数为最少的线性方程组.其实,这里的 r 就是矩阵 $\boldsymbol{B}$(矩阵 $\boldsymbol{A}$)的秩. 但由于 r 的唯一性我们前面没有证明,而这一点在下一章讨论线性方程组的理论时又十分重要,因此我们从另外一个角度给出矩阵的秩的定义.

定义 1　在矩阵 $\boldsymbol{A}=(a_{ij})_{m\times n}$ 中任选 k 行 k 列($1\leqslant k\leqslant m,1\leqslant k\leqslant n$),其相交处的 k^2 个元,按原来的位置构成的 k 阶行列式,称为矩阵 $\boldsymbol{A}$ 的 k 阶**子式**.

例如矩阵

$$\boldsymbol{A}=\begin{pmatrix}2&-3&8&2\\2&12&-2&12\\1&3&1&4\end{pmatrix},$$

选取其第一行和第三行,第二列和第四列,其交叉处的元按原来位置构成的二阶行列式

$$\begin{vmatrix}-3&2\\3&4\end{vmatrix}=-18$$

就是矩阵 $\boldsymbol{A}$ 的一个二阶子式.

矩阵 $\boldsymbol{A}$ 的全部三阶子式为

$$\begin{vmatrix}2&-3&8\\2&12&-2\\1&3&1\end{vmatrix}=0,\quad\begin{vmatrix}2&-3&2\\2&12&12\\1&3&4\end{vmatrix}=0,$$

$$\begin{vmatrix}2&8&2\\2&-2&12\\1&1&4\end{vmatrix}=0,\quad\begin{vmatrix}-3&8&2\\12&-2&12\\3&1&4\end{vmatrix}=0.$$

$m\times n$ 矩阵的 k 阶子式共有 $\mathrm{C}_m^k\cdot\mathrm{C}_n^k$ 个,其中不为零的子式称为**非零子式**.

定义 2　如果在矩阵 $\boldsymbol{A}$ 中有一个 r 阶非零子式 D,且所有的 $r+1$ 阶子式(如果存在的话)全等于 0,那么 D 称为矩阵 $\boldsymbol{A}$ 的**最高阶非零子式**,数 r 称为矩阵 $\boldsymbol{A}$ 的**秩**,记作 $R(\boldsymbol{A})$,即 $R(\boldsymbol{A})=r$.规定零矩阵的秩为 0.

在矩阵 $\boldsymbol{A}$ 中,当所有的 $r+1$ 阶子式全等于零时,由行列式的性质可知,所有高于 $r+1$ 阶的子式(如果存在的话)也全等于零,因此 $\boldsymbol{A}$ 的秩 $R(\boldsymbol{A})$ 就是 $\boldsymbol{A}$ 中不等于零的子式的最高阶数.

例 1 证明

(1) $R(\boldsymbol{A})=R(\boldsymbol{A}^{\mathrm{T}})$;

(2) n 阶方阵 $\boldsymbol{A}$ 可逆的充要条件为 $R(\boldsymbol{A})=n$;

(3) 若删去矩阵 $\boldsymbol{A}$ 的一行(列)得到矩阵 $\boldsymbol{B}$,则 $R(\boldsymbol{B})\leqslant R(\boldsymbol{A})$.

证 (1) 由于行列式转置后值不变,所以 $\boldsymbol{A}^{\mathrm{T}}$ 中非零子式的最高阶数与 $\boldsymbol{A}$ 中非零子式的最高阶数相等,即 $R(\boldsymbol{A})=R(\boldsymbol{A}^{\mathrm{T}})$.

(2) n 阶方阵 $\boldsymbol{A}$ 可逆的充要条件是 $|\boldsymbol{A}|\neq 0$,由矩阵秩的定义得 $R(\boldsymbol{A})=n$.

(3) 由于矩阵 $\boldsymbol{B}$ 的非零子式必是矩阵 $\boldsymbol{A}$ 的一个非零子式,故 $R(\boldsymbol{B})\leqslant R(\boldsymbol{A})$.

由(2)知,可逆矩阵的秩等于其阶数,故可逆矩阵又称**满秩矩阵**.不可逆的方阵(奇异矩阵)又称为**降秩矩阵**.

例 2 求下列矩阵的秩.

(1) $\boldsymbol{A}=\begin{pmatrix}1&2&3&-1\\2&4&6&-2\\3&0&2&1\end{pmatrix}$; (2) $\boldsymbol{B}=\begin{pmatrix}2&-1&0&4&-3\\0&0&3&1&2\\0&0&0&5&7\\0&0&0&0&0\end{pmatrix}$.

解 (1) $\boldsymbol{A}$ 的子式的最高阶数是 3,它共有 4 个 3 阶子式

$$\begin{vmatrix}1&2&3\\2&4&6\\3&0&2\end{vmatrix},\quad \begin{vmatrix}1&2&-1\\2&4&-2\\3&0&1\end{vmatrix},\quad \begin{vmatrix}1&3&-1\\2&6&-2\\3&2&1\end{vmatrix},\quad \begin{vmatrix}2&3&-1\\4&6&-2\\0&2&1\end{vmatrix}.$$

容易算出,它们的值都为零,又 $\boldsymbol{A}$ 中的二阶子式 $\begin{vmatrix}1&2\\3&0\end{vmatrix}=-6\neq 0$,故 $R(\boldsymbol{A})=2$.

(2) $\boldsymbol{B}$ 是一个行阶梯形矩阵,其非零行有 3 行,因此 $\boldsymbol{B}$ 的所有四阶子式为零,而以三个非零行的第一个非零元为对角元的 3 阶行列式 $\begin{vmatrix}2&0&4\\0&3&1\\0&0&5\end{vmatrix}$ 是一个上三角形行列式,它显然不为零,所以 $R(\boldsymbol{B})=3$.

二、利用初等变换求矩阵的秩

从例 2(1)可知,对一般矩阵,当行数和列数较高时,按定义求 $m\times n$ 矩阵的

秩要计算大量的行列式,非常麻烦.然而从例 2(2)我们却看到,对于行阶梯形矩阵,它的秩就等于非零行的行数,这一眼就能观察到.因此我们想到利用初等变换把矩阵化成行阶梯形矩阵之后再求其秩.但经过初等变换后,矩阵的秩是否保持不变呢?回答是肯定的,即有如下定理.

定理 1　矩阵的初等变换不改变矩阵的秩,即若 $\boldsymbol{A}\sim\boldsymbol{B}$,则 $R(\boldsymbol{A})=R(\boldsymbol{B})$.

证　先证明:若 $\boldsymbol{A}$ 经一次初等行变换变为 $\boldsymbol{B}$,则 $R(\boldsymbol{A})\leqslant R(\boldsymbol{B})$.

设 $R(\boldsymbol{A})=r$,且 $\boldsymbol{A}$ 的某个 r 阶子式 $D\neq 0$.

当 $\boldsymbol{A}\xrightarrow{r_i\leftrightarrow r_j}\boldsymbol{B}$ 或 $\boldsymbol{A}\xrightarrow{r_i\times k}\boldsymbol{B}$ 时,在 $\boldsymbol{B}$ 中总能找到与 D 相对应的 r 阶子式 D_1,由于 $D_1=D$ 或 $D_1=-D$ 或 $D_1=kD$,因此 $D_1\neq 0$,从而 $R(\boldsymbol{B})\geqslant r$.

当 $\boldsymbol{A}\xrightarrow{r_i+kr_j}\boldsymbol{B}$ 时,因为对于作变换 $r_i\leftrightarrow r_j$ 时结论成立,所以只需考虑 $\boldsymbol{A}\xrightarrow{r_1+kr_2}\boldsymbol{B}$ 这一特殊情形.分两种情形讨论:① $\boldsymbol{A}$ 的 r 阶非零子式 D 不包含 $\boldsymbol{A}$ 的第 1 行,这时 D 也是 $\boldsymbol{B}$ 的 r 阶非零子式,故 $R(\boldsymbol{B})\geqslant r$;② D 包含 $\boldsymbol{A}$ 的第 1 行,这时把 $\boldsymbol{B}$ 中与 D 对应的 r 阶子式 D_1 记作

$$D_1=\begin{vmatrix} r_1+kr_2 \\ r_p \\ \vdots \\ r_q \end{vmatrix}=\begin{vmatrix} r_1 \\ r_p \\ \vdots \\ r_q \end{vmatrix}+k\begin{vmatrix} r_2 \\ r_p \\ \vdots \\ r_q \end{vmatrix}=D+kD_2,$$

若 $p=2$,则 $D_1=D\neq 0$;若 $p\neq 2$,则 D_2 也是 $\boldsymbol{B}$ 的 r 阶子式,由 $D_1-kD_2=D\neq 0$,知 D_1 与 D_2 不同时为 0.总之,$\boldsymbol{B}$ 中存在 r 阶非零子式 D_1 或 D_2,故 $R(\boldsymbol{B})\geqslant r$.

以上证明了若 $\boldsymbol{A}$ 经一次初等行变换变为 $\boldsymbol{B}$,则 $R(\boldsymbol{A})\leqslant R(\boldsymbol{B})$.由于 $\boldsymbol{B}$ 亦可经一次初等行变换变为 $\boldsymbol{A}$,故也有 $R(\boldsymbol{B})\leqslant R(\boldsymbol{A})$.因此 $R(\boldsymbol{A})=R(\boldsymbol{B})$.

经一次初等行变换矩阵的秩不变,即可知经有限次初等行变换矩阵的秩仍不变.

设 $\boldsymbol{A}$ 经初等列变换变为 $\boldsymbol{B}$,则 $\boldsymbol{A}^{\mathrm{T}}$ 经初等行变换变为 $\boldsymbol{B}^{\mathrm{T}}$,由上段证明知 $R(\boldsymbol{A}^{\mathrm{T}})=R(\boldsymbol{B}^{\mathrm{T}})$,又 $R(\boldsymbol{A})=R(\boldsymbol{A}^{\mathrm{T}})$,$R(\boldsymbol{B})=R(\boldsymbol{B}^{\mathrm{T}})$,因此 $R(\boldsymbol{A})=R(\boldsymbol{B})$.

总之,若 $\boldsymbol{A}$ 经有限次初等变换变为 $\boldsymbol{B}$(即 $\boldsymbol{A}\sim\boldsymbol{B}$),则 $R(\boldsymbol{A})=R(\boldsymbol{B})$.

由于 $\boldsymbol{A}\sim\boldsymbol{B}$ 的充要条件是有可逆矩阵 $\boldsymbol{P},\boldsymbol{Q}$,使 $\boldsymbol{PAQ}=\boldsymbol{B}$,因此可得

推论　若有可逆矩阵 $\boldsymbol{P},\boldsymbol{Q}$ 使 $\boldsymbol{PAQ}=\boldsymbol{B}$,则 $R(\boldsymbol{A})=R(\boldsymbol{B})$.

由此定理,为求矩阵的秩,只要把矩阵用初等行变换变成行阶梯形矩阵,行阶梯形矩阵中非零行的行数即是该矩阵的秩.

例 3　设

$$\boldsymbol{A}=\begin{pmatrix} 1 & -1 & 2 & 1 & 0 \\ 2 & -2 & 4 & -2 & 0 \\ 3 & 0 & 6 & -1 & 1 \\ 2 & 1 & 4 & 2 & 1 \end{pmatrix},$$

求 $R(\boldsymbol{A})$.

解 用初等行变换将 $\boldsymbol{A}$ 化为行阶梯形.

$$\boldsymbol{A}=\begin{pmatrix}1&-1&2&1&0\\2&-2&4&-2&0\\3&0&6&-1&1\\2&1&4&2&1\end{pmatrix}\xrightarrow[r_4-2r_1]{\substack{r_2-2r_1\\r_3-3r_1}}\begin{pmatrix}1&-1&2&1&0\\0&0&0&-4&0\\0&3&0&-4&1\\0&3&0&0&1\end{pmatrix}$$

$$\xrightarrow[r_4-r_3]{r_3-r_2}\begin{pmatrix}1&-1&2&1&0\\0&0&0&-4&0\\0&3&0&0&1\\0&0&0&0&0\end{pmatrix}\xrightarrow{r_2\leftrightarrow r_3}\begin{pmatrix}1&-1&2&1&0\\0&3&0&0&1\\0&0&0&-4&0\\0&0&0&0&0\end{pmatrix}=\boldsymbol{B}_1.$$

因 $\boldsymbol{B}_1$ 中非零行的行数是 3,所以 $R(\boldsymbol{A})=R(\boldsymbol{B}_1)=3$.

例 4 设

$$\boldsymbol{A}=\begin{pmatrix}1&-2&2&-1\\2&-4&8&0\\-2&4&-2&3\\3&-6&0&-6\end{pmatrix},\boldsymbol{b}=\begin{pmatrix}1\\2\\3\\4\end{pmatrix},$$

且 $\boldsymbol{B}=(\boldsymbol{A}\mid\boldsymbol{b})$,求 $R(\boldsymbol{A})$ 及 $R(\boldsymbol{B})$.

解 用初等行变换将矩阵 $\boldsymbol{B}$ 化为行阶梯形矩阵 $\boldsymbol{B}_1=(\boldsymbol{A}_1,\boldsymbol{b}_1)$,则 $\boldsymbol{A}_1$ 即为 $\boldsymbol{A}$ 的行阶梯形矩阵,故可从 $\boldsymbol{B}_1=(\boldsymbol{A}_1,\boldsymbol{b}_1)$ 中同时求出 $R(\boldsymbol{A})$ 及 $R(\boldsymbol{B})$.

$$\boldsymbol{B}=\begin{pmatrix}1&-2&2&-1&1\\2&-4&8&0&2\\-2&4&-2&3&3\\3&-6&0&-6&4\end{pmatrix}\xrightarrow[r_4-3r_1]{\substack{r_2-2r_1\\r_3+2r_1}}\begin{pmatrix}1&-2&2&-1&1\\0&0&4&2&0\\0&0&2&1&5\\0&0&-6&-3&1\end{pmatrix}$$

$$\xrightarrow[r_4+3r_2]{\substack{r_2\div 2\\r_3-r_2}}\begin{pmatrix}1&-2&2&-1&1\\0&0&2&1&0\\0&0&0&0&5\\0&0&0&0&1\end{pmatrix}\xrightarrow[r_4-r_3]{r_3\div 5}\begin{pmatrix}1&-2&2&-1&1\\0&0&2&1&0\\0&0&0&0&1\\0&0&0&0&0\end{pmatrix},$$

因此,$R(\boldsymbol{A})=2$,$R(\boldsymbol{B})=3$.

从矩阵 $\boldsymbol{B}$ 的行阶梯形矩阵可知,本例中的 $\boldsymbol{A}$ 与 $\boldsymbol{b}$ 所对应的线性方程组 $\boldsymbol{Ax}=\boldsymbol{b}$ 是无解的.

例 5 设 $\boldsymbol{A}=\begin{pmatrix}1&-1&1&2\\3&\lambda&-1&2\\5&3&\mu&6\end{pmatrix}$,已知 $R(\boldsymbol{A})=2$,求 λ 与 μ 的值.

解　$A\xrightarrow[r_3-5r_1]{r_2-3r_1}\begin{pmatrix}1&-1&1&2\\0&\lambda+3&-4&-4\\0&8&\mu-5&-4\end{pmatrix}\xrightarrow[c_4-2c_1]{\substack{c_2+c_1\\c_3-c_1}}\begin{pmatrix}1&0&0&0\\0&\lambda+3&-4&-4\\0&8&\mu-5&-4\end{pmatrix}$

$$\xrightarrow[c_4\times\left(-\frac{1}{4}\right)]{r_3-r_2}\begin{pmatrix}1&0&0&0\\0&\lambda+3&-4&1\\0&5-\lambda&\mu-1&0\end{pmatrix}\xrightarrow[c_3+4c_4]{c_2-(\lambda+3)c_4}\begin{pmatrix}1&0&0&0\\0&0&0&1\\0&5-\lambda&\mu-1&0\end{pmatrix}$$

由 $R(\boldsymbol{A})=2$，必有 $\lambda=5,\mu=1$.

三、矩阵的秩的性质

矩阵的秩是线性代数最重要的概念之一，了解矩阵的秩的一些基本和常见的性质十分必要.为便于学习，在这里我们将集中罗列.

前面已提出的或可以直接由定义得出的有关矩阵的秩的一些性质归纳如下：

(1) $R(\boldsymbol{A}_{m\times n})\leqslant\min\{m,n\}$；

(2) $R(\boldsymbol{A}^{\mathrm{T}})=R(\boldsymbol{A})$；

(3) n 阶方阵 $\boldsymbol{A}$ 可逆的充要条件为 $R(\boldsymbol{A})=n$；

(4) 若 $\boldsymbol{A}\sim\boldsymbol{B}$，则 $R(\boldsymbol{A})=R(\boldsymbol{B})$；

(5) 若 $\boldsymbol{P},\boldsymbol{Q}$ 可逆，则 $R(\boldsymbol{PAQ})=R(\boldsymbol{A})$.

有关分块矩阵的秩与子块的秩之间的关系，我们证明有如下性质(6)—(7).

(6) $\max\{R(\boldsymbol{A}),R(\boldsymbol{B})\}\leqslant R\begin{pmatrix}\boldsymbol{A}\\\boldsymbol{B}\end{pmatrix}\leqslant R(\boldsymbol{A})+R(\boldsymbol{B})$；

$\max\{R(\boldsymbol{A}),R(\boldsymbol{B})\}\leqslant R(\boldsymbol{A},\boldsymbol{B})\leqslant R(\boldsymbol{A})+R(\boldsymbol{B})$.

证　因为 $\boldsymbol{A}$ 的最高阶非零子式是 $\begin{pmatrix}\boldsymbol{A}\\\boldsymbol{B}\end{pmatrix}$ 的非零子式，所以 $R(\boldsymbol{A})\leqslant R\begin{pmatrix}\boldsymbol{A}\\\boldsymbol{B}\end{pmatrix}$，同理 $R(\boldsymbol{B})\leqslant R\begin{pmatrix}\boldsymbol{A}\\\boldsymbol{B}\end{pmatrix}$，因此，$\max\{R(\boldsymbol{A}),R(\boldsymbol{B})\}\leqslant R\begin{pmatrix}\boldsymbol{A}\\\boldsymbol{B}\end{pmatrix}$.

同样可证 $\max\{R(\boldsymbol{A}),R(\boldsymbol{B})\}\leqslant R(\boldsymbol{A},\boldsymbol{B})$.

设 $R(\boldsymbol{A})=r_1,R(\boldsymbol{B})=r_2$，$\boldsymbol{A},\boldsymbol{B}$ 可分别作初等行变换化为非零行数分别为 r_1 和 r_2 的行阶梯形矩阵 $\widetilde{\boldsymbol{A}},\widetilde{\boldsymbol{B}}$，从而 $\begin{pmatrix}\boldsymbol{A}\\\boldsymbol{B}\end{pmatrix}$ 可通过初等行变换化为含有 r_1+r_2 个非零

行的矩阵$\begin{pmatrix}\widetilde{\boldsymbol{A}}\\ \widetilde{\boldsymbol{B}}\end{pmatrix}$,因此矩阵$\begin{pmatrix}\widetilde{\boldsymbol{A}}\\ \widetilde{\boldsymbol{B}}\end{pmatrix}$非零子式的阶数不超过 r_1+r_2,故

$$R\begin{pmatrix}\boldsymbol{A}\\ \boldsymbol{B}\end{pmatrix}=R\begin{pmatrix}\widetilde{\boldsymbol{A}}\\ \widetilde{\boldsymbol{B}}\end{pmatrix}\leqslant r_1+r_2=R(\boldsymbol{A})+R(\boldsymbol{B}),$$

$$R(\boldsymbol{A},\boldsymbol{B})=R((\boldsymbol{A},\boldsymbol{B})^{\mathrm{T}})=R\left(\begin{pmatrix}\boldsymbol{A}^{\mathrm{T}}\\ \boldsymbol{B}^{\mathrm{T}}\end{pmatrix}\right)\leqslant R(\boldsymbol{A}^{\mathrm{T}})+R(\boldsymbol{B}^{\mathrm{T}})=R(\boldsymbol{A})+R(\boldsymbol{B}).$$

注意,在性质(6)中,等号和不等号均可能出现,例如令

$$\boldsymbol{A}=\begin{pmatrix}1&2\\0&1\\0&0\end{pmatrix},\boldsymbol{B}=\begin{pmatrix}0\\0\\3\end{pmatrix},\boldsymbol{C}=\begin{pmatrix}1\\2\\0\end{pmatrix},$$

则

$$R(\boldsymbol{A},\boldsymbol{B})=R\begin{pmatrix}1&2&0\\0&1&0\\0&0&3\end{pmatrix}=3=R(\boldsymbol{A})+R(\boldsymbol{B}),$$

$$R(\boldsymbol{A},\boldsymbol{C})=R\begin{pmatrix}1&2&1\\0&1&2\\0&0&0\end{pmatrix}=2<R(\boldsymbol{A})+R(\boldsymbol{C}).$$

(7) $R\begin{pmatrix}\boldsymbol{A}&\boldsymbol{0}\\ \boldsymbol{C}&\boldsymbol{B}\end{pmatrix}\geqslant R(\boldsymbol{A})+R(\boldsymbol{B}),R\begin{pmatrix}\boldsymbol{0}&\boldsymbol{A}\\ \boldsymbol{B}&\boldsymbol{C}\end{pmatrix}\geqslant R(\boldsymbol{A})+R(\boldsymbol{B})$,

特别地,

$$R\begin{pmatrix}\boldsymbol{A}&\boldsymbol{0}\\ \boldsymbol{0}&\boldsymbol{B}\end{pmatrix}=R(\boldsymbol{A})+R(\boldsymbol{B}),R\begin{pmatrix}\boldsymbol{0}&\boldsymbol{A}\\ \boldsymbol{B}&\boldsymbol{0}\end{pmatrix}=R(\boldsymbol{A})+R(\boldsymbol{B}).$$

证 设 $R(\boldsymbol{A})=r_1,R(\boldsymbol{B})=r_2$,$\boldsymbol{A},\boldsymbol{B}$ 可分别作初等变换化为行最简形矩阵,从而

$$\begin{pmatrix}\boldsymbol{A}&\boldsymbol{0}\\ \boldsymbol{C}&\boldsymbol{B}\end{pmatrix}\sim\left(\begin{array}{cc|cc}\boldsymbol{E}_{r_1}&&&\boldsymbol{0}\\&\boldsymbol{0}&&\\\hline&&\boldsymbol{E}_{r_2}&\\&\boldsymbol{C}_1&&\boldsymbol{0}\end{array}\right).$$

上式右边的矩阵存在 r_1+r_2 阶子式的行列式等于 1，故 $R\begin{pmatrix}\boldsymbol{A} & \boldsymbol{0}\\ \boldsymbol{C} & \boldsymbol{B}\end{pmatrix}\geqslant r_1+r_2=R(\boldsymbol{A})+R(\boldsymbol{B})$. 若 $\boldsymbol{C}=\boldsymbol{0}$，上式右边的矩阵中 $\boldsymbol{C}_1=\boldsymbol{0}$，则

$$R\begin{pmatrix}\boldsymbol{A} & \boldsymbol{0}\\ \boldsymbol{0} & \boldsymbol{B}\end{pmatrix}=R\begin{pmatrix}\boldsymbol{E}_{r_1} & & \\ & \boldsymbol{0} & \\ & & \boldsymbol{E}_{r_2} & \\ & & & \boldsymbol{0}\end{pmatrix}=r_1+r_2=R(\boldsymbol{A})+R(\boldsymbol{B}).$$

类似地，$R\begin{pmatrix}\boldsymbol{0} & \boldsymbol{A}\\ \boldsymbol{B} & \boldsymbol{C}\end{pmatrix}\geqslant R(\boldsymbol{A})+R(\boldsymbol{B})$，$R\begin{pmatrix}\boldsymbol{0} & \boldsymbol{A}\\ \boldsymbol{B} & \boldsymbol{0}\end{pmatrix}=R(\boldsymbol{A})+R(\boldsymbol{B})$.

在第 4 章我们将证明有关矩阵作加法和乘法运算后的秩的性质.

(8) $R(\boldsymbol{A}+\boldsymbol{B})\leqslant R(\boldsymbol{A})+R(\boldsymbol{B})$（证明见第 4 章第四节性质 1，读者也可用本章方法给出证明）；

(9) $R(\boldsymbol{A}_{m\times s}\boldsymbol{B}_{s\times n})\leqslant\min\{R(\boldsymbol{A}_{m\times s}),R(\boldsymbol{B}_{s\times n})\}$（证明见第 4 章第四节性质 2，读者也可用本章方法给出证明）；

(10) 若 $\boldsymbol{A}_{m\times n}\boldsymbol{B}_{n\times s}=\boldsymbol{0}$，则 $R(\boldsymbol{A}_{m\times n})+R(\boldsymbol{B}_{n\times s})\leqslant n$（证明见第 4 章第五节例 2）.

例 6　证明：若 $\boldsymbol{A}_{m\times n}\boldsymbol{B}_{n\times s}=\boldsymbol{C}$，且 $R(\boldsymbol{A}_{m\times n})=n$，则 $R(\boldsymbol{B})=R(\boldsymbol{C})$.

证　因 $R(\boldsymbol{A}_{m\times n})=n$，故 $\boldsymbol{A}_{m\times n}$ 的行最简形矩阵为 $\begin{pmatrix}\boldsymbol{E}_n\\ \boldsymbol{0}\end{pmatrix}$，于是存在 m 阶可逆矩阵 $\boldsymbol{P}$，使得 $\boldsymbol{PA}=\begin{pmatrix}\boldsymbol{E}_n\\ \boldsymbol{0}\end{pmatrix}$，于是 $\boldsymbol{PC}=\boldsymbol{PAB}=\begin{pmatrix}\boldsymbol{E}_n\\ \boldsymbol{0}\end{pmatrix}\boldsymbol{B}=\begin{pmatrix}\boldsymbol{B}\\ \boldsymbol{0}\end{pmatrix}$.

由秩的性质(5)，知 $R(\boldsymbol{C})=R(\boldsymbol{PC})=R\begin{pmatrix}\boldsymbol{B}\\ \boldsymbol{0}\end{pmatrix}$，而 $R\begin{pmatrix}\boldsymbol{B}\\ \boldsymbol{0}\end{pmatrix}=R(\boldsymbol{B})$，故

$$R(\boldsymbol{C})=R(\boldsymbol{B}).$$

在本例中，矩阵 $\boldsymbol{A}$ 的秩等于它的列数，我们把这样的矩阵称为**列满秩矩阵**. 当 $\boldsymbol{A}$ 为方阵时，列满秩矩阵就成为满秩矩阵，即可逆矩阵. 类似地，若矩阵 $\boldsymbol{A}$ 的秩等于它的行数，我们把这样的矩阵称为**行满秩矩阵**.

作为例 6 的一种重要的特殊情形是 $\boldsymbol{C}=\boldsymbol{0}$，这时有如下结论：

设 $\boldsymbol{AB}=\boldsymbol{0}$ 且 $\boldsymbol{A}$ 为列满秩矩阵，则 $\boldsymbol{B}=\boldsymbol{0}$.

这是因为，由例 6 有 $R(\boldsymbol{B})=0$，从而 $\boldsymbol{B}=\boldsymbol{0}$. 我们把该结论称为**矩阵乘法的消去律**.

习题 3-6

1. 将 $\boldsymbol{A}=\begin{pmatrix}0&2&-3&1\\0&3&-4&3\\0&4&-7&-1\end{pmatrix}$ 化成行最简形矩阵.

2. 如果 $R(\boldsymbol{A})=r$,矩阵 $\boldsymbol{A}$ 中能否有等于零的 $r-1$ 阶子式？能否有等于零的 r 阶子式？能否有不为零的 $r+1$ 阶子式？

3. 用初等变换求下列矩阵的秩：

(1) $\begin{pmatrix}2&-1&1&-1&3\\4&-2&-2&3&2\\2&-1&5&-6&1\end{pmatrix}$； (2) $\begin{pmatrix}1&2&3&4\\1&-2&4&5\\1&10&1&2\end{pmatrix}$；

(3) $\begin{pmatrix}1&-1&2&1&0\\2&-2&4&2&0\\3&0&6&-1&1\\0&3&0&0&1\end{pmatrix}$； (4) $\begin{pmatrix}3&-1&3&2\\5&-3&2&3\\1&-3&-5&0\\7&-5&1&4\end{pmatrix}$.

4. 已知矩阵 $\boldsymbol{A}=\begin{pmatrix}1&1&2&a&3\\2&2&3&1&4\\1&0&1&1&5\\2&3&5&5&4\end{pmatrix}$ 的秩为 3,求 a 的值.

5. 设 $\boldsymbol{A}$ 是 n 阶方阵,若存在 n 阶方阵 $\boldsymbol{B}\neq\boldsymbol{0}$,使 $\boldsymbol{AB}=\boldsymbol{0}$,证明 $R(\boldsymbol{A})<n$.

6. 设 $\boldsymbol{A},\boldsymbol{B}$ 都是 $m\times n$ 矩阵,证明 $\boldsymbol{A}$ 与 $\boldsymbol{B}$ 等价的充分必要条件是 $R(\boldsymbol{A})=R(\boldsymbol{B})$.

7. 确定参数 λ,使矩阵 $\begin{pmatrix}1&1&\lambda^2&-2\\1&-2&\lambda&1\\-2&1&-2&\lambda\end{pmatrix}$ 的秩最小.

8. 设 $\boldsymbol{A}=\begin{pmatrix}a_1\\a_2\\\vdots\\a_n\end{pmatrix}(b_1,b_2,\cdots,b_n)\neq\boldsymbol{0}$,证明：$R(\boldsymbol{A})=1$,且存在常数 $k\neq0$,使 $\boldsymbol{A}^2=k\boldsymbol{A}$.

9. 证明：

(1) $R(\boldsymbol{A}+\boldsymbol{B})\leqslant R(\boldsymbol{A})+R(\boldsymbol{B})$；(2) $R(\boldsymbol{A}_{m\times s}\boldsymbol{B}_{s\times n})\leqslant\min\{R(\boldsymbol{A}_{m\times s}),R(\boldsymbol{B}_{s\times n})\}$.

第3章总习题

1. 填空题

(1) 设 $\boldsymbol{\alpha}$ 是三维列向量，$\boldsymbol{\alpha}^{\mathrm{T}}$ 是 $\boldsymbol{\alpha}$ 的转置，若 $\boldsymbol{\alpha}\boldsymbol{\alpha}^{\mathrm{T}}=\begin{pmatrix}1&-1&1\\-1&1&-1\\1&-1&1\end{pmatrix}$，则 $\boldsymbol{\alpha}^{\mathrm{T}}\boldsymbol{\alpha}=$______；

(2) $\begin{pmatrix}1&1\\2&2\end{pmatrix}^{n}=$______；

(3) 设 n 维向量 $\boldsymbol{\alpha}=(a,0,\cdots,0,a)^{\mathrm{T}}$，$a<0$，$\boldsymbol{E}$ 为 n 阶单位矩阵，矩阵 $\boldsymbol{A}=\boldsymbol{E}-\boldsymbol{\alpha}\boldsymbol{\alpha}^{\mathrm{T}}$，$\boldsymbol{B}=\boldsymbol{E}+\frac{1}{a}\boldsymbol{\alpha}\boldsymbol{\alpha}^{\mathrm{T}}$，其中 $\boldsymbol{A}$ 的逆矩阵为 $\boldsymbol{B}$，则 $a=$______；

(4) 设 n 阶矩阵 $\boldsymbol{A},\boldsymbol{B}$，对应的伴随矩阵为 $\boldsymbol{A}^*,\boldsymbol{B}^*$，分块矩阵 $\boldsymbol{C}=\begin{pmatrix}\boldsymbol{A}&\boldsymbol{0}\\\boldsymbol{0}&\boldsymbol{B}\end{pmatrix}$，则 $\boldsymbol{C}$ 的伴随矩阵 $\boldsymbol{C}^*=$______；

(5) 设 $\boldsymbol{A},\boldsymbol{B}$ 是三阶方阵，$|\boldsymbol{A}|=-1$，$|\boldsymbol{B}|=2$，则 $|2(\boldsymbol{A}^{\mathrm{T}}\boldsymbol{B}^{-1})^2|=$______；

(6) 设 $\boldsymbol{A},\boldsymbol{B}$ 为三阶矩阵，且 $|\boldsymbol{A}|=3$，$|\boldsymbol{B}|=2$，$|\boldsymbol{A}^{-1}+\boldsymbol{B}|=2$，则 $|\boldsymbol{A}+\boldsymbol{B}^{-1}|=$______.

2. 选择题

(1) 设 $\boldsymbol{A}=\begin{pmatrix}a_{11}&a_{12}&a_{13}\\a_{21}&a_{22}&a_{23}\\a_{31}&a_{32}&a_{33}\end{pmatrix}$，$\boldsymbol{B}=\begin{pmatrix}a_{21}&a_{22}&a_{23}\\a_{11}&a_{12}&a_{13}\\a_{31}+a_{11}&a_{32}+a_{12}&a_{33}+a_{13}\end{pmatrix}$，

$\boldsymbol{P}_1=\begin{pmatrix}0&1&0\\1&0&0\\0&0&1\end{pmatrix}$，$\boldsymbol{P}_2=\begin{pmatrix}1&0&0\\0&1&0\\1&0&1\end{pmatrix}$，则必有(　　)；

(A) $\boldsymbol{A}\boldsymbol{P}_1\boldsymbol{P}_2=\boldsymbol{B}$　　(B) $\boldsymbol{A}\boldsymbol{P}_2\boldsymbol{P}_1=\boldsymbol{B}$

(C) $\boldsymbol{P}_1\boldsymbol{P}_2\boldsymbol{A}=\boldsymbol{B}$　　(D) $\boldsymbol{P}_2\boldsymbol{P}_1\boldsymbol{A}=\boldsymbol{B}$

(2) 设 $n(n\geqslant 3)$ 阶矩阵 $\boldsymbol{A}=\begin{pmatrix}1&a&a&\cdots&a\\a&1&a&\cdots&a\\a&a&1&\cdots&a\\\vdots&\vdots&\vdots&&\vdots\\a&a&a&\cdots&1\end{pmatrix}$ 的秩为 $n-1$，则 a 必为(　　).

(A) 1　　(B) $\frac{1}{1-n}$　　(C) -1　　(D) $\frac{1}{n-1}$

3. 已知实矩阵 $\boldsymbol{A}=(a_{ij})_{3\times3}$ 满足条件 $a_{ij}=A_{ij}(i,j=1,2,3)$，其中 A_{ij} 是 a_{ij} 的代数余子式，且 $a_{11}\neq 0$，计算 $|\boldsymbol{A}|$.

4. 设 $\boldsymbol{A}=(a_{ij})$ 是三阶非零矩阵，$|\boldsymbol{A}|$ 为 $\boldsymbol{A}$ 的行列式，A_{ij} 为 a_{ij} 的代数余子式，若 $A_{ij}+a_{ij}=0$ $(i,j=1,2,3)$，则 $|\boldsymbol{A}|=$______.

5. 设四阶矩阵 $\boldsymbol{B}=\begin{pmatrix}1&-1&0&0\\0&1&-1&0\\0&0&1&-1\\0&0&0&1\end{pmatrix}$，$\boldsymbol{C}=\begin{pmatrix}2&1&3&4\\0&2&1&3\\0&0&2&1\\0&0&0&2\end{pmatrix}$，且矩阵 $\boldsymbol{X}$ 满足关系式 $\boldsymbol{X}(\boldsymbol{E}-$

$C^{-1}B)^{T}C^{T}=E$,求矩阵 X.

6. 设列矩阵 $x=(x_1,\cdots,x_n)^{T}$, $A=E-xx^{T}$,证明:

(1) $A^2=A$ 的充分必要条件是 $x^{T}x=1$;

(2) 当 $x^{T}x=1$ 时,A 是不可逆矩阵.

7. 设 A 是 n 阶非奇异矩阵,a 为 $n\times1$ 的列矩阵,b 为常数,记分块矩阵

$$P=\begin{pmatrix} E & 0 \\ -a^{T}A^{*} & |A| \end{pmatrix},Q=\begin{pmatrix} A & a \\ a^{T} & b \end{pmatrix}.$$

(1) 计算并化简 PQ;

(2) 证明:矩阵 Q 可逆的充分必要条件是 $a^{T}A^{-1}a\neq b$.

8. 设 A 为 $r\times r$ 矩阵,B 为 $r\times n$ 矩阵,且 $R(B)=r$,证明:

(1) 如果 $AB=0$,则 $A=0$;

(2) 如果 $AB=B$,则 $A=E$.

9. 某超市公司欲新开一家分公司,有4个地点可供选择,新建超市分公司有食品部、日用品部和电器部,经市场调查预测,新超市各部在各地点日营业额(单位:万元)如下表:

	食品部	日用品部	电器部
甲	3	4	1
乙	4	3.5	1.2
丙	2.5	3	2
丁	4	4	0.5

各部的利润依次为15%,20%,10%,如从新超市分公司利润考虑,应在何地开分公司?

10. 某单位需用口径规格依次为50 mm,30 mm,20 mm的三种钢管,且三种钢管的需用量分别为500 t,1 200 t,2 000 t,已知三种规格钢管的每吨价格分别为3000元,3100元,3200元,如果根据产销协议,低于500 t应按100%计价,500 t至1 000 t应按95%计价,超过1 000 t按90%计价,试用矩阵运算求总购买费用.

第 4 章　线性方程组的理论

在第 1 章中我们介绍了求解方程组的消元法，其实质就是利用矩阵的初等行变换解决方程组的求解问题. 但是对于线性方程组有解的条件和解的结构，还缺乏理论上的认识. 本章首先利用矩阵的秩的概念，讨论线性方程组有解的条件，然后通过研究向量组的线性相关性，向量组的秩等重要概念，讨论线性方程组的解的结构，即判断当方程组有解时究竟有多少解，解之间的关系如何？以及如何表示方程组的全部解等问题.

第一节　线性方程组有解的条件

在第 1 章我们利用消元法详细地讨论了如下线性方程组

$$\begin{cases} a_{11}x_1+a_{12}x_2+\cdots+a_{1n}x_n=b_1, \\ a_{21}x_1+a_{22}x_2+\cdots+a_{2n}x_n=b_2, \\ \cdots\cdots\cdots\cdots \\ a_{m1}x_1+a_{m2}x_2+\cdots+a_{mn}x_n=b_m \end{cases} \tag{1}$$

的求解问题.

在第 3 章，我们将(1)写成了以向量 $\boldsymbol{x}$ 为未知元的方程

$$\boldsymbol{A}_{m\times n}\boldsymbol{x}=\boldsymbol{b}. \tag{2}$$

以后，线性方程组(1)和方程(2)将混同使用而不加区别，解和解向量的名称亦不加区别.

线性方程组(1)有解，就称之为**相容**的，如果无解，就称之为**不相容**. 利用系数矩阵 $\boldsymbol{A}$ 和增广矩阵 $\boldsymbol{B}=(\boldsymbol{A},\boldsymbol{b})$ 的秩和第 1 章中解线性方程组的消元法，可以得出如下线性方程组(1)有解的判别定理.

定理 1　线性方程组(1)有解的充分必要条件是 $R(\boldsymbol{A})=R(\boldsymbol{B})$；当 $R(\boldsymbol{A})=R(\boldsymbol{B})=n$ 时，方程组(1)只有唯一解；$R(\boldsymbol{A})=R(\boldsymbol{B})=r<n$ 时，方程组(1)有无穷多个解.

证　由第 1 章第一节可知，线性方程组(1)经初等变换后（必要时，可交换

未知量的位置),可化成如下的阶梯形方程组:

$$
\begin{cases}
c_{11}x_1+c_{12}x_2+\cdots+c_{1r}x_r+\cdots+c_{1n}x_n=d_1,\\
\qquad c_{22}x_2+\cdots+c_{2r}x_r+\cdots+c_{2n}x_n=d_2,\\
\qquad\cdots\cdots\cdots\cdots\\
\qquad\qquad c_{rr}x_r+\cdots+c_{rn}x_n=d_r,\\
\qquad\qquad\qquad 0=d_{r+1},\\
\qquad\qquad\qquad 0=0,\\
\qquad\qquad\qquad\cdots\cdots\cdots\cdots\\
\qquad\qquad\qquad 0=0,
\end{cases}
\tag{3}
$$

其中 $c_{ii}\neq 0, i=1,2,\cdots,r$.那么,相应的矩阵的行初等变换将方程组(1)的系数矩阵 $\boldsymbol{A}$ 和增广矩阵 $\boldsymbol{B}$ 分别化成

$$
\overline{\boldsymbol{A}}=\begin{pmatrix}
c_{11} & c_{12} & \cdots & c_{1r} & \cdots & c_{1n}\\
0 & c_{22} & \cdots & c_{2r} & \cdots & c_{2n}\\
\vdots & \vdots & & \vdots & & \vdots\\
0 & 0 & \cdots & c_{rr} & \cdots & c_{rn}\\
0 & 0 & \cdots & 0 & \cdots & 0\\
0 & 0 & \cdots & 0 & \cdots & 0\\
\vdots & \vdots & & \vdots & & \vdots\\
0 & 0 & \cdots & 0 & \cdots & 0
\end{pmatrix},
$$

$$
\overline{\boldsymbol{B}}=\begin{pmatrix}
c_{11} & c_{12} & \cdots & c_{1r} & \cdots & c_{1n} & d_1\\
0 & c_{22} & \cdots & c_{2r} & \cdots & c_{2n} & d_2\\
\vdots & \vdots & & \vdots & & \vdots & \vdots\\
0 & 0 & \cdots & c_{rr} & \cdots & c_{rn} & d_r\\
0 & 0 & \cdots & 0 & \cdots & 0 & d_{r+1}\\
0 & 0 & \cdots & 0 & \cdots & 0 & 0\\
\vdots & \vdots & & \vdots & & \vdots & \vdots\\
0 & 0 & \cdots & 0 & \cdots & 0 & 0
\end{pmatrix}.
$$

因为 $\overline{\boldsymbol{A}},\overline{\boldsymbol{B}}$ 都是阶梯形矩阵,所以可以看出 $R(\overline{\boldsymbol{A}})=r$,而

$$
R(\overline{\boldsymbol{B}})=\begin{cases}
r+1, & \text{当 } d_{r+1}\neq 0 \text{ 时},\\
r, & \text{当 } d_{r+1}=0 \text{ 时}.
\end{cases}
$$

而初等变换不改变矩阵的秩,所以

$$R(\boldsymbol{A})=R(\overline{\boldsymbol{A}})=r,$$

$$R(\boldsymbol{B})=R(\overline{\boldsymbol{B}})=\begin{cases}r+1, & \text{当 } d_{r+1}\neq 0 \text{ 时},\\ r, & \text{当 } d_{r+1}=0 \text{ 时}.\end{cases}$$

从第 1 章解线性方程组的消元法可知，方程组(1)有解(即方程组(3)有解)的充分必要条件是 $d_{r+1}=0$，因此方程组(1)有解的充分必要条件是 $R(\boldsymbol{A})=R(\boldsymbol{B})$.

当 $R(\boldsymbol{A})=R(\boldsymbol{B})=r=n$ 时，则 $\overline{\boldsymbol{B}}$ 中的 $d_{r+1}=0$(或 d_{r+1} 不出现)，于是 $\overline{\boldsymbol{B}}$ 对应的是第 1 章第一节的式(20)所表示的阶梯形方程组，这时方程组(1)有唯一解；当 $R(\boldsymbol{A})=R(\boldsymbol{B})=r<n$ 时，则 $\overline{\boldsymbol{B}}$ 中的 $d_{r+1}=0$(或 d_{r+1} 不出现)，$\overline{\boldsymbol{B}}$ 对应的是第 1 章第一节的式(21)所表示的阶梯形方程组，这时方程组(1)有无穷多个解.

我们知道，齐次线性方程组 $\boldsymbol{A}_{m\times n}\boldsymbol{x}=\boldsymbol{0}$ 至少有一个零解，由定理 1，若 $R(\boldsymbol{A})=r<n$，则该方程组一定有无穷多个解，从而有非零解；反之亦然.因此有如下定理.

定理 2　n 元齐次线性方程组 $\boldsymbol{A}_{m\times n}\boldsymbol{x}=\boldsymbol{0}$ 有非零解的充分必要条件是系数矩阵的秩 $R(\boldsymbol{A})<n$.

由定理 2 马上可以得到如下推论.

推论 1　当 $R(\boldsymbol{A})=n$ 时，齐次线性方程组 $\boldsymbol{A}_{m\times n}\boldsymbol{x}=\boldsymbol{0}$ 只有唯一零解.

推论 2　当 $m=n$ 时，齐次线性方程组 $\boldsymbol{A}_{n\times n}\boldsymbol{x}=\boldsymbol{0}$ 有非零解的充分必要条件是 $|\boldsymbol{A}|=0$.

定理 1 和定理 2 是线性方程组理论中两个最基本的定理，利用它们可以比较容易地判别一个线性方程组是否有解.

对于齐次线性方程组 $\boldsymbol{A}_{m\times n}\boldsymbol{x}=\boldsymbol{0}$，先把它的系数矩阵 $\boldsymbol{A}$ 化成行阶梯形.若发现 $R(\boldsymbol{A})=n$，则方程组只有零解；若 $R(\boldsymbol{A})=r<n$，则继续将 $\boldsymbol{A}$ 化成行最简形，便可直接写出它的通解.

对于非齐次线性方程组 $\boldsymbol{A}_{m\times n}\boldsymbol{x}=\boldsymbol{b}$，先把它的增广矩阵化成行阶梯形矩阵，根据定理 1 判断它是否有解；有解时，再把增广矩阵化成行最简形，根据 $R(\boldsymbol{A})=R(\boldsymbol{B})=n$ 或 $R(\boldsymbol{A})=R(\boldsymbol{B})=r<n$ 的情形分别写出它的唯一解或通解.

事实上，在第 1 章中我们已经介绍了上述方法，区别仅在于这里的线性方程组有解的条件是用矩阵的秩来描述的.

例 1　解齐次线性方程组

$$\begin{cases}x_1+x_2+x_3+4x_4=0,\\ x_1+x_2-x_3-2x_4=0,\\ 2x_1+2x_2+x_3+5x_4=0,\\ 3x_1+3x_2+x_3+6x_4=0.\end{cases}$$

解　对系数矩阵 $\boldsymbol{A}$ 施行初等行变换变为行最简形：

$$\boldsymbol{A}=\begin{pmatrix}1&1&1&4\\1&1&-1&-2\\2&2&1&5\\3&3&1&6\end{pmatrix}\xrightarrow[r_4-3r_1]{\substack{r_2-r_1\\r_3-2r_1}}\begin{pmatrix}1&1&1&4\\0&0&-2&-6\\0&0&-1&-3\\0&0&-2&-6\end{pmatrix}$$

$$\xrightarrow{\substack{r_2-2r_3\\r_4-2r_3}}\begin{pmatrix}1&1&1&4\\0&0&0&0\\0&0&-1&-3\\0&0&0&0\end{pmatrix}\xrightarrow{\substack{r_3\times(-1)\\r_2\leftrightarrow r_3}}\begin{pmatrix}1&1&1&4\\0&0&1&3\\0&0&0&0\\0&0&0&0\end{pmatrix}$$

$$\xrightarrow{r_1-r_2}\begin{pmatrix}1&1&0&1\\0&0&1&3\\0&0&0&0\\0&0&0&0\end{pmatrix}.$$

原方程的同解方程组为

$$\begin{cases}x_1+x_2\qquad\ \ +x_4=0,\\ \qquad\qquad x_3+3x_4=0.\end{cases}$$

取 x_2,x_4 为自由未知量，即得

$$\begin{cases}x_1=-x_2-x_4,\\x_3=-3x_4\end{cases}\quad(x_2,x_4\text{可任意取值}).$$

令 $x_2=c_1,x_4=c_2$，将之写成通常的参数形式

$$\begin{cases}x_1=-c_1-c_2,\\x_2=c_1,\\x_3=-3c_2,\\x_4=c_2,\end{cases}$$

其中 c_1,c_2 为任意实数.写成列向量(列矩阵)形式

$$\begin{pmatrix}x_1\\x_2\\x_3\\x_4\end{pmatrix}=\begin{pmatrix}-c_1-c_2\\c_1\\-3c_2\\c_2\end{pmatrix}=c_1\begin{pmatrix}-1\\1\\0\\0\end{pmatrix}+c_2\begin{pmatrix}-1\\0\\-3\\1\end{pmatrix}.$$

例 2　设有线性方程组

$$\begin{cases}\lambda x_1+\qquad\quad\lambda x_2+\qquad\quad 2x_3=1,\\\lambda x_1+(2\lambda-1)x_2+\qquad 3x_3=1,\\\lambda x_1+\qquad\quad\lambda x_2+(\lambda+3)x_3=2\lambda-1.\end{cases}$$

问 λ 为何值时,此线性方程组(1)有唯一解;(2)无解;(3)有无穷多个解?并在有无穷多个解时求其通解.

解　因为方程的个数与未知量的个数相同,故可从系数矩阵的行列式入手讨论.

因为

$$|A|=\begin{vmatrix}\lambda & \lambda & 2\\ \lambda & 2\lambda-1 & 3\\ \lambda & \lambda & \lambda+3\end{vmatrix}=\begin{vmatrix}\lambda & \lambda & 2\\ 0 & \lambda-1 & 1\\ 0 & 0 & \lambda+1\end{vmatrix}=\lambda(\lambda-1)(\lambda+1).$$

故由克拉默法则知,当 $\lambda\neq 0,\lambda\neq -1,\lambda\neq 1$ 时,$|A|\neq 0$,方程组有唯一解.

当 $\lambda=0$ 时,写出对应方程组的增广矩阵 $\boldsymbol{B}$,并把它化成行阶梯形矩阵

$$\boldsymbol{B}=\begin{pmatrix}0 & 0 & 2 & 1\\ 0 & -1 & 3 & 1\\ 0 & 0 & 3 & -1\end{pmatrix}\xrightarrow{r_1\leftrightarrow r_2}\begin{pmatrix}0 & -1 & 3 & 1\\ 0 & 0 & 2 & 1\\ 0 & 0 & 3 & -1\end{pmatrix}$$

$$\xrightarrow{r_3-\frac{3}{2}r_2}\begin{pmatrix}0 & -1 & 3 & 1\\ 0 & 0 & 2 & 1\\ 0 & 0 & 0 & -\frac{5}{2}\end{pmatrix}.$$

$R(\boldsymbol{A})=2,R(\boldsymbol{B})=3,R(\boldsymbol{A})\neq R(\boldsymbol{B})$,所以方程组无解.

当 $\lambda=-1$ 时,

$$\boldsymbol{B}=\begin{pmatrix}-1 & -1 & 2 & 1\\ -1 & -3 & 3 & 1\\ -1 & -1 & 2 & -3\end{pmatrix}\xrightarrow[r_3-r_1]{r_2-r_1}\begin{pmatrix}-1 & -1 & 2 & 1\\ 0 & -2 & 1 & 0\\ 0 & 0 & 0 & -4\end{pmatrix}.$$

$R(\boldsymbol{A})=2,R(\boldsymbol{B})=3,R(\boldsymbol{A})\neq R(\boldsymbol{B})$所以方程组无解.

当 $\lambda=1$ 时,

$$\boldsymbol{B}=\begin{pmatrix}1 & 1 & 2 & 1\\ 1 & 1 & 3 & 1\\ 1 & 1 & 4 & 1\end{pmatrix}\xrightarrow[r_3-r_1]{r_2-r_1}\begin{pmatrix}1 & 1 & 2 & 1\\ 0 & 0 & 1 & 0\\ 0 & 0 & 2 & 0\end{pmatrix}\xrightarrow{r_3-2r_2}\begin{pmatrix}1 & 1 & 0 & 1\\ 0 & 0 & 1 & 0\\ 0 & 0 & 0 & 0\end{pmatrix}.$$

因 $R(\boldsymbol{A})=R(\boldsymbol{B})=2<3$,所以方程组有无穷多个解.

取 x_2 为自由未知量,得原方程的同解方程组为

$$\begin{cases}x_1=1-x_2,\\ x_2=x_2,\\ x_3=0,\end{cases}$$

即

$$\begin{pmatrix} x_1 \\ x_2 \\ x_3 \end{pmatrix} = \begin{pmatrix} 1 \\ 0 \\ 0 \end{pmatrix} + x_2 \begin{pmatrix} -1 \\ 1 \\ 0 \end{pmatrix}.$$

令 $x_2 = k$ 为任意常数,则得方程组的通解为

$$\begin{pmatrix} x_1 \\ x_2 \\ x_3 \end{pmatrix} = \begin{pmatrix} 1 \\ 0 \\ 0 \end{pmatrix} + k \begin{pmatrix} -1 \\ 1 \\ 0 \end{pmatrix}.$$

例 3 确定 λ 的值,使方程组

$$\begin{cases} x_1 + 2x_2 + 4x_3 + 2x_4 = \lambda, \\ x_1 + x_2 + x_3 + \lambda x_4 = 2, \\ 2x_1 + x_2 - x_3 + x_4 = 1 \end{cases}$$

无解.

解 将方程组的增广矩阵化成行阶梯形矩阵

$$\boldsymbol{A} = \begin{pmatrix} 1 & 2 & 4 & 2 & \lambda \\ 1 & 1 & 1 & \lambda & 2 \\ 2 & 1 & -1 & 1 & 1 \end{pmatrix} \xrightarrow[r_3-2r_1]{r_2-r_1} \begin{pmatrix} 1 & 2 & 4 & 2 & \lambda \\ 0 & -1 & -3 & \lambda-2 & 2-\lambda \\ 0 & -3 & -9 & -3 & 1-2\lambda \end{pmatrix}$$

$$\xrightarrow{r_3-3r_2} \begin{pmatrix} 1 & 2 & 4 & 2 & \lambda \\ 0 & -1 & -3 & \lambda-2 & 2-\lambda \\ 0 & 0 & 0 & 3-3\lambda & \lambda-5 \end{pmatrix},$$

可见,当 $3-3\lambda=0$,即 $\lambda=1$ 时,$R(\boldsymbol{A})=2$,$R(\boldsymbol{B})=3$,这时方程组无解.且当$\lambda \neq 1$ 时,$R(\boldsymbol{A})=R(\boldsymbol{B})=3$,这时方程组总有解,且有无穷多个解.故仅当 $\lambda=1$ 时,原方程组无解.

将定理 1 推广到矩阵方程,有如下结果:

定理 3 矩阵方程 $\boldsymbol{AX}=\boldsymbol{B}$ 有解的充分必要条件是 $R(\boldsymbol{A})=R(\boldsymbol{A},\boldsymbol{B})$.

证 设 $\boldsymbol{A}$ 为 $m \times n$ 矩阵,$\boldsymbol{B}$ 为 $m \times l$ 矩阵,则 $\boldsymbol{X}$ 为 $n \times l$ 矩阵.将 $\boldsymbol{X}$ 和 $\boldsymbol{B}$ 按列分块,记为

$$\boldsymbol{X}=(\boldsymbol{x}_1,\boldsymbol{x}_2,\cdots,\boldsymbol{x}_l),\ \boldsymbol{B}=(\boldsymbol{b}_1,\boldsymbol{b}_2,\cdots,\boldsymbol{b}_l),$$

则矩阵方程 $\boldsymbol{AX}=\boldsymbol{B}$ 等价于 l 个方程

$$\boldsymbol{A}\boldsymbol{x}_i=\boldsymbol{b}_i\,(i=1,2,\cdots,l).$$

又设 $R(\boldsymbol{A})=r$,$\boldsymbol{A}$ 的行阶梯形为 $\overline{\boldsymbol{A}}$,则 $\overline{\boldsymbol{A}}$ 有 r 个非零行,且 $\overline{\boldsymbol{A}}$ 的后 $m-r$ 行全为零行.再设$(\boldsymbol{A},\boldsymbol{B})=(\boldsymbol{A},\boldsymbol{b}_1,\boldsymbol{b}_2,\cdots,\boldsymbol{b}_l) \overset{r}{\sim} (\overline{\boldsymbol{A}},\overline{\boldsymbol{b}}_1,\overline{\boldsymbol{b}}_2,\cdots,\overline{\boldsymbol{b}}_l)$,从而

$$(\boldsymbol{A},\boldsymbol{b}_i) \overset{r}{\sim} (\overline{\boldsymbol{A}},\overline{\boldsymbol{b}}_i)\,(i=1,2,\cdots,l).$$

根据上述讨论且由定理 1,可得

$$
\begin{aligned}
\text{矩阵方程 } \boldsymbol{AX}=\boldsymbol{B} \text{ 有解} &\Leftrightarrow \boldsymbol{Ax}_i=\boldsymbol{b}_i(i=1,2,\cdots,l)\text{ 有解}\\
&\Leftrightarrow R(\boldsymbol{A},\boldsymbol{b}_i)=R(\boldsymbol{A})\,(i=1,2,\cdots,l)\\
&\Leftrightarrow \bar{\boldsymbol{b}}_i(i=1,2,\cdots,l)\text{ 的后 } m-r \text{ 个元全为零}\\
&\Leftrightarrow (\bar{\boldsymbol{b}}_1,\bar{\boldsymbol{b}}_2,\cdots,\bar{\boldsymbol{b}}_l)\text{ 的后 } m-r \text{ 行全为零行}\\
&\Leftrightarrow R(\boldsymbol{A},\boldsymbol{B})=r=R(\boldsymbol{A}).
\end{aligned}
$$

前面我们讨论了线性方程组有解的充要条件,并且对任何一个线性方程组,在有解的情况下,我们都能用初等变换求出它的全部解.那么在线性方程组有无穷多个解的情况下,它的通解是如何构成的,解与解之间的关系又如何,也就是说解的结构如何,这是我们从理论上必须弄清楚的.而要解决这一问题,应该先讨论关于向量组的线性相关性的有关理论.

习题 4-1

1. 设 $\boldsymbol{A}$ 是 $m\times n$ 矩阵,$\boldsymbol{Ax}=\boldsymbol{0}$ 是非齐次线性方程组 $\boldsymbol{Ax}=\boldsymbol{b}$ 所对应的齐次线性方程组,则下列结论正确的是(　　).

(A) 若 $\boldsymbol{Ax}=\boldsymbol{0}$ 仅有零解,则 $\boldsymbol{Ax}=\boldsymbol{b}$ 有唯一解

(B) 若 $\boldsymbol{Ax}=\boldsymbol{0}$ 有非零解,则 $\boldsymbol{Ax}=\boldsymbol{b}$ 有无穷多个解

(C) 若 $\boldsymbol{Ax}=\boldsymbol{b}$ 有无穷多个解,则 $\boldsymbol{Ax}=\boldsymbol{0}$ 有非零解

2. 对非齐次线性方程组 $\boldsymbol{A}_{m\times n}\boldsymbol{x}=\boldsymbol{b}$,设 $R(\boldsymbol{A})=r$,则(　　).

(A) $r=m$ 时,方程组 $\boldsymbol{Ax}=\boldsymbol{b}$ 有解

(B) $r=n$ 时,方程组 $\boldsymbol{Ax}=\boldsymbol{b}$ 有唯一解

(C) $m=n$ 时,方程组 $\boldsymbol{Ax}=\boldsymbol{b}$ 有唯一解

(D) $r<n$ 时,方程组 $\boldsymbol{Ax}=\boldsymbol{b}$ 有无穷多解

3. 求下列线性方程组的通解:

(1) $\begin{cases} x_1+2x_2+3x_3=0,\\ 2x_1+5x_2+3x_3=0,\\ x_1+8x_4=0;\end{cases}$　　(2) $\begin{cases} 2x_1+x_2-x_3+x_4=1,\\ 4x_1+2x_2-2x_3+x_4=2,\\ 2x_1+x_2-x_3-x_4=1.\end{cases}$

4. 设线性方程组

$$\begin{cases} x_1+a_1x_2+a_1^2x_3=a_1^3,\\ x_1+a_2x_2+a_2^2x_3=a_2^3,\\ x_1+a_3x_2+a_3^2x_3=a_3^3,\\ x_1+a_4x_2+a_4^2x_3=a_4^3.\end{cases}$$

证明:若 a_1,a_2,a_3,a_4 两两互不相等,则此线性方程组无解.

5. 讨论线性方程组

$$\begin{cases} ax_1 + x_2 + x_3 = 4, \\ x_1 + bx_2 + x_3 = 3, \\ x_1 + 2bx_2 + x_3 = 4, \end{cases}$$

当 a,b 取何值时有唯一解？无解？有无穷多组解？

6. 设

$$\begin{cases} (1+\lambda)x_1+x_2+x_3=0, \\ x_1+(1+\lambda)x_2+x_3=3, \\ x_1+x_2+(1+\lambda)x_3=\lambda, \end{cases}$$

问 λ 为何值时，此方程组有唯一解，无解或有无穷多解？并在有无穷多解时，求其通解.

7. 给定方程组

$$\begin{cases} x_1-x_2=a_1, \\ x_2-x_3=a_2, \\ x_3-x_4=a_3, \\ x_4-x_5=a_4, \\ x_5-x_1=a_5, \end{cases}$$

证明这个方程组有解的充要条件是 $\sum_{i=1}^{5} a_i=0$.

第二节　n 维向量及其线性运算

在解析几何中，以坐标原点为起点，以点 $P(x,y,z)$ 为终点的有向线段所表示的向量为 $\overrightarrow{OP}=(x,y,z)$，我们称之为 3 维向量. 我们知道，点 $P(x,y,z)$ 和向量 $\overrightarrow{OP}=\boldsymbol{r}=(x,y,z)$ 是一一对应的，又由于向量 $\boldsymbol{r}$ 关键是由三个有序数 x,y,z 所确定，所以 $\boldsymbol{r}$ 又可表示成

$$\boldsymbol{r}=\begin{pmatrix} x \\ y \\ z \end{pmatrix}=(x,y,z)^{\mathrm{T}}.$$

一个 n 元线性方程

$$a_1x_1+a_2x_2+\cdots+a_nx_n=b$$

由 $n+1$ 个有顺序的数 $a_1,a_2,\cdots,a_n,b$ 所唯一确定.

为了研究这种有序数组的性质，引入如下的定义

定义 1　称 $n\times1$ 矩阵

$$\boldsymbol{a}=\begin{pmatrix}a_1\\a_2\\\vdots\\a_n\end{pmatrix}$$

为一个 n **维列向量**，称列向量的转置

$$\boldsymbol{a}^{\mathrm{T}}=(a_1,a_2,\cdots,a_n)$$

为一个 n **维行向量**（即 $1\times n$ 矩阵）.行向量、列向量统称为向量，a_i 称为 $\boldsymbol{a}(\boldsymbol{a}^{\mathrm{T}})$ 的第 i 个分量（$i=1,2,\cdots,n$）.

本书中，列向量用黑体小写字母 $\boldsymbol{a},\boldsymbol{b},\boldsymbol{\alpha},\boldsymbol{\beta}$ 等表示，行向量则用 $\boldsymbol{a}^{\mathrm{T}},\boldsymbol{b}^{\mathrm{T}},\boldsymbol{\alpha}^{\mathrm{T}},\boldsymbol{\beta}^{\mathrm{T}}$ 等表示，若不加特别说明，所涉及的向量均为 n 维列向量，且为了书写方便，有时以行向量的转置表示列向量.

分量全为零的向量称为零向量，记作 $\mathbf{0}$，即

$$\mathbf{0}=(0,0,\cdots,0)^{\mathrm{T}}.$$

向量 $(-a_1,-a_2,\cdots,-a_n)^{\mathrm{T}}$ 称为向量 $\boldsymbol{a}=(a_1,a_2,\cdots,a_n)^{\mathrm{T}}$ 的**负向量**，记作 $-\boldsymbol{a}$.

若 n 维向量 $\boldsymbol{\alpha}=(a_1,a_2,\cdots,a_n)^{\mathrm{T}}$ 与 $\boldsymbol{\beta}=(b_1,b_2,\cdots,b_n)^{\mathrm{T}}$ 中各个对应的分量相等，即 $a_i=b_i(i=1,2,\cdots,n)$ 时，称 $\boldsymbol{\alpha}$ 与 $\boldsymbol{\beta}$ 相等，记作 $\boldsymbol{\alpha}=\boldsymbol{\beta}$.

可按矩阵的线性运算定义向量的线性运算.

定义 2　设 $\boldsymbol{\alpha}=(a_1,a_2,\cdots,a_n)^{\mathrm{T}}$，$\boldsymbol{\beta}=(b_1,b_2,\cdots,b_n)^{\mathrm{T}}$ 都是 n 维向量，则向量 $(a_1+b_1,a_2+b_2,\cdots,a_n+b_n)^{\mathrm{T}}$ 叫作向量 $\boldsymbol{\alpha}$ 与 $\boldsymbol{\beta}$ 的和，记作 $\boldsymbol{\alpha}+\boldsymbol{\beta}$.

由负向量可定义向量的减法

$$\boldsymbol{\alpha}-\boldsymbol{\beta}=\boldsymbol{\alpha}+(-\boldsymbol{\beta})=(a_1-b_1,a_2-b_2,\cdots,a_n-b_n)^{\mathrm{T}}.$$

定义 3　设 $\boldsymbol{a}=(a_1,a_2,\cdots,a_n)^{\mathrm{T}}$，$\lambda$ 为实数，那么向量 $(\lambda a_1,\lambda a_2,\cdots,\lambda a_n)^{\mathrm{T}}$ 叫做数 λ 与向量 $\boldsymbol{a}$ 的乘积，记作 $\lambda\boldsymbol{a}$ 或 $\boldsymbol{a}\lambda$.

向量的加法和数乘运算称为向量的线性运算，在经济活动中有广泛的应用.

例 1　某工厂生产Ⅰ，Ⅱ，Ⅲ，Ⅳ四种不同型号的产品，其计划年产量（单位：台）按产品型号顺序用向量表示为 $\boldsymbol{a}=(120,156,84,372)^{\mathrm{T}}$，那么，平均月产量为

$$\frac{1}{12}\boldsymbol{a}=\left(\frac{120}{12},\frac{156}{12},\frac{84}{12},\frac{372}{12}\right)^{\mathrm{T}}=(10,13,7,31)^{\mathrm{T}}.$$

例 2　某工厂两天生产的产量（单位：t）按产品顺序用向量表示，第一天为 $\boldsymbol{a}_1=(15,20,17,8)^{\mathrm{T}}$，第二天为 $\boldsymbol{a}_2=(16,22,18,9)^{\mathrm{T}}$，则两天各产品的产量和为

$$\boldsymbol{a}_1+\boldsymbol{a}_2=(15,20,17,8)^{\mathrm{T}}+(16,22,18,9)^{\mathrm{T}}=(31,42,35,17)^{\mathrm{T}}.$$

向量的线性运算具有矩阵的线性运算所具有的所有运算性质.

设 $\boldsymbol{\alpha},\boldsymbol{\beta},\boldsymbol{\gamma}$ 为 n 维向量,λ,μ 为实数,则

(1) $\boldsymbol{\alpha}+\boldsymbol{\beta}=\boldsymbol{\beta}+\boldsymbol{\alpha}$;　　(2) $(\boldsymbol{\alpha}+\boldsymbol{\beta})+\boldsymbol{\gamma}=\boldsymbol{\alpha}+(\boldsymbol{\beta}+\boldsymbol{\gamma})$;

(3) $\boldsymbol{\alpha}+\boldsymbol{0}=\boldsymbol{0}+\boldsymbol{\alpha}=\boldsymbol{\alpha}$;　　(4) $\boldsymbol{\alpha}+(-\boldsymbol{\alpha})=\boldsymbol{0}$;

(5) $1\cdot\boldsymbol{\alpha}=\boldsymbol{\alpha}$;　　(6) $\lambda(\mu\boldsymbol{\alpha})=(\lambda\mu)\boldsymbol{\alpha}$;

(7) $\lambda(\boldsymbol{\alpha}+\boldsymbol{\beta})=\lambda\boldsymbol{\alpha}+\lambda\boldsymbol{\beta}$;　　(8) $(\lambda+\mu)\boldsymbol{\alpha}=\lambda\boldsymbol{\alpha}+\mu\boldsymbol{\alpha}$.

习题 4-2

1. 设 $\boldsymbol{a}_1=(1,-1,1)^{\mathrm{T}},\boldsymbol{a}_2=(-1,1,1)^{\mathrm{T}},\boldsymbol{a}_3=(1,1,-1)^{\mathrm{T}}$.求

(1) $2\boldsymbol{a}_1-3\boldsymbol{a}_2+4\boldsymbol{a}_3$;(2) $\boldsymbol{a}_1+4\boldsymbol{a}_2-7\boldsymbol{a}_3$.

2. 若 $3\boldsymbol{x}+\begin{pmatrix}0\\1\\1\\1\end{pmatrix}=\begin{pmatrix}2\\1\\0\\1\end{pmatrix}+5\boldsymbol{x}$,求未知向量 $\boldsymbol{x}$.

3. 设 $\boldsymbol{\alpha}_1=(5,-8,-1,2)^{\mathrm{T}},\boldsymbol{\alpha}_2=(2,-1,4,-3)^{\mathrm{T}},\boldsymbol{\alpha}_3=(-3,2,-5,4)^{\mathrm{T}}$,从方程 $\boldsymbol{\alpha}_1+2\boldsymbol{\alpha}_2+3\boldsymbol{\alpha}_3+4\boldsymbol{\beta}=\boldsymbol{0}$ 中求出 $\boldsymbol{\beta}$.

4. 设 $3(\boldsymbol{\alpha}_1-\boldsymbol{\alpha})+2(\boldsymbol{\alpha}_2+\boldsymbol{\alpha})=5(\boldsymbol{\alpha}_3+\boldsymbol{\alpha})$,其中 $\boldsymbol{\alpha}_1=(2,5,1)^{\mathrm{T}},\boldsymbol{\alpha}_2=(10,1,5)^{\mathrm{T}},\boldsymbol{\alpha}_3=(4,1,-1)^{\mathrm{T}}$,求 $\boldsymbol{\alpha}$.

5. 设 $\boldsymbol{\alpha}=(2,k,0)^{\mathrm{T}},\boldsymbol{\beta}=(-1,0,\lambda)^{\mathrm{T}},\boldsymbol{\gamma}=(\mu,-5,4)^{\mathrm{T}}$,且有 $\boldsymbol{\alpha}+\boldsymbol{\beta}+\boldsymbol{\gamma}=\boldsymbol{0}$,求参数 k,λ,μ.

6. 在平面直角坐标系内表示向量: $\boldsymbol{\alpha}=(-1,1)^{\mathrm{T}},\boldsymbol{\beta}=(2,2)^{\mathrm{T}},\boldsymbol{\alpha}+\boldsymbol{\beta},3\boldsymbol{\alpha}-\boldsymbol{\beta}$.

第三节　向量组的线性相关性

一、向量组的线性组合

若干个同维的列向量(或同维的行向量)所组成的集合,叫做**向量组**.

对于一个 $m\times n$ 矩阵 $\boldsymbol{A}=(a_{ij})$,它的 n 个 m 维列向量组成的向量组 $\boldsymbol{a}_1,\boldsymbol{a}_2,\cdots,\boldsymbol{a}_n$ 称为矩阵 $\boldsymbol{A}$ 的列向量组;它的 m 个 n 维行向量组成的向量组 $\boldsymbol{\beta}_1^{\mathrm{T}},\boldsymbol{\beta}_2^{\mathrm{T}},\cdots,\boldsymbol{\beta}_m^{\mathrm{T}}$ 称为矩阵 $\boldsymbol{A}$ 的行向量组.

反之,由 n 个 m 维列向量组成的向量组 $\boldsymbol{a}_1,\boldsymbol{a}_2,\cdots,\boldsymbol{a}_n$ 构成一个 $m\times n$ 矩阵 $\boldsymbol{A}=(\boldsymbol{a}_1,\boldsymbol{a}_2,\cdots,\boldsymbol{a}_n)$,由 m 个 n 维行向量组 $\boldsymbol{\beta}_1^{\mathrm{T}},\boldsymbol{\beta}_2^{\mathrm{T}},\cdots,\boldsymbol{\beta}_m^{\mathrm{T}}$ 构成一个 $m\times n$ 矩阵

$$B=\begin{pmatrix}\boldsymbol{\beta}_1^{\mathrm{T}}\\ \boldsymbol{\beta}_2^{\mathrm{T}}\\ \vdots\\ \boldsymbol{\beta}_m^{\mathrm{T}}\end{pmatrix}.$$

我们已经将 m 个方程 n 个未知量的线性方程组写成矩阵的形式 $\boldsymbol{Ax}=\boldsymbol{b}$,因此方程组与它的增广矩阵 $\boldsymbol{B}=(\boldsymbol{A},\boldsymbol{b})$ 一一对应.若把方程组中的每个方程对应一个行向量,则方程组与增广矩阵 $\boldsymbol{B}$ 的行向量组对应.另外,我们也知道方程组也可写成向量形式

$$x_1\boldsymbol{a}_1+x_2\boldsymbol{a}_2+\cdots+x_n\boldsymbol{a}_n=\boldsymbol{b}. \tag{1}$$

即方程组与 $\boldsymbol{B}$ 的列向量组 $\boldsymbol{a}_1,\boldsymbol{a}_2,\cdots,\boldsymbol{a}_n,\boldsymbol{b}$ 之间也有一一对应的关系.

由线性方程组的向量形式(1)可知,线性方程组是否有解,就相当于是否存在一组数 $x_1=\lambda_1,x_2=\lambda_2,\cdots,x_n=\lambda_n$ 使关系式

$$\lambda_1\boldsymbol{a}_1+\lambda_2\boldsymbol{a}_2+\cdots+\lambda_n\boldsymbol{a}_n=\boldsymbol{b}$$

成立.即相当于常数项向量 $\boldsymbol{b}$ 是否可以表示成系数矩阵 $\boldsymbol{A}$ 的列向量组 $\boldsymbol{a}_1,\boldsymbol{a}_2,\cdots,\boldsymbol{a}_n$ 的线性关系式,如果可以,我们称向量 $\boldsymbol{b}$ 是向量组 $\boldsymbol{a}_1,\boldsymbol{a}_2,\cdots,\boldsymbol{a}_n$ 的线性组合.一般地,有如下定义:

定义1 对于给定的一组 m 个 n 维向量组成的向量组 $A:\boldsymbol{a}_1,\boldsymbol{a}_2,\cdots,\boldsymbol{a}_m$,对任何一组实数 $c_1,c_2,\cdots,c_m$,向量 $c_1\boldsymbol{a}_1+c_2\boldsymbol{a}_2+\cdots+c_m\boldsymbol{a}_m$ 称为向量组 A 的一个**线性组合**,$c_1,c_2,\cdots,c_m$ 称为这个线性组合的系数.

给定向量组 A: $\boldsymbol{a}_1,\boldsymbol{a}_2,\cdots,\boldsymbol{a}_m$ 和向量 $\boldsymbol{b}$,如果存在一组数 $\lambda_1,\lambda_2,\cdots,\lambda_m$,使得

$$\boldsymbol{b}=\lambda_1\boldsymbol{a}_1+\lambda_2\boldsymbol{a}_2+\cdots+\lambda_m\boldsymbol{a}_m,$$

则称向量 $\boldsymbol{b}$ 是向量组 A 的**线性组合**,或称向量 $\boldsymbol{b}$ 可以由向量组 A **线性表示**.

例1 向量组 $\boldsymbol{a}_1,\boldsymbol{a}_2,\cdots,\boldsymbol{a}_m$ 中的每个向量 $\boldsymbol{a}_i(i=1,2,\cdots,m)$ 可以由该向量组线性表示.这是因为 $\boldsymbol{a}_i=0\cdot\boldsymbol{a}_1+\cdots+0\cdot\boldsymbol{a}_{i-1}+1\cdot\boldsymbol{a}_i+0\cdot\boldsymbol{a}_{i+1}+\cdots+0\cdot\boldsymbol{a}_m(i=1,2,\cdots,m)$.

例2 零向量 $\mathbf{0}$ 可被任一向量组 $\boldsymbol{a}_1,\boldsymbol{a}_2,\cdots,\boldsymbol{a}_m$ 线性表示.这是因为

$$\mathbf{0}=0\cdot\boldsymbol{a}_1+0\cdot\boldsymbol{a}_2+\cdots+0\cdot\boldsymbol{a}_m.$$

例3 n 维向量组

$$\boldsymbol{e}_1=(1,0,0,\cdots,0)^{\mathrm{T}},\boldsymbol{e}_2=(0,1,0,\cdots,0)^{\mathrm{T}},\cdots,\boldsymbol{e}_n=(0,0,\cdots,0,1)^{\mathrm{T}}$$

称为 n **维单位向量组**.任一 n 维向量 $\boldsymbol{a}=(a_1,a_2,\cdots,a_n)^{\mathrm{T}}$是单位向量组的线性组合,且组合系数是向量 $\boldsymbol{a}$ 的各个分量.这是因为 $\boldsymbol{a}=a_1\boldsymbol{e}_1+a_2\boldsymbol{e}_2+\cdots+a_n\boldsymbol{e}_n$.

由定义1,向量 $\boldsymbol{b}$ 能由向量组 A 线性表示,也就是线性方程组

$$x_1\boldsymbol{a}_1+x_2\boldsymbol{a}_2+\cdots+x_m\boldsymbol{a}_m=\boldsymbol{b}$$

有解，因此，由本章第一节定理1可得

定理1 向量 $\boldsymbol{b}$ 能由向量组 A 线性表示的充分必要条件是矩阵 $\boldsymbol{A}=(\boldsymbol{a}_1,\boldsymbol{a}_2,\cdots,\boldsymbol{a}_m)$ 的秩等于矩阵 $\boldsymbol{B}=(\boldsymbol{a}_1,\boldsymbol{a}_2,\cdots,\boldsymbol{a}_m,\boldsymbol{b})$ 的秩.

例4 证明向量 $\boldsymbol{\beta}=(8,-2,5,-9)^{\mathrm{T}}$ 能由向量组

$$\boldsymbol{\alpha}_1=(3,1,1,1)^{\mathrm{T}},\boldsymbol{\alpha}_2=(-1,1,-1,3)^{\mathrm{T}},\boldsymbol{\alpha}_3=(1,3,-1,7)^{\mathrm{T}}$$

线性表示，且写出它的一种表示方式.

证 $\boldsymbol{B}=(\boldsymbol{\alpha}_1,\boldsymbol{\alpha}_2,\boldsymbol{\alpha}_3,\boldsymbol{\beta})=\begin{pmatrix}3&-1&1&8\\1&1&3&-2\\1&-1&-1&5\\1&3&7&-9\end{pmatrix}$

$$\xrightarrow{r_2\leftrightarrow r_1}\begin{pmatrix}1&1&3&-2\\3&-1&1&8\\1&-1&-1&5\\1&3&7&-9\end{pmatrix}\xrightarrow[r_4-r_1]{\substack{r_2-3r_1\\r_3-r_1}}\begin{pmatrix}1&1&3&-2\\0&-4&-8&14\\0&-2&-4&7\\0&2&4&-7\end{pmatrix}$$

$$\xrightarrow[r_2\leftrightarrow r_4]{\substack{r_2+2r_4\\r_3+r_4}}\begin{pmatrix}1&1&3&-2\\0&2&4&-7\\0&0&0&0\\0&0&0&0\end{pmatrix}\xrightarrow[\frac{1}{2}r_2]{r_1-\frac{1}{2}r_2}\begin{pmatrix}1&0&1&\frac{3}{2}\\0&1&2&-\frac{7}{2}\\0&0&0&0\\0&0&0&0\end{pmatrix},$$

$R(\boldsymbol{A})=R(\boldsymbol{B})=2$，故向量 $\boldsymbol{\beta}$ 能由向量组 $\boldsymbol{\alpha}_1,\boldsymbol{\alpha}_2,\boldsymbol{\alpha}_3$ 线性表示. 又以 $\boldsymbol{B}$ 为增广矩阵的非齐次线性方程组的同解方程组为

$$\begin{cases}x_1=\dfrac{3}{2}-x_3,\\x_2=-\dfrac{7}{2}-2x_3.\end{cases}$$

取 $x_3=0$，得一解 $(x_1,x_2,x_3)^{\mathrm{T}}=\left(\dfrac{3}{2},-\dfrac{7}{2},0\right)^{\mathrm{T}}$. 故

$$\boldsymbol{\beta}=\frac{3}{2}\boldsymbol{\alpha}_1-\frac{7}{2}\boldsymbol{\alpha}_2+0\cdot\boldsymbol{\alpha}_3.$$

显然，此例中，$\boldsymbol{\beta}$ 用 $\boldsymbol{\alpha}_1,\boldsymbol{\alpha}_2,\boldsymbol{\alpha}_3$ 线性表示的方式有许多种.

二、向量组的线性相关与线性无关

将齐次线性方程组

$$A_{m\times n}x=\mathbf{0} \tag{2}$$

写成向量形式

$$x_1\boldsymbol{a}_1+x_2\boldsymbol{a}_2+\cdots+x_n\boldsymbol{a}_n=\mathbf{0}, \tag{3}$$

其中 $\boldsymbol{a}_1,\boldsymbol{a}_2,\cdots,\boldsymbol{a}_n$ 是系数矩阵 $\boldsymbol{A}$ 的 n 个 m 维列向量.

若(2)只有零解,即仅当 $x_1=x_2=\cdots=x_n=0$ 时,(3)式成立.

若(2)有非零解,即存在一组不全为零的数 $k_1,k_2,\cdots,k_n$,使 $k_1\boldsymbol{a}_1+k_2\boldsymbol{a}_2+\cdots+k_n\boldsymbol{a}_n=\mathbf{0}$.

向量组的以上的两种线性关系十分重要,因此我们给出如下定义:

定义 2　设有 n 维向量组 $A:\boldsymbol{a}_1,\boldsymbol{a}_2,\cdots,\boldsymbol{a}_m$,如果存在一组不全为零的数 $k_1,k_2,\cdots,k_m$ 使

$$k_1\boldsymbol{a}_1+k_2\boldsymbol{a}_2+\cdots+k_m\boldsymbol{a}_m=\mathbf{0}, \tag{4}$$

则称向量组 A **线性相关**,否则称它**线性无关**.

显然,给定的向量组不是线性相关就是线性无关.

由于 $k_1=k_2=\cdots=k_m=0$ 时,(4)式必成立,故定义中的"否则"应理解为:当且仅当 $k_1=k_2=\cdots=k_m=0$ 时,(4)式才成立,这时称向量组线性无关.

例 5　对 n 维单位向量组

$$\boldsymbol{e}_1=(1,0,0,\cdots,0)^{\mathrm{T}},\boldsymbol{e}_2=(0,1,0,\cdots,0)^{\mathrm{T}},\cdots,\boldsymbol{e}_n=(0,0,0,\cdots,1)^{\mathrm{T}},$$

讨论它的线性相关性.

解　设

$$k_1\boldsymbol{e}_1+k_2\boldsymbol{e}_2+\cdots+k_n\boldsymbol{e}_n=\mathbf{0}, \tag{5}$$

即

$$(k_1,k_2,\cdots,k_n)^{\mathrm{T}}=(0,0,\cdots,0)^{\mathrm{T}},$$

于是必有 $k_1=k_2=\cdots=k_n=0$.即只有当 $k_1,k_2,\cdots,k_n$ 全为零时,(5)式才成立,所以向量组 $\boldsymbol{e}_1,\boldsymbol{e}_2,\cdots,\boldsymbol{e}_n$ 线性无关.

例 6　设向量组 $\boldsymbol{a}_1,\boldsymbol{a}_2,\boldsymbol{a}_3$ 线性无关,$\boldsymbol{\beta}_1=\boldsymbol{a}_1+\boldsymbol{a}_2,\boldsymbol{\beta}_2=\boldsymbol{a}_2+\boldsymbol{a}_3,\boldsymbol{\beta}_3=\boldsymbol{a}_3+\boldsymbol{a}_1$,试证 $\boldsymbol{\beta}_1,\boldsymbol{\beta}_2,\boldsymbol{\beta}_3$ 线性无关.

证　设有 k_1,k_2,k_3 使

$$k_1\boldsymbol{\beta}_1+k_2\boldsymbol{\beta}_2+k_3\boldsymbol{\beta}_3=\mathbf{0},$$

即

$$k_1(\boldsymbol{a}_1+\boldsymbol{a}_2)+k_2(\boldsymbol{a}_2+\boldsymbol{a}_3)+k_3(\boldsymbol{a}_3+\boldsymbol{a}_1)=\mathbf{0}.$$

整理后得

$$(k_1+k_3)\boldsymbol{a}_1+(k_1+k_2)\boldsymbol{a}_2+(k_2+k_3)\boldsymbol{a}_3=\mathbf{0}.$$

由于 $\boldsymbol{a}_1,\boldsymbol{a}_2,\boldsymbol{a}_3$,线性无关,故有

$$\begin{cases} k_1 + k_3 = 0, \\ k_1 + k_2 = 0, \\ k_2 + k_3 = 0. \end{cases}$$

此方程组的系数矩阵的行列式

$$\begin{vmatrix} 1 & 0 & 1 \\ 1 & 1 & 0 \\ 0 & 1 & 1 \end{vmatrix} = 2 \neq 0,$$

故方程组只有唯一零解 $k_1=k_2=k_3=0$,从而向量组 $\boldsymbol{\beta}_1,\boldsymbol{\beta}_2,\boldsymbol{\beta}_3$ 线性无关.

注意 讨论向量组 $\boldsymbol{a}_1$, $\boldsymbol{a}_2$, $\cdots$, $\boldsymbol{a}_m$ 的线性相关性，通常指 $m\geqslant 2$ 的情形. 当 $m=1$ 时，即向量组只含有一个向量 $\boldsymbol{a}$，对只含有一个向量 $\boldsymbol{a}$ 的向量组，由定义可知，它线性相关的充分必要条件是 $\boldsymbol{a}=\mathbf{0}$；对含有两个向量 $\boldsymbol{a}_1$，$\boldsymbol{a}_2$的向量组，由定义2知，它线性相关的充分必要条件是 $\boldsymbol{a}_1=\lambda\boldsymbol{a}_2$或 $\boldsymbol{a}_2=\mu\boldsymbol{a}_1$，即 $\boldsymbol{a}_1$，$\boldsymbol{a}_2$中至少有一个可由另一个向量线性表示，也就是 $\boldsymbol{a}_1$，$\boldsymbol{a}_2$对应的分量成比例，几何意义就是两向量共线.

一般地,有如下的结果:

定理 2 向量组 $\boldsymbol{a}_1,\boldsymbol{a}_2,\cdots,\boldsymbol{a}_m(m\geqslant 2)$线性相关的充要条件是其中至少有一个向量可由其余 $m-1$ 个向量线性表示.

证 充分性.若 $\boldsymbol{a}_1,\boldsymbol{a}_2,\cdots,\boldsymbol{a}_m$ 中有一个向量可由其余向量线性表示,不妨设为 $\boldsymbol{a}_1$,则有

$$\boldsymbol{a}_1 = k_2\boldsymbol{a}_2 + k_3\boldsymbol{a}_3 + \cdots + k_m\boldsymbol{a}_m.$$

于是$-\boldsymbol{a}_1+k_2\boldsymbol{a}_2+k_3\boldsymbol{a}_3+\cdots+k_m\boldsymbol{a}_m=\mathbf{0}$,这里$-1,k_2,k_3,\cdots,k_m$,不全为零.由定义知 $\boldsymbol{a}_1$, $\boldsymbol{a}_2,\cdots,\boldsymbol{a}_m$ 线性相关.

必要性.若 $\boldsymbol{a}_1,\boldsymbol{a}_2,\cdots,\boldsymbol{a}_m$ 线性相关,则存在一组不全为零的数 $k_1,k_2,\cdots,k_m$ 使

$$k_1\boldsymbol{a}_1 + k_2\boldsymbol{a}_2 + \cdots + k_m\boldsymbol{a}_m = \mathbf{0}.$$

不妨设 $k_1\neq 0$,于是有

$$\boldsymbol{a}_1 = -\frac{k_2}{k_1}\boldsymbol{a}_2 - \cdots - \frac{k_m}{k_1}\boldsymbol{a}_m,$$

即 $\boldsymbol{a}_1$能由 $\boldsymbol{a}_2,\cdots,\boldsymbol{a}_m$ 线性表示.

推论 含有零向量的向量组必然线性相关.

给定向量组 $A:\boldsymbol{a}_1,\boldsymbol{a}_2,\cdots,\boldsymbol{a}_m$,构成矩阵 $\boldsymbol{A}=(\boldsymbol{a}_1,\boldsymbol{a}_2,\cdots,\boldsymbol{a}_m)$,向量组 A 线性相关,即齐次线性方程组

$$x_1\boldsymbol{a}_1 + x_2\boldsymbol{a}_2 + \cdots + x_m\boldsymbol{a}_m = \mathbf{0},$$

也就是 $\boldsymbol{Ax}=\mathbf{0}$ 有非零解.因此,由本章第一节定理2可知:

定理 3 设向量组 A: $\boldsymbol{a}_1,\boldsymbol{a}_2,\cdots,\boldsymbol{a}_m$ 构成矩阵 $\boldsymbol{A}=(\boldsymbol{a}_1,\boldsymbol{a}_2,\cdots,\boldsymbol{a}_m)$,则向量组

A 线性相关的充要条件是矩阵 $\boldsymbol{A}$ 的秩小于向量个数 m,即 $R(\boldsymbol{A})<m$; 向量组线性无关的充要条件是 $R(\boldsymbol{A})=m$.

定理 3 在判别向量组的线性相关性时是十分实用的.

推论 1 当向量的个数等于向量的维数时,向量组线性相关的充要条件是该向量组构成的矩阵 $\boldsymbol{A}$ 的行列式 $|\boldsymbol{A}|=0$;而向量组线性无关的充要条件是 $|\boldsymbol{A}|\neq 0$.

推论 2 m 个 n 维列向量组成的向量组,当 $n<m$ 时一定线性相关.

由推论 2 可知,任一个 n 维向量组(含有有限个或无限多个向量)中线性无关的向量个数不超过 n,又由例 5 可知,确实有 n 个线性无关的 n 维向量存在.因此有:

推论 3 任一个 n 维向量组中线性无关的向量最多有 n 个.

这就是为什么在本章的讨论中,一般都是针对由有限个向量组成的向量组来研究的原因.当然,学习了向量组的最大无关组之后,会看得更清楚.

例 7 已知 $\boldsymbol{\alpha}_1=(1,-1,0,0)^{\mathrm{T}}$, $\boldsymbol{\alpha}_2=(0,1,1,-1)^{\mathrm{T}}$, $\boldsymbol{\alpha}_3=(-1,3,2,1)^{\mathrm{T}}$, $\boldsymbol{\alpha}_4=(-2,6,4,1)^{\mathrm{T}}$.讨论向量组 $\boldsymbol{\alpha}_1,\boldsymbol{\alpha}_2,\boldsymbol{\alpha}_3,\boldsymbol{\alpha}_4$ 及向量组 $\boldsymbol{\alpha}_1,\boldsymbol{\alpha}_2,\boldsymbol{\alpha}_3$ 的线性相关性.

解 对矩阵 $(\boldsymbol{\alpha}_1,\boldsymbol{\alpha}_2,\boldsymbol{\alpha}_3,\boldsymbol{\alpha}_4)$ 施行初等行变换化成行阶梯形矩阵,即可看出矩阵 $(\boldsymbol{\alpha}_1,\boldsymbol{\alpha}_2,\boldsymbol{\alpha}_3,\boldsymbol{\alpha}_4)$ 和 $(\boldsymbol{\alpha}_1,\boldsymbol{\alpha}_2,\boldsymbol{\alpha}_3)$ 的秩,由定理 3 即可得结论.

$$
\begin{aligned}
(\boldsymbol{\alpha}_1,\boldsymbol{\alpha}_2,\boldsymbol{\alpha}_3,\boldsymbol{\alpha}_4)&=\begin{pmatrix}1&0&-1&-2\\-1&1&3&6\\0&1&2&4\\0&-1&1&1\end{pmatrix}
\xrightarrow{r_2+r_1}\begin{pmatrix}1&0&-1&-2\\0&1&2&4\\0&1&2&4\\0&-1&1&1\end{pmatrix}\\
&\xrightarrow[r_4+r_2]{r_3-r_2}\begin{pmatrix}1&0&-1&-2\\0&1&2&4\\0&0&0&0\\0&0&3&5\end{pmatrix}
\xrightarrow{r_3\leftrightarrow r_4}\begin{pmatrix}1&0&-1&-2\\0&1&2&4\\0&0&3&5\\0&0&0&0\end{pmatrix},
\end{aligned}
$$

故 $R(\boldsymbol{\alpha}_1,\boldsymbol{\alpha}_2,\boldsymbol{\alpha}_3,\boldsymbol{\alpha}_4)=3<4$,向量组 $\boldsymbol{\alpha}_1,\boldsymbol{\alpha}_2,\boldsymbol{\alpha}_3,\boldsymbol{\alpha}_4$ 线性相关;而 $R(\boldsymbol{\alpha}_1,\boldsymbol{\alpha}_2,\boldsymbol{\alpha}_3)=3$,

故向量组 $\boldsymbol{\alpha}_1,\boldsymbol{\alpha}_2,\boldsymbol{\alpha}_3$ 线性无关.

关于向量组的线性相关性,还有如下的一些简单性质:

定理 4 (1) 设向量组 A: $\boldsymbol{a}_1,\boldsymbol{a}_2,\cdots,\boldsymbol{a}_m$ 线性无关,而向量组 B: $\boldsymbol{a}_1,\boldsymbol{a}_2,\cdots,\boldsymbol{a}_m,\boldsymbol{b}$ 线性相关,则向量 $\boldsymbol{b}$ 必能由向量组 A 线性表示,且表示法是唯一的.

(2) 若向量组 $\boldsymbol{a}_1,\boldsymbol{a}_2,\cdots,\boldsymbol{a}_r$ 线性相关,则向量组 $\boldsymbol{a}_1,\boldsymbol{a}_2,\cdots,\boldsymbol{a}_r,\boldsymbol{a}_{r+1},\cdots,\boldsymbol{a}_n(n>r)$ 必线性相关;反之,若 $\boldsymbol{a}_1,\boldsymbol{a}_2,\cdots,\boldsymbol{a}_r,\boldsymbol{a}_{r+1},\cdots,\boldsymbol{a}_n(n>r)$ 线性无关,则 $\boldsymbol{a}_1,\boldsymbol{a}_2,\cdots,\boldsymbol{a}_r$ 也线性无关.

(3) 若 m 个 n 维向量 $\boldsymbol{a}_1,\boldsymbol{a}_2,\cdots,\boldsymbol{a}_m$ 线性相关,同时去掉其第 $i(1\leqslant i\leqslant n)$ 个分量得到的 m 个 $n-1$ 维向量也线性相关;反之,若 m 个 $n-1$ 维向量 $\boldsymbol{a}_1,\boldsymbol{a}_2,\cdots,\boldsymbol{a}_m$ 线性无关,同时增加其第 $i(1\leqslant i\leqslant n)$ 个分量得到的 m 个 n 维向量也线性无关.

证 这些结论用定义 2 或定理 3 均可以证明.

(1) 记 $\boldsymbol{A}=(\boldsymbol{a}_1,\boldsymbol{a}_2,\cdots,\boldsymbol{a}_m)$,$\boldsymbol{B}=(\boldsymbol{a}_1,\boldsymbol{a}_2,\cdots,\boldsymbol{a}_m,\boldsymbol{b})$.显然,$R(\boldsymbol{A})\leqslant R(\boldsymbol{B})$.因向量组 A 线性无关,由定理 3 有 $R(\boldsymbol{A})=m$;因向量组 B 线性相关,故 $R(\boldsymbol{B})<m+1$,从而 $m\leqslant R(\boldsymbol{B})<m+1$,即 $R(\boldsymbol{B})=m$.

由 $R(\boldsymbol{A})=R(\boldsymbol{B})=m$,由本章第一节定理 1 知方程组 $\boldsymbol{Ax}=\boldsymbol{b}$ 有唯一解,即向量 $\boldsymbol{b}$ 能由向量组 A 线性表示,且表示式是唯一的.

(2) 用定义 2 证明.

因 $\boldsymbol{a}_1,\boldsymbol{a}_2,\cdots,\boldsymbol{a}_r$ 线性相关,则必存在一组不全为零的数 $k_1,k_2,\cdots,k_r$,使得

$$k_1\boldsymbol{a}_1+k_2\boldsymbol{a}_2+\cdots+k_r\boldsymbol{a}_r=\boldsymbol{0},$$

从而

$$k_1\boldsymbol{a}_1+k_2\boldsymbol{a}_2+\cdots+k_r\boldsymbol{a}_r+0\cdot\boldsymbol{a}_{r+1}+\cdots+0\cdot\boldsymbol{a}_n=\boldsymbol{0}.$$

显然 $k_1,k_2,\cdots,k_r,0,0,\cdots,0$ 这 n 个数不全为零,故 $\boldsymbol{a}_1,\boldsymbol{a}_2,\cdots,\boldsymbol{a}_r,\boldsymbol{a}_{r+1},\cdots,\boldsymbol{a}_n$ 线性相关.

相反的结论由反证法可得.

(3) 记 $\boldsymbol{A}_{n\times m}=(\boldsymbol{a}_1,\boldsymbol{a}_2,\cdots,\boldsymbol{a}_m)$,将 $\boldsymbol{a}_1,\boldsymbol{a}_2,\cdots,\boldsymbol{a}_m$ 去掉第 i 个分量$(1\leqslant i\leqslant n)$得到的 m 个 $n-1$ 维向量记作 $\boldsymbol{b}_1,\boldsymbol{b}_2,\cdots,\boldsymbol{b}_m$,记 $\boldsymbol{B}_{(n-1)\times m}=(\boldsymbol{b}_1,\boldsymbol{b}_2,\cdots,\boldsymbol{b}_m)$,显然 $R(\boldsymbol{B})\leqslant R(\boldsymbol{A})$.因为 $\boldsymbol{a}_1,\boldsymbol{a}_2,\cdots,\boldsymbol{a}_m$ 线性相关,所以由定理 3,$R(\boldsymbol{A})<m$,从而 $R(\boldsymbol{B})<m$.再由定理 3 可知,向量组 $\boldsymbol{b}_1,\boldsymbol{b}_2,\cdots,\boldsymbol{b}_m$ 线性相关.

利用前面讲的一些性质,有时可较方便地判别向量组的线性相关性.

例 8 判别下列向量组的线性相关性

(1) $\boldsymbol{\alpha}_1=(1,0,0,1)^{\mathrm{T}},\boldsymbol{\alpha}_2=(0,1,0,3)^{\mathrm{T}},\boldsymbol{\alpha}_3=(0,0,1,4)^{\mathrm{T}}$;

(2) $\boldsymbol{\alpha}_1=(1,2,3,5)^{\mathrm{T}},\boldsymbol{\alpha}_2=(4,1,0,2)^{\mathrm{T}},\boldsymbol{\alpha}_3=(5,10,15,25)^{\mathrm{T}}$;

(3) $\boldsymbol{\alpha}_1=(1,0,0)^{\mathrm{T}},\boldsymbol{\alpha}_2=(0,1,0)^{\mathrm{T}},\boldsymbol{\alpha}_3=(0,0,1)^{\mathrm{T}},\boldsymbol{\alpha}_4=(1,1,2)^{\mathrm{T}}$.

解　(1) 因为 $\boldsymbol{e}_1=(1,0,0)^{\mathrm{T}},\boldsymbol{e}_2=(0,1,0)^{\mathrm{T}},\boldsymbol{e}_3=(0,0,1)^{\mathrm{T}}$ 线性无关,由定理 4 的(3)知,$\boldsymbol{\alpha}_1,\boldsymbol{\alpha}_2,\boldsymbol{\alpha}_3$ 线性无关.

(2) 因为 $\boldsymbol{\alpha}_3=5\boldsymbol{\alpha}_1$,故 $\boldsymbol{\alpha}_1,\boldsymbol{\alpha}_3$ 线性相关,从而由定理 4 的(2)可知 $\boldsymbol{\alpha}_1,\boldsymbol{\alpha}_2,\boldsymbol{\alpha}_3$ 线性相关.

(3) 4 个 3 维向量一定线性相关,故 $\boldsymbol{\alpha}_1,\boldsymbol{\alpha}_2,\boldsymbol{\alpha}_3,\boldsymbol{\alpha}_4$ 线性相关.

习题 4-3

1. 下列各题中的向量 $\boldsymbol{\beta}$ 能否为其余向量组成的向量组的线性组合?若能,写出一个线性表示式.

(1) $\boldsymbol{\beta}=(-1,1,5)^{\mathrm{T}},\boldsymbol{\alpha}_1=(1,2,3)^{\mathrm{T}},\boldsymbol{\alpha}_2=(0,1,4)^{\mathrm{T}},\boldsymbol{\alpha}_3=(2,3,6)^{\mathrm{T}}$;

(2) $\boldsymbol{\beta}=(0,8,-1,5)^{\mathrm{T}},\boldsymbol{\alpha}_1=(1,3,-1,2)^{\mathrm{T}},\boldsymbol{\alpha}_2=(0,-1,2,1)^{\mathrm{T}},\boldsymbol{\alpha}_3=(-2,1,3,2)^{\mathrm{T}}$;

(3) $\boldsymbol{\beta}=(-1,1,0,1)^{\mathrm{T}},\boldsymbol{\alpha}_1=(5,0,1,2)^{\mathrm{T}},\boldsymbol{\alpha}_2=(4,1,0,1)^{\mathrm{T}},\boldsymbol{\alpha}_3=(1,1,1,0)^{\mathrm{T}}$;

(4) $\boldsymbol{\beta}=(5,-2,-2,0)^{\mathrm{T}},\boldsymbol{\alpha}_1=(1,1,2,3)^{\mathrm{T}},\boldsymbol{\alpha}_2=(1,2,-3,1)^{\mathrm{T}},\boldsymbol{\alpha}_3=(1,-1,-1,2)^{\mathrm{T}},\boldsymbol{\alpha}_4=(1,4,-5,11)^{\mathrm{T}}$.

2. 若 $\boldsymbol{\beta}$ 可由 $\boldsymbol{\alpha}_1,\boldsymbol{\alpha}_2,\boldsymbol{\alpha}_3$ 线性表示,且 $\boldsymbol{\beta}=(7,-2,\lambda)^{\mathrm{T}},\boldsymbol{\alpha}_1=(2,3,5)^{\mathrm{T}},\boldsymbol{\alpha}_2=(3,7,8)^{\mathrm{T}},\boldsymbol{\alpha}_3=(1,-6,1)^{\mathrm{T}}$,求 λ.

3. 判断下列命题(或说法)是否正确,为什么?

(1) 如果向量 $\boldsymbol{\beta}$ 可由向量组 $\boldsymbol{\alpha}_1,\boldsymbol{\alpha}_2,\boldsymbol{\alpha}_3$ 线性表示,即 $\boldsymbol{\beta}=k_1\boldsymbol{\alpha}_1+k_2\boldsymbol{\alpha}_2+k_3\boldsymbol{\alpha}_3$,则表示系数 k_1,k_2,k_3 不全为零;

(2) 若向量组 $\boldsymbol{\alpha}_1,\boldsymbol{\alpha}_2,\cdots,\boldsymbol{\alpha}_m$ 是线性相关的,则 $\boldsymbol{\alpha}_1$ 一定可由 $\boldsymbol{\alpha}_2,\cdots,\boldsymbol{\alpha}_m$ 线性表示;

(3) 若向量组 $\boldsymbol{\alpha}_1,\boldsymbol{\alpha}_2$ 线性相关,向量组 $\boldsymbol{\beta}_1,\boldsymbol{\beta}_2$ 线性相关,则有不全为零的数 k_1,k_2,使 $k_1\boldsymbol{\alpha}_1+k_2\boldsymbol{\alpha}_2=\mathbf{0}$ 且 $k_1\boldsymbol{\beta}_1+k_2\boldsymbol{\beta}_2=\mathbf{0}$,从而使 $k_1(\boldsymbol{\alpha}_1+\boldsymbol{\beta}_1)+k_2(\boldsymbol{\alpha}_2+\boldsymbol{\beta}_2)=\mathbf{0}$,故 $\boldsymbol{\alpha}_1+\boldsymbol{\beta}_1,\boldsymbol{\alpha}_2+\boldsymbol{\beta}_2$ 线性相关;

(4) 如果存在不全为零的数 $k_1,k_2,\cdots,k_m$,使 $k_1\boldsymbol{\alpha}_1+k_2\boldsymbol{\alpha}_2+\cdots+k_m\boldsymbol{\alpha}_m\neq\mathbf{0}$,则向量组 $\boldsymbol{\alpha}_1,\boldsymbol{\alpha}_2,\cdots,\boldsymbol{\alpha}_m$线性无关;

(5) 若 $\boldsymbol{\alpha}_1,\boldsymbol{\alpha}_2,\boldsymbol{\alpha}_3$ 线性无关,$\boldsymbol{\alpha}_2,\boldsymbol{\alpha}_3,\boldsymbol{\alpha}_4$ 线性相关,则 $\boldsymbol{\alpha}_1$ 不可由 $\boldsymbol{\alpha}_2,\boldsymbol{\alpha}_3,\boldsymbol{\alpha}_4$ 线性表示.

4. 判断下列向量组的线性相关性.

(1) $\boldsymbol{\alpha}_1=(3,-1,2)^{\mathrm{T}},\boldsymbol{\alpha}_2=(1,5,-7)^{\mathrm{T}},\boldsymbol{\alpha}_3=(7,-13,20)^{\mathrm{T}}$;

(2) $\boldsymbol{\alpha}_1=(1,-2,4,-8)^{\mathrm{T}},\boldsymbol{\alpha}_2=(1,3,9,27)^{\mathrm{T}},\boldsymbol{\alpha}_3=(1,4,16,64)^{\mathrm{T}};\boldsymbol{\alpha}_4=(1,-1,1,-1)^{\mathrm{T}}$;

(3) $\boldsymbol{\alpha}_1=(1,2,1,1)^{\mathrm{T}},\boldsymbol{\alpha}_2=(1,1,2,-1)^{\mathrm{T}},\boldsymbol{\alpha}_3=(3,4,5,1)^{\mathrm{T}}$.

5. 设 $\boldsymbol{b}_1=\boldsymbol{a}_1+\boldsymbol{a}_2,\boldsymbol{b}_2=\boldsymbol{a}_2+\boldsymbol{a}_3,\boldsymbol{b}_3=\boldsymbol{a}_3+\boldsymbol{a}_4,\boldsymbol{b}_4=\boldsymbol{a}_4+\boldsymbol{a}_1$,证明向量组 $\boldsymbol{b}_1,\boldsymbol{b}_2,\boldsymbol{b}_3,\boldsymbol{b}_4$ 线性相关.

6. 若向量组 $\boldsymbol{a}_1,\boldsymbol{a}_2,\boldsymbol{a}_3$ 线性无关,证明向量组 $\boldsymbol{b}_1=\boldsymbol{a}_1,\boldsymbol{b}_2=\boldsymbol{a}_1+\boldsymbol{a}_2,\boldsymbol{b}_3=\boldsymbol{a}_1+\boldsymbol{a}_2+\boldsymbol{a}_3$ 也线性无关.

7. 问 t 取何值时,下列向量组线性相关?

$\boldsymbol{\alpha}_1=(t,-1,-1)^{\mathrm{T}},\boldsymbol{\alpha}_2=(-1,t,-1)^{\mathrm{T}},\boldsymbol{\alpha}_3=(-1,-1,t)^{\mathrm{T}}$.

8. 已知 $\boldsymbol{\alpha}_1=(1,0,2,3)^{\mathrm{T}},\boldsymbol{\alpha}_2=(1,1,3,5)^{\mathrm{T}},\boldsymbol{\alpha}_3=(1,-1,a+2,1)^{\mathrm{T}},\boldsymbol{\alpha}_4=(1,2,4,a+8)^{\mathrm{T}},\boldsymbol{\beta}=$

$(1,1,b+3,5)^{\mathrm{T}}$.

(1) a,b 为何值时,$\boldsymbol{\beta}$ 不能表示成 $\boldsymbol{\alpha}_1,\boldsymbol{\alpha}_2,\boldsymbol{\alpha}_3,\boldsymbol{\alpha}_4$ 的线性组合;

(2) a,b 为何值时,$\boldsymbol{\beta}$ 能唯一由 $\boldsymbol{\alpha}_1,\boldsymbol{\alpha}_2,\boldsymbol{\alpha}_3,\boldsymbol{\alpha}_4$ 线性表示.

9. 指出下列各题中向量组 A 和向量组 B 的线性相关性.

(1) $A:\boldsymbol{\alpha}_1=(1,1)^{\mathrm{T}},\boldsymbol{\alpha}_2=(2,2)^{\mathrm{T}}$,

$B:\boldsymbol{\beta}_1=(1,1,2,2)^{\mathrm{T}},\boldsymbol{\beta}_2=(2,2,1,1)^{\mathrm{T}}$;

(2) $A:\boldsymbol{\alpha}_1=(1,1)^{\mathrm{T}},\boldsymbol{\alpha}_2=(1,0)^{\mathrm{T}}$,

$B:\boldsymbol{\beta}_1=(1,1,2,2)^{\mathrm{T}},\boldsymbol{\beta}_2=(1,0,4,4)^{\mathrm{T}}$;

(3) $A:\boldsymbol{\alpha}_1=(2,3)^{\mathrm{T}},\boldsymbol{\alpha}_2=(1,1)^{\mathrm{T}}$,

$B:\boldsymbol{\beta}_1=(2,3)^{\mathrm{T}},\boldsymbol{\beta}_2=(1,1)^{\mathrm{T}},\boldsymbol{\beta}_3=(0,1)^{\mathrm{T}}$.

第四节 向量组的秩

上节定理3表明,在讨论有限个向量组成的向量组的线性相关性时,矩阵的秩起了十分重要的作用,本节把秩的概念引入向量组.

一、向量组的等价

定义1 设有向量组

$$A:\boldsymbol{a}_1,\boldsymbol{a}_2,\cdots,\boldsymbol{a}_m;\quad B:\boldsymbol{b}_1,\boldsymbol{b}_2,\cdots,\boldsymbol{b}_s.$$

若向量组 A 中的每一个向量都能由向量组 B 线性表示,则称向量组 A 能由向量组 B 线性表示.如果向量组 A 和向量组 B 能互相线性表示,则称这两个向量组**等价**.

设向量组 B 能由向量组 A 线性表示,即存在着数 $k_{ij}(i=1,2,\cdots,m;j=1,2,\cdots,s)$使

$$\boldsymbol{b}_j=k_{1j}\boldsymbol{a}_1+k_{2j}\boldsymbol{a}_2+\cdots+k_{mj}\boldsymbol{a}_m\ (j=1,2,\cdots,s).\tag{1}$$

采用矩阵记号,因为 $\boldsymbol{b}_j,\boldsymbol{a}_i$ 都为列向量,记

$$\boldsymbol{A}=(\boldsymbol{a}_1,\boldsymbol{a}_2,\cdots,\boldsymbol{a}_m),\quad \boldsymbol{B}=(\boldsymbol{b}_1,\boldsymbol{b}_2,\cdots,\boldsymbol{b}_s),\tag{2}$$

则(1)式可写成

$$\boldsymbol{b}_j=(\boldsymbol{a}_1,\boldsymbol{a}_2,\cdots,\boldsymbol{a}_m)\begin{pmatrix}k_{1j}\\k_{2j}\\\vdots\\k_{mj}\end{pmatrix}\quad(j=1,2,\cdots,s),$$

从而

$$B=(b_1,b_2,\cdots,b_s)=(a_1,a_2,\cdots,a_m)\begin{pmatrix}k_{11}&k_{12}&\cdots&k_{1s}\\k_{21}&k_{22}&\cdots&k_{2s}\\\vdots&\vdots&&\vdots\\k_{m1}&k_{m2}&\cdots&k_{ms}\end{pmatrix}=AK.\qquad(3)$$

其中 $\boldsymbol{K}=(k_{ij})_{m\times s}$ 称为向量组 B 由向量组 A 线性表示的系数矩阵.

由以上的讨论不难得到如下的命题:

命题 1 若 A,B 为有限个列向量组成的向量组,则组 B 能由组 A 线性表示的充要条件是矩阵方程 $\boldsymbol{B}=\boldsymbol{AX}$ 有解.其中,矩阵 $\boldsymbol{A},\boldsymbol{B}$ 由(2)式来确定.

于是,若已知 $\boldsymbol{C}=\boldsymbol{AB}$,则矩阵 $\boldsymbol{C}$ 的列向量组能由矩阵 $\boldsymbol{A}$ 的列向量组线性表示,$\boldsymbol{B}$ 为这一表示的系数矩阵;由于 $\boldsymbol{C}^{\mathrm{T}}=\boldsymbol{B}^{\mathrm{T}}\boldsymbol{A}^{\mathrm{T}}$,故矩阵 $\boldsymbol{C}$ 的行向量组能由矩阵 $\boldsymbol{B}$ 的行向量组线性表示,$\boldsymbol{A}$ 为这一表示的系数矩阵.

另外,设矩阵 $\boldsymbol{A}$ 能够经过初等行(列)变换变成矩阵 $\boldsymbol{B}$,则 $\boldsymbol{B}$ 的每个行(列)向量都是 $\boldsymbol{A}$ 的行(列)向量组的线性组合,即 $\boldsymbol{B}$ 的行(列)向量组都能由 $\boldsymbol{A}$ 的行(列)向量组线性表示.由于初等变换可逆,于是矩阵 $\boldsymbol{B}$ 亦可经过初等行(列)变换变成 $\boldsymbol{A}$,从而 $\boldsymbol{A}$ 的行(列)向量组也能由 $\boldsymbol{B}$ 的行(列)向量组线性表示.因此有

命题 2 若矩阵 $\boldsymbol{A}$ 经过初等行(列)变换变成矩阵 $\boldsymbol{B}$,则矩阵 $\boldsymbol{A}$ 的行(列)向量组与矩阵 $\boldsymbol{B}$ 的行(列)向量组等价.

显然,向量组的等价具有自反性,对称性和传递性.

由命题 1 和第一节的定理 3 可得

定理 1 设向量组 $A:\boldsymbol{a}_1,\boldsymbol{a}_2,\cdots,\boldsymbol{a}_m$ 和 $B:\boldsymbol{b}_1,\boldsymbol{b}_2,\cdots,\boldsymbol{b}_s$ 均为列向量组成的向量组,则向量组 B 能由向量组 A 线性表示的充要条件为 $R(\boldsymbol{A})=R(\boldsymbol{A},\boldsymbol{B})$.

该定理可以看成是本章第三节定理 1 的一个推广.

推论 向量组 $A:\boldsymbol{a}_1,\boldsymbol{a}_2,\cdots,\boldsymbol{a}_m$ 和向量组 $B:\boldsymbol{b}_1,\boldsymbol{b}_2,\cdots,\boldsymbol{b}_s$ 等价的充要条件是

$$R(\boldsymbol{A})=R(\boldsymbol{B})=R(\boldsymbol{A},\boldsymbol{B}),$$

其中 $\boldsymbol{A}$ 和 $\boldsymbol{B}$ 是向量组 A 和向量组 B 所构成的矩阵.

例 1 设 $\boldsymbol{a}_1=\begin{pmatrix}1\\-1\\1\\-1\end{pmatrix},\boldsymbol{a}_2=\begin{pmatrix}3\\1\\1\\3\end{pmatrix},\boldsymbol{b}_1=\begin{pmatrix}2\\0\\1\\1\end{pmatrix},\boldsymbol{b}_2=\begin{pmatrix}1\\1\\0\\2\end{pmatrix},\boldsymbol{b}_3=\begin{pmatrix}3\\-1\\2\\0\end{pmatrix}$,证明向量组 $\boldsymbol{a}_1$,$\boldsymbol{a}_2$ 与向量组 $\boldsymbol{b}_1,\boldsymbol{b}_2,\boldsymbol{b}_3$ 等价.

证 记 $\boldsymbol{A}=(\boldsymbol{a}_1,\boldsymbol{a}_2)$,$\boldsymbol{B}=(\boldsymbol{b}_1,\boldsymbol{b}_2,\boldsymbol{b}_3)$.根据定理 1 的推论,只要证 $R(\boldsymbol{A})=R(\boldsymbol{B})=R(\boldsymbol{A},\boldsymbol{B})$.为此把矩阵$(\boldsymbol{A},\boldsymbol{B})$化成行阶梯形:

$$(\boldsymbol{A},\boldsymbol{B})=\begin{pmatrix}1&3&2&1&3\\-1&1&0&1&-1\\1&1&1&0&2\\-1&3&1&2&0\end{pmatrix}\xrightarrow{r}\begin{pmatrix}1&3&2&1&3\\0&4&2&2&2\\0&-2&-1&-1&-1\\0&6&3&3&3\end{pmatrix}\xrightarrow{r}\begin{pmatrix}1&3&2&1&3\\0&2&1&1&1\\0&0&0&0&0\\0&0&0&0&0\end{pmatrix},$$

可见，$R(\boldsymbol{A})=2,R(\boldsymbol{A},\boldsymbol{B})=2$.

容易看出矩阵 $\boldsymbol{B}$ 中有不等于0的2阶子式，故 $R(\boldsymbol{B})\geqslant 2$.又

$$R(\boldsymbol{B})\leqslant R(\boldsymbol{A},\boldsymbol{B})=2,$$

于是知 $R(\boldsymbol{B})=2$.因此，

$$R(\boldsymbol{A})=R(\boldsymbol{B})=R(\boldsymbol{A},\boldsymbol{B}).$$

从而向量组 $\boldsymbol{a}_1,\boldsymbol{a}_2$ 与向量组 $\boldsymbol{b}_1,\boldsymbol{b}_2,\boldsymbol{b}_3$ 等价.

二、向量组的秩

我们知道，n 维单位向量组 $\boldsymbol{e}_1,\boldsymbol{e}_2,\cdots,\boldsymbol{e}_n$ 线性无关，且任意 n 维向量可由 $\boldsymbol{e}_1,\boldsymbol{e}_2,\cdots,\boldsymbol{e}_n$ 线性表示.为刻画具有这种性质的向量组，有

定义2 若向量组 A（含有有限个或无限多个向量）中能选出 r 个向量 $\boldsymbol{a}_1,\boldsymbol{a}_2,\cdots,\boldsymbol{a}_r$ 满足

（1）向量组 A_0：$\boldsymbol{a}_1,\boldsymbol{a}_2,\cdots,\boldsymbol{a}_r$ 线性无关；

（2）A 中的任意向量均可由向量组 A_0：$\boldsymbol{a}_1,\boldsymbol{a}_2,\cdots,\boldsymbol{a}_r$ 线性表示，

则称 A_0：$\boldsymbol{a}_1,\boldsymbol{a}_2,\cdots,\boldsymbol{a}_r$ 为 A 的一个**最大线性无关向量组**（简称**最大无关组**）.

一般说来，一个向量组的最大无关组不是唯一的.

例如，向量组 $\boldsymbol{a}_1=(1,0)^{\mathrm{T}},\boldsymbol{a}_2=(0,1)^{\mathrm{T}},\boldsymbol{a}_3=(1,1)^{\mathrm{T}}$ 中，$\boldsymbol{a}_1,\boldsymbol{a}_2$ 线性无关，$\boldsymbol{a}_3=\boldsymbol{a}_1+\boldsymbol{a}_2$；$\boldsymbol{a}_1,\boldsymbol{a}_3$ 线性无关，$\boldsymbol{a}_2=-\boldsymbol{a}_1+\boldsymbol{a}_3$；$\boldsymbol{a}_2,\boldsymbol{a}_3$ 线性无关，$\boldsymbol{a}_1=-\boldsymbol{a}_2+\boldsymbol{a}_3$. 故 $\boldsymbol{a}_1,\boldsymbol{a}_2$；$\boldsymbol{a}_2,\boldsymbol{a}_3$；$\boldsymbol{a}_1,\boldsymbol{a}_3$ 都是向量组 $\boldsymbol{a}_1,\boldsymbol{a}_2,\boldsymbol{a}_3$ 的最大无关组.

显然，这些最大无关组所含向量的个数相同.一般地，为证明这一结论，先讨论如下的重要定理.

定理2 设有向量组 A：$\boldsymbol{a}_1,\boldsymbol{a}_2,\cdots,\boldsymbol{a}_s$；$B$：$\boldsymbol{b}_1,\boldsymbol{b}_2,\cdots,\boldsymbol{b}_r$.若向量组 B 线性无关，且向量组 B 能由向量组 A 线性表示，则 $r\leqslant s$；若向量组 B 可由向量组 A 线性表示，且 $r>s$，则向量组 B 线性相关.

证 因为向量组 B 能由向量组 A 线性表示，即存在系数矩阵 $\boldsymbol{K}_{sr}=(k_{ij})_{s\times r}$，使

$$(\boldsymbol{b}_1,\boldsymbol{b}_2,\cdots,\boldsymbol{b}_r)=(\boldsymbol{a}_1,\boldsymbol{a}_2,\cdots,\boldsymbol{a}_s)\begin{pmatrix}k_{11}&k_{12}&\cdots&k_{1r}\\k_{21}&k_{22}&\cdots&k_{2r}\\\vdots&\vdots&&\vdots\\k_{s1}&k_{s2}&\cdots&k_{sr}\end{pmatrix}.$$

如果 $r>s$，则方程组

$$K_{sr}\begin{pmatrix} x_1 \\ x_2 \\ \vdots \\ x_r \end{pmatrix} = \mathbf{0}（即\ \boldsymbol{Kx} = \mathbf{0}）$$

有非零解（这是因为 $R(\boldsymbol{K}) \leqslant s<r$），从而方程组

$$(\boldsymbol{a}_1, \boldsymbol{a}_2, \cdots, \boldsymbol{a}_s)\boldsymbol{Kx} = \mathbf{0}$$

有非零解，即

$$(\boldsymbol{b}_1, \boldsymbol{b}_2, \cdots, \boldsymbol{b}_r)\boldsymbol{x} = \mathbf{0}$$

有非零解．这与向量组 $\boldsymbol{B}$ 线性无关相矛盾，因此 $r>s$ 不能成立，所以 $r \leqslant s$.

定理的另一部分结论是显然的.

推论 1　两个线性无关的向量组若是等价的，则它们必含有相同个数的向量.

推论 2　两个等价的向量组的最大无关组含有相同个数的向量.

推论 3　一个向量组的任意两个最大无关组所含向量个数相等.

从推论 3 得出，一个向量组的所有最大无关组所含向量数目相等，这个数目很重要，为此我们引出下面概念.

定义 3　向量组的最大无关组所含向量的个数称为该**向量组的秩.**

只含零向量的向量组没有最大无关组，规定它的秩为零.

例 2　若向量组 $\boldsymbol{a}_1, \boldsymbol{a}_2, \cdots, \boldsymbol{a}_r$ 线性无关，则 $\boldsymbol{a}_1, \boldsymbol{a}_2, \cdots, \boldsymbol{a}_r$ 就是该向量组的最大无关组，向量组的秩为 r.

例 3　n 维向量的全体组成的集合记作 $\mathbf{R}^n$，则 n 维单位向量 $\boldsymbol{e}_1, \boldsymbol{e}_2, \cdots, \boldsymbol{e}_n$ 是 $\mathbf{R}^n$ 的一个最大无关组，$\mathbf{R}^n$ 的秩为 n.

有了向量组的秩的概念，推论 2 可叙述为：等价的向量组的秩相等．由定理 2 还可得

定理 2′　若向量组 B 能由向量组 A 线性表示，则向量组 B 的秩不大于向量组 $\boldsymbol{A}$ 的秩.

最后，给出向量组 A 的最大无关组和秩的一个等价定义.

定义 4　如果向量组 A 中能选出 r 个向量 $\boldsymbol{a}_1, \boldsymbol{a}_2, \cdots, \boldsymbol{a}_r$ 满足：

（1）向量组 A_0：$\boldsymbol{a}_1, \boldsymbol{a}_2, \cdots, \boldsymbol{a}_r$ 线性无关；

（2）向量组 A 中的任意 $r+1$ 个向量均线性相关，

则称向量组 A_0：$\boldsymbol{a}_1, \boldsymbol{a}_2, \cdots, \boldsymbol{a}_r$ 是向量组 A 的一个最大无关组，称数 r 为向量组 A 的秩.

下面证明定义 2 和定义 4 的等价性.

命题 3 定义 2 和定义 4 是等价的.

证 假设按照定义 4 向量组 $A_0:\boldsymbol{a}_1,\cdots,\boldsymbol{a}_r$ 构成向量组 A 的最大无关组，且 $\boldsymbol{a}$ 是 A 中的任一向量，那么 $\boldsymbol{a},\boldsymbol{a}_1,\cdots,\boldsymbol{a}_r$ 线性相关，而 $\boldsymbol{a}_1,\cdots,\boldsymbol{a}_r$ 线性无关，由本章第三节定理 4 可知 $\boldsymbol{a}$ 可由向量组 $A_0:\boldsymbol{a}_1,\cdots,\boldsymbol{a}_r$ 唯一线性表示，因此按照定义 2，向量组 A_0 也构成向量组 A 的最大无关组.

反之，假设按照定义 2，向量组 $A_0:\boldsymbol{a}_1,\cdots,\boldsymbol{a}_r$ 构成向量组 A 的最大无关组，且 $\boldsymbol{b}_1,\cdots,\boldsymbol{b}_{r+1}$ 是 A 中任意 $r+1$ 个向量，则这 $r+1$ 个向量可由向量组 A_0 线性表示，从而，由定理 2′可知

$$R(\boldsymbol{b}_1,\boldsymbol{b}_2,\cdots,\boldsymbol{b}_{r+1})\leqslant R(\boldsymbol{a}_1,\boldsymbol{a}_2,\cdots,\boldsymbol{a}_r)=r.$$

再由本章第三节定理 3 可知 $\boldsymbol{b}_1,\boldsymbol{b}_2,\cdots,\boldsymbol{b}_{r+1}$ 线性相关，于是按照定义 4，向量组 A_0 也构成向量组 A 的最大无关组.

三、矩阵的秩与向量组的秩的关系

对矩阵 $\boldsymbol{A}=(a_{ij})_{m\times n}$，我们知道，$\boldsymbol{A}$ 的每一行(列)是一个 $n(m)$ 维行(列)向量，称之为 $\boldsymbol{A}$ 的一个行(列)向量.而 $\boldsymbol{A}$ 的行(列)向量的全体称为 $\boldsymbol{A}$ 的行(列)向量组，行(列)向量组的秩称为 $\boldsymbol{A}$ 的行(列)秩.

定理 3 对矩阵 $\boldsymbol{A}=(a_{ij})_{m\times n}$，则

$$R(\boldsymbol{A})=\boldsymbol{A}\text{ 的行秩}=\boldsymbol{A}\text{ 的列秩},$$

即矩阵的秩等于它的行向量组的秩，也等于它的列向量组的秩.

证 记 $\boldsymbol{A}=(\boldsymbol{a}_1,\boldsymbol{a}_2,\cdots,\boldsymbol{a}_n)$，设 $R(\boldsymbol{A})=r$，并设 $\boldsymbol{A}$ 的 r 阶子式 $D_r\neq 0$.根据本章第三节定理 3，由 $D_r\neq 0$ 知 D_r 所在的 r 列组成的向量组线性无关；又 $\boldsymbol{A}$ 中所有的 $r+1$ 阶子式均为零，知 $\boldsymbol{A}$ 中的任意 $r+1$ 个列向量组成的向量组线性相关.因此，由定义 4 知，D_r 所在的 r 列是 $\boldsymbol{A}$ 的列向量组的一个最大无关组，所以列向量组的秩为 r，即

$$\boldsymbol{A}\text{ 的列秩}=R(\boldsymbol{A}).$$

另一方面，

$$\boldsymbol{A}\text{ 的行秩}=\boldsymbol{A}^{\mathrm{T}}\text{ 的列秩}=R(\boldsymbol{A}^{\mathrm{T}})=R(\boldsymbol{A}),$$

所以

$$R(\boldsymbol{A})=\boldsymbol{A}\text{ 的行秩}=\boldsymbol{A}\text{ 的列秩}.$$

由定理 3 知，用初等变换可以求由有限个向量组成的向量组的秩.而且，由定理的证明过程可知，当 $R(\boldsymbol{A})=r$ 时，$\boldsymbol{A}$ 的非零的 r 阶子式所在的行(列)就构成 $\boldsymbol{A}$ 的行(列)向量组的一个最大线性无关组.

例 4 设有向量组 A：

$$\boldsymbol{a}_1=(1,4,2,1)^{\mathrm{T}},\boldsymbol{a}_2=(-2,1,5,1)^{\mathrm{T}},\boldsymbol{a}_3=(-1,2,4,1)^{\mathrm{T}},$$

$$\boldsymbol{a}_4=(-2,1,-1,1)^{\mathrm{T}},\boldsymbol{a}_5=\left(2,3,0,\frac{1}{3}\right)^{\mathrm{T}}.$$

(1) 求向量组 A 的秩并判定 A 的线性相关性；

(2) 求向量组 A 的一个最大无关组；

(3) 将 A 中的其余向量用所求出的最大无关组线性表示.

解　(1) 以 $\boldsymbol{a}_1,\boldsymbol{a}_2,\boldsymbol{a}_3,\boldsymbol{a}_4,\boldsymbol{a}_5$ 为列向量作矩阵 $\boldsymbol{A}$,用初等行变换将矩阵 $\boldsymbol{A}$ 化为行阶梯形

$$\boldsymbol{A}=\begin{pmatrix}1&-2&-1&-2&2\\4&1&2&1&3\\2&5&4&-1&0\\1&1&1&1&\frac{1}{3}\end{pmatrix}\xrightarrow[r_4-r_1]{\substack{r_2-4r_1\\r_3-2r_1}}\begin{pmatrix}1&-2&-1&-2&2\\0&9&6&9&-5\\0&9&6&3&-4\\0&3&2&3&-\frac{5}{3}\end{pmatrix}$$

$$\xrightarrow[r_3-r_2]{r_4-\frac{1}{3}r_2}\begin{pmatrix}1&-2&-1&-2&2\\0&9&6&9&-5\\0&0&0&-6&1\\0&0&0&0&0\end{pmatrix}=\boldsymbol{B}_1.$$

于是 $R(\boldsymbol{A})=\boldsymbol{A}$ 的列秩 $=R(\boldsymbol{B}_1)=3<5$,所以向量组 A 的秩为 3,且向量组 A 线性相关.

(2) 由于行阶梯形 $\boldsymbol{B}_1$ 的三个非零行的非零首元在 1,2,4 三列,故 $\boldsymbol{a}_1,\boldsymbol{a}_2,\boldsymbol{a}_4$ 为向量组 $\boldsymbol{A}$ 的一个最大无关组.这是因为

$$(\boldsymbol{a}_1,\boldsymbol{a}_2,\boldsymbol{a}_4)\xrightarrow{\text{行变换}}\begin{pmatrix}1&-2&-2\\0&9&9\\0&0&-6\\0&0&0\end{pmatrix},$$

所以 $R(\boldsymbol{a}_1,\boldsymbol{a}_2,\boldsymbol{a}_4)=3$,故 $\boldsymbol{a}_1,\boldsymbol{a}_2,\boldsymbol{a}_4$ 线性无关.

(3) 对 $\boldsymbol{B}_1$ 继续作初等行变换,化成行最简形.

$$\boldsymbol{B}_1\xrightarrow{\substack{r_1+\frac{2}{9}r_2\\\frac{1}{9}r_2\\-\frac{1}{6}r_3}}\begin{pmatrix}1&0&\frac{1}{3}&0&\frac{8}{9}\\0&1&\frac{2}{3}&1&-\frac{5}{9}\\0&0&0&1&-\frac{1}{6}\\0&0&0&0&0\end{pmatrix}$$

$$\xrightarrow{r_2-r_3}\begin{pmatrix}1&0&\frac{1}{3}&0&\frac{8}{9}\\0&1&\frac{2}{3}&0&-\frac{7}{18}\\0&0&0&1&-\frac{1}{6}\\0&0&0&0&0\end{pmatrix}=\boldsymbol{B}.$$

记 $\boldsymbol{b}_1,\boldsymbol{b}_2,\boldsymbol{b}_3,\boldsymbol{b}_4,\boldsymbol{b}_5$ 为 $\boldsymbol{B}$ 的列向量组，由 $\boldsymbol{B}$ 可知 $\boldsymbol{b}_1,\boldsymbol{b}_2,\boldsymbol{b}_4$ 构成 $\boldsymbol{B}$ 的列向量组的最大线性无关组.且显然 $\boldsymbol{B}$ 的其余向量可由 $\boldsymbol{b}_1,\boldsymbol{b}_2,\boldsymbol{b}_4$ 线性表示，即

$$\boldsymbol{b}_3=\frac{1}{3}\boldsymbol{b}_1+\frac{2}{3}\boldsymbol{b}_2,$$

$$\boldsymbol{b}_5=\frac{8}{9}\boldsymbol{b}_1-\frac{7}{18}\boldsymbol{b}_2-\frac{1}{6}\boldsymbol{b}_4.$$

而对矩阵的初等行变换并不改变矩阵的列向量组之间的线性关系（这一结论为什么成立，请读者自己考虑）.因此，对应地有

$$\boldsymbol{a}_3=\frac{1}{3}\boldsymbol{a}_1+\frac{2}{3}\boldsymbol{a}_2,$$

$$\boldsymbol{a}_5=\frac{8}{9}\boldsymbol{a}_1-\frac{7}{18}\boldsymbol{a}_2-\frac{1}{6}\boldsymbol{a}_4.$$

利用定理3，可以研究矩阵相加，相乘之后的秩的关系.

性质1 $R(\boldsymbol{A}+\boldsymbol{B})\leqslant R(\boldsymbol{A})+R(\boldsymbol{B})$.

证 设 $\boldsymbol{A},\boldsymbol{B}$ 均为 $m\times n$ 矩阵，$R(\boldsymbol{A})=r,R(\boldsymbol{B})=s$.将 $\boldsymbol{A},\boldsymbol{B}$ 按列分块，记为

$$\boldsymbol{A}=(\boldsymbol{a}_1,\boldsymbol{a}_2,\cdots,\boldsymbol{a}_n),\boldsymbol{B}=(\boldsymbol{b}_1,\boldsymbol{b}_2,\cdots,\boldsymbol{b}_n),$$

则

$$\boldsymbol{A}+\boldsymbol{B}=(\boldsymbol{a}_1+\boldsymbol{b}_1,\boldsymbol{a}_2+\boldsymbol{b}_2,\cdots,\boldsymbol{a}_n+\boldsymbol{b}_n).$$

不妨设 $\boldsymbol{A},\boldsymbol{B}$ 的列向量组的最大无关组分别为 $\boldsymbol{a}_1,\boldsymbol{a}_2,\cdots,\boldsymbol{a}_r$ 和 $\boldsymbol{b}_1,\boldsymbol{b}_2,\cdots,\boldsymbol{b}_s$.于是 $\boldsymbol{A}+\boldsymbol{B}$ 的列向量组可由向量组 $\boldsymbol{a}_1,\boldsymbol{a}_2,\cdots,\boldsymbol{a}_r,\boldsymbol{b}_1,\boldsymbol{b}_2,\cdots,\boldsymbol{b}_s$ 线性表示.因此，由定理2′可知，

$$R(\boldsymbol{A}+\boldsymbol{B})=(\boldsymbol{A}+\boldsymbol{B})\text{的列秩}\leqslant R(\boldsymbol{a}_1,\boldsymbol{a}_2,\cdots,\boldsymbol{a}_r,\boldsymbol{b}_1,\boldsymbol{b}_2,\cdots,\boldsymbol{b}_s)\leqslant r+s.$$

性质2 设 $\boldsymbol{C}=\boldsymbol{AB}$，则 $R(\boldsymbol{C})\leqslant\min(R(\boldsymbol{A}),R(\boldsymbol{B}))$.

证 设 $\boldsymbol{A},\boldsymbol{B}$ 分别为 $m\times s,s\times n$ 矩阵.将 $\boldsymbol{C}$ 和 $\boldsymbol{A}$ 用列向量表示为

$$\boldsymbol{C}=(\boldsymbol{c}_1,\boldsymbol{c}_2,\cdots,\boldsymbol{c}_n),\boldsymbol{A}=(\boldsymbol{a}_1,\boldsymbol{a}_2,\cdots,\boldsymbol{a}_s).$$

而 $\boldsymbol{B}=(b_{ij})$，由

$$C=(c_1,c_2,\cdots,c_n)=(a_1,a_2,\cdots,a_s)\begin{pmatrix} b_{11} & \cdots & b_{1n} \\ \vdots & & \vdots \\ b_{s1} & \cdots & b_{sn} \end{pmatrix}$$

知矩阵 $C=AB$ 的列向量组能由 A 的列向量组线性表示,因此

$$R(C)\leqslant R(A).$$

因 $C^{\mathrm{T}}=B^{\mathrm{T}}A^{\mathrm{T}}$ 可知 $R(C^{\mathrm{T}})\leqslant R(B^{\mathrm{T}})$,即 $R(C)\leqslant R(B)$,从而

$$R(C)\leqslant \min(R(A),R(B)).$$

性质 1 也可用矩阵的初等变换不改变矩阵的秩的结论证明;性质 2 也可用本章第一节定理 3 证明.

性质 3　设 A 是 $m\times n$ 矩阵,P,Q 分别是 m 阶,n 阶可逆矩阵,则

$$R(A)=R(PA)=R(AQ)=R(PAQ).$$

证　由于可逆矩阵可以表示成若干个初等矩阵的乘积,而初等变换不改变矩阵的秩,故结论成立.

也可利用性质 2.例如,由 $A=P^{-1}(PA)$ 得

$$R(A)=R[P^{-1}(PA)]\leqslant R(PA)\leqslant R(A),$$

故 $R(PA)=R(A)$.

同理,可证其余等式.

习题 4-4

1. 利用矩阵的初等行变换求下列矩阵的列向量组的秩及一个最大无关组,并把不属于最大无关组的列向量用最大无关组线性表示:

(1) $A=\begin{pmatrix} 2 & -1 & -1 & 1 & 2 \\ 1 & 1 & -2 & 1 & 4 \\ 4 & -6 & 2 & -2 & 4 \\ 3 & 6 & -9 & 7 & 9 \end{pmatrix}$;　　(2) $\begin{pmatrix} 1 & 0 & 2 & 1 \\ 1 & 2 & 0 & 1 \\ 2 & 1 & 3 & 0 \\ 2 & 5 & -1 & 4 \\ 1 & -1 & 3 & -1 \end{pmatrix}$.

2. 求下列向量组的秩,并求一个最大无关组.

(1) $\alpha_1=(4,-1,-5,-6)^{\mathrm{T}},\alpha_2=(1,-3,-4,-7)^{\mathrm{T}},\alpha_3=(1,2,1,3)^{\mathrm{T}},\alpha_4=(2,1,-1,0)^{\mathrm{T}}$;

(2) $\alpha_1=(1,0,1)^{\mathrm{T}},\alpha_2=(2,1,0)^{\mathrm{T}},\alpha_3=(0,1,1)^{\mathrm{T}},\alpha_4=(1,1,1)^{\mathrm{T}}$.

3. 向量组 $\alpha_1,\alpha_2,\alpha_3$ 线性相关,向量组 $\alpha_2,\alpha_3,\alpha_4$ 线性无关,求向量组 $\alpha_1,\alpha_2,\alpha_3,\alpha_4$ 的秩,并说明理由.

4. 作一个秩是 4 的方阵,它的两个行向量是 $(1,0,1,0,0),(0,-1,0,0,0)$.

5. 证明:如果 n 维单位向量组 $e_1,e_2,\cdots,e_n$ 可以由 n 维向量组 $\alpha_1,\alpha_2,\cdots,\alpha_n$ 线性表示,则向量组 $\alpha_1,\alpha_2,\cdots,\alpha_n$ 线性无关.

6. 设 $\boldsymbol{\alpha}_1,\boldsymbol{\alpha}_2,\cdots,\boldsymbol{\alpha}_n$ 是一组 n 维向量，证明它们线性无关的充要条件是任一 n 维向量组都可由它们线性表示.

7. 设向量组 $A:\boldsymbol{\alpha}_1,\boldsymbol{\alpha}_2,\cdots,\boldsymbol{\alpha}_r$ 的秩为 r_1；向量组 $B:\boldsymbol{\beta}_1,\boldsymbol{\beta}_2,\cdots,\boldsymbol{\beta}_n$ 的秩为 r_2；向量组 $C:\boldsymbol{\alpha}_1,\boldsymbol{\alpha}_2,\cdots,\boldsymbol{\alpha}_r,\boldsymbol{\beta}_1,\boldsymbol{\beta}_2,\cdots,\boldsymbol{\beta}_n$ 的秩为 r_3，则有 $\max(r_1,r_2)\leqslant r_3\leqslant r_1+r_2$.

8. 设向量组 $B:\boldsymbol{\beta}_1,\boldsymbol{\beta}_2,\cdots,\boldsymbol{\beta}_r$ 能由向量组 $A:\boldsymbol{\alpha}_1,\boldsymbol{\alpha}_2,\cdots,\boldsymbol{\alpha}_s$ 线性表示为

$$(\boldsymbol{\beta}_1,\boldsymbol{\beta}_2,\cdots,\boldsymbol{\beta}_r)=(\boldsymbol{\alpha}_1,\boldsymbol{\alpha}_2,\cdots,\boldsymbol{\alpha}_s)\boldsymbol{K},$$

其中 $\boldsymbol{K}$ 为 $s\times r$ 矩阵，且 A 组线性无关，证明 B 组线性无关的充要条件是矩阵 $\boldsymbol{K}$ 的秩 $R(\boldsymbol{K})=r$.

9. 设 $\boldsymbol{a}_1=(1,-1,1,-1)^{\mathrm{T}},\boldsymbol{a}_2=(3,1,1,3)^{\mathrm{T}},\boldsymbol{b}_1=(2,0,1,1)^{\mathrm{T}},\boldsymbol{b}_2=(3,-1,2,0)^{\mathrm{T}},\boldsymbol{b}_3=(3,-1,2,0)^{\mathrm{T}}$，证明向量组 $\boldsymbol{a}_1,\boldsymbol{a}_2$ 与向量组 $\boldsymbol{b}_1,\boldsymbol{b}_2,\boldsymbol{b}_3$ 等价.

第五节　线性方程组解的结构

在第1章，我们介绍了线性方程组的基本概念以及用矩阵的初等行变换解线性方程组的方法，也就是消元法.在本章的第一节，利用矩阵的秩的概念，给出了线性方程组的两个重要结果，即

(1) 齐次线性方程组 $\boldsymbol{A}_{m\times n}\boldsymbol{x}=\boldsymbol{0}$ 有非零解的充要条件是系数矩阵的秩 $R(\boldsymbol{A})<n$.

(2) 非齐次线性方程组 $\boldsymbol{A}_{m\times n}\boldsymbol{x}=\boldsymbol{b}$ 有解的充要条件是系数矩阵 $\boldsymbol{A}$ 的秩等于增广矩阵 $\boldsymbol{B}$ 的秩，且当 $R(\boldsymbol{A})=R(\boldsymbol{B})=n$ 时，方程组有唯一解；当 $R(\boldsymbol{A})=R(\boldsymbol{B})=r<n$ 时，方程组有无穷多个解.

本节则利用第三、四两节讨论过的向量组的线性相关性的理论研究线性方程组的解的结构，从而完善线性方程组的理论.

一、齐次线性方程组解的结构

对于齐次线性方程组 $\boldsymbol{A}_{m\times n}\boldsymbol{x}=\boldsymbol{0}$，先讨论解的性质.

性质1　若向量 $\boldsymbol{x}=\boldsymbol{\xi}_1,\boldsymbol{x}=\boldsymbol{\xi}_2$ 是 $\boldsymbol{A}\boldsymbol{x}=\boldsymbol{0}$ 的解，则 $\boldsymbol{x}=\boldsymbol{\xi}_1+\boldsymbol{\xi}_2$ 也是 $\boldsymbol{A}\boldsymbol{x}=\boldsymbol{0}$ 的解.

证　因为 $\boldsymbol{A}\boldsymbol{\xi}_1=\boldsymbol{0},\boldsymbol{A}\boldsymbol{\xi}_2=\boldsymbol{0}$，于是 $\boldsymbol{A}(\boldsymbol{\xi}_1+\boldsymbol{\xi}_2)=\boldsymbol{A}\boldsymbol{\xi}_1+\boldsymbol{A}\boldsymbol{\xi}_2=\boldsymbol{0}+\boldsymbol{0}=\boldsymbol{0}$，所以 $\boldsymbol{x}=\boldsymbol{\xi}_1+\boldsymbol{\xi}_2$ 是 $\boldsymbol{A}\boldsymbol{x}=\boldsymbol{0}$ 的解.

性质2　若向量 $\boldsymbol{x}=\boldsymbol{\xi}_1$ 为 $\boldsymbol{A}\boldsymbol{x}=\boldsymbol{0}$ 的解，k 为实数，则 $\boldsymbol{x}=k\boldsymbol{\xi}_1$ 也是 $\boldsymbol{A}\boldsymbol{x}=\boldsymbol{0}$ 的解.

证　因为 $\boldsymbol{A}(k\boldsymbol{\xi}_1)=k\boldsymbol{A}\boldsymbol{\xi}_1=k\cdot\boldsymbol{0}=\boldsymbol{0}$，所以 $\boldsymbol{x}=k\boldsymbol{\xi}_1$ 是 $\boldsymbol{A}\boldsymbol{x}=\boldsymbol{0}$ 的解.

由性质1和性质2可知，$\boldsymbol{A}\boldsymbol{x}=\boldsymbol{0}$ 的解的集合对向量的加法和数乘运算是封闭的.

定义1　设齐次线性方程组 $\boldsymbol{A}\boldsymbol{x}=\boldsymbol{0}$ 有非零解，如果它的 k 个解向量 $\boldsymbol{\xi}_1,\boldsymbol{\xi}_2,\cdots,\boldsymbol{\xi}_k$ 满足

(1) $\boldsymbol{\xi}_1,\boldsymbol{\xi}_2,\cdots,\boldsymbol{\xi}_k$ 线性无关；

(2) $\boldsymbol{Ax}=\boldsymbol{0}$ 的任一个解 $\boldsymbol{\xi}$ 都可由 $\boldsymbol{\xi}_1,\boldsymbol{\xi}_2,\cdots,\boldsymbol{\xi}_k$ 线性表示，即

$$\boldsymbol{\xi}=c_1\boldsymbol{\xi}_1+c_2\boldsymbol{\xi}_2+\cdots+c_k\boldsymbol{\xi}_k,$$

则称 $\boldsymbol{\xi}_1,\boldsymbol{\xi}_2,\cdots,\boldsymbol{\xi}_k$ 是方程组 $\boldsymbol{Ax}=\boldsymbol{0}$ 的**基础解系**，且当 $c_1,c_2,\cdots,c_k$ 为任意常数时，

$$\boldsymbol{\xi}=c_1\boldsymbol{\xi}_1+c_2\boldsymbol{\xi}_2+\cdots+c_k\boldsymbol{\xi}_k$$

为 $\boldsymbol{Ax}=\boldsymbol{0}$ 的**通解**.

显然，方程组 $\boldsymbol{Ax}=\boldsymbol{0}$ 的基础解系就是它的解的全体组成的向量组 S 的最大无关组.

定理 1　若 n 元齐次线性方程组 $\boldsymbol{Ax}=\boldsymbol{0}$ 的系数矩阵 $\boldsymbol{A}$ 的秩 $R(\boldsymbol{A})=r<n$（未知量的个数），则 $\boldsymbol{Ax}=\boldsymbol{0}$ 的基础解系存在且恰含有 $n-r$ 个线性无关的解向量.

证　对 n 元线性方程组

$$\begin{cases}a_{11}x_1+a_{12}x_2+\cdots+a_{1n}x_n=0,\\ a_{21}x_1+a_{22}x_2+\cdots+a_{2n}x_n=0,\\ \cdots\cdots\cdots\cdots\\ a_{m1}x_1+a_{m2}x_2+\cdots+a_{mn}x_n=0,\end{cases}\tag{1}$$

设其系数矩阵 $\boldsymbol{A}$ 的秩为 r，不妨设 $\boldsymbol{A}$ 的前 r 个列向量线性无关. 于是 $\boldsymbol{A}$ 的行最简形矩阵为

$$\boldsymbol{B}=\begin{pmatrix}1&\cdots&0&b_{11}&\cdots&b_{1,n-r}\\ \vdots&&\vdots&\vdots&&\vdots\\ 0&\cdots&1&b_{r1}&\cdots&b_{r,n-r}\\ 0&\cdots&0&0&\cdots&0\\ \vdots&&\vdots&\vdots&&\vdots\\ 0&\cdots&0&0&\cdots&0\end{pmatrix}.$$

与 $\boldsymbol{B}$ 对应，有方程组

$$\begin{cases}x_1=-b_{11}x_{r+1}-\cdots-b_{1,n-r}x_n,\\ \cdots\cdots\cdots\cdots\\ x_r=-b_{r1}x_{r+1}-\cdots-b_{r,n-r}x_n,\end{cases}\tag{2}$$

其中 $x_{r+1},\cdots,x_n$ 为 $n-r$ 个自由未知量.

由于方程组(1)与(2)同解，在(2)中，任给 $x_{r+1},\cdots,x_n$ 一组值，就可唯一确定 $x_1,\cdots,x_r$ 的值，就得(2)的一个解，也就是(1)的解.

现依次取自由未知量 $x_{r+1},\cdots,x_n$ 为下列 $n-r$ 组数：

$$\begin{pmatrix} x_{r+1} \\ x_{r+2} \\ \vdots \\ x_n \end{pmatrix} = \begin{pmatrix} 1 \\ 0 \\ \vdots \\ 0 \end{pmatrix}, \begin{pmatrix} 0 \\ 1 \\ \vdots \\ 0 \end{pmatrix}, \cdots, \begin{pmatrix} 0 \\ 0 \\ \vdots \\ 1 \end{pmatrix},$$

由(2)依次可得

$$\begin{pmatrix} x_1 \\ \vdots \\ x_r \end{pmatrix} = \begin{pmatrix} -b_{11} \\ \vdots \\ -b_{r1} \end{pmatrix}, \begin{pmatrix} -b_{12} \\ \vdots \\ -b_{r2} \end{pmatrix}, \cdots, \begin{pmatrix} -b_{1,n-r} \\ \vdots \\ -b_{r,n-r} \end{pmatrix},$$

从而求得(2),也就是(1)的 $n-r$ 个解:

$$\boldsymbol{\xi}_1 = \begin{pmatrix} -b_{11} \\ \vdots \\ -b_{r1} \\ 1 \\ 0 \\ \vdots \\ 0 \end{pmatrix}, \boldsymbol{\xi}_2 = \begin{pmatrix} -b_{12} \\ \vdots \\ -b_{r2} \\ 0 \\ 1 \\ \vdots \\ 0 \end{pmatrix}, \cdots, \boldsymbol{\xi}_{n-r} = \begin{pmatrix} -b_{1,n-r} \\ \vdots \\ -b_{r,n-r} \\ 0 \\ 0 \\ \vdots \\ 1 \end{pmatrix}.$$

下面证明 $\boldsymbol{\xi}_1,\boldsymbol{\xi}_2,\cdots,\boldsymbol{\xi}_{n-r}$ 即为方程组(1)的基础解系.

(i) $\boldsymbol{\xi}_1,\boldsymbol{\xi}_2,\cdots,\boldsymbol{\xi}_{n-r}$ 线性无关

因为如下 $n-r$ 个 $n-r$ 维向量

$$\begin{pmatrix} 1 \\ 0 \\ \vdots \\ 0 \end{pmatrix}, \begin{pmatrix} 0 \\ 1 \\ \vdots \\ 0 \end{pmatrix}, \cdots, \begin{pmatrix} 0 \\ 0 \\ \vdots \\ 1 \end{pmatrix}$$

是线性无关的,所以在每个向量前添加 r 个分量而得到的 $n-r$ 个 n 维向量 $\boldsymbol{\xi}_1$, $\boldsymbol{\xi}_2,\cdots,\boldsymbol{\xi}_{n-r}$ 也线性无关.

(ii) 设

$$\boldsymbol{x} = \boldsymbol{\xi} = \begin{pmatrix} c_1 \\ \vdots \\ c_r \\ c_{r+1} \\ \vdots \\ c_n \end{pmatrix}$$

是方程组(1)的任一解.因为 $\boldsymbol{\xi}_1,\boldsymbol{\xi}_2,\cdots,\boldsymbol{\xi}_{n-r}$ 都是(1)的解,由性质1,性质2可知,

它们的线性组合

$$\boldsymbol{\eta}=c_{r+1}\boldsymbol{\xi}_1+c_{r+2}\boldsymbol{\xi}_2+\cdots+c_n\boldsymbol{\xi}_{n-r}=\begin{pmatrix} * \\ * \\ \vdots \\ * \\ c_{r+1} \\ \vdots \\ c_n \end{pmatrix}$$

仍是(1)的解.比较后 $n-r$ 个分量可知,$\boldsymbol{\xi}$ 与 $\boldsymbol{\eta}$ 的后面 $n-r$ 个分量,也就是自由未知量对应相等,由于它们都满足方程组(2),从而知它们的前面的 r 个分量必对应相等.因此

$$\boldsymbol{\xi}=\boldsymbol{\eta}=c_{r+1}\boldsymbol{\xi}_1+c_{r+2}\boldsymbol{\xi}_2+\cdots+c_n\boldsymbol{\xi}_{n-r},$$

即方程组(1)的任一解 $\boldsymbol{\xi}$ 可以由 $\boldsymbol{\xi}_1,\boldsymbol{\xi}_2,\cdots,\boldsymbol{\xi}_{n-r}$ 线性表示.

由(i)(ii)可知 $\boldsymbol{\xi}_1,\boldsymbol{\xi}_2,\cdots,\boldsymbol{\xi}_{n-r}$ 是方程组(1)的基础解系,它含有 $n-r$ 个线性无关的解向量.

上面定理证明过程提供了一种求方程组(1)的基础解系的方法.当然,求基础解系的方法很多,且(1)的基础解系不是唯一的.例如,$(x_{r+1},\cdots,x_n)$ 可任取 $n-r$ 个线性无关的 $n-r$ 维向量,对应地就可以得到(1)的一个基础解系.其实,方程组(1)的任何 $n-r$ 个线性无关的解都可以作为方程组(1)的基础解系.

综上所述,对齐次线性方程组(1)有

(i) 当 $R(\boldsymbol{A})=n$ 时,(1)只有零解,无基础解系;

(ii) 当 $R(\boldsymbol{A})=r<n$ 时,(1)有无穷多解,此时方程组(1)的基础解系由 $n-r$ 个解向量 $\boldsymbol{\xi}_1,\boldsymbol{\xi}_2,\cdots,\boldsymbol{\xi}_{n-r}$ 组成,其通解可以表示成

$$\boldsymbol{x}=k_1\boldsymbol{\xi}_1+k_2\boldsymbol{\xi}_2+\cdots+k_{n-r}\boldsymbol{\xi}_{n-r}\quad(\text{其中 } k_1,k_2,\cdots,k_{n-r}\text{ 为任意常数}).$$

这里介绍的求基础解系的方法,实质上就是第一节介绍的用初等变换求通解的方法.

例 1　求齐次线性方程组

$$\begin{cases} x_1-x_2-x_3+x_4=0, \\ x_1-x_2+x_3-3x_4=0, \\ x_1-x_2-2x_3+3x_4=0 \end{cases}$$

的一个基础解系,并给出通解.

解　对系数矩阵施行初等行变换,化为行最简形矩阵,有

$$A=\begin{pmatrix}1&-1&-1&1\\1&-1&1&-3\\1&-1&-2&3\end{pmatrix}\xrightarrow[r_3-r_1]{r_2-r_1}\begin{pmatrix}1&-1&-1&1\\0&0&2&-4\\0&0&-1&2\end{pmatrix}$$

$$\xrightarrow[r_3+r_2]{\frac{1}{2}r_2}\begin{pmatrix}1&-1&-1&1\\0&0&1&-2\\0&0&0&0\end{pmatrix}\xrightarrow{r_1+r_2}\begin{pmatrix}1&-1&0&-1\\0&0&1&-2\\0&0&0&0\end{pmatrix},$$

便得

$$\begin{cases}x_1=x_2+x_4,\\x_3=2x_4,\end{cases}\tag{$*$}$$

其中 x_2,x_4 为任意常数.

令

$$\begin{pmatrix}x_2\\x_4\end{pmatrix}=\begin{pmatrix}1\\0\end{pmatrix},\begin{pmatrix}0\\1\end{pmatrix},$$

则对应地有

$$\begin{pmatrix}x_1\\x_3\end{pmatrix}=\begin{pmatrix}1\\0\end{pmatrix},\begin{pmatrix}1\\2\end{pmatrix},$$

从而得基础解系

$$\xi_1=\begin{pmatrix}1\\1\\0\\0\end{pmatrix},\qquad \xi_2=\begin{pmatrix}1\\0\\2\\1\end{pmatrix}.$$

故原方程组的通解为

$$\boldsymbol{\xi}=c_1\begin{pmatrix}1\\1\\0\\0\end{pmatrix}+c_2\begin{pmatrix}1\\0\\2\\1\end{pmatrix}=c_1\boldsymbol{\xi}_1+c_2\boldsymbol{\xi}_2,$$

其中 c_1,c_2 是任意常数.

上面的方法先由(*)写出基础解系,再写出通解.

而本章第一节介绍的解法是先从(*)式写出通解,即由(*)式得

$$\begin{cases}x_1=x_2+x_4,\\x_2=x_2,\\x_3=2x_4,\\x_4=x_4.\end{cases}$$

上式中令 $x_2=c_1,x_4=c_2$,则

$$\begin{cases}x_1=c_1+c_2,\\x_2=c_1\\x_3=2c_2,\\x_4=c_2,\end{cases}$$

从而原方程组通解为

$$\begin{pmatrix}x_1\\x_2\\x_3\\x_4\end{pmatrix}=c_1\begin{pmatrix}1\\1\\0\\0\end{pmatrix}+c_2\begin{pmatrix}1\\0\\2\\1\end{pmatrix}\quad(c_1,c_2\in\mathbf{R}).$$

而由上述通解,可得

$$\boldsymbol{\xi}_1=\begin{pmatrix}1\\1\\0\\0\end{pmatrix},\qquad\boldsymbol{\xi}_2=\begin{pmatrix}1\\0\\2\\1\end{pmatrix}.$$

是原方程组的一个基础解系.

另外,由(∗)式,如果取

$$\begin{pmatrix}x_2\\x_4\end{pmatrix}=\begin{pmatrix}1\\1\end{pmatrix},\begin{pmatrix}-1\\1\end{pmatrix},$$

则得

$$\begin{pmatrix}x_1\\x_3\end{pmatrix}=\begin{pmatrix}2\\2\end{pmatrix},\begin{pmatrix}0\\2\end{pmatrix},$$

即可得不同的基础解系

$$\boldsymbol{\eta}_1=\begin{pmatrix}2\\1\\2\\1\end{pmatrix},\qquad\boldsymbol{\eta}_2=\begin{pmatrix}0\\-1\\2\\1\end{pmatrix},$$

从而得通解

$$\begin{pmatrix} x_1 \\ x_2 \\ x_3 \\ x_4 \end{pmatrix} = c_1\boldsymbol{\eta}_1 + c_2\boldsymbol{\eta}_2 = c_1\begin{pmatrix} 2 \\ 1 \\ 2 \\ 1 \end{pmatrix} + c_2\begin{pmatrix} 0 \\ -1 \\ 2 \\ 1 \end{pmatrix} \quad (c_1, c_2 \in \mathbf{R}).$$

显然，向量组 $\boldsymbol{\xi}_1,\boldsymbol{\xi}_2$ 与向量组 $\boldsymbol{\eta}_1,\boldsymbol{\eta}_2$ 等价，两个通解形式虽不一样，但都含有两个任意常数，都可表示方程组的任一解.

例 2 设 $\boldsymbol{A},\boldsymbol{B}$ 分别是 $m\times n$ 和 $n\times s$ 矩阵，且 $\boldsymbol{AB}=\boldsymbol{0}$. 证明：

$$R(\boldsymbol{A})+R(\boldsymbol{B})\leqslant n.$$

证 将 $\boldsymbol{B}$ 按列分块为 $\boldsymbol{B}=(\boldsymbol{b}_1,\boldsymbol{b}_2,\cdots,\boldsymbol{b}_s)$，由

$$\boldsymbol{AB}=\boldsymbol{0}$$

得

$$\boldsymbol{Ab}_j=\boldsymbol{0},\quad j=1,2,\cdots,s.$$

即 $\boldsymbol{B}$ 的每一列都是 $\boldsymbol{Ax}=\boldsymbol{0}$ 的解. 而 $\boldsymbol{Ax}=\boldsymbol{0}$ 的基础解系含 $n-R(\boldsymbol{A})$ 个解，即 $\boldsymbol{Ax}=\boldsymbol{0}$ 的任何一组解中至多含 $n-R(\boldsymbol{A})$ 个线性无关的解，因此

$$R(\boldsymbol{B})=\text{秩}(\boldsymbol{b}_1,\boldsymbol{b}_2,\cdots,\boldsymbol{b}_s)\leqslant n-R(\boldsymbol{A}),$$

故

$$R(\boldsymbol{A})+R(\boldsymbol{B})\leqslant n.$$

二、非齐次线性方程组解的结构

对于 n 元非齐次线性方程组

$$\boldsymbol{Ax}=\boldsymbol{b}, \tag{3}$$

其解具有如下性质.

性质 3 设 $\boldsymbol{x}=\boldsymbol{\eta}_1$ 及 $\boldsymbol{x}=\boldsymbol{\eta}_2$ 都是(3)的解，则 $\boldsymbol{x}=\boldsymbol{\eta}_1-\boldsymbol{\eta}_2$ 为对应的齐次线性方程组

$$\boldsymbol{Ax}=\boldsymbol{0} \tag{4}$$

的解.

证 $\boldsymbol{A}(\boldsymbol{\eta}_1-\boldsymbol{\eta}_2)=\boldsymbol{A\eta}_1-\boldsymbol{A\eta}_2=\boldsymbol{b}-\boldsymbol{b}=\boldsymbol{0}$，即 $\boldsymbol{x}=\boldsymbol{\eta}_1-\boldsymbol{\eta}_2$ 满足方程(4).

性质 4 设 $\boldsymbol{x}=\boldsymbol{\eta}$ 是方程组(3)的解，$\boldsymbol{x}=\boldsymbol{\xi}$ 是方程组(4)的解，则 $\boldsymbol{x}=\boldsymbol{\xi}+\boldsymbol{\eta}$ 仍是方程组(3)的解.

证 $\boldsymbol{A}(\boldsymbol{\xi}+\boldsymbol{\eta})=\boldsymbol{A\xi}+\boldsymbol{A\eta}=\boldsymbol{0}+\boldsymbol{b}=\boldsymbol{b}$，即 $\boldsymbol{x}=\boldsymbol{\xi}+\boldsymbol{\eta}$ 满足方程(3).

定理 2 设 $\boldsymbol{\eta}^*$ 是非齐次线性方程组(3)的一个解，$\boldsymbol{\xi}_1,\boldsymbol{\xi}_2,\cdots,\boldsymbol{\xi}_{n-r}$ 是对应的齐次线性方程组(4)的基础解系，则(3)的通解为

$$\boldsymbol{x}=k_1\boldsymbol{\xi}_1+k_2\boldsymbol{\xi}_2+\cdots+k_{n-r}\boldsymbol{\xi}_{n-r}+\boldsymbol{\eta}^*,$$

其中 $k_1,k_2,\cdots,k_{n-r}$ 为任意实数.

证　设 $\boldsymbol{x}$ 是 $\boldsymbol{Ax}=\boldsymbol{b}$ 的任一解,由于 $\boldsymbol{A\eta}^*=\boldsymbol{b}$,故 $\boldsymbol{x}-\boldsymbol{\eta}^*$ 是 $\boldsymbol{Ax}=\boldsymbol{0}$ 的解.而 $\boldsymbol{\xi}_1,\boldsymbol{\xi}_2,\cdots,\boldsymbol{\xi}_{n-r}$ 是 $\boldsymbol{Ax}=\boldsymbol{0}$ 的基础解系,故

$$\boldsymbol{x}-\boldsymbol{\eta}^*=k_1\boldsymbol{\xi}_1+k_2\boldsymbol{\xi}_2+\cdots+k_{n-r}\boldsymbol{\xi}_{n-r},$$

即

$$\boldsymbol{x}=k_1\boldsymbol{\xi}_1+k_2\boldsymbol{\xi}_2+\cdots+k_{n-r}\boldsymbol{\xi}_{n-r}+\boldsymbol{\eta}^*,$$

其中 $k_1,k_2,\cdots,k_{n-r}\in\mathbf{R}$.

定理 2 表明,非齐次线性方程组 $\boldsymbol{Ax}=\boldsymbol{b}$ 的通解为其对应的齐次线性方程组的通解加上它本身的一个解所构成.

例 3　解方程组

$$\begin{cases}x_1+2x_2-2x_3+3x_4=2,\\2x_1+4x_2-3x_3+4x_4=5,\\5x_1+10x_2-8x_3+11x_4=12.\end{cases}$$

解　对增广矩阵 $\boldsymbol{B}$ 施行初等行变换:

$$\boldsymbol{B}=\begin{pmatrix}1&2&-2&3&2\\2&4&-3&4&5\\5&10&-8&11&12\end{pmatrix}\xrightarrow[r_3-5r_1]{r_2-2r_1}\begin{pmatrix}1&2&-2&3&2\\0&0&1&-2&1\\0&0&2&-4&2\end{pmatrix}$$

$$\xrightarrow[r_3-2r_2]{r_1+2r_2}\begin{pmatrix}1&2&0&-1&4\\0&0&1&-2&1\\0&0&0&0&0\end{pmatrix}.$$

可见 $R(\boldsymbol{A})=R(\boldsymbol{B})=2<4$,故方程组有无穷多个解.

取 x_2,x_4 为自由未知量,原方程的同解方程组为

$$\begin{cases}x_1=4-2x_2\quad+x_4,\\x_3=1\qquad\quad+2x_4.\end{cases}\tag{5}$$

令 $x_2=x_4=0$,得 $x_1=4,x_3=1$,即得非齐次线性方程组的一个解

$$\boldsymbol{\eta}^*=\begin{pmatrix}4\\0\\1\\0\end{pmatrix}.$$

在对应的齐次线性方程组

$$\begin{cases}x_1=-2x_2+x_4,\\x_3=2x_4\end{cases}$$

中依次取

$$\begin{pmatrix}x_2\\x_4\end{pmatrix}=\begin{pmatrix}1\\0\end{pmatrix},\begin{pmatrix}0\\1\end{pmatrix},$$

则

$$\begin{pmatrix}x_1\\x_3\end{pmatrix}=\begin{pmatrix}-2\\0\end{pmatrix},\begin{pmatrix}1\\2\end{pmatrix}.$$

因此,对应的齐次线性方程组的基础解系为

$$\boldsymbol{\xi}_1=\begin{pmatrix}-2\\1\\0\\0\end{pmatrix},\qquad \boldsymbol{\xi}_2=\begin{pmatrix}1\\0\\2\\1\end{pmatrix}.$$

于是,原方程组的通解为

$$\begin{pmatrix}x_1\\x_2\\x_3\\x_4\end{pmatrix}=c_1\begin{pmatrix}-2\\1\\0\\0\end{pmatrix}+c_2\begin{pmatrix}1\\0\\2\\1\end{pmatrix}+\begin{pmatrix}4\\0\\1\\0\end{pmatrix},$$

即

$$\boldsymbol{x}=c_1\boldsymbol{\xi}_1+c_2\boldsymbol{\xi}_2+\boldsymbol{\eta}^*\quad(c_1,c_2\in\mathbf{R}).$$

事实上,利用消元法可以简化运算过程,比如对于例3,方程组的同解方程组可写成

$$\begin{cases}x_1=4-2x_2+x_4,\\x_2=x_2,\\x_3=1+2x_4,\\x_4=x_4,\end{cases}$$

即

$$\begin{pmatrix}x_1\\x_2\\x_3\\x_4\end{pmatrix}=x_2\begin{pmatrix}-2\\1\\0\\0\end{pmatrix}+x_4\begin{pmatrix}1\\0\\2\\1\end{pmatrix}+\begin{pmatrix}4\\0\\1\\0\end{pmatrix}.$$

令 $x_2=c_1,x_4=c_2$,则原方程组的通解为

$$\boldsymbol{x}=c_1\boldsymbol{\xi}_1+c_2\boldsymbol{\xi}_2+\boldsymbol{\eta}^*.$$

例4 设 $\boldsymbol{A}=(a_{ij})$ 为4阶方阵,$\boldsymbol{b}=(b_1,b_2,b_3,b_4)^{\mathrm{T}}$. 已知 $R(\boldsymbol{A})=3$,$\boldsymbol{\eta}_1,\boldsymbol{\eta}_2,\boldsymbol{\eta}_3$ 是非齐次线性方程组 $\boldsymbol{Ax}=\boldsymbol{b}$ 的三个解,且 $\boldsymbol{\eta}_1+\boldsymbol{\eta}_2=(1,2,2,1)^{\mathrm{T}}$,$\boldsymbol{\eta}_3=(1,2,3,4)^{\mathrm{T}}$.

求 $\boldsymbol{Ax}=\boldsymbol{b}$ 的通解.

解　因为 $R(\boldsymbol{A})=3<4$,所以 $\boldsymbol{Ax}=\boldsymbol{0}$ 的基础解系中含有一个解向量.

由于 $\boldsymbol{A\eta}_i=\boldsymbol{b}(i=1,2,3)$,故

$$\boldsymbol{A}(\boldsymbol{\eta}_1+\boldsymbol{\eta}_2-2\boldsymbol{\eta}_3)=\boldsymbol{A\eta}_1+\boldsymbol{A\eta}_2-2\boldsymbol{A\eta}_3=\boldsymbol{b}+\boldsymbol{b}-2\boldsymbol{b}=\boldsymbol{0},$$

故

$$\boldsymbol{\xi}=\boldsymbol{\eta}_1+\boldsymbol{\eta}_2-2\boldsymbol{\eta}_3=(-1,-2,-4,-7)^{\mathrm{T}}$$

是 $\boldsymbol{Ax}=\boldsymbol{0}$ 的解,也构成它的基础解系.

又 $\boldsymbol{\eta}_3$ 是 $\boldsymbol{Ax}=\boldsymbol{b}$ 的一个解,故 $\boldsymbol{Ax}=\boldsymbol{b}$ 的通解为

$$\boldsymbol{x}=c\boldsymbol{\xi}+\boldsymbol{\eta}_3\quad(c\in\mathbf{R}).$$

习题 4-5

1. 选择题.

(1) 齐次线性方程组 $\boldsymbol{Ax}=\boldsymbol{0}$ 有非零解的充要条件是(　　);

(A) 系数矩阵 $\boldsymbol{A}$ 的任意两个列向量线性无关

(B) 系数矩阵 $\boldsymbol{A}$ 的任意两个列向量线性相关

(C) 系数矩阵 $\boldsymbol{A}$ 中必有一个列向量是其余列向量的线性组合

(D) 系数矩阵 $\boldsymbol{A}$ 的任一个列向量必是其余列向量的线性组合

(2) 设 $m\times n$ 矩阵 $\boldsymbol{A}$ 的秩为 $R(\boldsymbol{A})=n-1$,且 $\boldsymbol{\xi}_1,\boldsymbol{\xi}_2$ 是齐次方程 $\boldsymbol{Ax}=\boldsymbol{0}$ 的两个不同的解,则 $\boldsymbol{Ax}=\boldsymbol{0}$ 的通解为(　　);

(A) $k\boldsymbol{\xi}_1,\quad k\in\mathbf{R}$　　(B) $k\boldsymbol{\xi}_2,\quad k\in\mathbf{R}$

(C) $k(\boldsymbol{\xi}_1+\boldsymbol{\xi}_2),\ k\in\mathbf{R}$　　(D) $k(\boldsymbol{\xi}_1-\boldsymbol{\xi}_2),\ k\in\mathbf{R}$

(3) 已知 $\boldsymbol{\beta}_1,\boldsymbol{\beta}_2$ 是非齐次线性方程组 $\boldsymbol{Ax}=\boldsymbol{b}$ 的两个不同解,$\boldsymbol{\alpha}_1,\boldsymbol{\alpha}_2$ 是 $\boldsymbol{Ax}=\boldsymbol{0}$ 的基础解系,k_1,k_2 为任意常数,则 $\boldsymbol{Ax}=\boldsymbol{b}$ 的通解为(　　);

(A) $k_1\boldsymbol{\alpha}_1+k_2(\boldsymbol{\alpha}_1+\boldsymbol{\alpha}_2)+\dfrac{\boldsymbol{\beta}_1-\boldsymbol{\beta}_2}{2}$

(B) $k_1\boldsymbol{\alpha}_1+k_2(\boldsymbol{\alpha}_1-\boldsymbol{\alpha}_2)+\dfrac{\boldsymbol{\beta}_1+\boldsymbol{\beta}_2}{2}$

(C) $k_1\boldsymbol{\alpha}_1+k_2(\boldsymbol{\beta}_1+\boldsymbol{\beta}_2)+\dfrac{\boldsymbol{\beta}_1-\boldsymbol{\beta}_2}{2}$

(D) $k_1\boldsymbol{\alpha}_1+k_2(\boldsymbol{\beta}_1-\boldsymbol{\beta}_2)+\dfrac{\boldsymbol{\beta}_1+\boldsymbol{\beta}_2}{2}$

(4) 要使 $\boldsymbol{\xi}_1=(1,0,2)^{\mathrm{T}},\boldsymbol{\xi}_2=(0,1,-1)^{\mathrm{T}}$ 都是线性方程组 $\boldsymbol{Ax}=\boldsymbol{0}$ 的解,则系数矩阵 $\boldsymbol{A}$ 为(　　).

(A) $(-2,1,1)$　　(B) $\begin{pmatrix}2&0&-1\\0&1&1\end{pmatrix}$

(C) $\begin{pmatrix}1 & 0 & 2\\0 & 1 & -1\end{pmatrix}$　　(D) $\begin{pmatrix}0 & 1 & -1\\4 & -2 & -2\\0 & 1 & 1\end{pmatrix}$

2. 求下列齐次线性方程组的一个基础解系及通解.

(1) $\begin{cases}x_1-x_2+5x_3-x_4=0,\\x_1+x_2-2x_3+3x_4=0,\\3x_1-x_2+8x_3+x_4=0,\\x_1+3x_2-9x_3+7x_4=0;\end{cases}$

(2) $nx_1+(n-1)x_2+\cdots+2x_{n-1}+x_n=0.$

3. 已知 n 阶方阵 $\boldsymbol{A}=(a_{ij})_{m\times n}$ 的每行中的元之和为零,且 $R(\boldsymbol{A})=n-1$,求方程 $\boldsymbol{Ax}=\boldsymbol{0}$ 的通解.

4. 设 $\boldsymbol{A}=\begin{pmatrix}2 & -2 & 1 & 3\\9 & -5 & 2 & 8\end{pmatrix}$,求一个 4×2 的矩阵 $\boldsymbol{B}$,使 $\boldsymbol{AB}=\boldsymbol{0}$,且 $R(\boldsymbol{B})=2$.

5. 设 n 阶矩阵 $\boldsymbol{A}$ 满足 $\boldsymbol{A}^2=\boldsymbol{A}$,$\boldsymbol{E}$ 为 n 阶单位矩阵,证明 $R(\boldsymbol{A})+R(\boldsymbol{A}-\boldsymbol{E})=n$.(提示:利用本章第四节的性质1及第五节例2的结果.)

6. 求一个齐次线性方程组,使它的基础解系为

$$\boldsymbol{\xi}_1=(1,1,0,0,0)^{\mathrm T},\boldsymbol{\xi}_2=(-2,0,1,0,9)^{\mathrm T},\boldsymbol{\xi}_3=(1,0,0,1,-5)^{\mathrm T}.$$

7. 求下列非齐次线性方程组的通解,并写出它的一个解及对应的齐次线性方程组的基础解系.

(1) $\begin{cases}2x_1+7x_2+3x_3+x_4=6,\\3x_1+5x_2+2x_3+2x_4=4,\\9x_1+4x_2+x_3+7x_4=2;\end{cases}$

(2) $\begin{cases}x_1+x_2+x_3+x_4+x_5=7,\\3x_1+2x_2+x_3+x_4-3x_5=-2,\\x_2+2x_3+2x_4+6x_5=23,\\5x_1+4x_2+3x_3+3x_4-x_5=12.\end{cases}$

8. 设 $\boldsymbol{\eta}^*$ 是非齐次线性方程组 $\boldsymbol{Ax}=\boldsymbol{b}$ 的一个解,$\boldsymbol{\xi}_1,\boldsymbol{\xi}_2,\cdots,\boldsymbol{\xi}_{n-r}$ 是对应的齐次线性方程组的一个基础解系,证明:

(1) $\boldsymbol{\eta}^*,\boldsymbol{\xi}_1,\boldsymbol{\xi}_2,\cdots,\boldsymbol{\xi}_{n-r}$ 线性无关;

(2) $\boldsymbol{\eta}^*,\boldsymbol{\eta}^*+\boldsymbol{\xi}_1,\cdots,\boldsymbol{\eta}^*+\boldsymbol{\xi}_{n-r}$ 线性无关.

9. 设 $\boldsymbol{\eta}_1,\cdots,\boldsymbol{\eta}_s$ 是非齐次线性方程组 $\boldsymbol{Ax}=\boldsymbol{b}$ 的 s 个解,$k_1,k_2,\cdots,k_s$ 为实数,满足 $k_1+\cdots+k_s=1$,证明 $\boldsymbol{x}=k_1\boldsymbol{\eta}_1+k_2\boldsymbol{\eta}_2+\cdots+k_s\boldsymbol{\eta}_s$ 也是它的解.

10. 设非齐次线性方程组 $\boldsymbol{Ax}=\boldsymbol{b}$ 的系数矩阵的秩为 r,$\boldsymbol{\eta}_1,\cdots,\boldsymbol{\eta}_{n-r+1}$ 是它的 $n-r+1$ 个线性无关的解,则它的任一解可表示为 $\boldsymbol{x}=k_1\boldsymbol{\eta}_1+k_2\boldsymbol{\eta}_2+\cdots+k_{n-r+1}\cdot\boldsymbol{\eta}_{n-r+1}$(其中 $k_1+\cdots+k_{n-r+1}=1$).

*第六节　向量空间

我们把本章第二节中所定义的 n 维向量的全体构成的集合记为 $\mathbf{R}^n$.在这里,我们将介绍满足一定条件的 n 维向量组成的集合的有关知识.

先看三维向量全体 $\mathbf{R}^3$ 中的两个集合:

(1) x 轴上的向量全体,即 $V=\{(x_1,0,0)^{\mathrm{T}} \mid x_1\in\mathbf{R}\}$;

(2) 正向 x 轴上的向量全体,即 $V^+=\{(x_1,0,0)^{\mathrm{T}} \mid x_1>0\}$.

对 V 中的任意向量 $\boldsymbol{\alpha},\boldsymbol{\beta}$ 和实数 k,成立

$$\boldsymbol{\alpha}+\boldsymbol{\beta}\in V,\quad k\boldsymbol{\alpha}\in V;$$

而对 V^+ 中的向量 $\boldsymbol{\alpha},\boldsymbol{\beta}$ 和实数 k,则上述性质不成立,如取 V^+ 中向量 $\boldsymbol{\alpha}=(1,0,0)^{\mathrm{T}}$ 和数 $k=-1$,则 $k\boldsymbol{\alpha}=-\boldsymbol{\alpha}=(-1,0,0)^{\mathrm{T}}\notin V^+$.

于是,我们给出如下定义:

定义 1　设 V 为 n 维向量的集合,若集合 V 非空,且集合 V 对于 n 维向量的加法及数乘两种运算封闭,即

(1) 若 $\boldsymbol{\alpha}\in V,\boldsymbol{\beta}\in V$,则 $\boldsymbol{\alpha}+\boldsymbol{\beta}\in V$;

(2) 若 $\boldsymbol{\alpha}\in V,\lambda\in\mathbf{R}$,则 $\lambda\boldsymbol{\alpha}\in V$,

则称集合 V 为 $\mathbf{R}$ 上的**向量空间**.

例 1　记所有 n 维向量的集合为 $\mathbf{R}^n$,由 n 维向量的加法和数乘运算的定义可知,集合 $\mathbf{R}^n$ 对于加法及数乘两种运算封闭.因而集合 $\mathbf{R}^n$ 构成一向量空间,称 $\mathbf{R}^n$ 为 n 维向量空间.

注　$n=3$ 时,我们知道,用空间中的有向线段可以形象地表示三维向量,从而,在给定的空间坐标系中,向量空间 $\mathbf{R}^3$ 可以形象地看作以坐标原点为起点的有向线段的全体组成的集合,而这样的有向线段与其终点一一对应,因此,$\mathbf{R}^3$ 可以看作给定坐标原点的点空间,也就是我们所生活的现实空间;类似的,二维向量空间 $\mathbf{R}^2$ 表示平面;一维向量空间 $\mathbf{R}^1$ 表示数轴.

当 $n>3$ 时,向量空间 $\mathbf{R}^n$ 没有直观的几何意义.

例 2　n 维零向量组成的单点集合 $\{\mathbf{0}=(0,0,\cdots,0)^{\mathrm{T}}\}$ 为向量空间.

例 3　集合

$$V=\{\boldsymbol{x}=(0,x_2,\cdots,x_n)^{\mathrm{T}} \mid x_2,\cdots,x_n\in\mathbf{R}\}$$

是一个向量空间.因为若 $\boldsymbol{a}=(0,a_2,\cdots,a_n)^{\mathrm{T}}\in V,\boldsymbol{b}=(0,b_2,\cdots,b_n)^{\mathrm{T}}\in V$,则 $\boldsymbol{a}+\boldsymbol{b}=(0,a_2+b_2,\cdots,a_n+b_n)^{\mathrm{T}}\in V,\lambda\boldsymbol{a}=(0,\lambda a_2,\cdots,\lambda a_n)^{\mathrm{T}}\in V$.

例 4　集合

$$V=\{\boldsymbol{x}=(1,x_2,\cdots,x_n)^{\mathrm{T}} \mid x_2,\cdots,x_n\in\mathbf{R}\}$$

不是向量空间,因为若 $\boldsymbol{a}=(1,a_2,\cdots,a_n)^{\mathrm{T}}\in V$,则

$$2\boldsymbol{a}=(2,2a_2,\cdots,2a_n)^{\mathrm{T}}\notin V.$$

例 5 齐次线性方程组的解集

$$S=\{\boldsymbol{x}\mid \boldsymbol{A}\boldsymbol{x}=\boldsymbol{0}\}$$

是一个向量空间(称为齐次线性方程组的**解空间**).因为由齐次线性方程组的解的性质1,性质2,即知其解集 S 对向量的线性运算封闭.

例 6 非齐次线性方程组的解集

$$S=\{\boldsymbol{x}\mid \boldsymbol{A}\boldsymbol{x}=\boldsymbol{b}\}$$

不是向量空间.因为当 S 为空集时,S 不是向量空间;当 S 非空时,若 $\boldsymbol{\eta}\in S$,则 $\boldsymbol{A}(2\boldsymbol{\eta})=2\boldsymbol{b}\neq\boldsymbol{b}$,知 $2\boldsymbol{\eta}\notin S$.

例 7 设 $\boldsymbol{a},\boldsymbol{b}$ 为两个已知的 n 维向量,集合

$$L=\{\boldsymbol{x}=\lambda\boldsymbol{a}+\mu\boldsymbol{b}\mid\lambda,\mu\in\mathbf{R}\}$$

是一个向量空间.因为若 $\boldsymbol{x}_1=\lambda_1\boldsymbol{a}+\mu_1\boldsymbol{b},\boldsymbol{x}_2=\lambda_2\boldsymbol{a}+\mu_2\boldsymbol{b}$,则有

$$\boldsymbol{x}_1+\boldsymbol{x}_2=(\lambda_1+\lambda_2)\boldsymbol{a}+(\mu_1+\mu_2)\boldsymbol{b}\in L,$$

$$k\boldsymbol{x}_1=(k\lambda_1)\boldsymbol{a}+(k\mu_1)\boldsymbol{b}\in L,$$

这个向量空间称为由向量 $\boldsymbol{a},\boldsymbol{b}$ 所生成的向量空间.

一般的,由**向量组 $\boldsymbol{a}_1,\boldsymbol{a}_2,\cdots,\boldsymbol{a}_m$ 所生成的向量空间**为

$$L=\{\boldsymbol{x}=\lambda_1\boldsymbol{a}_1+\lambda_2\boldsymbol{a}_2+\cdots+\lambda_m\boldsymbol{a}_m\mid\lambda_1,\lambda_2,\cdots,\lambda_m\in\mathbf{R}\}.$$

例 8 设向量组 $\boldsymbol{a}_1,\cdots,\boldsymbol{a}_m$ 与向量组 $\boldsymbol{b}_1,\cdots,\boldsymbol{b}_s$ 等价,记

$$L_1=\{\boldsymbol{x}=\lambda_1\boldsymbol{a}_1+\cdots+\lambda_m\boldsymbol{a}_m\mid\lambda_1,\cdots,\lambda_m\in\mathbf{R}\},$$

$$L_2=\{\boldsymbol{x}=\mu_1\boldsymbol{b}_1+\cdots+\mu_s\boldsymbol{b}_s\mid\mu_1,\cdots,\mu_s\in\mathbf{R}\},$$

试证 $L_1=L_2$.

证 设 $\boldsymbol{x}\in L_1$,则 $\boldsymbol{x}$ 可由 $\boldsymbol{a}_1,\cdots,\boldsymbol{a}_m$ 线性表示.因 $\boldsymbol{a}_1,\cdots,\boldsymbol{a}_m$ 可由 $\boldsymbol{b}_1,\cdots,\boldsymbol{b}_s$ 线性表示,故 $\boldsymbol{x}$ 可由 $\boldsymbol{b}_1,\cdots,\boldsymbol{b}_s$ 线性表示,所以 $\boldsymbol{x}\in L_2$.这就是说,若 $\boldsymbol{x}\in L_1$,则 $\boldsymbol{x}\in L_2$,因此 $L_1\subset L_2$.

类似地可证:若 $\boldsymbol{x}\in L_2$,则 $\boldsymbol{x}\in L_1$,因此 $L_2\subset L_1$.

因为 $L_1\subset L_2,L_2\subset L_1$,所以 $L_1=L_2$.

定义 2 设 V 为向量空间,如果 r 个向量 $\boldsymbol{a}_1,\boldsymbol{a}_2,\cdots,\boldsymbol{a}_r\in V$,且满足

(i) $\boldsymbol{a}_1,\boldsymbol{a}_2,\cdots,\boldsymbol{a}_r$ 线性无关;

(ii) V 中任一向量都可由 $\boldsymbol{a}_1,\boldsymbol{a}_2,\cdots,\boldsymbol{a}_r$ 线性表示,

那么,向量组 $\boldsymbol{a}_1,\boldsymbol{a}_2,\cdots,\boldsymbol{a}_r$ 就称为向量空间 V 的一个**基**,r 称为向量空间 V 的**维数**,并称 V 为 **r 维向量空间**.

如果向量空间 V 没有基,那么 V 的维数为0.0维向量空间只含一个零向量 $\boldsymbol{0}$.

若把向量空间 V 看作向量组，则由最大无关组的定义可知，V 的基就是向量组的最大无关组，V 的维数就是向量组的秩.

例如，由本章第四节例 2 知，任何 n 个线性无关的 n 维向量都可以是向量空间 $\mathbf{R}^n$ 的一个基，且由此可知 $\mathbf{R}^n$ 的维数为 n.所以我们把 $\mathbf{R}^n$ 称为 n 维向量空间.

又如，向量空间

$$V=\{\boldsymbol{x}=(0,x_2,\cdots,x_n)^{\mathrm{T}} \mid x_2,\cdots,x_n\in\mathbf{R}\}$$

的一个基可取为：$\boldsymbol{e}_2=(0,1,0,\cdots,0)^{\mathrm{T}},\cdots,\boldsymbol{e}_n=(0,\cdots,0,1)^{\mathrm{T}}$.并由此可知它是$n-1$ 维向量空间.

由向量组 $\boldsymbol{a}_1,\boldsymbol{a}_2,\cdots,\boldsymbol{a}_m$ 所生成的向量空间

$$L=\{\boldsymbol{x}=\lambda_1\boldsymbol{a}_1+\lambda_2\boldsymbol{a}_2+\cdots+\lambda_m\boldsymbol{a}_m \mid \lambda_1,\lambda_2,\cdots,\lambda_m\in\mathbf{R}\},$$

显然向量空间 L 与向量组 $\boldsymbol{a}_1,\boldsymbol{a}_2,\cdots,\boldsymbol{a}_m$ 等价，所以向量组 $\boldsymbol{a}_1,\boldsymbol{a}_2,\cdots,\boldsymbol{a}_m$ 的最大无关组就是 L 的一个基，向量组 $\boldsymbol{a}_1,\boldsymbol{a}_2,\cdots,\boldsymbol{a}_m$ 的秩就是 L 的维数.

若向量组 $\boldsymbol{a}_1,\boldsymbol{a}_2,\cdots,\boldsymbol{a}_r$ 是向量空间 V 的一个基，则 V 可表示为

$$V=\{\boldsymbol{x}=\lambda_1\boldsymbol{a}_1+\cdots+\lambda_r\boldsymbol{a}_r \mid \lambda_1,\cdots,\lambda_r\in\mathbf{R}\},$$

即 V 是基所生成的向量空间，这就较清楚地显示出向量空间 V 的构造.

例如齐次线性方程组的解空间 $S=\{\boldsymbol{x}\mid \boldsymbol{Ax}=\boldsymbol{0}\}$，若能找到解空间的一个基 $\boldsymbol{\xi}_1,\boldsymbol{\xi}_2,\cdots,\boldsymbol{\xi}_{n-r}$，则解空间可表示为

$$S=\{\boldsymbol{x}=c_1\boldsymbol{\xi}_1+c_2\boldsymbol{\xi}_2+\cdots+c_{n-r}\boldsymbol{\xi}_{n-r} \mid c_1,c_2,\cdots,c_{n-r}\in\mathbf{R}\}.$$

定义 3　如果在向量空间 V 中取定一个基 $\boldsymbol{a}_1,\boldsymbol{a}_2,\cdots,\boldsymbol{a}_r$，那么 V 中任一向量 $\boldsymbol{x}$ 可唯一地表示为

$$\boldsymbol{x}=\lambda_1\boldsymbol{a}_1+\lambda_2\boldsymbol{a}_2+\cdots+\lambda_r\boldsymbol{a}_r,$$

数组 $\lambda_1,\lambda_2,\cdots,\lambda_r$ 称为向量 $\boldsymbol{x}$ 在基 $\boldsymbol{a}_1,\boldsymbol{a}_2,\cdots,\boldsymbol{a}_r$ 中的**坐标**.

特别地，在 n 维向量空间 $\mathbf{R}^n$ 中取单位向量组 $\boldsymbol{e}_1,\boldsymbol{e}_2,\cdots,\boldsymbol{e}_n$ 为基，则以 $x_1,x_2,\cdots,x_n$ 为分量的向量 $\boldsymbol{x}$ 可表示为

$$\boldsymbol{x}=x_1\boldsymbol{e}_1+x_2\boldsymbol{e}_2+\cdots+x_n\boldsymbol{e}_n,$$

可见向量在基 $\boldsymbol{e}_1,\boldsymbol{e}_2,\cdots,\boldsymbol{e}_n$ 中的坐标就是该向量的分量，因此，$\boldsymbol{e}_1,\boldsymbol{e}_2,\cdots,\boldsymbol{e}_n$ 叫做 $\mathbf{R}^n$ 中的**自然基**.

例 9　设$\boldsymbol{\alpha}_1=(1,2,1)^{\mathrm{T}},\boldsymbol{\alpha}_2=(2,3,3)^{\mathrm{T}},\boldsymbol{\alpha}_3=(3,7,1)^{\mathrm{T}}$,

$\boldsymbol{\beta}_1=(3,1,4)^{\mathrm{T}},\boldsymbol{\beta}_2=(5,2,1)^{\mathrm{T}},\boldsymbol{\beta}_3=(1,1,-6)^{\mathrm{T}}$,

(1) 验证 $\boldsymbol{\alpha}_1,\boldsymbol{\alpha}_2,\boldsymbol{\alpha}_3;\boldsymbol{\beta}_1,\boldsymbol{\beta}_2,\boldsymbol{\beta}_3$ 都是 $\mathbf{R}^3$ 的基；

(2) 求向量$(0,-2,3)^{\mathrm{T}}$ 在基 $\boldsymbol{\beta}_1,\boldsymbol{\beta}_2,\boldsymbol{\beta}_3$ 下的坐标.

解　(1) 令 $\boldsymbol{A}=(\boldsymbol{\alpha}_1,\boldsymbol{\alpha}_2,\boldsymbol{\alpha}_3)=\begin{pmatrix}1&2&3\\2&3&7\\1&3&1\end{pmatrix},\boldsymbol{B}=(\boldsymbol{\beta}_1,\boldsymbol{\beta}_2,\boldsymbol{\beta}_3)=\begin{pmatrix}3&5&1\\1&2&1\\4&1&-6\end{pmatrix}$.

因 $|\boldsymbol{A}|=1\neq 0$, $|\boldsymbol{B}|=4\neq 0$,即向量组 $\boldsymbol{\alpha}_1,\boldsymbol{\alpha}_2,\boldsymbol{\alpha}_3$ 及 $\boldsymbol{\beta}_1,\boldsymbol{\beta}_2,\boldsymbol{\beta}_3$ 均线性无关,所以它们都是 $\mathbf{R}^3$ 的基.

(2) 设向量 $\boldsymbol{\alpha}=(0,-2,3)^{\mathrm{T}}$ 在基 $\boldsymbol{\beta}_1,\boldsymbol{\beta}_2,\boldsymbol{\beta}_3$ 中的坐标为 y_1,y_2,y_3,即

$$\boldsymbol{\alpha}=y_1\boldsymbol{\beta}_1+y_2\boldsymbol{\beta}_2+y_3\boldsymbol{\beta}_3=(\boldsymbol{\beta}_1,\boldsymbol{\beta}_2,\boldsymbol{\beta}_3)\begin{pmatrix}y_1\\y_2\\y_3\end{pmatrix}=\boldsymbol{B}\boldsymbol{y}.$$

由 $(\boldsymbol{B}\,\vdots\,\boldsymbol{\alpha})=\left(\begin{array}{ccc:c}3&5&1&0\\1&2&1&-2\\4&1&-6&3\end{array}\right)\xrightarrow{r}\left(\begin{array}{ccc:c}1&0&0&-\frac{53}{4}\\0&1&0&\frac{19}{2}\\0&0&1&-\frac{31}{4}\end{array}\right)=(\boldsymbol{E}\,\vdots\,\boldsymbol{B}^{-1}\boldsymbol{\alpha})$,得 $\boldsymbol{y}=\begin{pmatrix}-\frac{53}{4}\\\frac{19}{2}\\-\frac{31}{4}\end{pmatrix}$.

因此 $\boldsymbol{\alpha}$ 在 $\boldsymbol{\beta}_1,\boldsymbol{\beta}_2,\boldsymbol{\beta}_3$ 中的坐标为

$$-\frac{53}{4},\frac{19}{2},-\frac{31}{4}.$$

例 10 在 $\mathbf{R}^3$ 中取定一个基 $\boldsymbol{a}_1,\boldsymbol{a}_2,\boldsymbol{a}_3$,再取一个新基 $\boldsymbol{b}_1,\boldsymbol{b}_2,\boldsymbol{b}_3$,设 $\boldsymbol{A}=(\boldsymbol{a}_1,\boldsymbol{a}_2,\boldsymbol{a}_3)$, $\boldsymbol{B}=(\boldsymbol{b}_1,\boldsymbol{b}_2,\boldsymbol{b}_3)$.求用 $\boldsymbol{a}_1,\boldsymbol{a}_2,\boldsymbol{a}_3$ 表示 $\boldsymbol{b}_1,\boldsymbol{b}_2,\boldsymbol{b}_3$ 的表示式(**基变换公式**),并求向量在两个基中的坐标之间的关系式(**坐标变换公式**).

解 $(\boldsymbol{a}_1,\boldsymbol{a}_2,\boldsymbol{a}_3)=(\boldsymbol{e}_1,\boldsymbol{e}_2,\boldsymbol{e}_3)\boldsymbol{A}$, $(\boldsymbol{e}_1,\boldsymbol{e}_2,\boldsymbol{e}_3)=(\boldsymbol{a}_1,\boldsymbol{a}_2,\boldsymbol{a}_3)\boldsymbol{A}^{-1}$.

故

$$(\boldsymbol{b}_1,\boldsymbol{b}_2,\boldsymbol{b}_3)=(\boldsymbol{e}_1,\boldsymbol{e}_2,\boldsymbol{e}_3)\boldsymbol{B}=(\boldsymbol{a}_1,\boldsymbol{a}_2,\boldsymbol{a}_3)\boldsymbol{A}^{-1}\boldsymbol{B},$$

即基变换公式为

$$(\boldsymbol{b}_1,\boldsymbol{b}_2,\boldsymbol{b}_3)=(\boldsymbol{a}_1,\boldsymbol{a}_2,\boldsymbol{a}_3)\boldsymbol{P},$$

其中表示式的系数矩阵 $\boldsymbol{P}=\boldsymbol{A}^{-1}\boldsymbol{B}$ 称为从旧基到新基的**过渡矩阵**.

设向量 $\boldsymbol{x}$ 在旧基和新基中的坐标分别为 y_1,y_2,y_3 和 z_1,z_2,z_3,即

$$\boldsymbol{x}=(\boldsymbol{a}_1,\boldsymbol{a}_2,\boldsymbol{a}_3)\begin{pmatrix}y_1\\y_2\\y_3\end{pmatrix},\quad \boldsymbol{x}=(\boldsymbol{b}_1,\boldsymbol{b}_2,\boldsymbol{b}_3)\begin{pmatrix}z_1\\z_2\\z_3\end{pmatrix},$$

故 $\boldsymbol{A}\begin{pmatrix}y_1\\y_2\\y_3\end{pmatrix}=\boldsymbol{B}\begin{pmatrix}z_1\\z_2\\z_3\end{pmatrix}$, 得 $\begin{pmatrix}z_1\\z_2\\z_3\end{pmatrix}=\boldsymbol{B}^{-1}\boldsymbol{A}\begin{pmatrix}y_1\\y_2\\y_3\end{pmatrix}$,即

$$\begin{pmatrix}z_1\\z_2\\z_3\end{pmatrix}=\boldsymbol{P}^{-1}\begin{pmatrix}y_1\\y_2\\y_3\end{pmatrix},$$

这就是从旧坐标到新坐标的坐标变换公式.

在例 9 中设$(\boldsymbol{\beta}_1,\boldsymbol{\beta}_2,\boldsymbol{\beta}_3)=(\boldsymbol{\alpha}_1,\boldsymbol{\alpha}_2,\boldsymbol{\alpha}_3)\boldsymbol{P}$,即 $\boldsymbol{B}=\boldsymbol{AP}$,所以 $\boldsymbol{P}=\boldsymbol{A}^{-1}\boldsymbol{B}$.由

$$(\boldsymbol{A}\ \vdots\ \boldsymbol{B})=\left(\begin{array}{ccc:ccc}1&2&3&3&5&1\\2&3&7&1&2&1\\1&3&1&4&1&-6\end{array}\right)\xrightarrow{r}\left(\begin{array}{ccc:ccc}1&0&0&-27&-71&-41\\0&1&0&9&20&9\\0&0&1&4&12&8\end{array}\right)=(\boldsymbol{E}\ \vdots\ \boldsymbol{A}^{-1}\boldsymbol{B}),$$

故前一组基到后一组基的过渡矩阵为

$$\boldsymbol{P}=\begin{pmatrix}-27&-71&-41\\9&20&9\\4&12&8\end{pmatrix}.$$

又设 $\boldsymbol{\alpha}$ 在基 $\boldsymbol{\alpha}_1,\boldsymbol{\alpha}_2,\boldsymbol{\alpha}_3$ 下的坐标为 x_1,x_2,x_3,即

$$\boldsymbol{\alpha}=x_1\boldsymbol{\alpha}_1+x_2\boldsymbol{\alpha}_2+x_3\boldsymbol{\alpha}_3=(\boldsymbol{\alpha}_1,\boldsymbol{\alpha}_2,\boldsymbol{\alpha}_3)\begin{pmatrix}x_1\\x_2\\x_3\end{pmatrix}=\boldsymbol{Ax}.$$

由 $\boldsymbol{\alpha}=\boldsymbol{Ax}=\boldsymbol{By}$,得

$$\boldsymbol{x}=\boldsymbol{A}^{-1}\boldsymbol{By}=\boldsymbol{Py}$$

$$=\begin{pmatrix}-27&-71&-41\\9&20&9\\4&12&8\end{pmatrix}\begin{pmatrix}-\dfrac{53}{4}\\\dfrac{19}{2}\\-\dfrac{31}{4}\end{pmatrix}=\begin{pmatrix}1\\1\\-1\end{pmatrix},$$

即 $\boldsymbol{\alpha}=(0,-2,3)^{\mathrm{T}}$ 在基 $\boldsymbol{\alpha}_1,\boldsymbol{\alpha}_2,\boldsymbol{\alpha}_3$ 下的坐标为 1,1,-1.

*习题 4-6

1. 设 $V_1=\{\boldsymbol{x}=(x_1,x_2,\cdots,x_n)^{\mathrm{T}}\mid x_1,\cdots,x_n\in\mathbf{R}$ 满足 $x_1+\cdots+x_n=0\}$,

$V_2=\{\boldsymbol{x}=(x_1,x_2,\cdots,x_n)^{\mathrm{T}}\mid x_1,\cdots,x_n\in\mathbf{R}$ 满足 $x_1+\cdots+x_n=1\}$,

问 V_1,V_2 是不是向量空间?为什么?

2. 试证由 $\boldsymbol{a}_1=(0,1,1)^{\mathrm{T}},\boldsymbol{a}_2=(1,0,1)^{\mathrm{T}},\boldsymbol{a}_3=(1,1,0)^{\mathrm{T}}$ 所生成的向量空间就是 $\mathbf{R}^3$.

3. 由 $\boldsymbol{a}_1=(1,1,0,0)^{\mathrm{T}},\boldsymbol{a}_2=(1,0,1,1)^{\mathrm{T}}$ 所生成的向量空间记作 L_1,由 $\boldsymbol{b}_1=(2,-1,3,3)^{\mathrm{T}}$,$\boldsymbol{b}_2=(0,1,-1,-1)^{\mathrm{T}}$ 所生成的向量空间记作 L_2,试证 $L_1=L_2$.

4. 验证 $\boldsymbol{a}_1=(1,-1,0)^{\mathrm{T}},\boldsymbol{a}_2=(2,1,3)^{\mathrm{T}},\boldsymbol{a}_3=(3,1,2)^{\mathrm{T}}$ 为 $\mathbf{R}^3$ 的一个基,并用这个基线性表示 $\boldsymbol{v}_1=(5,0,7)^{\mathrm{T}},\boldsymbol{v}_2=(-9,-8,-13)^{\mathrm{T}}$.

5. 已知 $\mathbf{R}^3$ 的两个基为

$$\boldsymbol{a}_1=\begin{pmatrix}1\\1\\1\end{pmatrix},\boldsymbol{a}_2=\begin{pmatrix}1\\0\\-1\end{pmatrix},\boldsymbol{a}_3=\begin{pmatrix}1\\0\\1\end{pmatrix}\quad 及\quad \boldsymbol{b}_1=\begin{pmatrix}1\\2\\1\end{pmatrix},\boldsymbol{b}_2=\begin{pmatrix}2\\3\\4\end{pmatrix},\boldsymbol{b}_3=\begin{pmatrix}3\\4\\3\end{pmatrix},$$

求由基 $\boldsymbol{a}_1,\boldsymbol{a}_2,\boldsymbol{a}_3$ 到基 $\boldsymbol{b}_1,\boldsymbol{b}_2,\boldsymbol{b}_3$ 的过渡矩阵 $\boldsymbol{P}$.

第4章总习题

1. 选择题

(1) 设 n 维列向量组 $\boldsymbol{\alpha}_1,\boldsymbol{\alpha}_2,\cdots,\boldsymbol{\alpha}_m(m<n)$ 线性无关,则 n 维列向量组 $\boldsymbol{\beta}_1,\boldsymbol{\beta}_2,\cdots,\boldsymbol{\beta}_m$ 线性无关的充要条件为(　　);

(A) 向量组 $\boldsymbol{\alpha}_1,\cdots,\boldsymbol{\alpha}_m$ 可由向量组 $\boldsymbol{\beta}_1,\cdots,\boldsymbol{\beta}_m$ 线性表示

(B) 向量组 $\boldsymbol{\beta}_1,\cdots,\boldsymbol{\beta}_m$ 可由向量组 $\boldsymbol{\alpha}_1,\cdots,\boldsymbol{\alpha}_m$ 线性表示

(C) 向量组 $\boldsymbol{\alpha}_1,\cdots,\boldsymbol{\alpha}_m$ 与向量组 $\boldsymbol{\beta}_1,\cdots,\boldsymbol{\beta}_m$ 等价

(D) 矩阵 $\boldsymbol{A}=(\boldsymbol{\alpha}_1,\cdots,\boldsymbol{\alpha}_m)$ 与矩阵 $\boldsymbol{B}=(\boldsymbol{\beta}_1,\cdots,\boldsymbol{\beta}_m)$ 等价

(2) 设 $\boldsymbol{\alpha}_1,\boldsymbol{\alpha}_2,\cdots,\boldsymbol{\alpha}_s$ 均为 n 维向量,则下列结论不正确的是(　　);

(A) 若对任意一组不全为零的数 $k_1,\cdots,k_s$,都有 $k_1\boldsymbol{\alpha}_1+k_2\boldsymbol{\alpha}_2+\cdots+k_s\boldsymbol{\alpha}_s\neq\boldsymbol{0}$,则 $\boldsymbol{\alpha}_1,\boldsymbol{\alpha}_2,\cdots,\boldsymbol{\alpha}_s$ 线性无关

(B) 若 $\boldsymbol{\alpha}_1,\boldsymbol{\alpha}_2,\cdots,\boldsymbol{\alpha}_s$ 线性相关,则对于任意一组不全为零的数 $k_1,k_2,\cdots,k_s$,有 $k_1\boldsymbol{\alpha}_1+k_2\boldsymbol{\alpha}_2+\cdots+k_s\boldsymbol{\alpha}_s=\boldsymbol{0}$

(C) $\boldsymbol{\alpha}_1,\boldsymbol{\alpha}_2,\cdots,\boldsymbol{\alpha}_s$ 线性无关的充要条件是此向量组的秩为 s

(D) $\boldsymbol{\alpha}_1,\boldsymbol{\alpha}_2,\cdots,\boldsymbol{\alpha}_s$ 线性无关的必要条件是其中任意两个向量线性无关

(3) 设有齐次线性方程组 $\boldsymbol{Ax}=\boldsymbol{0}$ 和 $\boldsymbol{Bx}=\boldsymbol{0}$,其中 $\boldsymbol{A},\boldsymbol{B}$ 均为 $m\times n$ 矩阵,现有四个命题:

① 若 $\boldsymbol{Ax}=\boldsymbol{0}$ 的解均是 $\boldsymbol{Bx}=\boldsymbol{0}$ 的解,则 $R(\boldsymbol{A})\geqslant R(\boldsymbol{B})$;

② 若 $R(\boldsymbol{A})\geqslant R(\boldsymbol{B})$,则 $\boldsymbol{Ax}=\boldsymbol{0}$ 的解均是 $\boldsymbol{Bx}=\boldsymbol{0}$ 的解;

③ 若 $\boldsymbol{Ax}=\boldsymbol{0}$ 与 $\boldsymbol{Bx}=\boldsymbol{0}$ 同解,则 $R(\boldsymbol{A})=R(\boldsymbol{B})$;

④ 若 $R(\boldsymbol{A})=R(\boldsymbol{B})$,则 $\boldsymbol{Ax}=\boldsymbol{0}$ 与 $\boldsymbol{Bx}=\boldsymbol{0}$ 同解.

以上命题中正确的是(　　).

(A) ①②　　(B) ①③　　(C) ②④　　(D) ③④

2. 已知向量组 $\boldsymbol{\alpha}_1,\boldsymbol{\alpha}_2,\cdots,\boldsymbol{\alpha}_s(s\geqslant 2)$ 线性无关,设 $\boldsymbol{\beta}_1=\boldsymbol{\alpha}_1+\boldsymbol{\alpha}_2,\boldsymbol{\beta}_2=\boldsymbol{\alpha}_2+\boldsymbol{\alpha}_3,\cdots,\boldsymbol{\beta}_{s-1}=\boldsymbol{\alpha}_{s-1}+\boldsymbol{\alpha}_s,\boldsymbol{\beta}_s=\boldsymbol{\alpha}_s+\boldsymbol{\alpha}_1$,讨论向量组 $\boldsymbol{\beta}_1,\boldsymbol{\beta}_2,\cdots,\boldsymbol{\beta}_s$ 的线性相关性.

3. 设 $\boldsymbol{\alpha}_i=(a_{i1},a_{i2},\cdots,a_{in})^{\mathrm{T}}(i=1,2,\cdots,r;r<n)$ 是 n 维实向量,且 $\boldsymbol{\alpha}_1,\boldsymbol{\alpha}_2,\cdots,\boldsymbol{\alpha}_r$ 线性无关,$\boldsymbol{\beta}=(b_1,b_2,\cdots,b_n)^{\mathrm{T}}$ 是线性方程组

$$\begin{cases}a_{11}x_1+a_{12}x_2+\cdots+a_{1n}x_n=0,\\a_{21}x_1+a_{22}x_2+\cdots+a_{2n}x_n=0,\\\qquad\cdots\cdots\cdots\cdots\\a_{r1}x_1+a_{r2}x_2+\cdots+a_{rn}x_n=0\end{cases}$$

的非零解，试判断向量组 $\boldsymbol{\alpha}_1,\boldsymbol{\alpha}_2,\cdots,\boldsymbol{\alpha}_r,\boldsymbol{\beta}$ 的线性相关性.

4. 设有向量组 $\boldsymbol{\alpha}_1=(1+\lambda,1,1)^{\mathrm{T}},\boldsymbol{\alpha}_2=(1,1+\lambda,1)^{\mathrm{T}},\boldsymbol{\alpha}_3=(1,1,1+\lambda)^{\mathrm{T}},\boldsymbol{\beta}=(0,\lambda,\lambda^2)^{\mathrm{T}}$，问 λ 为何值时

(1) $\boldsymbol{\beta}$ 能由 $\boldsymbol{\alpha}_1,\boldsymbol{\alpha}_2,\boldsymbol{\alpha}_3$ 线性表示；

(2) $\boldsymbol{\beta}$ 不能由 $\boldsymbol{\alpha}_1,\boldsymbol{\alpha}_2,\boldsymbol{\alpha}_3$ 线性表示.

5. 已知向量组 $\boldsymbol{\beta}_1=(0,1,-1)^{\mathrm{T}},\boldsymbol{\beta}_2=(a,2,1)^{\mathrm{T}},\boldsymbol{\beta}_3=(b,1,0)^{\mathrm{T}}$ 与向量组 $\boldsymbol{\alpha}_1=(1,2,-3)^{\mathrm{T}}$，$\boldsymbol{\alpha}_2=(3,0,1)^{\mathrm{T}},\boldsymbol{\alpha}_3=(9,6,-7)^{\mathrm{T}}$ 具有相同的秩，且 $\boldsymbol{\beta}_3$ 可由 $\boldsymbol{\alpha}_1,\boldsymbol{\alpha}_2,\boldsymbol{\alpha}_3$ 线性表示，求 a,b 之值.

6. 设有四元线性方程组（Ⅰ）为 $\begin{cases}x_1+x_3=0,\\x_3-x_4=0,\end{cases}$ 另外，四元线性方程组（Ⅱ）的基础解系为 $\boldsymbol{\xi}_3=(0,1,2,0)^{\mathrm{T}},\boldsymbol{\xi}_4=(-1,-3,-3,1)^{\mathrm{T}}$.

(1) 求线性方程组（Ⅰ）的通解；

(2) 线性方程组（Ⅰ）和（Ⅱ）是否有非零的公共解？若有，求出所有非零的公共解；若没有，说明理由.

7. 设 $\boldsymbol{A}$ 是 n 阶矩阵，且 $\boldsymbol{A}^2=\boldsymbol{E}$，证明 $R(\boldsymbol{A}+\boldsymbol{E})+R(\boldsymbol{A}-\boldsymbol{E})=n$.

8. 设 $\boldsymbol{A}$ 是 n 阶矩阵，证明 $R(\boldsymbol{A}^*)=\begin{cases}n, & \text{当 } R(\boldsymbol{A})=n,\\1, & \text{当 } R(\boldsymbol{A})=n-1,\\0, & \text{当 } R(\boldsymbol{A})<n-1.\end{cases}$

9. 证明 $R(\boldsymbol{A}^{\mathrm{T}}\boldsymbol{A})=R(\boldsymbol{A})$.

10. 设有向量组（Ⅰ）：$\boldsymbol{\alpha}_1=(1,0,2)^{\mathrm{T}},\boldsymbol{\alpha}_2=(1,1,3)^{\mathrm{T}},\boldsymbol{\alpha}_3=(1,-1,a+2)^{\mathrm{T}}$ 和向量组（Ⅱ）：$\boldsymbol{\beta}_1=(1,2,a+3)^{\mathrm{T}},\boldsymbol{\beta}_2=(2,1,a+6)^{\mathrm{T}},\boldsymbol{\beta}_3=(2,1,a+4)^{\mathrm{T}}$. 问 a 为何值时，向量组（Ⅰ）与（Ⅱ）等价？当 a 为何值时，向量组（Ⅰ）与（Ⅱ）不等价？

11. 已知四阶方阵 $\boldsymbol{A}=(\boldsymbol{\alpha}_1,\boldsymbol{\alpha}_2,\boldsymbol{\alpha}_3,\boldsymbol{\alpha}_4)$，$\boldsymbol{\alpha}_1,\boldsymbol{\alpha}_2,\boldsymbol{\alpha}_3,\boldsymbol{\alpha}_4$ 均为 4 维列向量，其中 $\boldsymbol{\alpha}_2,\boldsymbol{\alpha}_3,\boldsymbol{\alpha}_4$ 线性无关，$\boldsymbol{\alpha}_1=2\boldsymbol{\alpha}_2-\boldsymbol{\alpha}_3$，如果 $\boldsymbol{\beta}=\boldsymbol{\alpha}_1+\boldsymbol{\alpha}_2+\boldsymbol{\alpha}_3+\boldsymbol{\alpha}_4$，求线性方程组 $\boldsymbol{Ax}=\boldsymbol{\beta}$ 的通解.

12. 已知下列非齐次线性方程组（Ⅰ），（Ⅱ）：

（Ⅰ）$\begin{cases}x_1+x_2-2x_4=-6,\\4x_1-x_2-x_3-x_4=1,\\3x_1-x_2-x_3=3,\end{cases}$　（Ⅱ）$\begin{cases}x_1+mx_2-x_3-x_4=-5,\\nx_2-x_3-2x_4=-11,\\x_3-2x_4=-t+1.\end{cases}$

(1) 求方程组（Ⅰ）的通解；

(2) 当方程组（Ⅱ）的参数 m,n,t 为何值时，方程组（Ⅰ）和（Ⅱ）同解.

13. 设有 n 个方程 n 个未知数的齐次线性方程组

$$\begin{cases}ax_1+bx_2+bx_3+\cdots+bx_n=0,\\bx_1+ax_2+bx_3+\cdots+bx_n=0,\\\qquad\cdots\cdots\cdots\cdots\\bx_1+bx_2+bx_3+\cdots+ax_n=0,\end{cases}$$

其中 $a\neq0,b\neq0,n\geqslant2$，讨论 a,b 为何值时，方程组仅有零解，有无穷多个解？当有无穷多个解时，求其通解.

*14. 设 $\mathbf{R}^3$ 中两组基分别为

$$\boldsymbol{\alpha}_1=\begin{pmatrix}1\\2\\2\end{pmatrix},\boldsymbol{\alpha}_2=\begin{pmatrix}2\\1\\-1\end{pmatrix},\boldsymbol{\alpha}_3=\begin{pmatrix}2\\-2\\1\end{pmatrix};\boldsymbol{\beta}_1=\begin{pmatrix}1\\2\\3\end{pmatrix},\boldsymbol{\beta}_2=\begin{pmatrix}1\\4\\9\end{pmatrix},\boldsymbol{\beta}_3=\begin{pmatrix}1\\8\\27\end{pmatrix},$$

求由前一组基到后一组基的过渡矩阵.

*15. 设向量空间 $\boldsymbol{V}$ 的两组基为

$$\boldsymbol{\alpha}_1=\begin{pmatrix}1\\-1\\0\\0\end{pmatrix},\boldsymbol{\alpha}_2=\begin{pmatrix}1\\0\\-1\\0\end{pmatrix},\boldsymbol{\alpha}_3=\begin{pmatrix}1\\0\\0\\-1\end{pmatrix};\boldsymbol{\beta}_1=\begin{pmatrix}1\\0\\-2\\1\end{pmatrix},\boldsymbol{\beta}_2=\begin{pmatrix}2\\1\\-3\\0\end{pmatrix},\boldsymbol{\beta}_3=\begin{pmatrix}0\\1\\-1\\0\end{pmatrix},$$

已知向量 $\boldsymbol{\alpha}$ 在前一组基 $\boldsymbol{\alpha}_1,\boldsymbol{\alpha}_2,\boldsymbol{\alpha}_3$ 下的坐标为 1,2,3,求此向量 $\boldsymbol{\alpha}$ 在后一组基下的坐标.

*16. 已知 $\mathbf{R}^2$ 的两组基 $\boldsymbol{\alpha}_1,\boldsymbol{\alpha}_2$ 和 $\boldsymbol{\varepsilon}_1,\boldsymbol{\varepsilon}_2$,求非零向量 $\boldsymbol{\beta}\in\mathbf{R}^2$,使 $\boldsymbol{\beta}$ 关于这两组基有相同的坐标,并求 $\boldsymbol{\beta}$ 关于基 $\boldsymbol{\xi}_1,\boldsymbol{\xi}_2$ 的坐标,其中

$$\boldsymbol{\alpha}_1=\begin{pmatrix}2\\-1\end{pmatrix},\boldsymbol{\alpha}_2=\begin{pmatrix}5\\-4\end{pmatrix};\boldsymbol{\varepsilon}_1=\begin{pmatrix}1\\0\end{pmatrix},\boldsymbol{\varepsilon}_2=\begin{pmatrix}0\\1\end{pmatrix};\boldsymbol{\xi}_1=\begin{pmatrix}-1\\1\end{pmatrix},\boldsymbol{\xi}_2=\begin{pmatrix}1\\1\end{pmatrix}.$$

第5章　特征值和特征向量　矩阵的对角化

矩阵的特征值、特征向量和满秩变换理论是矩阵理论的重要组成部分，在数学各分支、科学技术以及数量经济分析等多种领域有着广泛的应用.

第一节　预备知识

一、向量的内积

在前面讨论 n 维向量时，我们只定义了向量的线性运算，它不能描述向量的度量性质，如长度、夹角等. 在空间解析几何中，向量的内积（即数量积或点积）描述了内积与向量的长度及夹角间的关系.由内积定义

$$\boldsymbol{x}\cdot\boldsymbol{y}=|\boldsymbol{x}|\,|\boldsymbol{y}|\cos\theta,$$

可以得到非零向量 $\boldsymbol{x}$ 与 $\boldsymbol{y}$ 的夹角 $\theta=\arccos\dfrac{\boldsymbol{x}\cdot\boldsymbol{y}}{|\boldsymbol{x}|\,|\boldsymbol{y}|}$，向量 $\boldsymbol{x}$ 的长度 $|\boldsymbol{x}|=\sqrt{\boldsymbol{x}\cdot\boldsymbol{x}}$.

由内积的运算性质可得内积的坐标表示式

$$(x_1,x_2,x_3)\cdot(y_1,y_2,y_3)=x_1y_1+x_2y_2+x_3y_3.$$

我们可以把三维向量的内积推广到 n 维向量，定义 n 维向量的内积、长度和夹角.

定义1　设有 n 维向量

$$\boldsymbol{x}=\begin{pmatrix}x_1\\x_2\\\vdots\\x_n\end{pmatrix},\boldsymbol{y}=\begin{pmatrix}y_1\\y_2\\\vdots\\y_n\end{pmatrix},$$

令 $[\boldsymbol{x},\boldsymbol{y}]=x_1y_1+x_2y_2+\cdots+x_ny_n$，称为向量 $\boldsymbol{x}$ 与 $\boldsymbol{y}$ 的内积.

显然，当 $\boldsymbol{x}$ 与 $\boldsymbol{y}$ 都是列向量时，有 $[\boldsymbol{x},\boldsymbol{y}]=\boldsymbol{x}^{\mathrm{T}}\boldsymbol{y}=\boldsymbol{y}^{\mathrm{T}}\boldsymbol{x}$.

内积具有下列性质（其中 $\boldsymbol{x},\boldsymbol{y},\boldsymbol{z}$ 为 n 维向量，λ 为实数）：

(1) $[\boldsymbol{x},\boldsymbol{y}]=[\boldsymbol{y},\boldsymbol{x}]$;

(2) $[\lambda\boldsymbol{x},\boldsymbol{y}]=\lambda[\boldsymbol{x},\boldsymbol{y}]$;

(3) $[\boldsymbol{x}+\boldsymbol{y},\boldsymbol{z}]=[\boldsymbol{x},\boldsymbol{z}]+[\boldsymbol{y},\boldsymbol{z}]$;

(4) $[\boldsymbol{x},\boldsymbol{x}]\geqslant 0$,当且仅当 $\boldsymbol{x}=\boldsymbol{0}$时等号成立.

定义 2 令 $\|\boldsymbol{x}\|=\sqrt{[\boldsymbol{x},\boldsymbol{x}]}=\sqrt{x_1^2+x_2^2+\cdots+x_n^2}$,称为 n 维向量 $\boldsymbol{x}$ 的**长度**(或**范数**).

向量的长度具有下述性质:

(1) 非负性 $\|\boldsymbol{x}\|\geqslant 0$;

(2) 齐次性 $\|\lambda\boldsymbol{x}\|=|\lambda|\,\|\boldsymbol{x}\|$;

(3) 三角不等式 $\|\boldsymbol{x}+\boldsymbol{y}\|\leqslant\|\boldsymbol{x}\|+\|\boldsymbol{y}\|$.

当 $\|\boldsymbol{x}\|=1$ 时,称 $\boldsymbol{x}$ 为**单位向量**.任一非零向量除以它的长度后就成了单位向量.这一过程称为**将向量单位化**.

容易证明,向量的内积满足

$$[\boldsymbol{x},\boldsymbol{y}]^2\leqslant[\boldsymbol{x},\boldsymbol{x}][\boldsymbol{y},\boldsymbol{y}]\text{ 或 }|[\boldsymbol{x},\boldsymbol{y}]|\leqslant\|\boldsymbol{x}\|\,\|\boldsymbol{y}\|,$$

上式称为**柯西-施瓦茨**(Cauchy-Schwarz)**不等式**.由此可得

$$\left|\frac{[\boldsymbol{x},\boldsymbol{y}]}{\|\boldsymbol{x}\|\ \|\boldsymbol{y}\|}\right|\leqslant 1\quad(\text{当 }\|\boldsymbol{x}\|\ \|\boldsymbol{y}\|\neq 0\text{ 时}).$$

于是有

定义 3 当 $\|\boldsymbol{x}\|\neq 0,\|\boldsymbol{y}\|\neq 0$ 时,

$$\theta=\arccos\frac{[\boldsymbol{x},\boldsymbol{y}]}{\|\boldsymbol{x}\|\,\|\boldsymbol{y}\|}$$

称为 n 维向量 $\boldsymbol{x}$ 与 $\boldsymbol{y}$ 的**夹角**.

定义 4 当$[\boldsymbol{x},\boldsymbol{y}]=0$ 时,称向量 $\boldsymbol{x}$ 与 $\boldsymbol{y}$ **正交**(或**垂直**).

显然,零向量与任何向量都正交.

定义 5 若一个向量组中任意两个向量都正交,则称此向量组为**正交向量组**.

若一个正交向量组中每一个向量都是单位向量,则称此向量组为**正交规范向量组**或**标准正交向量组**.

例如

$$\boldsymbol{e}_1=\begin{pmatrix}1\\0\\0\\0\end{pmatrix},\boldsymbol{e}_2=\begin{pmatrix}0\\1\\0\\0\end{pmatrix},\boldsymbol{e}_3=\begin{pmatrix}0\\0\\1\\0\end{pmatrix},\boldsymbol{e}_4=\begin{pmatrix}0\\0\\0\\1\end{pmatrix}$$

和

$$\boldsymbol{\varepsilon}_1=\begin{pmatrix}\frac{1}{\sqrt{2}}\\\frac{1}{\sqrt{2}}\\0\\0\end{pmatrix},\boldsymbol{\varepsilon}_2=\begin{pmatrix}\frac{1}{\sqrt{2}}\\-\frac{1}{\sqrt{2}}\\0\\0\end{pmatrix},\boldsymbol{\varepsilon}_3=\begin{pmatrix}0\\0\\\frac{1}{\sqrt{2}}\\\frac{1}{\sqrt{2}}\end{pmatrix},\boldsymbol{\varepsilon}_4=\begin{pmatrix}0\\0\\\frac{1}{\sqrt{2}}\\-\frac{1}{\sqrt{2}}\end{pmatrix}$$

就是两个等价的正交规范向量组.

定理 1 若 n 维向量 $\boldsymbol{\alpha}_1,\boldsymbol{\alpha}_2,\cdots,\boldsymbol{\alpha}_r$ 是一组两两正交的非零向量,则 $\boldsymbol{\alpha}_1,\boldsymbol{\alpha}_2,\cdots,\boldsymbol{\alpha}_r$ 线性无关.

证 设有数 $\lambda_1,\lambda_2,\cdots,\lambda_r$ 使 $\lambda_1\boldsymbol{\alpha}_1+\lambda_2\boldsymbol{\alpha}_2+\cdots+\lambda_r\boldsymbol{\alpha}_r=\boldsymbol{0}$.

以 $\boldsymbol{\alpha}_1^{\mathrm{T}}$ 左乘上式两端,得

$$\lambda_1\boldsymbol{\alpha}_1^{\mathrm{T}}\boldsymbol{\alpha}_1=0,$$

因 $\boldsymbol{\alpha}_1\neq\boldsymbol{0}$,故 $\boldsymbol{\alpha}_1^{\mathrm{T}}\boldsymbol{\alpha}_1=\|\boldsymbol{\alpha}_1\|^2\neq0$,从而必有 $\lambda_1=0$.类似可证 $\lambda_2=0,\cdots,\lambda_r=0$.

于是向量组 $\boldsymbol{\alpha}_1,\boldsymbol{\alpha}_2,\cdots,\boldsymbol{\alpha}_r$ 线性无关.

例 1 已知 $\boldsymbol{\alpha}_1=\begin{pmatrix}1\\1\\1\end{pmatrix},\boldsymbol{\alpha}_2=\begin{pmatrix}1\\1\\-2\end{pmatrix}$,求非零向量 $\boldsymbol{\alpha}_3$,使 $\boldsymbol{\alpha}_1,\boldsymbol{\alpha}_2,\boldsymbol{\alpha}_3$ 成为正交向量组.

解 设 $\boldsymbol{\alpha}_3=\begin{pmatrix}x_1\\x_2\\x_3\end{pmatrix}$,则 $\boldsymbol{\alpha}_1^{\mathrm{T}}\boldsymbol{\alpha}_3=0,\boldsymbol{\alpha}_2^{\mathrm{T}}\boldsymbol{\alpha}_3=0$,即

$$\begin{pmatrix}\boldsymbol{\alpha}_1^{\mathrm{T}}\\\boldsymbol{\alpha}_2^{\mathrm{T}}\end{pmatrix}\begin{pmatrix}x_1\\x_2\\x_3\end{pmatrix}=\boldsymbol{0},\quad\begin{pmatrix}1&1&1\\1&1&-2\end{pmatrix}\begin{pmatrix}x_1\\x_2\\x_3\end{pmatrix}=\begin{pmatrix}0\\0\end{pmatrix},$$

由

$$\begin{pmatrix}1&1&1\\1&1&-2\end{pmatrix}\sim\begin{pmatrix}1&1&1\\0&0&-3\end{pmatrix}\sim\begin{pmatrix}1&1&0\\0&0&1\end{pmatrix},$$

得 $\begin{cases}x_1=-x_2,\\x_3=0,\end{cases}$ 从而有基础解系 $\begin{pmatrix}-1\\1\\0\end{pmatrix}$,取 $\boldsymbol{\alpha}_3=\begin{pmatrix}-1\\1\\0\end{pmatrix}$ 即为所求.

二、施密特正交化方法

施密特(Schmidt)正交化方法是将一组线性无关的向量 $\boldsymbol{\alpha}_1,\boldsymbol{\alpha}_2,\cdots,\boldsymbol{\alpha}_r$ 作如

下的线性变换,化为一组与之等价的正交向量组 $\boldsymbol{\beta}_1,\boldsymbol{\beta}_2,\cdots,\boldsymbol{\beta}_r$ 的方法:

$$\boldsymbol{\beta}_1=\boldsymbol{\alpha}_1;$$

$$\boldsymbol{\beta}_2=\boldsymbol{\alpha}_2-\frac{[\boldsymbol{\beta}_1,\boldsymbol{\alpha}_2]}{[\boldsymbol{\beta}_1,\boldsymbol{\beta}_1]}\boldsymbol{\beta}_1;$$

…………

$$\boldsymbol{\beta}_r=\boldsymbol{\alpha}_r-\frac{[\boldsymbol{\beta}_1,\boldsymbol{\alpha}_r]}{[\boldsymbol{\beta}_1,\boldsymbol{\beta}_1]}\boldsymbol{\beta}_1-\frac{[\boldsymbol{\beta}_2,\boldsymbol{\alpha}_r]}{[\boldsymbol{\beta}_2,\boldsymbol{\beta}_2]}\boldsymbol{\beta}_2-\cdots-\frac{[\boldsymbol{\beta}_{r-1},\boldsymbol{\alpha}_r]}{[\boldsymbol{\beta}_{r-1},\boldsymbol{\beta}_{r-1}]}\boldsymbol{\beta}_{r-1}.$$

可以证明,对任何 $k(1\leqslant k\leqslant r)$,向量组 $\boldsymbol{\beta}_1,\boldsymbol{\beta}_2,\cdots,\boldsymbol{\beta}_k$ 与 $\boldsymbol{\alpha}_1,\boldsymbol{\alpha}_2,\cdots,\boldsymbol{\alpha}_k$ 等价.

例 2 将 $\boldsymbol{\alpha}_1=\begin{pmatrix}2\\1\\-1\end{pmatrix},\boldsymbol{\alpha}_2=\begin{pmatrix}3\\-1\\1\end{pmatrix},\boldsymbol{\alpha}_3=\begin{pmatrix}-1\\4\\0\end{pmatrix}$ 正交规范化.

解 先将 $\boldsymbol{\alpha}_1,\boldsymbol{\alpha}_2,\boldsymbol{\alpha}_3$ 正交化,取

$$\boldsymbol{\beta}_1=\boldsymbol{\alpha}_1=\begin{pmatrix}2\\1\\-1\end{pmatrix},$$

$$\boldsymbol{\beta}_2=\boldsymbol{\alpha}_2-\frac{[\boldsymbol{\beta}_1,\boldsymbol{\alpha}_2]}{[\boldsymbol{\beta}_1,\boldsymbol{\beta}_1]}\boldsymbol{\beta}_1=\begin{pmatrix}3\\-1\\1\end{pmatrix}-\frac{4}{6}\begin{pmatrix}2\\1\\-1\end{pmatrix}=\frac{5}{3}\begin{pmatrix}1\\-1\\1\end{pmatrix},$$

$$\boldsymbol{\beta}_3=\boldsymbol{\alpha}_3-\frac{[\boldsymbol{\beta}_1,\boldsymbol{\alpha}_3]}{[\boldsymbol{\beta}_1,\boldsymbol{\beta}_1]}\boldsymbol{\beta}_1-\frac{[\boldsymbol{\beta}_2,\boldsymbol{\alpha}_3]}{[\boldsymbol{\beta}_2,\boldsymbol{\beta}_2]}\boldsymbol{\beta}_2$$

$$=\begin{pmatrix}-1\\4\\0\end{pmatrix}-\frac{1}{3}\begin{pmatrix}2\\1\\-1\end{pmatrix}+\frac{5}{3}\begin{pmatrix}1\\-1\\1\end{pmatrix}=\begin{pmatrix}0\\2\\2\end{pmatrix}.$$

再将它们单位化,取

$$\boldsymbol{e}_1=\frac{\boldsymbol{\beta}_1}{\|\boldsymbol{\beta}_1\|}=\frac{1}{\sqrt{6}}\begin{pmatrix}2\\1\\-1\end{pmatrix},\boldsymbol{e}_2=\frac{\boldsymbol{\beta}_2}{\|\boldsymbol{\beta}_2\|}=\frac{1}{\sqrt{3}}\begin{pmatrix}1\\-1\\1\end{pmatrix},\boldsymbol{e}_3=\frac{\boldsymbol{\beta}_3}{\|\boldsymbol{\beta}_3\|}=\frac{1}{\sqrt{2}}\begin{pmatrix}0\\1\\1\end{pmatrix},$$

则 $\boldsymbol{e}_1,\boldsymbol{e}_2,\boldsymbol{e}_3$ 即为所求.

例 3 已知 $\boldsymbol{\beta}_1=\begin{pmatrix}1\\2\\2\end{pmatrix}$,求非零向量 $\boldsymbol{\beta}_2,\boldsymbol{\beta}_3$,使 $\boldsymbol{\beta}_1,\boldsymbol{\beta}_2,\boldsymbol{\beta}_3$ 成为正交向量组.

解 $\boldsymbol{\beta}_2,\boldsymbol{\beta}_3$ 应满足方程 $\boldsymbol{\beta}_1^{\mathrm{T}}\boldsymbol{x}=0$,即

$$x_1+2x_2+2x_3=0.$$

它的基础解系为

$$\boldsymbol{\xi}_1=\begin{pmatrix}-2\\1\\0\end{pmatrix},\boldsymbol{\xi}_2=\begin{pmatrix}-2\\0\\1\end{pmatrix}.$$

将 $\boldsymbol{\xi}_1,\boldsymbol{\xi}_2$ 正交化，取

$$\boldsymbol{\beta}_2=\boldsymbol{\xi}_1=\begin{pmatrix}-2\\1\\0\end{pmatrix},$$

$$\boldsymbol{\beta}_3=\boldsymbol{\xi}_2-\frac{[\boldsymbol{\beta}_2,\boldsymbol{\xi}_2]}{[\boldsymbol{\beta}_2,\boldsymbol{\beta}_2]}\boldsymbol{\beta}_2=\begin{pmatrix}-2\\0\\1\end{pmatrix}-\frac{4}{5}\begin{pmatrix}-2\\1\\0\end{pmatrix}=\frac{1}{5}\begin{pmatrix}-2\\-4\\5\end{pmatrix},$$

则 $\boldsymbol{\beta}_2,\boldsymbol{\beta}_3$ 就是所求.

三、正交矩阵

定义 6　如果 n 阶方阵 $\boldsymbol{A}$ 满足 $\boldsymbol{A}\boldsymbol{A}^{\mathrm{T}}=\boldsymbol{A}^{\mathrm{T}}\boldsymbol{A}=\boldsymbol{E}$(即 $\boldsymbol{A}^{-1}=\boldsymbol{A}^{\mathrm{T}}$)，那么称 $\boldsymbol{A}$ 为**正交矩阵**.

定理 2　$\boldsymbol{A}$ 为正交矩阵的充要条件是 $\boldsymbol{A}$ 的行(列)向量组为正交规范向量组.

证　将 $\boldsymbol{A}$ 用行向量表示为 $\boldsymbol{A}=\begin{pmatrix}\boldsymbol{\alpha}_1\\\boldsymbol{\alpha}_2\\\vdots\\\boldsymbol{\alpha}_n\end{pmatrix}$，于是

$$\boldsymbol{A}\boldsymbol{A}^{\mathrm{T}}=\begin{pmatrix}\boldsymbol{\alpha}_1\\\boldsymbol{\alpha}_2\\\vdots\\\boldsymbol{\alpha}_n\end{pmatrix}(\boldsymbol{\alpha}_1^{\mathrm{T}},\boldsymbol{\alpha}_2^{\mathrm{T}},\cdots,\boldsymbol{\alpha}_n^{\mathrm{T}})=\begin{pmatrix}\boldsymbol{\alpha}_1\boldsymbol{\alpha}_1^{\mathrm{T}}&\boldsymbol{\alpha}_1\boldsymbol{\alpha}_2^{\mathrm{T}}&\cdots&\boldsymbol{\alpha}_1\boldsymbol{\alpha}_n^{\mathrm{T}}\\\boldsymbol{\alpha}_2\boldsymbol{\alpha}_1^{\mathrm{T}}&\boldsymbol{\alpha}_2\boldsymbol{\alpha}_2^{\mathrm{T}}&\cdots&\boldsymbol{\alpha}_2\boldsymbol{\alpha}_n^{\mathrm{T}}\\\vdots&\vdots&&\vdots\\\boldsymbol{\alpha}_n\boldsymbol{\alpha}_1^{\mathrm{T}}&\boldsymbol{\alpha}_n\boldsymbol{\alpha}_2^{\mathrm{T}}&\cdots&\boldsymbol{\alpha}_n\boldsymbol{\alpha}_n^{\mathrm{T}}\end{pmatrix},$$

因此，$\boldsymbol{A}\boldsymbol{A}^{\mathrm{T}}=\boldsymbol{E}$ 的充要条件是

$$\boldsymbol{\alpha}_i\boldsymbol{\alpha}_j^{\mathrm{T}}=\delta_{ij}=\begin{cases}1, & i=j,\\0, & i\neq j\end{cases}(i,j=1,2,\cdots,n).$$

即 $\boldsymbol{A}$ 的行向量组为正交规范向量组.因 $AA^{\mathrm{T}}=E$ 与 $A^{\mathrm{T}}A=E$ 等价，故以上结论对 A 的列向量亦成立.证毕.

定理 3　设 $\boldsymbol{A},\boldsymbol{B}$ 都是 n 阶正交方阵，则

(1) $|\boldsymbol{A}|=1$ 或 -1；

(2) $\boldsymbol{A}^{\mathrm{T}},\boldsymbol{A}^{-1},\boldsymbol{AB}$ 也是正交方阵.

证明留给读者完成.

例 4 正交矩阵举例.

(1) n 阶单位矩阵 $\boldsymbol{E}_n$; (2) $\begin{pmatrix}\cos\theta & -\sin\theta\\ \sin\theta & \cos\theta\end{pmatrix}$;

(3) $\begin{pmatrix}0 & \frac{1}{\sqrt{2}} & -\frac{1}{\sqrt{2}}\\ -\frac{2}{\sqrt{6}} & \frac{1}{\sqrt{6}} & \frac{1}{\sqrt{6}}\\ \frac{1}{\sqrt{3}} & \frac{1}{\sqrt{3}} & \frac{1}{\sqrt{3}}\end{pmatrix}$.

定义 7 若 $\boldsymbol{P}$ 为正交矩阵,则线性变换 $\boldsymbol{y}=\boldsymbol{Px}$ 称为**正交变换**.

设 $\boldsymbol{y}=\boldsymbol{Px}$ 为正交变换,则有

$$\|\boldsymbol{y}\|=\sqrt{\boldsymbol{y}^{\mathrm{T}}\boldsymbol{y}}=\sqrt{\boldsymbol{x}^{\mathrm{T}}\boldsymbol{P}^{\mathrm{T}}\boldsymbol{Px}}=\sqrt{\boldsymbol{x}^{\mathrm{T}}\boldsymbol{x}}=\|\boldsymbol{x}\|.$$

这说明,正交变换不改变向量的长度.

习题 5-1

1. 求下列向量间的夹角:

(1) $\boldsymbol{x}=(2,1,3,2)^{\mathrm{T}},\boldsymbol{y}=(1,2,-2,1)^{\mathrm{T}}$;

(2) $\boldsymbol{x}=(1,2,2,3)^{\mathrm{T}},\boldsymbol{y}=(3,1,5,1)^{\mathrm{T}}$.

2. 试用施密特正交化方法将下列向量组正交化:

(1) $\boldsymbol{\alpha}_1=\begin{pmatrix}1\\1\\1\end{pmatrix},\boldsymbol{\alpha}_2=\begin{pmatrix}1\\2\\3\end{pmatrix},\boldsymbol{\alpha}_3=\begin{pmatrix}1\\4\\9\end{pmatrix}$;

(2) $\boldsymbol{\alpha}_1=\begin{pmatrix}1\\0\\-1\\1\end{pmatrix},\boldsymbol{\alpha}_2=\begin{pmatrix}1\\-1\\0\\1\end{pmatrix},\boldsymbol{\alpha}_3=\begin{pmatrix}-1\\1\\1\\0\end{pmatrix}$.

3. 下列矩阵是否为正交矩阵?

(1) $\begin{pmatrix}2 & 1 & 0\\ -1 & 1 & 1\\ 1 & -1 & 1\end{pmatrix}$; (2) $\frac{1}{\sqrt{2}}\begin{pmatrix}1 & 0 & 1 & 0\\ 1 & 0 & -1 & 0\\ 0 & 1 & 0 & 1\\ 0 & -1 & 0 & 1\end{pmatrix}$.

4. 设 $\boldsymbol{\alpha}_1=\begin{pmatrix}1\\2\\3\end{pmatrix}$,求非零向量 $\boldsymbol{\alpha}_2,\boldsymbol{\alpha}_3$,使向量组 $\boldsymbol{\alpha}_1,\boldsymbol{\alpha}_2,\boldsymbol{\alpha}_3$ 为正交向量组.

5. 证明定理 3.

第二节 特征值和特征向量

工程技术和经济管理的许多定量分析问题,常可归结为求一个方阵的特征值和特征向量的问题.

一、引例——发展与环保问题

为了定量分析工业发展与环境污染的关系,某地区提出如下增长模型:设 x_0 是该地区目前的污染损耗(由土壤、河流、湖泊及大气等污染指数测得),y_0 是该地区目前的工业产值.以 5 年为一个发展周期,一个周期后的污染损耗和工业产值分别记为 x_1 和 y_1,它们之间的关系是

$$x_1=\frac{8}{3}x_0-\frac{1}{3}y_0,\ y_1=-\frac{2}{3}x_0+\frac{7}{3}y_0.$$

写成矩阵形式就是

$$\begin{pmatrix}x_1\\y_1\end{pmatrix}=\begin{pmatrix}\frac{8}{3}&-\frac{1}{3}\\-\frac{2}{3}&\frac{7}{3}\end{pmatrix}\begin{pmatrix}x_0\\y_0\end{pmatrix}\text{或 }\boldsymbol{\alpha}_1=\boldsymbol{A}\boldsymbol{\alpha}_0,$$

其中 $\boldsymbol{\alpha}_1=\begin{pmatrix}x_1\\y_1\end{pmatrix},\boldsymbol{\alpha}_0=\begin{pmatrix}x_0\\y_0\end{pmatrix},\boldsymbol{A}=\begin{pmatrix}\frac{8}{3}&-\frac{1}{3}\\-\frac{2}{3}&\frac{7}{3}\end{pmatrix}$.

如果当前的水平 $\boldsymbol{\alpha}_0=\begin{pmatrix}1\\2\end{pmatrix}$,则

$$\boldsymbol{\alpha}_1=\boldsymbol{A}\boldsymbol{\alpha}_0=\begin{pmatrix}\frac{8}{3}&-\frac{1}{3}\\-\frac{2}{3}&\frac{7}{3}\end{pmatrix}\begin{pmatrix}1\\2\end{pmatrix}=\begin{pmatrix}2\\4\end{pmatrix}=2\begin{pmatrix}1\\2\end{pmatrix},$$

即 $\boldsymbol{\alpha}_1=2\boldsymbol{\alpha}_0$.由此可预测 n 个周期后的污染损耗和工业产值:

$$\boldsymbol{\alpha}_n=2\boldsymbol{\alpha}_{n-1}=2^2\boldsymbol{\alpha}_{n-2}=\cdots=2^n\boldsymbol{\alpha}_0.$$

以上运算中,表达式 $\boldsymbol{A}\boldsymbol{\alpha}_0=2\boldsymbol{\alpha}_0$ 起了重要作用.一般地,满足 $\boldsymbol{Ax}=\lambda\boldsymbol{x}$ 的关系

式在理论分析和计算中都会起到重要作用.

二、特征值和特征向量的概念

定义1 设 $\boldsymbol{A}$ 是 n 阶方阵,如果数 λ 和 n 维非零列向量 $\boldsymbol{x}$ 使关系式

$$\boldsymbol{Ax}=\lambda\boldsymbol{x} \tag{1}$$

成立,则称 λ 是方阵 $\boldsymbol{A}$ 的特征值,非零列向量 $\boldsymbol{x}$ 称为 $\boldsymbol{A}$ 的对应于特征值 λ 的**特征向量**.

(1)式也可写为

$$(\boldsymbol{A}-\lambda\boldsymbol{E})\boldsymbol{x}=\boldsymbol{0}. \tag{2}$$

这是 n 个未知数 n 个方程的齐次线性方程组,它有非零解的充要条件是

$$|\boldsymbol{A}-\lambda\boldsymbol{E}|=0, \tag{3}$$

即

$$\begin{vmatrix} a_{11}-\lambda & a_{12} & \cdots & a_{1n} \\ a_{21} & a_{22}-\lambda & \cdots & a_{2n} \\ \vdots & \vdots & & \vdots \\ a_{n1} & a_{n2} & \cdots & a_{nn}-\lambda \end{vmatrix}=0.$$

方程组(2)的系数矩阵 $\boldsymbol{A}-\lambda\boldsymbol{E}$ 称为 $\boldsymbol{A}$ 的**特征矩阵**; $|\boldsymbol{A}-\lambda\boldsymbol{E}|$ 是 λ 的 n 次多项式,记作 $f(\lambda)$,称为 $\boldsymbol{A}$ 的**特征多项式**;式(3)称为 $\boldsymbol{A}$ 的**特征方程**.

显然,$\boldsymbol{A}$ 的特征值就是 $\boldsymbol{A}$ 的特征方程的解,在复数范围内,n 阶方阵 $\boldsymbol{A}$ 有 n 个特征值(重根按重数计算).

例1 已知 $\boldsymbol{\alpha}=\begin{pmatrix}1\\1\\-1\end{pmatrix}$ 是 $\boldsymbol{A}=\begin{pmatrix}2&-1&2\\5&a&3\\-1&b&-2\end{pmatrix}$ 的一个特征向量,试确定参数 a,b 及特征向量 $\boldsymbol{\alpha}$ 所对应的特征值 λ.

解 由特征值和特征向量的定义可知

$$\boldsymbol{A\alpha}=\lambda\boldsymbol{\alpha},$$

即

$$\begin{pmatrix}2&-1&2\\5&a&3\\-1&b&-2\end{pmatrix}\begin{pmatrix}1\\1\\-1\end{pmatrix}=\lambda\begin{pmatrix}1\\1\\-1\end{pmatrix},$$

于是

$$\begin{pmatrix}-1\\2+a\\b+1\end{pmatrix}=\begin{pmatrix}\lambda\\\lambda\\-\lambda\end{pmatrix},$$

所以

$$-1=\lambda, 2+a=\lambda, b+1=-\lambda.$$

即得所求解为

$$a=-3, b=0, \lambda=-1.$$

三、特征值和特征向量的求法

求 n 阶方阵 $\boldsymbol{A}$ 的特征值与特征向量的步骤为

(1) 求出 n 阶方阵 $\boldsymbol{A}$ 的特征多项式 $|\boldsymbol{A}-\lambda\boldsymbol{E}|$；

(2) 求出特征方程 $|\boldsymbol{A}-\lambda\boldsymbol{E}|=0$ 的全部根 $\lambda_1,\lambda_2,\cdots,\lambda_n$，即是 $\boldsymbol{A}$ 的特征值；

(3) 把每个特征值 λ_i 代入线性方程组 $(\boldsymbol{A}-\lambda\boldsymbol{E})\boldsymbol{x}=\boldsymbol{0}$，求出基础解系，就是 $\boldsymbol{A}$ 对应于 λ_i 的特征向量，基础解系的线性组合(零向量除外)就是 $\boldsymbol{A}$ 对应于 λ_i 的全部特征向量.

例 2　求矩阵 $\boldsymbol{A}=\begin{pmatrix}3&4\\5&2\end{pmatrix}$ 的特征值和特征向量.

解　$\boldsymbol{A}$ 的特征多项式为

$$\begin{vmatrix}3-\lambda&4\\5&2-\lambda\end{vmatrix}=(\lambda-7)(\lambda+2),$$

所以 $\boldsymbol{A}$ 的特征值为 $\lambda_1=-2,\lambda_2=7$.

当 $\lambda_1=-2$ 时，对应的特征向量应满足

$$\begin{pmatrix}5&4\\5&4\end{pmatrix}\begin{pmatrix}x_1\\x_2\end{pmatrix}=\begin{pmatrix}0\\0\end{pmatrix},$$

容易求得方程组的一个基础解系为 $\boldsymbol{p}_1=\begin{pmatrix}4\\-5\end{pmatrix}$. 于是，$\boldsymbol{A}$ 的对应于 $\lambda_1=-2$ 的全部特征向量为 $c_1\boldsymbol{p}_1$($c_1\neq0$ 为常数).

当 $\lambda_2=7$ 时，由

$$\begin{pmatrix}-4&4\\5&-5\end{pmatrix}\begin{pmatrix}x_1\\x_2\end{pmatrix}=\begin{pmatrix}0\\0\end{pmatrix},$$

解得基础解系 $\boldsymbol{p}_2=\begin{pmatrix}1\\1\end{pmatrix}$. 于是，$\boldsymbol{A}$ 的对应于 $\lambda_2=7$ 的全部特征向量为 $c_2\boldsymbol{p}_2$($c_2\neq0$ 为常数).

例 3　求矩阵 $\boldsymbol{A}=\begin{pmatrix}1&-2&2\\-2&-2&4\\2&4&-2\end{pmatrix}$ 的特征值和特征向量.

解 A 的特征多项式为

$$|A-\lambda E|=\begin{vmatrix}1-\lambda & -2 & 2\\ -2 & -2-\lambda & 4\\ 2 & 4 & -2-\lambda\end{vmatrix}=\begin{vmatrix}1-\lambda & -2 & 2\\ 0 & 2-\lambda & 2-\lambda\\ 2 & 4 & -2-\lambda\end{vmatrix}$$

$$=\begin{vmatrix}1-\lambda & -2 & 4\\ 0 & 2-\lambda & 0\\ 2 & 4 & -6-\lambda\end{vmatrix}=-(2-\lambda)^2(\lambda+7),$$

所以 A 的特征值为 $\lambda_1=-7,\lambda_2=\lambda_3=2$.

当 $\lambda_1=-7$ 时,解方程组 $(A+7E)x=0$,由

$$A+7E=\begin{pmatrix}8 & -2 & 2\\ -2 & 5 & 4\\ 2 & 4 & 5\end{pmatrix}\sim\begin{pmatrix}1 & 0 & \frac{1}{2}\\ 0 & 1 & 1\\ 0 & 0 & 0\end{pmatrix}$$

得基础解系 $p_1=\begin{pmatrix}1\\ 2\\ -2\end{pmatrix}$,所以 c_1p_1($c_1\neq 0$ 为常数)是 A 的对应于 $\lambda_1=-7$ 的全部特征向量.

当 $\lambda_2=\lambda_3=2$ 时,解方程组 $(A-2E)x=0$,由

$$A-2E=\begin{pmatrix}-1 & -2 & 2\\ -2 & -4 & 4\\ 2 & 4 & -4\end{pmatrix}\sim\begin{pmatrix}1 & 2 & -2\\ 0 & 0 & 0\\ 0 & 0 & 0\end{pmatrix},$$

得基础解系 $p_2=\begin{pmatrix}-2\\ 1\\ 0\end{pmatrix},p_3=\begin{pmatrix}2\\ 0\\ 1\end{pmatrix}$.所以 $c_2p_2+c_3p_3$(c_2,c_3 是不同时为零的常数)是 A 的对应于 $\lambda_2=\lambda_3=2$ 的全部特征向量.

例4 求矩阵 $A=\begin{pmatrix}-1 & 1 & 0\\ -4 & 3 & 0\\ 1 & 0 & 2\end{pmatrix}$ 的特征值和特征向量.

解 A 的特征多项式为

$$|A-\lambda E|=\begin{vmatrix}-1-\lambda & 1 & 0\\ -4 & 3-\lambda & 0\\ 1 & 0 & 2-\lambda\end{vmatrix}=(2-\lambda)(1-\lambda)^2,$$

所以 A 的特征值为 $\lambda_1=2,\lambda_2=\lambda_3=1$.

当 $\lambda_1=2$ 时,解方程组 $(A-2E)x=0$.由

$$A-2E=\begin{pmatrix}-3&1&0\\-4&1&0\\1&0&0\end{pmatrix}\sim\begin{pmatrix}1&0&0\\0&1&0\\0&0&0\end{pmatrix},$$

得基础解系 $p_1=\begin{pmatrix}0\\0\\1\end{pmatrix}$.所以 c_1p_1($c_1\neq0$ 为常数)是对应于 $\lambda_1=2$ 的全部特征向量.

当 $\lambda_2=\lambda_3=1$ 时,解方程组 $(A-E)x=0$.由

$$A-E=\begin{pmatrix}-2&1&0\\-4&2&0\\1&0&1\end{pmatrix}\sim\begin{pmatrix}1&0&1\\0&1&2\\0&0&0\end{pmatrix},$$

得基础解系 $p_2=\begin{pmatrix}-1\\-2\\1\end{pmatrix}$.所以 c_2p_2($c_2\neq0$ 为常数)是 A 的对应于 $\lambda_2=\lambda_3=1$ 的全部特征向量.

四、特征值和特征向量的性质

定理 1 设 A 是 n 阶方阵,则 A 与 A^{T} 有相同的特征值.

证 由于

$$|A^{\mathrm{T}}-\lambda E|=|(A-\lambda E)^{\mathrm{T}}|=|A-\lambda E|,$$

所以 A 与 A^{T} 有相同特征多项式,故有相同的特征值.

定理 2 设 λ 是方阵 A 的特征值,$k,m\in\mathbf{N}$,则

(1) λ^k 是 A^k 的特征值;

(2) $f(\lambda)=a_0+a_1\lambda+\cdots+a_m\lambda^m$ 是 $f(A)=a_0E+a_1A+\cdots+a_mA^m$ 的特征值.

证 设 $p\neq0$ 是对应于 λ 的特征向量,则 $Ap=\lambda p$,于是

(1) $$A^kp=A^{k-1}(Ap)=\lambda(A^{k-1}p)=\cdots=\lambda^{k-1}(Ap)=\lambda^kp,$$

所以 λ^k 是 A^k 的特征值.

(2) $$f(A)p=a_0p+a_1Ap+\cdots+a_mA^mp=(a_0+a_1\lambda+\cdots+a_m\lambda^m)p,$$

所以 $f(\lambda)$ 是 $f(A)$ 的特征值.

定理 3 设 n 阶方阵 $A=(a_{ij})$ 的 n 个特征值为 $\lambda_1,\lambda_2,\cdots,\lambda_n$,则

(1) $\sum\limits_{i=1}^{n}\lambda_i=\sum\limits_{i=1}^{n}a_{ii}$,其中 $\sum\limits_{i=1}^{n}a_{ii}$是 A 的主对角元之和,称为矩阵 A 的迹,记作 $\mathrm{tr}(A)$;

(2) $\prod\limits_{i=1}^{n}\lambda_i=|A|$.

该定理的证明要用到 n 次多项式根和系数的关系，在此不予证明.

由此定理很容易有

推论 n 阶方阵 $\boldsymbol{A}$ 可逆的充要条件是它的任一特征值不等于零.

例 5 设 λ 是可逆方阵 $\boldsymbol{A}$ 的特征值，证明 $\frac{1}{\lambda}$ 是 $\boldsymbol{A}^{-1}$ 的特征值.

证 因为 $\boldsymbol{A}$ 可逆，由 $\boldsymbol{A}\boldsymbol{p}=\lambda\boldsymbol{p}$，有 $\boldsymbol{p}=\lambda\boldsymbol{A}^{-1}\boldsymbol{p}$，因 $\boldsymbol{p}\neq\boldsymbol{0}$，知 $\lambda\neq 0$，故

$$\boldsymbol{A}^{-1}\boldsymbol{p}=\frac{1}{\lambda}\boldsymbol{p},$$

所以 $\frac{1}{\lambda}$ 是 $\boldsymbol{A}^{-1}$ 的特征值.

例 6 设三阶矩阵 $\boldsymbol{A}$ 的特征值为 $1,-1,2$，求 $\boldsymbol{A}^*+3\boldsymbol{A}-2\boldsymbol{E}$ 的特征值.

解 因 $\boldsymbol{A}$ 的特征值全不为 0，知 $\boldsymbol{A}$ 可逆，故 $\boldsymbol{A}^*=|\boldsymbol{A}|\boldsymbol{A}^{-1}$. 而 $|\boldsymbol{A}|=\lambda_1\lambda_2\lambda_3=-2$，所以

$$\boldsymbol{A}^*+3\boldsymbol{A}-2\boldsymbol{E}=-2\boldsymbol{A}^{-1}+3\boldsymbol{A}-2\boldsymbol{E}.$$

把上式记作 $\varphi(\boldsymbol{A})$，有 $\varphi(\lambda)=-\frac{2}{\lambda}+3\lambda-2$. 这里，$\varphi(\boldsymbol{A})$ 虽不是矩阵多项式，但也具有矩阵多项式的特性，从而可得 $\varphi(\boldsymbol{A})$ 的特征值为 $\varphi(1)=-1$，$\varphi(-1)=-3$，$\varphi(2)=3$.

定理 4 设 $\lambda_1,\lambda_2,\cdots,\lambda_m$ 是方阵 $\boldsymbol{A}$ 的 m 个特征值，$\boldsymbol{p}_1,\boldsymbol{p}_2,\cdots,\boldsymbol{p}_m$ 依次是与之对应的特征向量. 如果 $\lambda_1,\lambda_2,\cdots,\lambda_m$ 各不相等，则 $\boldsymbol{p}_1,\boldsymbol{p}_2,\cdots,\boldsymbol{p}_m$ 线性无关.

证 设有常数 $k_1,k_2,\cdots,k_m$ 使

$$k_1\boldsymbol{p}_1+k_2\boldsymbol{p}_2+\cdots+k_m\boldsymbol{p}_m=\boldsymbol{0}.$$

则 $\boldsymbol{A}(k_1\boldsymbol{p}_1+k_2\boldsymbol{p}_2+\cdots+k_m\boldsymbol{p}_m)=\boldsymbol{0}$，即

$$\lambda_1k_1\boldsymbol{p}_1+\lambda_2k_2\boldsymbol{p}_2+\cdots+\lambda_mk_m\boldsymbol{p}_m=\boldsymbol{0}.$$

类推之，有

$$\lambda_1^lk_1\boldsymbol{p}_1+\lambda_2^lk_2\boldsymbol{p}_2+\cdots+\lambda_m^lk_m\boldsymbol{p}_m=\boldsymbol{0}\quad(l=0,1,\cdots,m-1).$$

把上列各式合写成矩阵形式，得

$$(k_1\boldsymbol{p}_1,k_2\boldsymbol{p}_2,\cdots,k_m\boldsymbol{p}_m)\begin{pmatrix}1 & \lambda_1 & \cdots & \lambda_1^{m-1}\\ 1 & \lambda_2 & \cdots & \lambda_2^{m-1}\\ \vdots & \vdots & & \vdots\\ 1 & \lambda_m & \cdots & \lambda_m^{m-1}\end{pmatrix}=(\boldsymbol{0},\boldsymbol{0},\cdots,\boldsymbol{0}).$$

而范德蒙德行列式

$$\begin{vmatrix} 1 & \lambda_1 & \cdots & \lambda_1^{m-1} \\ 1 & \lambda_2 & \cdots & \lambda_2^{m-1} \\ \vdots & \vdots & & \vdots \\ 1 & \lambda_m & \cdots & \lambda_m^{m-1} \end{vmatrix} = \prod_{1\leqslant i<j\leqslant m}(\lambda_j-\lambda_i)\neq 0,$$

故

$$(k_1\boldsymbol{p}_1,k_2\boldsymbol{p}_2,\cdots,k_m\boldsymbol{p}_m)=(\boldsymbol{0},\boldsymbol{0},\cdots,\boldsymbol{0}),$$

即 $k_j\boldsymbol{p}_j=\boldsymbol{0},j=1,2,\cdots,m$.但 $\boldsymbol{p}_j\neq\boldsymbol{0}$,所以 $k_j=0(j=1,2,\cdots,m)$.从而 $\boldsymbol{p}_1,\boldsymbol{p}_2,\cdots,\boldsymbol{p}_m$ 线性无关.

五、应用

在引例中,我们已介绍了工业发展与环境污染的增长模型.下面我们将作进一步的讨论.

记 x_k 和 y_k 为第 k 个周期后的污染损耗和工业产值,则此增长模型为

$$\begin{cases} x_k=\dfrac{8}{3}x_{k-1}-\dfrac{1}{3}y_{k-1}, \\ y_k=-\dfrac{2}{3}x_{k-1}+\dfrac{7}{3}y_{k-1} \end{cases} \quad (k=1,2,\cdots).$$

即 $\begin{pmatrix} x_k \\ y_k \end{pmatrix}=\dfrac{1}{3}\begin{pmatrix} 8 & -1 \\ -2 & 7 \end{pmatrix}\begin{pmatrix} x_{k-1} \\ y_{k-1} \end{pmatrix}$ 或 $\boldsymbol{\alpha}_k=\boldsymbol{A}\boldsymbol{\alpha}_{k-1}(k=1,2,\cdots)$.

由此模型及当前的水平 $\boldsymbol{\alpha}_0$,可以预测若干发展周期后的水平

$$\boldsymbol{\alpha}_1=\boldsymbol{A}\boldsymbol{\alpha}_0,\boldsymbol{\alpha}_2=\boldsymbol{A}\boldsymbol{\alpha}_1=\boldsymbol{A}^2\boldsymbol{\alpha}_0,\cdots,\boldsymbol{\alpha}_k=\boldsymbol{A}^k\boldsymbol{\alpha}_0.$$

如果直接计算 $\boldsymbol{A}$ 的各次幂,计算将十分繁琐.而利用矩阵特征值和特征向量的有关性质,不但可使计算大大简化,而且模型的结构和性质也更为清晰.为此,先计算 $\boldsymbol{A}$ 的特征值.

$\boldsymbol{A}$ 的特征多项式为

$$|\boldsymbol{A}-\lambda\boldsymbol{E}|=\begin{vmatrix} \dfrac{8}{3}-\lambda & -\dfrac{1}{3} \\ -\dfrac{2}{3} & \dfrac{7}{3}-\lambda \end{vmatrix}=\lambda^2-5\lambda+6.$$

所以,$\boldsymbol{A}$ 的特征值为 $\lambda_1=2,\lambda_2=3$.

对于特征值 $\lambda_1=2$,解齐次线性方程组 $(\boldsymbol{A}-2\boldsymbol{E})\boldsymbol{x}=\boldsymbol{0}$,可得 $\boldsymbol{A}$ 的属于 $\lambda_1=2$ 的一个特征向量 $\boldsymbol{p}_1=\begin{pmatrix} 1 \\ 2 \end{pmatrix}$.

对于特征值 $\lambda_2=3$,解齐次线性方程组 $(\boldsymbol{A}-3\boldsymbol{E})\boldsymbol{x}=\boldsymbol{0}$,可得 $\boldsymbol{A}$ 的属于 $\lambda_2=3$ 的一个特征向量 $\boldsymbol{p}_2=\begin{pmatrix}1\\-1\end{pmatrix}$.

如果当前的水平 $\boldsymbol{\alpha}_0$ 恰好等于 $\boldsymbol{p}_1$,则当 $k=n$ 时,

$$\boldsymbol{\alpha}_n=\boldsymbol{A}^n\boldsymbol{\alpha}_0=\boldsymbol{A}^n\boldsymbol{p}_1=\lambda_1^n\boldsymbol{p}_1=2^n\begin{pmatrix}1\\2\end{pmatrix},$$

即 $x_n=2^n, y_n=2^{n+1}$.它表明,经过 n 个发展周期后,工业产值已达到一个相当高的水平(2^{n+1}),但其中一半被污染损耗(2^n)所抵消,造成资源的严重浪费.

如果当前的水平 $\boldsymbol{\alpha}_0=\begin{pmatrix}11\\19\end{pmatrix}$,则不能直接应用上述方法分析.此时由于 $\boldsymbol{\alpha}_0=10\boldsymbol{p}_1+\boldsymbol{p}_2$,于是

$$\boldsymbol{\alpha}_n=\boldsymbol{A}^n\boldsymbol{\alpha}_0=10\boldsymbol{A}^n\boldsymbol{p}_1+\boldsymbol{A}^n\boldsymbol{p}_2=10\cdot 2^n\boldsymbol{p}_1+3^n\boldsymbol{p}_2=\begin{pmatrix}10\cdot 2^n+3^n\\20\cdot 2^n-3^n\end{pmatrix}.$$

特别地,当 $n=4$ 时,污染损耗为 $x_4=241$,工业产值为 $y_4=239$,损耗已超过了产值,经济将出现负增长.

由上面的分析可以看出:尽管 $\boldsymbol{A}$ 的特征向量 $\boldsymbol{p}_2$ 没有实际意义(因 $\boldsymbol{p}_2$ 中含负分量),但任一具有实际意义的向量 $\boldsymbol{\alpha}_0$ 都可以表示为 $\boldsymbol{p}_1,\boldsymbol{p}_2$ 的线性组合,从而在分析过程中,$\boldsymbol{p}_2$ 仍具有重要作用.

习题 5-2

1. 判断下列命题是否正确?

(1) 满足 $\boldsymbol{Ax}=\lambda\boldsymbol{x}$ 的数 λ 和向量 $\boldsymbol{x}$ 是方阵 $\boldsymbol{A}$ 的特征值和特征向量;

(2) 如果 $\boldsymbol{p}_1,\boldsymbol{p}_2,\cdots,\boldsymbol{p}_s$ 是方阵 $\boldsymbol{A}$ 对应于特征值 λ 的特征向量,$k_1,k_2,\cdots,k_s$ 为任意实数,则 $k_1\boldsymbol{p}_1+k_2\boldsymbol{p}_2+\cdots+k_s\boldsymbol{p}_s$ 也是 $\boldsymbol{A}$ 对应于 λ 的特征向量;

(3) 设 λ,μ 是 n 阶方阵 $\boldsymbol{A}$ 和 $\boldsymbol{B}$ 的特征值,则 $\lambda+\mu$ 是 $\boldsymbol{A}+\boldsymbol{B}$ 的特征值.

2. 求下列矩阵的特征值和特征向量:

(1) $\boldsymbol{A}=\begin{pmatrix}2&-4\\-3&3\end{pmatrix}$; (2) $\boldsymbol{A}=\begin{pmatrix}1&-3&3\\3&-5&3\\6&-6&4\end{pmatrix}$;

(3) $\boldsymbol{A}=\begin{pmatrix}2&-1&2\\5&-3&3\\-1&0&-2\end{pmatrix}$.

3. 设 $\lambda_1,\lambda_2,\lambda_3$ 是三阶可逆方阵 $\boldsymbol{A}$ 的特征值,求 $\boldsymbol{A}^{-1},\boldsymbol{A}^*,3\boldsymbol{A}-2\boldsymbol{E}$ 的特征值.

4. 已知 $\boldsymbol{\alpha}=\begin{pmatrix}1\\k\\1\end{pmatrix}$ 是 $\boldsymbol{A}=\begin{pmatrix}2&1&1\\1&2&1\\1&1&2\end{pmatrix}$ 的逆矩阵 $\boldsymbol{A}^{-1}$ 的特征向量,求 k.

第三节 相似矩阵

对角矩阵是最简单的一类矩阵,对于任一 n 阶方阵 $\boldsymbol{A}$,是否可将它化为对角矩阵,并保持 $\boldsymbol{A}$ 的许多原有性质,在理论和应用方面都具有重要意义.

一、概念与性质

定义 1 设 $\boldsymbol{A},\boldsymbol{B}$ 都是 n 阶方阵,若有可逆矩阵 $\boldsymbol{P}$,使

$$\boldsymbol{P}^{-1}\boldsymbol{A}\boldsymbol{P}=\boldsymbol{B},$$

则称 $\boldsymbol{B}$ 是 $\boldsymbol{A}$ 的**相似矩阵**,或者说矩阵 $\boldsymbol{A}$ 与 $\boldsymbol{B}$ 相似.对 $\boldsymbol{A}$ 进行运算 $\boldsymbol{P}^{-1}\boldsymbol{A}\boldsymbol{P}$,称为对 $\boldsymbol{A}$ 进行**相似变换**;可逆矩阵 $\boldsymbol{P}$ 称为把 $\boldsymbol{A}$ 变成 $\boldsymbol{B}$ 的**相似变换矩阵**.

例如,设 $\boldsymbol{A}=\begin{pmatrix}3&-1\\-1&3\end{pmatrix}$,$\boldsymbol{P}=\begin{pmatrix}1&-1\\-1&2\end{pmatrix}$,$\boldsymbol{Q}=\begin{pmatrix}-1&1\\1&1\end{pmatrix}$,则

$$\boldsymbol{P}^{-1}\boldsymbol{A}\boldsymbol{P}=\begin{pmatrix}1&-1\\-1&2\end{pmatrix}^{-1}\begin{pmatrix}3&-1\\-1&3\end{pmatrix}\begin{pmatrix}1&-1\\-1&2\end{pmatrix}=\begin{pmatrix}4&-3\\0&2\end{pmatrix},$$

$$\boldsymbol{Q}^{-1}\boldsymbol{A}\boldsymbol{Q}=\begin{pmatrix}-1&1\\1&1\end{pmatrix}^{-1}\begin{pmatrix}3&-1\\-1&3\end{pmatrix}\begin{pmatrix}-1&1\\1&1\end{pmatrix}=\begin{pmatrix}4&0\\0&2\end{pmatrix}.$$

由此可知,与 $\boldsymbol{A}$ 相似的矩阵并不唯一,也不一定是对角矩阵.

设 $\boldsymbol{A},\boldsymbol{B},\boldsymbol{C}$ 为 n 阶方阵,相似矩阵有下列基本性质:

(1) 自反性 $\boldsymbol{A}$ 与 $\boldsymbol{A}$ 相似.

这是因为,$\boldsymbol{E}^{-1}\boldsymbol{A}\boldsymbol{E}=\boldsymbol{A}$.

(2) 对称性 若 $\boldsymbol{A}$ 与 $\boldsymbol{B}$ 相似,则 $\boldsymbol{B}$ 与 $\boldsymbol{A}$ 也相似.

证 由 $\boldsymbol{A}$ 与 $\boldsymbol{B}$ 相似可知,存在可逆矩阵 $\boldsymbol{P}$,使 $\boldsymbol{P}^{-1}\boldsymbol{A}\boldsymbol{P}=\boldsymbol{B}$.于是,

$$\boldsymbol{A}=\boldsymbol{P}\boldsymbol{B}\boldsymbol{P}^{-1}=(\boldsymbol{P}^{-1})^{-1}\boldsymbol{B}\boldsymbol{P}^{-1},$$

所以 $\boldsymbol{B}$ 与 $\boldsymbol{A}$ 相似.证毕.

(3) 传递性 若 $\boldsymbol{A}$ 与 $\boldsymbol{B}$ 相似,$\boldsymbol{B}$ 与 $\boldsymbol{C}$ 相似,则 $\boldsymbol{A}$ 与 $\boldsymbol{C}$ 相似.

证 由 $\boldsymbol{A}$ 与 $\boldsymbol{B}$ 相似,$\boldsymbol{B}$ 与 $\boldsymbol{C}$ 相似可知,存在可逆矩阵 $\boldsymbol{P},\boldsymbol{Q}$ 使 $\boldsymbol{P}^{-1}\boldsymbol{A}\boldsymbol{P}=\boldsymbol{B}$,$\boldsymbol{Q}^{-1}\boldsymbol{B}\boldsymbol{Q}=\boldsymbol{C}$.于是 $\boldsymbol{Q}^{-1}(\boldsymbol{P}^{-1}\boldsymbol{A}\boldsymbol{P})\boldsymbol{Q}=\boldsymbol{C}$,即 $(\boldsymbol{P}\boldsymbol{Q})^{-1}\boldsymbol{A}(\boldsymbol{P}\boldsymbol{Q})=\boldsymbol{C}$.从而,$\boldsymbol{A}$ 与 $\boldsymbol{C}$ 相似.

两个相似矩阵之间,还有许多共同的特性.

定理 1 若 $\boldsymbol{A}$ 与 $\boldsymbol{B}$ 相似,则

(1) $\boldsymbol{A}$ 与 $\boldsymbol{B}$ 有相同的特征多项式和特征值;

(2) $|\boldsymbol{A}|=|\boldsymbol{B}|$;

(3) $R(\boldsymbol{A})=R(\boldsymbol{B})$;

(4) $\boldsymbol{A}^m$ 与 $\boldsymbol{B}^m$ 也相似,其中 m 为正整数.

证 (1) 由 $\boldsymbol{A}$ 与 $\boldsymbol{B}$ 相似的定义可知,存在可逆矩阵 $\boldsymbol{P}$,使得 $\boldsymbol{P}^{-1}\boldsymbol{AP}=\boldsymbol{B}$,于是

$$\begin{aligned}|\boldsymbol{B}-\lambda\boldsymbol{E}|&=|\boldsymbol{P}^{-1}\boldsymbol{AP}-\lambda\boldsymbol{E}|=|\boldsymbol{P}^{-1}(\boldsymbol{A}-\lambda\boldsymbol{E})\boldsymbol{P}|\\&=|\boldsymbol{P}^{-1}|\,|\boldsymbol{A}-\lambda\boldsymbol{E}|\,|\boldsymbol{P}|=|\boldsymbol{A}-\lambda\boldsymbol{E}|.\end{aligned}$$

所以,$\boldsymbol{A}$ 与 $\boldsymbol{B}$ 有相同的特征多项式,从而有相同的特征值.

(2) $|\boldsymbol{B}|=|\boldsymbol{P}^{-1}\boldsymbol{AP}|=|\boldsymbol{P}^{-1}|\,|\boldsymbol{A}|\,|\boldsymbol{P}|=|\boldsymbol{A}|$.

(3) 由 $\boldsymbol{A}$ 与 $\boldsymbol{B}$ 相似的定义可知,$\boldsymbol{A}$ 与 $\boldsymbol{B}$ 一定等价,从而,$R(\boldsymbol{A})=R(\boldsymbol{B})$.

(4) $\boldsymbol{B}^m=(\boldsymbol{P}^{-1}\boldsymbol{AP})^m=(\boldsymbol{P}^{-1}\boldsymbol{AP})(\boldsymbol{P}^{-1}\boldsymbol{AP})\cdots(\boldsymbol{P}^{-1}\boldsymbol{AP})=\boldsymbol{P}^{-1}\boldsymbol{A}^m\boldsymbol{P}$,

所以,$\boldsymbol{A}^m$ 与 $\boldsymbol{B}^m$ 相似.

二、矩阵可对角化的条件

如果 n 阶方阵 $\boldsymbol{A}$ 可以相似于一个 n 阶对角矩阵 $\boldsymbol{\Lambda}$,则称 $\boldsymbol{A}$ **可对角化**,由定理1可知,$\boldsymbol{\Lambda}$ 的对角线上的元就是 $\boldsymbol{A}$ 的 n 个特征值.因此,我们接下来要研究把方阵 $\boldsymbol{A}$ 对角化的方法,即求相似变换矩阵 $\boldsymbol{P}$,使 $\boldsymbol{P}^{-1}\boldsymbol{AP}=\boldsymbol{\Lambda}$ 为对角矩阵.

定理2 n 阶方阵 $\boldsymbol{A}$ 相似于 n 阶对角矩阵的充要条件是 $\boldsymbol{A}$ 有 n 个线性无关的特征向量.

证 必要性.

设 $\boldsymbol{A}$ 与对角矩阵 $\boldsymbol{\Lambda}=\begin{pmatrix}\lambda_1&&&\\&\lambda_2&&\\&&\ddots&\\&&&\lambda_n\end{pmatrix}$ 相似,则存在可逆矩阵 $\boldsymbol{P}$,使 $\boldsymbol{P}^{-1}\boldsymbol{AP}=\boldsymbol{\Lambda}$ 或 $\boldsymbol{AP}=\boldsymbol{P\Lambda}$.

把矩阵 $\boldsymbol{P}$ 按列分块,记 $\boldsymbol{P}=(\boldsymbol{p}_1,\boldsymbol{p}_2,\cdots,\boldsymbol{p}_n)$,其中 $\boldsymbol{p}_i$ 是 $\boldsymbol{P}$ 的第 i 列,则有

$$\begin{aligned}(\boldsymbol{Ap}_1,\boldsymbol{Ap}_2,\cdots,\boldsymbol{Ap}_n)&=(\boldsymbol{p}_1,\boldsymbol{p}_2,\cdots,\boldsymbol{p}_n)\begin{pmatrix}\lambda_1&&&\\&\lambda_2&&\\&&\ddots&\\&&&\lambda_n\end{pmatrix}\\&=(\lambda_1\boldsymbol{p}_1,\lambda_2\boldsymbol{p}_2,\cdots,\lambda_n\boldsymbol{p}_n).\end{aligned}$$

由此可得 $\boldsymbol{Ap}_i=\lambda_i\boldsymbol{p}_i(i=1,2,\cdots,n)$.因 $\boldsymbol{P}$ 可逆,则 $\boldsymbol{p}_i\neq\boldsymbol{0}(i=1,2,\cdots,n)$ 且 $\boldsymbol{p}_1,\boldsymbol{p}_2,\cdots,\boldsymbol{p}_n$ 线性无关.因此 $\boldsymbol{p}_i$ 是 $\boldsymbol{A}$ 的属于特征值 λ_i 的特征向量.即 $\boldsymbol{A}$ 有 n 个线性无关的特征向量.

充分性.

设 $\boldsymbol{p}_1,\boldsymbol{p}_2,\cdots,\boldsymbol{p}_n$ 是 $\boldsymbol{A}$ 的 n 个线性无关的特征向量,它们对应的特征值依次为 $\lambda_1,\lambda_2,\cdots,\lambda_n$.记矩阵 $\boldsymbol{P}=(\boldsymbol{p}_1,\boldsymbol{p}_2,\cdots,\boldsymbol{p}_n)$,则 $\boldsymbol{P}$ 可逆,且

$$\begin{aligned}\boldsymbol{AP}&=\boldsymbol{A}(\boldsymbol{p}_1,\boldsymbol{p}_2,\cdots,\boldsymbol{p}_n)=(\boldsymbol{Ap}_1,\boldsymbol{Ap}_2,\cdots,\boldsymbol{Ap}_n)\\&=(\lambda_1\boldsymbol{p}_1,\lambda_2\boldsymbol{p}_2,\cdots,\lambda_n\boldsymbol{p}_n)\\&=(\boldsymbol{p}_1,\boldsymbol{p}_2,\cdots,\boldsymbol{p}_n)\begin{pmatrix}\lambda_1&&&\\&\lambda_2&&\\&&\ddots&\\&&&\lambda_n\end{pmatrix}=\boldsymbol{P\Lambda}.\end{aligned}$$

于是有 $\boldsymbol{P}^{-1}\boldsymbol{AP}=\boldsymbol{\Lambda}$.即 $\boldsymbol{A}$ 与对角矩阵 $\boldsymbol{\Lambda}$ 相似.

推论　如果 n 阶方阵 $\boldsymbol{A}$ 有 n 个互不相等的特征值,则 $\boldsymbol{A}$ 与对角矩阵相似.

当 $\boldsymbol{A}$ 的特征方程有重根时,就不一定有 n 个线性无关的特征向量,从而不一定能对角化.例如上节例 3 中,$\boldsymbol{A}$ 的属于特征值 $\lambda_1=-7$ 的线性无关的特征向量恰有一个,属于二重特征值 $\lambda_2=\lambda_3=2$ 的线性无关的特征向量恰有两个,因而能找到三个线性无关的特征向量,故 $\boldsymbol{A}$ 可对角化.而在例 4 中,$\boldsymbol{A}$ 的属于二重特征值 $\lambda_2=\lambda_3=1$ 的线性无关的特征向量仅有一个,这时 $\boldsymbol{A}$ 只有两个线性无关的特征向量,故此 $\boldsymbol{A}$ 不能对角化.

由上面分析可知,当 $\boldsymbol{A}$ 的特征方程有重根时,$\boldsymbol{A}$ 能否对角化就与 $\boldsymbol{A}$ 的每个特征值 λ 的重数和属于该特征值 λ 的线性无关的特征向量的个数有关.下面讨论 n 阶方阵 $\boldsymbol{A}$ 可对角化的一般方法.

引理　如果 λ 是 n 阶方阵 $\boldsymbol{A}$ 的重数为 t 的特征值,则 $R(\boldsymbol{A}-\lambda\boldsymbol{E})\geqslant n-t$,即 λ 至多对应有 t 个线性无关的特征向量.

证　设 $\lambda_1,\cdots,\lambda_s$ 是 $\boldsymbol{A}$ 的所有不同特征值,λ_i 的重数为 t_i,$\sum\limits_{i=1}^{s}t_i=n$.我们证明对任意的 λ_i,有 $R(\boldsymbol{A}-\lambda_i\boldsymbol{E})\geqslant n-t_i$,即 λ_i 至多对应有 t_i 个线性无关的特征向量.若不然,存在 λ_i,使得 $r_i=R(\boldsymbol{A}-\lambda_i\boldsymbol{E})<n-t_i$,则 $(\boldsymbol{A}-\lambda_i\boldsymbol{E})\boldsymbol{X}=\boldsymbol{0}$ 有 $n-r_i>t_i$ 个线性无关的解向量,即 λ_i 对应有 $n-r_i>t_i$ 个线性无关的特征向量 $\boldsymbol{\alpha}_1,\cdots,\boldsymbol{\alpha}_{n-r_i}$,补充 r_i 个向量 $\boldsymbol{\alpha}_{n-r_i+1},\cdots,\boldsymbol{\alpha}_n$,使得 $\boldsymbol{\alpha}_1,\cdots,\boldsymbol{\alpha}_n$ 线性无关,令 $\boldsymbol{P}=(\boldsymbol{\alpha}_1,\cdots,\boldsymbol{\alpha}_n)$,则

$$\begin{aligned}\boldsymbol{AP}&=\boldsymbol{A}(\boldsymbol{\alpha}_1,\cdots,\boldsymbol{\alpha}_n)\\&=(\lambda_i\boldsymbol{\alpha}_1,\cdots,\lambda_i\boldsymbol{\alpha}_{n-r_i},\boldsymbol{A\alpha}_{n-r_i+1},\cdots,\boldsymbol{A\alpha}_n)\\&=(\boldsymbol{\alpha}_1,\cdots,\boldsymbol{\alpha}_n)\left(\begin{array}{ccc:c}\lambda_i&&&\\&\ddots&&\boldsymbol{B}_{(n-r_i)\times r_i}\\&&\lambda_i&\\\hdashline&\boldsymbol{0}_{r_i\times(n-r_i)}&&\boldsymbol{C}_{r_i\times r_i}\end{array}\right)\end{aligned}$$

即有 $P^{-1}AP=\left(\begin{array}{ccc:c}\lambda_i & & & \\ & \ddots & & B_{(n-r_i)\times r_i} \\ & & \lambda_i & \\ \hdashline & 0_{r_i\times(n-r_i)} & & C_{r_i\times r_i}\end{array}\right)$，于是 $f_A(\lambda)=|A-\lambda E|=(\lambda_i-\lambda)^{n-r_i}|C_{r_i\times r_i}-\lambda E_{r_i\times r_i}|$，

这说明 λ_i 的重数至少为 $n-r_i>t_i$，矛盾.

定理3 n 阶方阵 A 可对角化的充要条件是 A 的每个 k 重特征值 λ 对应有 k 个线性无关的特征向量(或 $R(A-\lambda E)=n-k$).

证 充分性.设 $\lambda_1,\cdots,\lambda_s$ 是 A 的所有不同特征值，λ_i 的重数为 t_i，$\sum\limits_{i=1}^{s}t_i=n$. 若 $R(A-\lambda_iE)=n-t_i$，则 $(A-\lambda_iE)X=0$ 有 t_i 个线性无关的解向量，即 λ_i 对应有 t_i 个线性无关的特征向量，从而 $\lambda_1,\cdots,\lambda_s$ 总共有 $\sum\limits_{i=1}^{s}t_i=n$ 个线性无关的特征向量，故 A 可对角化.

必要性.若 A 可对角化，则 A 有 n 个线性无关的特征向量.此时，对任意的特征值 λ_i，有 $R(A-\lambda_iE)=n-t_i$.若不然，则存在 λ_i，使得 $R(A-\lambda_iE)>n-t_i$，则 $(A-\lambda_iE)X=0$ 仅有 $n-r_i<t_i$ 个线性无关的解向量，即 λ_i 仅对应有 $n-r_i<t_i$ 个线性无关的特征向量，则必有某一特征值 λ_j 对应有多于 t_j 个线性无关的特征向量，从而 $R(A-\lambda_jE)<n-t_j$，由上述引理知，矛盾.

例1 已知矩阵 $A=\begin{pmatrix}-2&0&0\\2&x&2\\3&1&1\end{pmatrix}$ 与 $B=\begin{pmatrix}-1&0&0\\0&2&0\\0&0&y\end{pmatrix}$ 相似.

(1) 求 x 与 y；

(2) 求一个可逆矩阵 P 使 $P^{-1}AP=B$；

(3) 求 A^{100}.

解 (1) 因 A 与 B 相似，故 $|A-\lambda E|=|B-\lambda E|$，即

$$\begin{vmatrix}-2-\lambda&0&0\\2&x-\lambda&2\\3&1&1-\lambda\end{vmatrix}=\begin{vmatrix}-1-\lambda&0&0\\0&2-\lambda&0\\0&0&y-\lambda\end{vmatrix},$$

即

$$(\lambda+2)[\lambda^2-(x+1)\lambda+x-2]=(\lambda+1)(\lambda-2)(\lambda-y),$$

将 $\lambda=-1$ 代入有 $x=0$；将 $\lambda=-2$ 代入有 $y=-2$.

(2) A 的特征值为 $-1,2,-2$，解齐次线性方程组 $(A-\lambda E)x=0$ 可分别求得 A 的对应特征向量

$$\boldsymbol{p}_1=\begin{pmatrix}0\\-2\\1\end{pmatrix},\quad \boldsymbol{p}_2=\begin{pmatrix}0\\1\\1\end{pmatrix},\quad \boldsymbol{p}_3=\begin{pmatrix}-1\\0\\1\end{pmatrix}.$$

于是所求逆矩阵 $\boldsymbol{P}=(\boldsymbol{p}_1,\boldsymbol{p}_2,\boldsymbol{p}_3)=\begin{pmatrix}0&0&-1\\-2&1&0\\1&1&1\end{pmatrix}$,使 $\boldsymbol{P}^{-1}\boldsymbol{A}\boldsymbol{P}=\boldsymbol{B}$.

(3) 由于 $\boldsymbol{A}=\boldsymbol{P}\boldsymbol{B}\boldsymbol{P}^{-1}$,于是 $\boldsymbol{A}^{100}=\boldsymbol{P}\boldsymbol{B}^{100}\boldsymbol{P}^{-1}$,其中

$$\boldsymbol{P}^{-1}=\frac{1}{3}\begin{pmatrix}1&-1&1\\2&1&2\\-3&0&0\end{pmatrix}.$$

所以

$$\boldsymbol{A}^{100}=\begin{pmatrix}0&0&-1\\-2&1&0\\1&1&1\end{pmatrix}\begin{pmatrix}(-1)^{100}&0&0\\0&2^{100}&0\\0&0&(-2)^{100}\end{pmatrix}\frac{1}{3}\begin{pmatrix}1&-1&1\\2&1&2\\-3&0&0\end{pmatrix}$$

$$=\frac{1}{3}\begin{pmatrix}3\cdot 2^{100}&0&0\\2^{101}-2&2^{100}+2&2^{101}-2\\1-2^{100}&2^{100}-1&2^{101}+1\end{pmatrix}.$$

例 2 已知矩阵 $\boldsymbol{A}=\begin{pmatrix}3&2&-2\\-k&-1&k\\4&2&-3\end{pmatrix}$ 可对角化,求 k.

解 矩阵 $\boldsymbol{A}$ 的特征多项式

$$|\boldsymbol{A}-\lambda\boldsymbol{E}|=\begin{vmatrix}3-\lambda&2&-2\\-k&-1-\lambda&k\\4&2&-3-\lambda\end{vmatrix}=\begin{vmatrix}1-\lambda&2&-2\\0&-1-\lambda&k\\1-\lambda&2&-3-\lambda\end{vmatrix}$$

$$=\begin{vmatrix}1-\lambda&2&-2\\0&-1-\lambda&k\\0&0&-1-\lambda\end{vmatrix}=(1-\lambda)(1+\lambda)^2,$$

$\boldsymbol{A}$ 的特征值为 $\lambda_1=\lambda_2=-1,\lambda_3=1$.由定理 3 可知,对应二重特征值 $\lambda_1=\lambda_2=-1$,$\boldsymbol{A}$ 应有两个线性无关的特征向量,故 $R(\boldsymbol{A}+\boldsymbol{E})=1$.而

$$\boldsymbol{A}+\boldsymbol{E}=\begin{pmatrix}4&2&-2\\-k&0&k\\4&2&-2\end{pmatrix}\sim\begin{pmatrix}4&2&-2\\-k&0&k\\0&0&0\end{pmatrix}\sim\begin{pmatrix}2&2&-2\\0&0&k\\0&0&0\end{pmatrix},$$

故 $k=0$ 时,$\boldsymbol{A}$ 可对角化.

习题 5-3

1. 设 n 阶方阵 $\boldsymbol{A}$ 与 $\boldsymbol{B}$ 相似，则（　　）.

(A) $\boldsymbol{A}-\lambda\boldsymbol{E}=\boldsymbol{B}-\lambda\boldsymbol{E}$

(B) $\boldsymbol{A}$ 与 $\boldsymbol{B}$ 有相同的特征值及特征向量

(C) $\boldsymbol{A}$ 与 $\boldsymbol{B}$ 都相似于同一对角阵 $\boldsymbol{\Lambda}$

(D) 对任意常数 k，$\boldsymbol{A}-k\boldsymbol{E}$ 与 $\boldsymbol{B}-k\boldsymbol{E}$ 相似

2. 设 $\boldsymbol{\alpha}=(1,1,1)^{\mathrm{T}}$，$\boldsymbol{\beta}=(1,0,k)^{\mathrm{T}}$，若矩阵 $\boldsymbol{\alpha}\boldsymbol{\beta}^{\mathrm{T}}$ 相似于 $\begin{pmatrix}3&0&0\\0&0&0\\0&0&0\end{pmatrix}$，则 $k=$________.

3. 设矩阵 $\boldsymbol{A}=\begin{pmatrix}2&0&0\\0&0&1\\0&1&x\end{pmatrix}$ 与 $\boldsymbol{B}=\begin{pmatrix}2&0&0\\0&y&0\\0&0&-1\end{pmatrix}$ 相似.

(1) 求 x,y；

(2) 求一个可逆矩阵 $\boldsymbol{P}$，使 $\boldsymbol{P}^{-1}\boldsymbol{A}\boldsymbol{P}=\boldsymbol{B}$.

4. 设 $\boldsymbol{A},\boldsymbol{B}$ 都是 n 阶方阵，且 $|\boldsymbol{A}|\neq 0$，证明 $\boldsymbol{AB}$ 与 $\boldsymbol{BA}$ 相似.

5. 设三阶方阵 $\boldsymbol{A}$ 的特征值为 $1,0,-1$，对应的特征向量依次为

$$\boldsymbol{p}_1=\begin{pmatrix}1\\2\\2\end{pmatrix},\boldsymbol{p}_2=\begin{pmatrix}2\\-2\\1\end{pmatrix},\boldsymbol{p}_3=\begin{pmatrix}-2\\-1\\2\end{pmatrix},$$

求 $\boldsymbol{A}$ 及 $\boldsymbol{A}^{50}$.

6. 设矩阵 $\boldsymbol{A}=\begin{pmatrix}0&0&1\\x&1&y\\1&0&0\end{pmatrix}$ 可对角化，求 x 和 y 应满足的条件.

7. 已知矩阵 $\boldsymbol{A}=\begin{pmatrix}2&a&2\\5&b&3\\-1&1&-1\end{pmatrix}$ 有特征值 ±1，求 a,b 的值，并说明 $\boldsymbol{A}$ 能否对角化.

第四节　实对称矩阵的相似矩阵

上节讨论了一般矩阵与对角矩阵相似的条件，本节将讨论实对称矩阵与对角矩阵相似的问题.

一、实对称矩阵特征值的性质

定理 1　实对称矩阵的特征值为实数.

证　先介绍一个记号.设复数矩阵 $\boldsymbol{X}=(x_{ij})$, $\overline{x_{ij}}$ 是 x_{ij} 的共轭复数，记 $\overline{\boldsymbol{X}}=(\overline{x_{ij}})$，它是由 $\boldsymbol{X}$ 的对应元素的共轭复数构成的矩阵.设复数 λ 为 n 阶实对称矩阵 $\boldsymbol{A}$ 的特征值，复向量 $\boldsymbol{x}$ 为对应的特征向量，即 $\boldsymbol{Ax}=\lambda\boldsymbol{x}, \boldsymbol{x}\neq\boldsymbol{0}$.

用 $\overline{\lambda}$ 表示 λ 的**共轭复数**，$\overline{\boldsymbol{x}}$ 表示 $\boldsymbol{x}$ 的**共轭复向量**，则 $\boldsymbol{A}\overline{\boldsymbol{x}}=\overline{\boldsymbol{A}}\overline{\boldsymbol{x}}=\overline{(\boldsymbol{Ax})}=\overline{(\lambda\boldsymbol{x})}=\overline{\lambda}\overline{\boldsymbol{x}}$.于是有

$$\overline{\boldsymbol{x}}^{\mathrm{T}}\boldsymbol{Ax}=\overline{\boldsymbol{x}}^{\mathrm{T}}(\boldsymbol{Ax})=\overline{\boldsymbol{x}}^{\mathrm{T}}\lambda\boldsymbol{x}=\lambda\overline{\boldsymbol{x}}^{\mathrm{T}}\boldsymbol{x},$$

及

$$\overline{\boldsymbol{x}}^{\mathrm{T}}\boldsymbol{Ax}=(\overline{\boldsymbol{x}}^{\mathrm{T}}\boldsymbol{A}^{\mathrm{T}})\boldsymbol{x}=(\boldsymbol{A}\overline{\boldsymbol{x}})^{\mathrm{T}}\boldsymbol{x}=\overline{(\lambda\boldsymbol{x})}^{\mathrm{T}}\boldsymbol{x}=\overline{\lambda}\overline{\boldsymbol{x}}^{\mathrm{T}}\boldsymbol{x}.$$

两式相减，得 $(\lambda-\overline{\lambda})\overline{\boldsymbol{x}}^{\mathrm{T}}\boldsymbol{x}=0$，但因 $\boldsymbol{x}\neq\boldsymbol{0}$，所以 $\overline{\boldsymbol{x}}^{\mathrm{T}}\boldsymbol{x}=\sum\limits_{i=1}^{n}\overline{x}_i x_i=\sum\limits_{i=1}^{n}|x_i|^2\neq 0$，故 $\lambda-\overline{\lambda}=0$，即 $\lambda=\overline{\lambda}$，这说明 λ 是实数.

注意：当特征值 λ_1 为实数时，$(\boldsymbol{A}-\lambda_1\boldsymbol{E})\boldsymbol{x}=\boldsymbol{0}$ 是实系数齐次线性方程组，由其系数行列式为零可知必有实基础解系，所以 λ_1 对应的特征向量可以取实向量.

定理 2　实对称矩阵 $\boldsymbol{A}$ 的属于不同特征值的特征向量相互正交.

证　设 λ_1,λ_2 是 $\boldsymbol{A}$ 的不同特征值，$\boldsymbol{p}_1,\boldsymbol{p}_2$ 是对应的特征向量.于是

$$\lambda_1\boldsymbol{p}_1=\boldsymbol{A}\boldsymbol{p}_1,\ \lambda_2\boldsymbol{p}_2=\boldsymbol{A}\boldsymbol{p}_2,\ \lambda_1\neq\lambda_2.$$

因 $\boldsymbol{A}$ 对称，故 $\lambda_1\boldsymbol{p}_1^{\mathrm{T}}=(\lambda_1\boldsymbol{p}_1)^{\mathrm{T}}=(\boldsymbol{A}\boldsymbol{p}_1)^{\mathrm{T}}=\boldsymbol{p}_1^{\mathrm{T}}\boldsymbol{A}^{\mathrm{T}}=\boldsymbol{p}_1^{\mathrm{T}}\boldsymbol{A}$，从而

$$\lambda_1\boldsymbol{p}_1^{\mathrm{T}}\boldsymbol{p}_2=\boldsymbol{p}_1^{\mathrm{T}}\boldsymbol{A}\boldsymbol{p}_2=\boldsymbol{p}_1^{\mathrm{T}}(\lambda_2\boldsymbol{p}_2)=\lambda_2\boldsymbol{p}_1^{\mathrm{T}}\boldsymbol{p}_2,$$

即 $(\lambda_1-\lambda_2)\boldsymbol{p}_1^{\mathrm{T}}\boldsymbol{p}_2=0$.但 $\lambda_1\neq\lambda_2$，故 $\boldsymbol{p}_1^{\mathrm{T}}\boldsymbol{p}_2=0$，即 $\boldsymbol{p}_1$ 与 $\boldsymbol{p}_2$ 正交.

二、实对称矩阵的相似理论

定理 3　设 $\boldsymbol{A}$ 为 n 阶实对称矩阵，则存在正交矩阵 $\boldsymbol{P}$，使得 $\boldsymbol{P}^{\mathrm{T}}\boldsymbol{AP}=\boldsymbol{P}^{-1}\boldsymbol{AP}=\boldsymbol{\Lambda}$，其中 $\boldsymbol{\Lambda}$ 是以 $\boldsymbol{A}$ 的 n 个特征值为对角元的对角矩阵.

证　利用数学归纳法证明此结论.$n=1$ 时结论显然成立，假设对任意的 $n-1$ 阶实对称矩阵结论成立，现只要证明对 n 阶实对称矩阵结论也成立即可.

设 $\boldsymbol{A}$ 是 n 阶实对称矩阵，任取 $\boldsymbol{A}$ 的一个特征值 λ_1，其对应的单位特征向量为 $\boldsymbol{\alpha}_1$，再任取 $n-1$ 个单位向量 $\boldsymbol{\alpha}_2,\cdots,\boldsymbol{\alpha}_n$，使得 $\boldsymbol{\alpha}_1,\boldsymbol{\alpha}_2,\cdots,\boldsymbol{\alpha}_n$ 两两正交，于是 $\boldsymbol{Q}=(\boldsymbol{\alpha}_1,\boldsymbol{\alpha}_2,\cdots,\boldsymbol{\alpha}_n)$ 为正交矩阵，则

$$\boldsymbol{Q}^{\mathrm{T}}\boldsymbol{AQ}=\begin{pmatrix}\boldsymbol{\alpha}_1^{\mathrm{T}}\\ \boldsymbol{\alpha}_2^{\mathrm{T}}\\ \vdots\\ \boldsymbol{\alpha}_n^{\mathrm{T}}\end{pmatrix}\boldsymbol{A}(\boldsymbol{\alpha}_1,\boldsymbol{\alpha}_2,\cdots,\boldsymbol{\alpha}_n)=\begin{pmatrix}\boldsymbol{\alpha}_1^{\mathrm{T}}\\ \boldsymbol{\alpha}_2^{\mathrm{T}}\\ \vdots\\ \boldsymbol{\alpha}_n^{\mathrm{T}}\end{pmatrix}(\lambda_1\boldsymbol{\alpha}_1,\boldsymbol{A}\boldsymbol{\alpha}_2,\cdots,\boldsymbol{A}\boldsymbol{\alpha}_n)$$

$$=\begin{pmatrix}\lambda_1 & \boldsymbol{\alpha}_1^{\mathrm{T}}\boldsymbol{A}\boldsymbol{\alpha}_2 & \cdots & \boldsymbol{\alpha}_1^{\mathrm{T}}\boldsymbol{A}\boldsymbol{\alpha}_n\\ 0 & \boldsymbol{\alpha}_2^{\mathrm{T}}\boldsymbol{A}\boldsymbol{\alpha}_2 & \cdots & \boldsymbol{\alpha}_2^{\mathrm{T}}\boldsymbol{A}\boldsymbol{\alpha}_n\\ \vdots & \vdots & & \vdots\\ 0 & \boldsymbol{\alpha}_n^{\mathrm{T}}\boldsymbol{A}\boldsymbol{\alpha}_2 & \cdots & \boldsymbol{\alpha}_n^{\mathrm{T}}\boldsymbol{A}\boldsymbol{\alpha}_n\end{pmatrix}.$$

注意到 $\boldsymbol{Q}^{\mathrm{T}}\boldsymbol{A}\boldsymbol{Q}$ 是对称的,因此有

$$\boldsymbol{Q}^{\mathrm{T}}\boldsymbol{A}\boldsymbol{Q}=\begin{pmatrix}\lambda_1 & 0 & \cdots & 0\\ 0 & \boldsymbol{\alpha}_2^{\mathrm{T}}\boldsymbol{A}\boldsymbol{\alpha}_2 & \cdots & \boldsymbol{\alpha}_2^{\mathrm{T}}\boldsymbol{A}\boldsymbol{\alpha}_n\\ \vdots & \vdots & & \vdots\\ 0 & \boldsymbol{\alpha}_n^{\mathrm{T}}\boldsymbol{A}\boldsymbol{\alpha}_2 & \cdots & \boldsymbol{\alpha}_n^{\mathrm{T}}\boldsymbol{A}\boldsymbol{\alpha}_n\end{pmatrix}.$$

记 $\boldsymbol{A}_1=\begin{pmatrix}\boldsymbol{\alpha}_2^{\mathrm{T}}\boldsymbol{A}\boldsymbol{\alpha}_2 & \cdots & \boldsymbol{\alpha}_2^{\mathrm{T}}\boldsymbol{A}\boldsymbol{\alpha}_n\\ \vdots & & \vdots\\ \boldsymbol{\alpha}_n^{\mathrm{T}}\boldsymbol{A}\boldsymbol{\alpha}_2 & \cdots & \boldsymbol{\alpha}_n^{\mathrm{T}}\boldsymbol{A}\boldsymbol{\alpha}_n\end{pmatrix}$,则对 $n-1$ 阶实对称矩阵 $\boldsymbol{A}_1$,由归纳假设知存在正交矩阵 $\boldsymbol{U}$,使得

$$\boldsymbol{U}^{\mathrm{T}}\boldsymbol{A}_1\boldsymbol{U}=\boldsymbol{\Lambda}_1,$$

其中 $\boldsymbol{\Lambda}_1$ 为 $n-1$ 阶对角矩阵.取 $\boldsymbol{P}_1=\begin{pmatrix}1 & \\ & \boldsymbol{U}\end{pmatrix}$,$\boldsymbol{P}_1$ 是 n 阶正交矩阵.于是

$$(\boldsymbol{Q}\boldsymbol{P}_1)^{\mathrm{T}}\boldsymbol{A}(\boldsymbol{Q}\boldsymbol{P}_1)=\begin{pmatrix}\lambda_1 & \\ & \boldsymbol{\Lambda}_1\end{pmatrix},$$

而 $\boldsymbol{Q}\boldsymbol{P}_1$ 也是正交矩阵.取 $\boldsymbol{P}=\boldsymbol{Q}\boldsymbol{P}_1$,$\boldsymbol{\Lambda}=\begin{pmatrix}\lambda_1 & \\ & \boldsymbol{\Lambda}_1\end{pmatrix}$,则有 $\boldsymbol{P}^{\mathrm{T}}\boldsymbol{A}\boldsymbol{P}=\boldsymbol{P}^{-1}\boldsymbol{A}\boldsymbol{P}=\boldsymbol{\Lambda}$.

由于 $\boldsymbol{\Lambda}$ 为对角矩阵,特征值就是其对角线上的元素,而前面已经证明矩阵 $\boldsymbol{A}$ 与对角矩阵 $\boldsymbol{\Lambda}$ 相似,故 $\boldsymbol{\Lambda}$ 是以 $\boldsymbol{A}$ 的 n 个特征值为对角元的对角矩阵.

推论 设 λ 是 n 阶实对称矩阵 $\boldsymbol{A}$ 的 r 重特征值,则 $R(\boldsymbol{A}-\lambda\boldsymbol{E})=n-r$,从而对应于特征值 λ 恰有 r 个线性无关的特征向量.

由本节定理 3 知,n 阶实对称矩阵 $\boldsymbol{A}$ 必与对角矩阵相似,因而由本章第三节定理 3 可得推论成立.

三、实对称矩阵对角化方法

根据定理 3 及其推论,可以得到将 n 阶实对称矩阵 $\boldsymbol{A}$ 对角化的步骤:

1. 求出特征方程 $|\boldsymbol{A}-\lambda\boldsymbol{E}|=0$ 的所有不同根 $\lambda_1,\lambda_2,\cdots,\lambda_s$,其中 λ_i 为 $\boldsymbol{A}$ 的 r_i 重特征值 $(i=1,2,\cdots,s)$;

2. 对每一特征值 λ_i,解齐次线性方程组 $(\boldsymbol{A}-\lambda_i\boldsymbol{E})\boldsymbol{x}=\boldsymbol{0}$,求得它的一个基础解系 $\boldsymbol{\alpha}_{i1},\boldsymbol{\alpha}_{i2},\cdots,\boldsymbol{\alpha}_{ir_i}(i=1,2,\cdots,s)$;

3. 利用施密特正交化方法,把 $\boldsymbol{\alpha}_{i1},\boldsymbol{\alpha}_{i2},\cdots,\boldsymbol{\alpha}_{ir_i}$ 正交化,得到正交向量组 $\boldsymbol{\beta}_{i1}$,

$\boldsymbol{\beta}_{i2},\cdots,\boldsymbol{\beta}_{ir_i}(i=1,2,\cdots,s)$.再将所得正交向量组单位化,得到正交单位向量组 $\boldsymbol{\gamma}_{i1},\boldsymbol{\gamma}_{i2},\cdots,\boldsymbol{\gamma}_{ir_i}(i=1,2,\cdots,s)$.

4. 记 $\boldsymbol{P}=(\boldsymbol{\gamma}_{11},\boldsymbol{\gamma}_{12},\cdots,\boldsymbol{\gamma}_{1r_1},\boldsymbol{\gamma}_{21},\boldsymbol{\gamma}_{22},\cdots,\boldsymbol{\gamma}_{2r_2},\cdots,\boldsymbol{\gamma}_{s1},\boldsymbol{\gamma}_{s2},\cdots,\boldsymbol{\gamma}_{sr_s})$,则 $\boldsymbol{P}$ 为正交矩阵,使

$$\boldsymbol{P}^{-1}\boldsymbol{A}\boldsymbol{P}=\boldsymbol{\Lambda}=\mathrm{diag}(\overbrace{\lambda_1,\cdots,\lambda_1}^{r_1},\overbrace{\lambda_2,\cdots,\lambda_2}^{r_2},\cdots,\overbrace{\lambda_s,\cdots,\lambda_s}^{r_s}),$$

其中,矩阵 $\boldsymbol{\Lambda}$ 的主对角线元 λ_i 的重数为 $r_i(i=1,2,\cdots,s)$,并且排列顺序与 $\boldsymbol{P}$ 中正交单位向量组的排列顺序相对应.

例 1 设 $\boldsymbol{A}=\begin{pmatrix}1&0&0\\0&2&1\\0&1&2\end{pmatrix}$,求一个正交矩阵 $\boldsymbol{P}$,使 $\boldsymbol{P}^{-1}\boldsymbol{A}\boldsymbol{P}=\boldsymbol{\Lambda}$ 为对角矩阵.

解 $\boldsymbol{A}$ 的特征方程为

$$|\boldsymbol{A}-\lambda\boldsymbol{E}|=\begin{vmatrix}1-\lambda&0&0\\0&2-\lambda&1\\0&1&2-\lambda\end{vmatrix}=(3-\lambda)(1-\lambda)^2,$$

故 $\boldsymbol{A}$ 的特征值为 $\lambda_1=3,\lambda_2=\lambda_3=1$.

当 $\lambda_1=3$ 时,解方程组 $(\boldsymbol{A}-3\boldsymbol{E})\boldsymbol{x}=\boldsymbol{0}$ 得基础解系 $\boldsymbol{\alpha}_1=\begin{pmatrix}0\\1\\1\end{pmatrix}$,将其单位化得

$$\boldsymbol{p}_1=\frac{1}{\sqrt{2}}\begin{pmatrix}0\\1\\1\end{pmatrix}.$$

当 $\lambda_2=\lambda_3=1$ 时,解方程组 $(\boldsymbol{A}-\boldsymbol{E})\boldsymbol{x}=\boldsymbol{0}$ 得基础解系 $\boldsymbol{\alpha}_2=\begin{pmatrix}1\\0\\0\end{pmatrix},\boldsymbol{\alpha}_3=\begin{pmatrix}0\\1\\-1\end{pmatrix}$.这两个向量已是正交的,故只需将其单位化,得 $\boldsymbol{p}_2=\begin{pmatrix}1\\0\\0\end{pmatrix},\boldsymbol{p}_3=\frac{1}{\sqrt{2}}\begin{pmatrix}0\\1\\-1\end{pmatrix}$.

于是求得正交矩阵

$$\boldsymbol{P}=(\boldsymbol{p}_1,\boldsymbol{p}_2,\boldsymbol{p}_3)=\begin{pmatrix}0&1&0\\\frac{1}{\sqrt{2}}&0&\frac{1}{\sqrt{2}}\\\frac{1}{\sqrt{2}}&0&-\frac{1}{\sqrt{2}}\end{pmatrix},$$

使 $\boldsymbol{P}^{-1}\boldsymbol{A}\boldsymbol{P}=\begin{pmatrix}3&&\\&1&\\&&1\end{pmatrix}$.

值得注意的是,对于 $\boldsymbol{A}$ 的二重特征值 $\lambda_2=\lambda_3=1$,上面求得的 $\boldsymbol{\alpha}_2,\boldsymbol{\alpha}_3$ 碰巧是正交的,故不必正交化,只要单位化即可.但如果求得的基础解系为

$$\boldsymbol{\alpha}_2=\begin{pmatrix}1\\1\\-1\end{pmatrix},\boldsymbol{\alpha}_3=\begin{pmatrix}0\\1\\-1\end{pmatrix},\boldsymbol{\alpha}_2^{\mathrm{T}}\boldsymbol{\alpha}_3\neq 0.$$

此时须先将 $\boldsymbol{\alpha}_2,\boldsymbol{\alpha}_3$ 正交化,取

$$\boldsymbol{\beta}_2=\boldsymbol{\alpha}_2=\begin{pmatrix}1\\1\\-1\end{pmatrix},\boldsymbol{\beta}_3=\boldsymbol{\alpha}_3-\frac{\boldsymbol{\beta}_2^{\mathrm{T}}\boldsymbol{\alpha}_3}{\boldsymbol{\beta}_2^{\mathrm{T}}\boldsymbol{\beta}_2}\boldsymbol{\beta}_2=\frac{1}{3}\begin{pmatrix}-2\\1\\-1\end{pmatrix}.$$

再单位化,得

$$\boldsymbol{p}_2=\frac{1}{\sqrt{3}}\begin{pmatrix}1\\1\\-1\end{pmatrix},\boldsymbol{p}_3=\frac{1}{\sqrt{6}}\begin{pmatrix}-2\\1\\-1\end{pmatrix}.$$

于是又得正交矩阵 $\boldsymbol{P}=\begin{pmatrix}0&\frac{1}{\sqrt{3}}&-\frac{2}{\sqrt{6}}\\\frac{1}{\sqrt{2}}&\frac{1}{\sqrt{3}}&\frac{1}{\sqrt{6}}\\\frac{1}{\sqrt{2}}&-\frac{1}{\sqrt{3}}&-\frac{1}{\sqrt{6}}\end{pmatrix}$,使 $\boldsymbol{P}^{-1}\boldsymbol{A}\boldsymbol{P}=\begin{pmatrix}3&&\\&1&\\&&1\end{pmatrix}$.

这也说明,定理3中的正交矩阵 $\boldsymbol{P}$ 是不唯一的.

例2　设三阶实对称矩阵 $\boldsymbol{A}$ 的特征值为 $-1,1,1$,与特征值 -1 对应的特征向量为 $\boldsymbol{p}_1=\begin{pmatrix}0\\1\\1\end{pmatrix}$,求 $\boldsymbol{A}$.

解　设与特征值 $\lambda=1$ 对应的特征向量为 $\boldsymbol{\alpha}=\begin{pmatrix}x_1\\x_2\\x_3\end{pmatrix}$,由于实对称矩阵不同特征值所对应的特征向量一定正交,故 $\boldsymbol{p}_1^{\mathrm{T}}\boldsymbol{\alpha}=0$,即 $x_2+x_3=0$,解之得基础解系

$$\boldsymbol{p}_2=\begin{pmatrix}1\\0\\0\end{pmatrix},\boldsymbol{p}_3=\begin{pmatrix}0\\1\\-1\end{pmatrix}.$$

而 $\boldsymbol{A}$ 对应于二重特征值 $\lambda=1$ 的线性无关特征向量一定有两个，故 $\boldsymbol{p}_2,\boldsymbol{p}_3$ 就是对应于 $\lambda=1$ 的特征向量.

记 $\boldsymbol{P}=(\boldsymbol{p}_1,\boldsymbol{p}_2,\boldsymbol{p}_3)=\begin{pmatrix}0&1&0\\1&0&1\\1&0&-1\end{pmatrix}$，于是

$$\boldsymbol{A}=\boldsymbol{P\Lambda P}^{-1}=\begin{pmatrix}0&1&0\\1&0&1\\1&0&-1\end{pmatrix}\begin{pmatrix}-1&&\\&1&\\&&1\end{pmatrix}\begin{pmatrix}0&\frac{1}{2}&\frac{1}{2}\\1&0&0\\0&\frac{1}{2}&-\frac{1}{2}\end{pmatrix}$$

$$=\begin{pmatrix}1&0&0\\0&0&-1\\0&-1&0\end{pmatrix}.$$

习题 5-4

1. 试求一个正交相似变换矩阵，将下列实对称矩阵化为对角矩阵：

(1) $\begin{pmatrix}4&2&2\\2&4&2\\2&2&4\end{pmatrix}$； (2) $\begin{pmatrix}3&-1&0\\-1&2&-1\\0&-1&3\end{pmatrix}$.

2. 设三阶实对称矩阵 $\boldsymbol{A}$ 的特征值为 0,1,1，$\boldsymbol{A}$ 的属于 0 的特征向量为 $\boldsymbol{\alpha}_1=\begin{pmatrix}0\\1\\1\end{pmatrix}$，求 $\boldsymbol{A}$.

3. 设 $\boldsymbol{A},\boldsymbol{B}$ 是两个 n 阶实对称矩阵，证明 $\boldsymbol{A}$ 与 $\boldsymbol{B}$ 相似的充要条件是 $\boldsymbol{A}$ 与 $\boldsymbol{B}$ 有相同的特征值.

4. 判断 n 阶矩阵 $\boldsymbol{A}=\begin{pmatrix}1&1&\cdots&1\\1&1&\cdots&1\\\vdots&\vdots&&\vdots\\1&1&\cdots&1\end{pmatrix}$ 与 $\boldsymbol{B}=\begin{pmatrix}n&0&\cdots&0\\1&0&\cdots&0\\\vdots&\vdots&&\vdots\\1&0&\cdots&0\end{pmatrix}$ 是否相似，并说明理由.

第 5 章总习题

1. 设 $\boldsymbol{A}$ 为 n 阶方阵，$|\boldsymbol{A}|\neq 0$，$\boldsymbol{A}^*$ 为 $\boldsymbol{A}$ 的伴随矩阵，若 $\boldsymbol{A}$ 有特征值为 λ，求 $(\boldsymbol{A}^*)^2+\boldsymbol{E}$ 的一个特征值.

2. 设 $\boldsymbol{A}=\begin{pmatrix} a & -1 & c \\ 5 & b & 3 \\ 1-c & 0 & -a \end{pmatrix}$，$|\boldsymbol{A}|=-1$，$\boldsymbol{A}^*$ 有一个特征值为 λ_0，与 λ_0 对应的一个特征向量为 $\boldsymbol{\alpha}=\begin{pmatrix} -1 \\ -1 \\ 1 \end{pmatrix}$. 求 a,b,c 和 λ_0.

3. 设三阶方阵 $\boldsymbol{A}$ 的特征值为 $\lambda_1=1,\lambda_2=2,\lambda_3=3$，对应的特征向量依次为 $\boldsymbol{\alpha}_1=\begin{pmatrix} 1 \\ 1 \\ 1 \end{pmatrix}$，$\boldsymbol{\alpha}_2=\begin{pmatrix} 1 \\ 2 \\ 4 \end{pmatrix}$，$\boldsymbol{\alpha}_3=\begin{pmatrix} 1 \\ 3 \\ 9 \end{pmatrix}$，又向量 $\boldsymbol{\beta}=\begin{pmatrix} 1 \\ 1 \\ 3 \end{pmatrix}$.

(1) 将 $\boldsymbol{\beta}$ 用 $\boldsymbol{\alpha}_1,\boldsymbol{\alpha}_2,\boldsymbol{\alpha}_3$ 线性表示；

(2) 求 $\boldsymbol{A}^n\boldsymbol{\beta}$（$n$ 为正整数）.

4. 设四阶方阵 $\boldsymbol{A}$ 满足条件 $|\sqrt{2}\boldsymbol{E}+\boldsymbol{A}|=0$，$\boldsymbol{A}\boldsymbol{A}^{\mathrm{T}}=2\boldsymbol{E}$，$|\boldsymbol{A}|<0$，求 $\boldsymbol{A}^*$ 的一个特征值.

5. 设向量 $\boldsymbol{\alpha}=\begin{pmatrix} a_1 \\ a_2 \\ \vdots \\ a_n \end{pmatrix}$，$\boldsymbol{\beta}=\begin{pmatrix} b_1 \\ b_2 \\ \vdots \\ b_n \end{pmatrix}$ 都是非零向量，且 $\boldsymbol{\alpha}^{\mathrm{T}}\boldsymbol{\beta}=0$，记 $\boldsymbol{A}=\boldsymbol{\alpha}\boldsymbol{\beta}^{\mathrm{T}}$. 求

(1) $\boldsymbol{A}^2$；　　(2) $\boldsymbol{A}$ 的特征值与特征向量.

6. 设 n 阶方阵 $\boldsymbol{A}=(a_{ij})$ 的各行元之和为常数 a，证明

(1) a 为 $\boldsymbol{A}$ 的一个特征值，$\boldsymbol{\alpha}=\begin{pmatrix} 1 \\ 1 \\ \vdots \\ 1 \end{pmatrix}$ 是对应的特征向量；

(2) $\boldsymbol{A}^m$ 的每行元之和为 a^m，其中 m 为正整数；

(3) 若 $\boldsymbol{A}$ 可逆，则 $\boldsymbol{A}^{-1}$ 的每行元之和为 $\dfrac{1}{a}$.

7. 设 $\boldsymbol{A},\boldsymbol{B}$ 均为 n 阶方阵，证明 $\boldsymbol{AB}$ 与 $\boldsymbol{BA}$ 有相同的特征值.

8. 设 $\boldsymbol{A},\boldsymbol{B}$ 均为 n 阶方阵，且 $R(\boldsymbol{A})+R(\boldsymbol{B})<n$，证明 $\boldsymbol{A},\boldsymbol{B}$ 有公共的特征向量.

9. 已知 $A=\begin{pmatrix} 0 & a & a^2 \\ \frac{1}{a} & 0 & a \\ \frac{1}{a^2} & \frac{1}{a} & 0 \end{pmatrix}$.

(1) 求可逆矩阵 P,使 $P^{-1}AP$ 为对角矩阵;

(2) 求 A^n, n 为正整数.

10. 设 $A=\begin{pmatrix} 1 & 0 & 0 & 0 \\ a & 1 & 0 & 0 \\ a_1 & b & 2 & 0 \\ a_2 & b_1 & c & 2 \end{pmatrix}$,问 a,b,c,a_1,a_2,b_1 满足什么条件时,A 可对角化?

11. 设矩阵 $A=\begin{pmatrix} 0 & 1 & 0 & 0 \\ 1 & 0 & 0 & 0 \\ 0 & 0 & y & 1 \\ 0 & 0 & 1 & 2 \end{pmatrix}$有一个特征值为 3.

(1) 求 y; (2) 求方阵 P 使 $(AP)^{\mathrm{T}}(AP)$ 为对角阵.

12. 设 n 阶方阵 A 满足 $A^2-3A+2E=\mathbf{0}$.证明 A 相似于一个对角矩阵.

13. 某试验性生产线每年 1 月份进行熟练工与非熟练工的人数统计,然后$\frac{1}{10}$熟练工将支援其他生产部门,其缺额由招收新的非熟练工补齐,新、老非熟练工经过培养及实践至年终考核有$\frac{2}{5}$成为熟练工.设第 n 年 1 月份统计的熟练工和非熟练工所占百分比分别为 x_n 和 y_n,记成向量$\begin{pmatrix} x_n \\ y_n \end{pmatrix}$.

(1) 求$\begin{pmatrix} x_{n+1} \\ y_{n+1} \end{pmatrix}$与$\begin{pmatrix} x_n \\ y_n \end{pmatrix}$的关系式并写成矩阵形式:$\begin{pmatrix} x_{n+1} \\ y_{n+1} \end{pmatrix}=A\begin{pmatrix} x_n \\ y_n \end{pmatrix}$;

(2) 验证 $\boldsymbol{\eta}_1=\begin{pmatrix} 4 \\ 1 \end{pmatrix}$, $\boldsymbol{\eta}_2=\begin{pmatrix} -1 \\ 1 \end{pmatrix}$是 A 的两个线性无关的特征向量,并求出相应的特征值;

(3) 当$\begin{pmatrix} x_1 \\ y_1 \end{pmatrix}=\begin{pmatrix} \frac{1}{2} \\ \frac{1}{2} \end{pmatrix}$时,求$\begin{pmatrix} x_{n+1} \\ y_{n+1} \end{pmatrix}$.

14. 考察栖息在同一地区的兔子和狐狸的生态模型,对两种动物的数量的相互依存的关系可用以下模型描述:

$$\begin{cases} x_n=1.1x_{n-1}-0.15y_{n-1}, \\ y_n=0.1x_{n-1}+0.85y_{n-1}, \end{cases} \quad n=1,2,\cdots$$

其中 x_n, y_n 分别表示第 n 年时,兔子和狐狸的数量,而 x_0, y_0 分别表示基年($n=0$)时,兔子和狐狸的数量,记 $\boldsymbol{\alpha}_n=\begin{pmatrix}x_n\\y_n\end{pmatrix}$,$n=0,1,2,\cdots$.

(1) 写出该模型的矩阵形式;

(2) 如果 $\boldsymbol{\alpha}_0=\begin{pmatrix}x_0\\y_0\end{pmatrix}=\begin{pmatrix}10\\8\end{pmatrix}$,求 $\boldsymbol{\alpha}_n$;

(3) 当 $n\to\infty$ 时,可以得到什么结论?

15. 设三阶实对称矩阵 $\boldsymbol{A}$ 的特征值 $\lambda_1=1,\lambda_2=2,\lambda_3=-2$,且 $\boldsymbol{\alpha}_1=(1,-1,1)^{\mathrm{T}}$ 是 $\boldsymbol{A}$ 的属于 λ_1 的一个特征向量.记 $\boldsymbol{B}=\boldsymbol{A}^5-4\boldsymbol{A}^3+\boldsymbol{E}$,其中 $\boldsymbol{E}$ 为三阶单位矩阵.

(1) 验证 $\boldsymbol{\alpha}_1$ 是矩阵 $\boldsymbol{B}$ 的特征向量,并求 $\boldsymbol{B}$ 的全部特征值与特征向量;

(2) 求矩阵 $\boldsymbol{B}$.

16. 设 $\boldsymbol{A}$ 为三阶矩阵,$\boldsymbol{\alpha}_1,\boldsymbol{\alpha}_2$ 为 $\boldsymbol{A}$ 的分别属于特征值 $-1,1$ 的特征向量,向量 $\boldsymbol{\alpha}_3$ 满足 $\boldsymbol{A}\boldsymbol{\alpha}_3=\boldsymbol{\alpha}_2+\boldsymbol{\alpha}_3$.

(1) 证明 $\boldsymbol{\alpha}_1,\boldsymbol{\alpha}_2,\boldsymbol{\alpha}_3$ 线性无关;

(2) 令 $\boldsymbol{P}=(\boldsymbol{\alpha}_1,\boldsymbol{\alpha}_2,\boldsymbol{\alpha}_3)$,求 $\boldsymbol{P}^{-1}\boldsymbol{A}\boldsymbol{P}$.

第6章 二 次 型

在平面解析几何中,为便于研究二次曲线

$$ax^2+bxy+cy^2=d$$

的几何性质,可以经过适当的坐标变换,把方程化为标准形

$$a'x'^2+c'y'^2=d.$$

通过此标准形,我们可方便地识别曲线的类型,研究曲线的性质.

科学技术和经济管理领域中的许多数学模型也经常遇到类似的问题:要把 n 元二次齐次多项式通过适当的线性变换,化为平方和的形式,本章将重点研究此问题.

第一节 二次型及其矩阵表示 矩阵合同

一、二次型定义及其矩阵表示

定义 1 含有 n 个变量 $x_1,x_2,\cdots,x_n$ 的二次齐次函数

$$f(x_1,x_2,\cdots,x_n)=a_{11}x_1^2+a_{22}x_2^2+\cdots+a_{nn}x_n^2+ \\ 2a_{12}x_1x_2+2a_{13}x_1x_3+\cdots+2a_{n-1,n}x_{n-1}x_n \tag{1}$$

称为**二次型**.当 a_{ij} 中有复数时,f 称为复二次型.当 a_{ij} 全为实数时,f 称为**实二次型**.我们仅讨论实二次型.

当 $j>i$ 时,取 $a_{ji}=a_{ij}$,则 $2a_{ij}x_ix_j=a_{ij}x_ix_j+a_{ji}x_jx_i$,于是(1)式可写成

$$\begin{aligned}f&=a_{11}x_1^2+a_{12}x_1x_2+\cdots+a_{1n}x_1x_n+\\&\quad a_{21}x_2x_1+a_{22}x_2^2+\cdots+a_{2n}x_2x_n+\cdots+\\&\quad a_{n1}x_nx_1+a_{n2}x_nx_2+\cdots+a_{nn}x_n^2\\&=\sum_{i,j=1}^{n}a_{ij}x_ix_j.\end{aligned}$$

记

$$A=\begin{pmatrix}a_{11}&a_{12}&\cdots&a_{1n}\\a_{21}&a_{22}&\cdots&a_{2n}\\\vdots&\vdots&&\vdots\\a_{n1}&a_{n2}&\cdots&a_{nn}\end{pmatrix},x=\begin{pmatrix}x_1\\x_2\\\vdots\\x_n\end{pmatrix},$$

则二次型可表示为

$$\begin{aligned}f&=x_1(a_{11}x_1+a_{12}x_2+\cdots+a_{1n}x_n)+\\&\quad x_2(a_{21}x_1+a_{22}x_2+\cdots+a_{2n}x_n)+\cdots+\\&\quad x_n(a_{n1}x_1+a_{n2}x_2+\cdots+a_{nn}x_n)\\&=(x_1,x_2,\cdots,x_n)\begin{pmatrix}a_{11}x_1+a_{12}x_2+\cdots+a_{1n}x_n\\a_{21}x_1+a_{22}x_2+\cdots+a_{2n}x_n\\\vdots\\a_{n1}x_1+a_{n2}x_2+\cdots+a_{nn}x_n\end{pmatrix}\\&=(x_1,x_2,\cdots,x_n)\begin{pmatrix}a_{11}&a_{12}&\cdots&a_{1n}\\a_{21}&a_{22}&\cdots&a_{2n}\\\vdots&\vdots&&\vdots\\a_{n1}&a_{n2}&\cdots&a_{nn}\end{pmatrix}\begin{pmatrix}x_1\\x_2\\\vdots\\x_n\end{pmatrix}=\boldsymbol{x}^{\mathrm{T}}\boldsymbol{A}\boldsymbol{x},\end{aligned}\tag{2}$$

其中 $\boldsymbol{A}$ 为对称矩阵.

例如,二次型 $f=2x_1x_2+3x_3^2$ 用矩阵记号写出来就是

$$f=(x_1,x_2,x_3)\begin{pmatrix}0&1&0\\1&0&0\\0&0&3\end{pmatrix}\begin{pmatrix}x_1\\x_2\\x_3\end{pmatrix}.$$

任给一个二次型,就唯一地确定一个对称矩阵;反之,任给一个对称矩阵,也可唯一地确定一个二次型.这样,二次型与对称矩阵之间存在一一对应的关系.因此,我们把对称矩阵 $\boldsymbol{A}$ 叫做**二次型 f 的矩阵**,也把 f 叫做**对称矩阵 $\boldsymbol{A}$ 的二次型**.对称矩阵 $\boldsymbol{A}$ 的秩就叫做**二次型 f 的秩**.

例 1 写出二次型 $f(x_1,x_2,x_3)=\boldsymbol{x}^{\mathrm{T}}\begin{pmatrix}1&3&5\\2&4&6\\7&8&5\end{pmatrix}\boldsymbol{x}$ 的矩阵.

解 由于 $\begin{pmatrix}1&3&5\\2&4&6\\7&8&5\end{pmatrix}$ 不是对称矩阵,故不是二次型 f 的矩阵,将二次型展开,得

$$f(x_1,x_2,x_3)=(x_1,x_2,x_3)\begin{pmatrix}1&3&5\\2&4&6\\7&8&5\end{pmatrix}\begin{pmatrix}x_1\\x_2\\x_3\end{pmatrix}$$

$$=x_1^2+4x_2^2+5x_3^2+5x_1x_2+12x_1x_3+14x_2x_3$$

$$=(x_1,x_2,x_3)\begin{pmatrix}1&\frac{5}{2}&6\\\frac{5}{2}&4&7\\6&7&5\end{pmatrix}\begin{pmatrix}x_1\\x_2\\x_3\end{pmatrix}.$$

所以 f 的矩阵为 $A=\begin{pmatrix}1&\frac{5}{2}&6\\\frac{5}{2}&4&7\\6&7&5\end{pmatrix}$.

例 2　已知二次型 $f(x_1,x_2,x_3)=5x_1^2+5x_2^2+cx_3^2-2x_1x_2+6x_1x_3-6x_2x_3$ 的秩为 2,求参数 c.

解　二次型 f 的矩阵为 $A=\begin{pmatrix}5&-1&3\\-1&5&-3\\3&-3&c\end{pmatrix}$,由 $R(A)=2$ 知 $|A|=0$,即 $c=3$.

二、矩阵的合同

对于二次型,我们讨论的主要问题是:寻求可逆的线性变换

$$\begin{cases}x_1=c_{11}y_1+c_{12}y_2+\cdots+c_{1n}y_n,\\x_2=c_{21}y_1+c_{22}y_2+\cdots+c_{2n}y_n,\\\qquad\cdots\cdots\cdots\cdots\\x_n=c_{n1}y_1+c_{n2}y_2+\cdots+c_{nn}y_n,\end{cases}\tag{3}$$

或

$$x=Cy,\qquad 其中\ C=(c_{ij}),\tag{4}$$

使二次型只含平方项,也就是把(3)代入(2),能使

$$f=d_1y_1^2+d_2y_2^2+\cdots+d_ny_n^2.$$

这种只含平方项的二次型,称为二次型的**标准形**(或**法式**).

为此,我们对线性变换的定义作如下扩充.

定义 2 记从变量 $y_1,y_2,\cdots,y_n$ 到变量 $x_1,x_2,\cdots,x_n$ 的线性变换为(4)式所表示,当 $\boldsymbol{C}$ 是满秩矩阵时,称(4)为**满秩(线性)变换(或非退化变换)**.当 $\boldsymbol{C}$ 是降秩矩阵时,称(4)为**降秩(线性)变换(或退化变换)**.当 $\boldsymbol{C}$ 是正交矩阵时,称(4)为**正交变换**.

如果对二次型 $f(x_1,x_2,\cdots,x_n)=\boldsymbol{x}^{\mathrm{T}}\boldsymbol{A}\boldsymbol{x}(\boldsymbol{A}^{\mathrm{T}}=\boldsymbol{A})$ 进行满秩变换 $\boldsymbol{x}=\boldsymbol{C}\boldsymbol{y}$,则

$$f=\boldsymbol{x}^{\mathrm{T}}\boldsymbol{A}\boldsymbol{x}=(\boldsymbol{C}\boldsymbol{y})^{\mathrm{T}}\boldsymbol{A}(\boldsymbol{C}\boldsymbol{y})=\boldsymbol{y}^{\mathrm{T}}(\boldsymbol{C}^{\mathrm{T}}\boldsymbol{A}\boldsymbol{C})\boldsymbol{y}=\boldsymbol{y}^{\mathrm{T}}\boldsymbol{B}\boldsymbol{y},$$

其中 $\boldsymbol{B}=\boldsymbol{C}^{\mathrm{T}}\boldsymbol{A}\boldsymbol{C}$ 是对称矩阵.一般的,我们有如下定义.

定义 3 设 $\boldsymbol{A},\boldsymbol{B}$ 为两个 n 阶方阵,若存在可逆矩阵 $\boldsymbol{C}$,使 $\boldsymbol{B}=\boldsymbol{C}^{\mathrm{T}}\boldsymbol{A}\boldsymbol{C}$,则称矩阵 $\boldsymbol{A}$ 和 $\boldsymbol{B}$ 合同,或 $\boldsymbol{A}$ 合同于 $\boldsymbol{B}$.

于是有

定理 1 若矩阵 $\boldsymbol{A}$ 与 $\boldsymbol{B}$ 合同,则 $\boldsymbol{A}$ 与 $\boldsymbol{B}$ 等价,且 $R(\boldsymbol{A})=R(\boldsymbol{B})$.

因此,关于矩阵合同有下述性质:

(1) 自反性 任一 n 阶方阵 $\boldsymbol{A}$ 都与它自己合同.

事实上,$\boldsymbol{E}^{\mathrm{T}}\boldsymbol{A}\boldsymbol{E}=\boldsymbol{A}$.

(2) 对称性 如果方阵 $\boldsymbol{A}$ 与 $\boldsymbol{B}$ 合同,那么 $\boldsymbol{B}$ 也与 $\boldsymbol{A}$ 合同.

事实上,$\boldsymbol{B}=\boldsymbol{C}^{\mathrm{T}}\boldsymbol{A}\boldsymbol{C}$ 时,$\boldsymbol{A}=(\boldsymbol{C}^{\mathrm{T}})^{-1}\boldsymbol{B}\boldsymbol{C}^{-1}=(\boldsymbol{C}^{-1})^{\mathrm{T}}\boldsymbol{B}(\boldsymbol{C}^{-1})$.

(3) 传递性 如果方阵 $\boldsymbol{A}$ 与 $\boldsymbol{B}$ 合同,$\boldsymbol{B}$ 与 $\boldsymbol{C}$ 合同,那么 $\boldsymbol{A}$ 与 $\boldsymbol{C}$ 合同.

事实上,$\boldsymbol{B}=\boldsymbol{C}_1^{\mathrm{T}}\boldsymbol{A}\boldsymbol{C}_1,\boldsymbol{C}=\boldsymbol{C}_2^{\mathrm{T}}\boldsymbol{B}\boldsymbol{C}_2$ 时,

$$\boldsymbol{C}=\boldsymbol{C}_2^{\mathrm{T}}(\boldsymbol{C}_1^{\mathrm{T}}\boldsymbol{A}\boldsymbol{C}_1)\boldsymbol{C}_2=(\boldsymbol{C}_1\boldsymbol{C}_2)^{\mathrm{T}}\boldsymbol{A}(\boldsymbol{C}_1\boldsymbol{C}_2).$$

例 3 设 $\boldsymbol{A}$ 和 $\boldsymbol{B}$ 为实对称矩阵,则由 $\boldsymbol{A}$ 与 $\boldsymbol{B}$ 相似可推出 $\boldsymbol{A}$ 与 $\boldsymbol{B}$ 合同,反之不然.

证 由 $\boldsymbol{A}$ 与 $\boldsymbol{B}$ 相似可知,$\boldsymbol{A}$ 与 $\boldsymbol{B}$ 有相同的特征值;又由 $\boldsymbol{A}$ 和 $\boldsymbol{B}$ 都是实对称矩阵可知,存在正交矩阵 $\boldsymbol{P}_1$ 和 $\boldsymbol{P}_2$,使得 $\boldsymbol{A}$ 和 $\boldsymbol{B}$ 都与对角矩阵 $\boldsymbol{\Lambda}$ 相似,即

$$\boldsymbol{P}_1^{-1}\boldsymbol{A}\boldsymbol{P}_1=\boldsymbol{\Lambda},\boldsymbol{P}_2^{-1}\boldsymbol{B}\boldsymbol{P}_2=\boldsymbol{\Lambda}.$$

从而

$$\boldsymbol{B}=\boldsymbol{P}_2\boldsymbol{\Lambda}\boldsymbol{P}_2^{-1}=\boldsymbol{P}_2\boldsymbol{P}_1^{-1}\boldsymbol{A}\boldsymbol{P}_1\boldsymbol{P}_2^{-1}=(\boldsymbol{P}_1\boldsymbol{P}_2^{-1})^{-1}\boldsymbol{A}(\boldsymbol{P}_1\boldsymbol{P}_2^{-1}).$$

记 $\boldsymbol{C}=\boldsymbol{P}_1\boldsymbol{P}_2^{-1}$,则由 $\boldsymbol{P}_1^{\mathrm{T}}=\boldsymbol{P}_1^{-1},\boldsymbol{P}_2^{\mathrm{T}}=\boldsymbol{P}_2^{-1}$ 有

$$\begin{aligned}\boldsymbol{C}^{\mathrm{T}}&=(\boldsymbol{P}_1\boldsymbol{P}_2^{-1})^{\mathrm{T}}=(\boldsymbol{P}_2^{-1})^{\mathrm{T}}\boldsymbol{P}_1^{\mathrm{T}}=(\boldsymbol{P}_2^{\mathrm{T}})^{\mathrm{T}}\boldsymbol{P}_1^{-1}=\boldsymbol{P}_2\boldsymbol{P}_1^{-1}\\&=(\boldsymbol{P}_1\boldsymbol{P}_2^{-1})^{-1}=\boldsymbol{C}^{-1}.\end{aligned}$$

于是 $\boldsymbol{B}=\boldsymbol{C}^{\mathrm{T}}\boldsymbol{A}\boldsymbol{C}$,即 $\boldsymbol{A}$ 与 $\boldsymbol{B}$ 合同.

反之,虽然 $\boldsymbol{A}=\begin{pmatrix}1&0\\0&2\end{pmatrix},\boldsymbol{B}=\begin{pmatrix}1&0\\0&1\end{pmatrix}$ 都是实对称矩阵,且取 $\boldsymbol{C}=\begin{pmatrix}1&0\\0&\frac{1}{\sqrt{2}}\end{pmatrix}$,有

$C^{T}AC=B$,即 A 与 B 合同.但由于对任意可逆矩阵 P,$P^{-1}BP=E\neq A$,故 A 和 B 不相似.反例说明,在所给条件下合同但不一定相似.

习题 6-1

1. 写出下列二次型 f 的矩阵 A,并求二次型的秩:

(1) $f(x_1,x_2,x_3)=x_1^2+2x_2^2-3x_3^2+4x_1x_2-6x_2x_3$;

(2) $f(x,y,z)=(x,y,z)\begin{pmatrix}2&1&3\\1&3&2\\7&4&5\end{pmatrix}\begin{pmatrix}x\\y\\z\end{pmatrix}$.

2. 设 $A=(a_{ij})_{m\times n}$,写出二次型

$$f(x_1,x_2,\cdots,x_n)=\sum_{i=1}^{m}(a_{i1}x_1+a_{i2}x_2+\cdots+a_{in}x_n)^2$$

的矩阵.

3. 写出下列实对称矩阵所对应的二次型:

(1) $A=\begin{pmatrix}0&\frac{1}{2}&-1&0\\\frac{1}{2}&-1&\frac{1}{2}&\frac{1}{2}\\-1&\frac{1}{2}&0&\frac{1}{2}\\0&\frac{1}{2}&\frac{1}{2}&1\end{pmatrix}$;

(2) $A=\begin{pmatrix}1&-1&0&\cdots&0&0\\-1&1&-1&\cdots&0&0\\\vdots&\vdots&\vdots&&\vdots&\vdots\\0&0&0&\cdots&1&-1\\0&0&0&\cdots&-1&1\end{pmatrix}_{(n)}$.

4. 设二次型 $f=2x_1^2+x_2^2-4x_1x_2-4x_2x_3$,分别作下列三个满秩变换,求新二次型.

(1) $x=\begin{pmatrix}1&1&-2\\0&1&-2\\0&0&1\end{pmatrix}y$;　(2) $x=\begin{pmatrix}\frac{1}{\sqrt{2}}&1&-1\\0&1&-1\\0&0&\frac{1}{2}\end{pmatrix}y$;

(3) $x=\begin{pmatrix}1&-1&0\\0&1&2\\0&0&1\end{pmatrix}y$.

5. 设 $\boldsymbol{A},\boldsymbol{B},\boldsymbol{C},\boldsymbol{D}$ 均为 n 阶对称方阵，且 $\boldsymbol{A}$ 与 $\boldsymbol{B}$ 合同，$\boldsymbol{C}$ 与 $\boldsymbol{D}$ 合同，证明 $\begin{pmatrix}\boldsymbol{A} & \boldsymbol{0}\\ \boldsymbol{0} & \boldsymbol{C}\end{pmatrix}$ 与 $\begin{pmatrix}\boldsymbol{B} & \boldsymbol{0}\\ \boldsymbol{0} & \boldsymbol{D}\end{pmatrix}$ 合同.

第二节 化二次型为标准形

本节我们将讨论如何通过满秩变换 $\boldsymbol{x}=\boldsymbol{C}\boldsymbol{y}$，化二次型 $f(x_1,x_2,\cdots,x_n)=\boldsymbol{x}^{\mathrm{T}}\boldsymbol{A}\boldsymbol{x}$ $(\boldsymbol{A}^{\mathrm{T}}=\boldsymbol{A})$ 为标准形

$$f=d_1y_1^2+d_2y_2^2+\cdots+d_ny_n^2.$$

事实上，化二次型为标准形，就是对实对称矩阵 $\boldsymbol{A}$，寻找可逆矩阵 $\boldsymbol{C}$，使 $\boldsymbol{C}^{\mathrm{T}}\boldsymbol{A}\boldsymbol{C}$ 成对角矩阵.

下面介绍三种化二次型为标准形的方法.

一、正交变换法

由于二次型的矩阵是实对称矩阵，由上一章第四节知，实对称矩阵必可对角化.于是有

定理 1 对于二次型 $f(x_1,x_2,\cdots,x_n)=\boldsymbol{x}^{\mathrm{T}}\boldsymbol{A}\boldsymbol{x}$，总有正交变换 $\boldsymbol{x}=\boldsymbol{P}\boldsymbol{y}$，使 f 化为标准形

$$f=\lambda_1y_1^2+\lambda_2y_2^2+\cdots+\lambda_ny_n^2,$$

其中 $\lambda_1,\lambda_2,\cdots,\lambda_n$ 是 f 的矩阵 $\boldsymbol{A}=(a_{ij})$ 的特征值.

例 1 求一个正交变换 $\boldsymbol{x}=\boldsymbol{P}\boldsymbol{y}$，化二次型

$$f=x_1^2-2x_2^2-2x_3^2-4x_1x_2+4x_1x_3+8x_2x_3$$

为标准形，并指出方程 $f=1$ 表示何种二次曲面.

解 二次型 f 的矩阵为

$$\boldsymbol{A}=\begin{pmatrix}1 & -2 & 2\\ -2 & -2 & 4\\ 2 & 4 & -2\end{pmatrix},$$

它的特征多项式为

$$|\boldsymbol{A}-\lambda\boldsymbol{E}|=\begin{vmatrix}1-\lambda & -2 & 2\\ -2 & -2-\lambda & 4\\ 2 & 4 & -2-\lambda\end{vmatrix}$$
$$=-(\lambda+7)(\lambda-2)^2,$$

于是 $\boldsymbol{A}$ 的特征值为 $\lambda_1=-7,\lambda_2=\lambda_3=2$.

当 $\lambda_1=-7$ 时，解方程组 $(\boldsymbol{A}+7\boldsymbol{E})\boldsymbol{x}=\boldsymbol{0}$，由

$$\boldsymbol{A}+7\boldsymbol{E}=\begin{pmatrix}8&-2&2\\-2&5&4\\2&4&5\end{pmatrix}\sim\begin{pmatrix}2&4&5\\0&9&9\\0&-18&-18\end{pmatrix}\sim\begin{pmatrix}1&0&\frac{1}{2}\\0&1&1\\0&0&0\end{pmatrix}$$

得基础解系 $\boldsymbol{\xi}_1=\begin{pmatrix}1\\2\\-2\end{pmatrix}$，单位化即得 $\boldsymbol{p}_1=\frac{1}{3}\begin{pmatrix}1\\2\\-2\end{pmatrix}$.

当 $\lambda_2=\lambda_3=2$ 时，解方程组 $(\boldsymbol{A}-2\boldsymbol{E})\boldsymbol{x}=\boldsymbol{0}$，由

$$\boldsymbol{A}-2\boldsymbol{E}=\begin{pmatrix}-1&-2&2\\-2&-4&4\\2&4&-4\end{pmatrix}\sim\begin{pmatrix}1&2&-2\\0&0&0\\0&0&0\end{pmatrix}$$

得基础解系 $\boldsymbol{\xi}_2=\begin{pmatrix}-2\\1\\0\end{pmatrix}$，$\boldsymbol{\xi}_3=\begin{pmatrix}2\\0\\1\end{pmatrix}$.

将 $\boldsymbol{\xi}_2,\boldsymbol{\xi}_3$ 正交化，令 $\boldsymbol{\beta}_2=\boldsymbol{\xi}_2=\begin{pmatrix}-2\\1\\0\end{pmatrix}$，

$$\boldsymbol{\beta}_3=\boldsymbol{\xi}_3-\frac{\boldsymbol{\beta}_2^{\mathrm{T}}\boldsymbol{\xi}_3}{\boldsymbol{\beta}_2^{\mathrm{T}}\boldsymbol{\beta}_2}\boldsymbol{\beta}_2=\begin{pmatrix}2\\0\\1\end{pmatrix}+\frac{4}{5}\begin{pmatrix}-2\\1\\0\end{pmatrix}=\frac{1}{5}\begin{pmatrix}2\\4\\5\end{pmatrix}.$$

再将 $\boldsymbol{\beta}_2,\boldsymbol{\beta}_3$ 单位化，令

$$\boldsymbol{p}_2=\frac{\boldsymbol{\beta}_2}{\|\boldsymbol{\beta}_2\|}=\frac{1}{\sqrt{5}}\begin{pmatrix}-2\\1\\0\end{pmatrix},\boldsymbol{p}_3=\frac{1}{3\sqrt{5}}\begin{pmatrix}2\\4\\5\end{pmatrix}.$$

于是所求的正交变换为

$$\boldsymbol{x}=\begin{pmatrix}\frac{1}{3}&-\frac{2}{\sqrt{5}}&\frac{2}{3\sqrt{5}}\\\frac{2}{3}&\frac{1}{\sqrt{5}}&\frac{4}{3\sqrt{5}}\\-\frac{2}{3}&0&\frac{\sqrt{5}}{3}\end{pmatrix}\boldsymbol{y},$$

化二次型为标准形 $f=-7y_1^2+2y_2^2+2y_3^2$.

显然，$f=1$ 表示的二次曲面为单叶双曲面.

二、配方法

对任意一个二次型 $f=\boldsymbol{x}^{\mathrm{T}}\boldsymbol{A}\boldsymbol{x}$，也可用配方法找到满秩变换 $\boldsymbol{x}=\boldsymbol{C}\boldsymbol{y}$，化二次型 f 为标准形.举例如下.

例 2 用配方法化二次型

$$f(x_1,x_2,x_3)=x_1^2+2x_1x_2+2x_1x_3+2x_2^2+8x_2x_3+10x_3^2$$

为标准形，并求所用的变换矩阵.

解 先将含 x_1 的项配方，有

$$\begin{aligned}f(x_1,x_2,x_3)&=x_1^2+2x_1(x_2+x_3)+(x_2+x_3)^2-\\&\quad(x_2+x_3)^2+2x_2^2+8x_2x_3+10x_3^2\\&=(x_1+x_2+x_3)^2+x_2^2+6x_2x_3+9x_3^2.\end{aligned}$$

再对后面含有 x_2 的项配方，有

$$f(x_1,x_2,x_3)=(x_1+x_2+x_3)^2+(x_2+3x_3)^2.$$

令

$$\begin{cases}y_1=x_1+x_2+x_3,\\y_2=x_2+3x_3,\\y_3=x_3,\end{cases}$$

即

$$\begin{pmatrix}y_1\\y_2\\y_3\end{pmatrix}=\begin{pmatrix}1&1&1\\0&1&3\\0&0&1\end{pmatrix}\begin{pmatrix}x_1\\x_2\\x_3\end{pmatrix},$$

所求的满秩变换为

$$\begin{pmatrix}x_1\\x_2\\x_3\end{pmatrix}=\begin{pmatrix}1&-1&2\\0&1&-3\\0&0&1\end{pmatrix}\begin{pmatrix}y_1\\y_2\\y_3\end{pmatrix},$$

相应的变换矩阵为

$$\boldsymbol{C}=\begin{pmatrix}1&-1&2\\0&1&-3\\0&0&1\end{pmatrix},$$

将原二次型化为标准形

$$f=y_1^2+y_2^2.$$

例 3 用配方法化二次型

$$f(x_1,x_2,x_3)=2x_1x_2+2x_1x_3-6x_2x_3$$

为标准形，并求所用的满秩线性变换.

解 因为 f 中只有混合项，没有平方项，故要先作一个辅助变换使其出现平

方项,然后按例 2 的方式进行配方.

令$\begin{cases}x_1=y_1+y_2, \\ x_2=y_1-y_2, \\ x_3=y_3,\end{cases}$即$\begin{pmatrix}x_1\\x_2\\x_3\end{pmatrix}=\begin{pmatrix}1&1&0\\1&-1&0\\0&0&1\end{pmatrix}\begin{pmatrix}y_1\\y_2\\y_3\end{pmatrix}$,则原二次型化为

$$\begin{aligned}f&=2y_1^2-4y_1y_3-2y_2^2+8y_2y_3\\&=2(y_1-y_3)^2-2y_2^2-2y_3^2+8y_2y_3.\\&=2(y_1-y_3)^2-2(y_2-2y_3)^2+6y_3^2.\end{aligned}$$

再令

$$\begin{cases}z_1=y_1-y_3, \\ z_2=y_2-2y_3, \\ z_3=y_3,\end{cases}$$

即

$$\begin{pmatrix}z_1\\z_2\\z_3\end{pmatrix}=\begin{pmatrix}1&0&-1\\0&1&-2\\0&0&1\end{pmatrix}\begin{pmatrix}y_1\\y_2\\y_3\end{pmatrix},$$

或

$$\begin{pmatrix}y_1\\y_2\\y_3\end{pmatrix}=\begin{pmatrix}1&0&1\\0&1&2\\0&0&1\end{pmatrix}\begin{pmatrix}z_1\\z_2\\z_3\end{pmatrix},$$

则原二次型化为标准形

$$f=2z_1^2-2z_2^2+6z_3^2.$$

所用的满秩线性变换为

$$\begin{aligned}\begin{pmatrix}x_1\\x_2\\x_3\end{pmatrix}&=\begin{pmatrix}1&1&0\\1&-1&0\\0&0&1\end{pmatrix}\begin{pmatrix}y_1\\y_2\\y_3\end{pmatrix}=\begin{pmatrix}1&1&0\\1&-1&0\\0&0&1\end{pmatrix}\begin{pmatrix}1&0&1\\0&1&2\\0&0&1\end{pmatrix}\begin{pmatrix}z_1\\z_2\\z_3\end{pmatrix}\\&=\begin{pmatrix}1&1&3\\1&-1&-1\\0&0&1\end{pmatrix}\begin{pmatrix}z_1\\z_2\\z_3\end{pmatrix}.\end{aligned}$$

一般地,任何二次型都可用上面两例的类似方法,找到满秩线性变换,将其化为标准形,且在标准形中所含的项数,等于二次型的秩.

三、初等变换法

由于任一二次型 $f=\boldsymbol{x}^{\mathrm{T}}\boldsymbol{A}\boldsymbol{x}(\boldsymbol{A}^{\mathrm{T}}=\boldsymbol{A})$ 都可找到满秩线性变换 $\boldsymbol{x}=\boldsymbol{C}\boldsymbol{y}$ 将其化为标准形,即存在满秩方阵 $\boldsymbol{C}$,使 $\boldsymbol{C}^{\mathrm{T}}\boldsymbol{A}\boldsymbol{C}$ 为对角矩阵.而任一满秩方阵都可写成若干初等矩阵的乘积,即存在初等方阵 $\boldsymbol{P}_1,\boldsymbol{P}_2,\cdots,\boldsymbol{P}_s$,使 $\boldsymbol{C}=\boldsymbol{P}_1\boldsymbol{P}_2\cdots\boldsymbol{P}_s$.

考虑到 $\boldsymbol{P}_i^{\mathrm{T}}(1\leqslant i\leqslant s)$ 与 $\boldsymbol{P}_i$ 是同种初等矩阵,则对角矩阵

$$\boldsymbol{C}^{\mathrm{T}}\boldsymbol{A}\boldsymbol{C}=\boldsymbol{P}_s^{\mathrm{T}}\cdots\boldsymbol{P}_2^{\mathrm{T}}\boldsymbol{P}_1^{\mathrm{T}}\boldsymbol{A}\boldsymbol{P}_1\boldsymbol{P}_2\cdots\boldsymbol{P}_s.$$

这说明:对于实对称矩阵 $\boldsymbol{A}$ 相继施以初等列变换,同时施以同种的初等行变换,矩阵 $\boldsymbol{A}$ 就合同于一个对角矩阵.

由此得到化二次型为标准形的初等变换法:

(1) 构造 $2n\times n$ 矩阵 $\begin{pmatrix}\boldsymbol{A}\\ \boldsymbol{E}\end{pmatrix}$,对 $\boldsymbol{A}$ 每施以一次初等行变换,就对 $\begin{pmatrix}\boldsymbol{A}\\ \boldsymbol{E}\end{pmatrix}$ 施行一次同种的初等列变换;

(2) 当 $\boldsymbol{A}$ 化为对角矩阵时,$\boldsymbol{E}$ 将化为满秩矩阵 $\boldsymbol{C}$;

(3) 得到满秩线性变换 $\boldsymbol{x}=\boldsymbol{C}\boldsymbol{y}$ 及二次型的标准形.

例 4 用初等变换法化例 1 中的二次型

$$f(x_1,x_2,x_3)=x_1^2-2x_2^2-2x_3^2-4x_1x_2+4x_1x_3+8x_2x_3$$

为标准形,并求所作的满秩线性变换.

解 二次型 f 的矩阵为

$$\boldsymbol{A}=\begin{pmatrix}1&-2&2\\-2&-2&4\\2&4&-2\end{pmatrix},$$

于是

$$\begin{pmatrix}\boldsymbol{A}\\ \boldsymbol{E}\end{pmatrix}=\begin{pmatrix}1&-2&2\\-2&-2&4\\2&4&-2\\1&0&0\\0&1&0\\0&0&1\end{pmatrix}\xrightarrow[c_2+c_3]{r_2+r_3}\begin{pmatrix}1&0&2\\0&4&2\\2&2&-2\\1&0&0\\0&1&0\\0&1&1\end{pmatrix}$$

$$\xrightarrow[c_3+(-2)\times c_1]{r_3+(-2)\times r_1}\begin{pmatrix}1&0&0\\0&4&2\\0&2&-6\\1&0&-2\\0&1&0\\0&1&1\end{pmatrix}\xrightarrow[c_3+\left(-\frac{1}{2}\right)\times c_2]{r_3+\left(-\frac{1}{2}\right)\times r_2}\begin{pmatrix}1&0&0\\0&4&0\\0&0&-7\\1&0&-2\\0&1&-\frac{1}{2}\\0&1&\frac{1}{2}\end{pmatrix}.$$

令 $\boldsymbol{C}=\begin{pmatrix}1&0&-2\\0&1&-\frac{1}{2}\\0&1&\frac{1}{2}\end{pmatrix}$,则所求的满秩线性变换为 $\boldsymbol{x}=\boldsymbol{C}\boldsymbol{y}$,将原二次型化为

$$f=y_1^2+4y_2^2-7y_3^2.$$

比较例 1 和例 4 的结果可以看到,用不同的满秩线性变换化二次型为标准形,其标准形一般是不同的,但有两点是相同的,一是标准形中平方项的项数,即二次型的秩.这一点已在前面证明.另一相同之处就是标准形中正平方项和负平方项的项数.这一点将在下一节加以研究.

习题 6-2

1. 求正交变换 $\boldsymbol{x}=\boldsymbol{P}\boldsymbol{y}$,将下列二次型化为标准形:

(1) $f=2x_1^2+x_2^2-4x_1x_2-4x_2x_3$;

(2) $f=x_1^2+4x_2^2+4x_3^2-4x_1x_2+4x_1x_3-8x_2x_3$.

2. 用配方法和初等变换法化下列二次型为标准形,并写出相应的满秩变换矩阵 $\boldsymbol{C}$:

(1) $f=2x_2^2-x_3^2+4x_1x_2-4x_1x_3-4x_2x_3$;

(2) $f=2x_1x_2+4x_1x_3$.

3. 已知二次型 $f=5x_1^2+5x_2^2+cx_3^2-2x_1x_2+6x_1x_3-6x_2x_3$ 的秩为 2.

(1) 求参数 c 及此二次型矩阵的特征值;

(2) 指出方程 $f=1$ 表示何种二次曲面.

4. 已知二次型 $f=2x_1^2+3x_2^2+2tx_2x_3+3x_3^2\,(t<0)$ 通过正交变换 $\boldsymbol{x}=\boldsymbol{P}\boldsymbol{y}$ 可化为标准形 $f=y_1^2+2y_2^2+5y_3^2$,求参数 t 及所用的正交变换矩阵 $\boldsymbol{P}$.

5. 已知 $\boldsymbol{A}=\begin{pmatrix}1&0&1\\0&1&1\\-1&0&a\\0&a&-1\end{pmatrix}$,二次型 $f(x_1,x_2,x_3)=\boldsymbol{x}^{\mathrm{T}}(\boldsymbol{A}^{\mathrm{T}}\boldsymbol{A})\boldsymbol{x}$ 的秩为 2.(1) 求实数 a 的值;

(2) 求正交变换 $\boldsymbol{x}=\boldsymbol{Q}\boldsymbol{y}$ 将 f 化为标准形.

6. 设二次型 $f(x_1,x_2,x_3)=2(a_1x_1+a_2x_2+a_3x_3)^2+(b_1x_1+b_2x_2+b_3x_3)^2$，记 $\boldsymbol{\alpha}=\begin{pmatrix}a_1\\a_2\\a_3\end{pmatrix}$，$\boldsymbol{\beta}=\begin{pmatrix}b_1\\b_2\\b_3\end{pmatrix}$.

(1) 证明二次型 f 对应的矩阵为 $2\boldsymbol{\alpha}^{\mathrm{T}}\boldsymbol{\alpha}+\boldsymbol{\beta}^{\mathrm{T}}\boldsymbol{\beta}$；

(2) 若 $\boldsymbol{\alpha},\boldsymbol{\beta}$ 正交且均为单位向量，证明二次型 f 在正交变换下的标准形为二次型 $2y_1^2+y_2^2$.

第三节 惯性定理和二次型的正定性

一、惯性定理和规范形

定理 1 设实二次型 $f=\boldsymbol{x}^{\mathrm{T}}\boldsymbol{A}\boldsymbol{x}$ 的秩为 r，有两个实满秩变换

$$\boldsymbol{x}=\boldsymbol{C}\boldsymbol{y}\text{ 及 }\boldsymbol{x}=\boldsymbol{P}\boldsymbol{z},$$

使

$$f=k_1y_1^2+\cdots+k_py_p^2-k_{p+1}y_{p+1}^2-\cdots-k_ry_r^2\quad(k_i>0,i=1,2,\cdots,r)\tag{1}$$

及

$$f=\lambda_1z_1^2+\cdots+\lambda_qz_q^2-\lambda_{q+1}z_{q+1}^2-\cdots-\lambda_rz_r^2\quad(\lambda_i>0,i=1,2,\cdots,r),$$

则 $p=q$，且称 p 为二次型 f(或矩阵 $\boldsymbol{A}$)的**正惯性指数**，$r-p$ 为二次型 f(或矩阵 $\boldsymbol{A}$)的**负惯性指数**.

这个定理称为惯性定理，这里不予证明.

对二次型 f 的标准形(1)式再作满秩变换

$$\begin{pmatrix}y_1\\\vdots\\y_r\\y_{r+1}\\\vdots\\y_n\end{pmatrix}=\begin{pmatrix}\frac{1}{\sqrt{k_1}}&&&&&\\&\ddots&&&&\\&&\frac{1}{\sqrt{k_r}}&&&\\&&&1&&\\&&&&\ddots&\\&&&&&1\end{pmatrix}\begin{pmatrix}t_1\\\vdots\\t_r\\t_{r+1}\\\vdots\\t_n\end{pmatrix},$$

则有

$$f=t_1^2+\cdots+t_p^2-t_{p+1}^2-\cdots-t_r^2,\tag{2}$$

称之为二次型 f 的**规范形**.

容易证明,任一实二次型 $f=\boldsymbol{x}^{\mathrm{T}}\boldsymbol{A}\boldsymbol{x}$ 都可以经过满秩变换 $\boldsymbol{x}=\boldsymbol{C}\boldsymbol{y}$ 化为规范形,且规范形唯一.因而,对任一实对称矩阵 $\boldsymbol{A}$,都存在满秩矩阵 $\boldsymbol{C}$,使

$$\boldsymbol{C}^{\mathrm{T}}\boldsymbol{A}\boldsymbol{C}=\begin{pmatrix}1&&&&&&&&\\&\ddots&&&&&&&\\&&1&&&&&&\\&&&-1&&&&&\\&&&&\ddots&&&&\\&&&&&-1&&&\\&&&&&&0&&\\&&&&&&&\ddots&\\&&&&&&&&0\end{pmatrix}=\boldsymbol{\Lambda},$$

称 $\boldsymbol{\Lambda}$ 为矩阵 $\boldsymbol{A}$ 的(合同)规范形.于是有

定理 2　实对称矩阵 $\boldsymbol{A}$ 与 $\boldsymbol{B}$ 合同的充分必要条件是 $\boldsymbol{A}$ 与 $\boldsymbol{B}$ 有相同的规范形.

二、二次型的正定性

根据二次型的标准形和规范形,将二次型进行分类在理论上具有重要意义,在工程技术和最优化等问题中有着广泛应用.其中,最常用的是二次型的标准形系数全为正或全为负的情形.为此,我们有

定义 1　设实二次型 $f(\boldsymbol{x})=f(x_1,x_2,\cdots,x_n)=\boldsymbol{x}^{\mathrm{T}}\boldsymbol{A}\boldsymbol{x}$,如果对任何 $\boldsymbol{x}\neq\boldsymbol{0}$,都有 $f(\boldsymbol{x})>0$(显然 $f(\boldsymbol{0})=0$),则称 f 为**正定二次型**,并称对称矩阵 $\boldsymbol{A}$ 是**正定**的,记作 $\boldsymbol{A}>0$;如果对任何 $\boldsymbol{x}\neq\boldsymbol{0}$,都有 $f(\boldsymbol{x})<0$,则称 f 为**负定二次型**,并称对称矩阵 $\boldsymbol{A}$ 是**负定**的,记作 $\boldsymbol{A}<0$.

例 1　二次型 $f(x_1,x_2,\cdots,x_n)=x_1^2+2x_2^2+\cdots+nx_n^2$ 是正定二次型;

二次型 $f(x_1,x_2,\cdots,x_n)=-x_1^2-2x_2^2-\cdots-nx_n^2$ 是负定二次型;

而二次型 $f(x_1,x_2,\cdots,x_n)=x_1^2+2x_2^2+\cdots+rx_r^2\ (r<n)$ 既不是正定的,也不是负定的.这是因为,对 $\boldsymbol{x}=\begin{pmatrix}0\\\vdots\\0\\1\end{pmatrix}\neq\boldsymbol{0}$,有

$$f(x_1,x_2,\cdots,x_n)=x_1^2+2x_2^2+\cdots+rx_r^2=0.$$

例 2　设 $\boldsymbol{A},\boldsymbol{B}$ 均为 n 阶正定矩阵,$a,b>0$,证明 $a\boldsymbol{A}+b\boldsymbol{B}$ 为正定矩阵.

证　由 $\boldsymbol{A},\boldsymbol{B}$ 为正定矩阵,故对任意非零向量 $\boldsymbol{x}$,$\boldsymbol{x}^{\mathrm{T}}\boldsymbol{A}\boldsymbol{x}>0$,$\boldsymbol{x}^{\mathrm{T}}\boldsymbol{B}\boldsymbol{x}>0$.而 $a,b>0$,于是

$$x^{T}(aA+bB)x=ax^{T}Ax+bx^{T}Bx>0.$$

所以 $aA+bB$ 为正定矩阵.

一般地,判断二次型的正定性除了可以用定义外,还有下述重要结论.

定理3 若 A 是 n 阶实对称矩阵,则下列命题等价:

(1) $f=x^{T}Ax$ 是正定二次型(或 A 是正定矩阵);

(2) A 的 n 个特征值全为正;

(3) f 的标准形的 n 个系数全为正;

(4) f 的正惯性指数为 n;

(5) A 与单位矩阵 E 合同(或 E 为 A 的规范形);

(6) 存在可逆矩阵 P,使 $A=P^{T}P$;

(7) A 的各阶顺序主子式都为正,即

$$a_{11}>0,\begin{vmatrix}a_{11}&a_{12}\\a_{21}&a_{22}\end{vmatrix}>0,\cdots,\begin{vmatrix}a_{11}&\cdots&a_{1n}\\\vdots&&\vdots\\a_{n1}&\cdots&a_{nn}\end{vmatrix}>0.$$

证 (1)⇒(2) 由实二次型的性质知,存在正交变换 $x=Py$,化二次型 $f=x^{T}Ax$ 为标准形 $f=\lambda_1y_1^2+\lambda_2y_2^2+\cdots+\lambda_ny_n^2$,其中 $\lambda_1,\lambda_2,\cdots,\lambda_n$ 为 A 的特征值.分别取

$$y=\begin{pmatrix}1\\0\\\vdots\\0\end{pmatrix},\begin{pmatrix}0\\1\\\vdots\\0\end{pmatrix},\cdots,\begin{pmatrix}0\\0\\\vdots\\1\end{pmatrix},$$

相应地 $x=Py\neq 0$,使 $f=\lambda_1,\lambda_2,\cdots,\lambda_n$.又由二次型的正定性可知,$\lambda_i>0,i=1,2,\cdots,n$.

(2)⇒(3)⇒(4)⇒(5)显然.

(5)⇒(6) 因为 A 与 E 合同,故存在可逆矩阵 C 使

$$C^{T}AC=E,\text{即 }A=(C^{T})^{-1}EC^{-1}=(C^{-1})^{T}C^{-1},$$

取 $P=C^{-1}$ 即可.

(6)⇒(1) 对任意 $x\neq 0$,有 $Px\neq 0$,于是

$$x^{T}Ax=x^{T}P^{T}Px=(Px)^{T}(Px)>0.$$

等价条件(7)在此不予证明.

例3 设二次型

$$f(x_1,x_2,x_3)=x_1^2+x_2^2+5x_3^2+2tx_1x_2-2x_1x_3+4x_2x_3.$$

试问 t 为何值时,该二次型为正定二次型.

解 该二次型的矩阵为

$$A=\begin{pmatrix}1&t&-1\\t&1&2\\-1&2&5\end{pmatrix}.$$

由定理 3 可知，要 A 为正定矩阵，则

$$a_{11}=1>0,\quad \begin{vmatrix}1&t\\t&1\end{vmatrix}=1-t^2>0,\quad \begin{vmatrix}1&t&-1\\t&1&2\\-1&2&5\end{vmatrix}=-5t^2-4t>0.$$

解之得 $-\dfrac{4}{5}<t<0$，即当 $-\dfrac{4}{5}<t<0$ 时，该二次型为正定二次型.

与判断正定二次型类似地，有

定理 4　若 A 是 n 阶实对称矩阵，则下列命题等价：

(1) $f=x^{\mathrm{T}}Ax$ 是负定二次型（或 A 是负定矩阵）；

(2) A 的 n 个特征值全为负；

(3) f 的标准形的 n 个系数全为负；

(4) f 的负惯性指数为 n；

(5) A 与负单位矩阵 $-E$ 合同（或 $-E$ 为 A 的规范形）；

(6) 存在可逆矩阵 P，使 $A=-P^{\mathrm{T}}P$；

(7) A 的各阶顺序主子式中，奇数阶顺序主子式为负，偶数阶顺序主子式为正，即

$$(-1)^r\begin{vmatrix}a_{11}&\cdots&a_{1r}\\\vdots&&\vdots\\a_{r1}&\cdots&a_{rr}\end{vmatrix}>0\quad (r=1,2,\cdots,n).$$

例 4　设偶数阶方阵 A 为负定矩阵，A^* 为 A 的伴随矩阵，证明 A^* 是负定矩阵.

证　由于 A 为负定矩阵，则 A 的所有特征值全为负，即 $\lambda_i<0, i=1,2,\cdots,n$，$n$ 为偶数.又 A^* 的特征值 $\lambda_i^*=\dfrac{|A|}{\lambda_i}=\dfrac{\lambda_1\lambda_2\cdots\lambda_n}{\lambda_i}(i=1,2,\cdots,n)$ 是奇数个负数的连乘.故 $\lambda_i^*<0, i=1,2,\cdots,n$，即 A^* 是负定矩阵.

习题 6-3

1. 判别下列矩阵的正定性：

(1) $\begin{pmatrix}1&1&1\\1&2&2\\1&2&3\end{pmatrix}$；　(2) $\begin{pmatrix}-1&1&0\\1&-2&1\\0&1&-3\end{pmatrix}$；　(3) $\begin{pmatrix}2&-1&0\\-1&2&-1\\0&-1&2\end{pmatrix}$.

2. 判别下列二次型的正定性：

(1) $f(x_1,x_2,x_3)=-2x_1^2-6x_2^2-4x_3^2+2x_1x_2+2x_1x_3$；

(2) $f(x_1,x_2,x_3)=x_1^2+2x_2^2+3x_3^2+2x_1x_2-4x_2x_3$；

(3) $f(x_1,x_2,x_3,x_4)=x_1^2+3x_2^2+9x_3^2+19x_4^2-2x_1x_2+4x_1x_3+2x_1x_4-6x_2x_4-12x_3x_4$.

3. 问 t 为何值时，二次型

$$f=2x_1^2+x_2^2+3x_3^2+2tx_1x_2+2x_1x_3$$

是正定二次型.

4. 问 t 为何值时，二次型

$$f=-x_1^2-x_2^2-5x_3^2+2tx_1x_2-2x_1x_3+4x_2x_3$$

是负定二次型.

5. 设 $\boldsymbol{A}$ 是正定矩阵，证明 $\boldsymbol{A}^{\mathrm{T}},\boldsymbol{A}^{-1},\boldsymbol{A}^{*}$ 也是正定矩阵.

6. 设 $\boldsymbol{A},\boldsymbol{B}$ 均为 n 阶正定矩阵，证明 $\boldsymbol{BAB}$ 也是正定矩阵.

7. 设 $\boldsymbol{A}$ 是正定矩阵，证明 $\boldsymbol{A}$ 的主对角元 $a_{ii}>0,i=1,2,\cdots,n$.

8. 证明对称矩阵 $\boldsymbol{A}$ 正定的充要条件是：存在可逆矩阵 $\boldsymbol{U}$，使得 $\boldsymbol{A}=\boldsymbol{U}^{\mathrm{T}}\boldsymbol{U}$，即 $\boldsymbol{A}$ 与 $\boldsymbol{E}$ 合同.

第6章总习题

1. 设 n 元二次型 $f(x_1,x_2,\cdots,x_n)$ 的矩阵为 n 阶五对角对称矩阵

$$\boldsymbol{A}=\begin{pmatrix} 1 & -1 & -1 & & \\ -1 & 1 & -1 & \ddots & \\ -1 & -1 & 1 & \ddots & -1 \\ & \ddots & \ddots & \ddots & -1 \\ & & -1 & -1 & 1 \end{pmatrix},$$

试写出二次型的表达式.

2. 证明二次型 $f=\boldsymbol{x}^{\mathrm{T}}\boldsymbol{Ax}$ 在 $\|\boldsymbol{x}\|=1$ 时的最大值为矩阵 $\boldsymbol{A}$ 的最大特征值.

3. 若二次型 $f(x_1,x_2,\cdots,x_n)=\boldsymbol{x}^{\mathrm{T}}\boldsymbol{Ax}$，对于一切 $\boldsymbol{x}$ 恒有

$$f(x_1,x_2,\cdots,x_n)=0.$$

证明：$\boldsymbol{A}=\boldsymbol{0}$.

4. 已知二次曲面方程

$$x^2+ay^2+z^2+2bxy+2xz+2yz=4$$

可以通过正交变换 $\begin{pmatrix} x\\ y\\ z\end{pmatrix}=\boldsymbol{P}\begin{pmatrix}\xi\\ \eta\\ \zeta\end{pmatrix}$ 化为椭圆柱面方程 $\eta^2+4\zeta^2=4$，求 a,b 的值和正交矩阵 $\boldsymbol{P}$.

5. 用配方法化二次型 $f(x_1,x_2,x_3)=(x_1-x_2)^2+(x_2-x_3)^2+(x_3-x_1)^2$ 为标准形，并求相应的满秩变换矩阵 $\boldsymbol{C}$.

6. 判定二次型

$$f(x_1,x_2,\cdots,x_n)=2\sum_{i=1}^{n}x_i^2+2\sum_{1\leqslant i<j\leqslant n}x_ix_j$$

的正定性.

7. 设实对称矩阵 $\boldsymbol{A}=\begin{pmatrix}0&1&0&0\\1&0&0&0\\0&0&2&1\\0&0&1&2\end{pmatrix}$.

(1) 分别写出以 $\boldsymbol{A},\boldsymbol{A}^{-1}$ 为系数矩阵的二次型;

(2) 求 $\boldsymbol{A},\boldsymbol{A}^{-1}$ 的特征值;

(3) 判断 $\boldsymbol{A}$ 是否为正定矩阵;

(4) 求一个正交矩阵 $\boldsymbol{P}$,使 $\boldsymbol{P}^{\mathrm{T}}\boldsymbol{A}\boldsymbol{P}$ 为对角矩阵.

8. 设有 n 元实二次型

$$f(x_1,x_2,\cdots,x_n)=(x_1+a_1x_2)^2+(x_2+a_2x_3)^2+\cdots+(x_{n-1}+a_{n-1}x_n)^2+(x_n+a_nx_1)^2,$$

其中 $a_i(i=1,2,\cdots,n)$ 为实数,试问:当 $a_1,a_2,\cdots,a_n$ 满足何种条件时,二次型 $f(x_1,x_2,\cdots,x_n)$ 为正定二次型?

9. 设 $\boldsymbol{A}$ 是实对称矩阵,证明:当实数 t 充分大时,$t\boldsymbol{E}+\boldsymbol{A}$ 为正定矩阵.

10. 设 $\boldsymbol{A}$ 是实对称矩阵,且 $|\boldsymbol{A}|<0$,证明:必存在向量 $\boldsymbol{x}_0$,使 $\boldsymbol{x}_0^{\mathrm{T}}\boldsymbol{A}\boldsymbol{x}_0<0$.

11. 设 $f=\boldsymbol{x}^{\mathrm{T}}\boldsymbol{A}\boldsymbol{x}$ 是一个实二次型,有实 n 维向量 $\boldsymbol{x}_1,\boldsymbol{x}_2$,使 $\boldsymbol{x}_1^{\mathrm{T}}\boldsymbol{A}\boldsymbol{x}_1>0,\boldsymbol{x}_2^{\mathrm{T}}\boldsymbol{A}\boldsymbol{x}_2<0$,证明:必有实 n 维非零向量 $\boldsymbol{x}_0$,使 $\boldsymbol{x}_0^{\mathrm{T}}\boldsymbol{A}\boldsymbol{x}_0=0$.

12. 设 $\boldsymbol{A}$ 为 $m\times n$ 实矩阵,已知 $\boldsymbol{B}=\lambda\boldsymbol{E}+\boldsymbol{A}^{\mathrm{T}}\boldsymbol{A}$,证明:当 $\lambda>0$ 时,矩阵 $\boldsymbol{B}$ 为正定矩阵.

13. 设 $\boldsymbol{A}$ 为实对称矩阵,且 $\boldsymbol{A}^3-3\boldsymbol{A}^2+5\boldsymbol{A}-3\boldsymbol{E}=\boldsymbol{0}$,证明:$\boldsymbol{A}$ 是正定矩阵.

14. 设矩阵 $\boldsymbol{A}=\begin{pmatrix}1&0&1\\0&2&0\\1&0&1\end{pmatrix}$,矩阵 $\boldsymbol{B}=(k\boldsymbol{E}+\boldsymbol{A})^2$,其中 k 为实数,$\boldsymbol{E}$ 为单位矩阵,求对角矩阵 $\boldsymbol{\Lambda}$,使 $\boldsymbol{B}$ 与 $\boldsymbol{\Lambda}$ 相似,并求 k 为何值时,$\boldsymbol{B}$ 为正定矩阵.

15. 设 $\boldsymbol{A}$ 为 n 阶实对称矩阵,$R(\boldsymbol{A})=n$,二次型

$$f(x_1,x_2,\cdots,x_n)=\sum_{i,j=1}^{n}\frac{A_{ij}}{|\boldsymbol{A}|}x_ix_j,$$

(1) 求二次型 f 的矩阵;

(2) 二次型 $g(x_1,x_2,\cdots,x_n)=\boldsymbol{x}^{\mathrm{T}}\boldsymbol{A}\boldsymbol{x}$ 与 $f(x_1,x_2,\cdots,x_n)$ 的规范形是否相同?说明理由.

16. 设二次型 $f(x_1,x_2,x_3)=ax_1^2+ax_2^2+(a-1)x_3^2+2x_1x_3-2x_2x_3$.

(1) 求二次型 f 的矩阵的所有特征值;

(2) 若二次型 f 的规范形为 $y_1^2+y_2^2$,求 a 的值.

第7章 应用问题

矩阵理论在自然科学、社会科学和经济管理等领域有着广泛的应用,以下用三方面实例来介绍这类应用.

第一节 二次曲面方程化标准形

在研究二次曲面方程化标准形之前,我们先来看其特殊情形.

一、二次圆锥曲线方程化标准形

在平面解析几何中,一般的二次圆锥曲线

$$a_{11}x_1^2+2a_{12}x_1x_2+a_{22}x_2^2+b_1x_1+b_2x_2+c=0 \quad (a_{11},a_{12},a_{22}\text{不全为零})$$

可以利用旋转、平移变换化简,从而划分为椭圆、双曲线或抛物线三种类型之一.具体做法就是:

1. 先对二次型

$$f=a_{11}x_1^2+2a_{12}x_1x_2+a_{22}x_2^2=(x_1,x_2)\begin{pmatrix}a_{11}&a_{12}\\a_{12}&a_{22}\end{pmatrix}\begin{pmatrix}x_1\\x_2\end{pmatrix}$$

作正交变换(即旋转变换)$\begin{pmatrix}x_1\\x_2\end{pmatrix}=\boldsymbol{P}\begin{pmatrix}y_1\\y_2\end{pmatrix}=\begin{pmatrix}p_{11}&p_{12}\\p_{21}&p_{22}\end{pmatrix}\begin{pmatrix}y_1\\y_2\end{pmatrix}$,化该二次型为标准形

$$f=\lambda_1y_1^2+\lambda_2y_2^2,$$

其中 λ_1,λ_2 是方阵 $\boldsymbol{A}=\begin{pmatrix}a_{11}&a_{12}\\a_{12}&a_{22}\end{pmatrix}$ 的特征值.

2. 将变换$\begin{pmatrix}x_1\\x_2\end{pmatrix}=\boldsymbol{P}\begin{pmatrix}y_1\\y_2\end{pmatrix}$代入二次圆锥曲线方程,有

$$\lambda_1y_1^2+\lambda_2y_2^2+b_1(p_{11}y_1+p_{12}y_2)+b_2(p_{21}y_1+p_{22}y_2)+c=0,$$

即

$$\lambda_1y_1^2+\lambda_2y_2^2+(b_1p_{11}+b_2p_{21})y_1+(b_1p_{12}+b_2p_{22})y_2+c=0.$$

然后将上式配方($\lambda_1\lambda_2\neq 0$ 时),有

$$\lambda_1(y_1-a)^2+\lambda_2(y_2-b)^2=d,$$

其中

$$a=-\frac{b_1p_{11}+b_2p_{21}}{2\lambda_1},\quad b=-\frac{b_1p_{12}+b_2p_{22}}{2\lambda_2},$$

$$d=\frac{(b_1p_{11}+b_2p_{21})^2}{4\lambda_1}+\frac{(b_1p_{12}+b_2p_{22})^2}{4\lambda_2}-c.$$

当 $\lambda_1\lambda_2>0$ 时,它表示以(a,b)为中心的椭圆;

当 $\lambda_1\lambda_2<0$ 时,它表示以(a,b)为中心的双曲线;

而当 $\lambda_1=0$ 或 $\lambda_2=0$ 时,它表示以 $y_1=b$ 或 $x_1=a$ 为对称轴的抛物线.

例 1　化二次圆锥曲线方程

$$x^2-4xy-2y^2+4x+4y=1$$

为标准形,并指出它的形状.

解　先将二次型 $x^2-4xy-2y^2$ 用正交变换化为标准形.

由于二次型矩阵 $\boldsymbol{A}=\begin{pmatrix}1&-2\\-2&-2\end{pmatrix}$,解特征方程

$$\begin{vmatrix}1-\lambda&-2\\-2&-2-\lambda\end{vmatrix}=0,$$

得其特征值为 $\lambda_1=2,\lambda_2=-3$,相应的特征向量为

$$\boldsymbol{\xi}_1=\begin{pmatrix}2\\-1\end{pmatrix},\qquad \boldsymbol{\xi}_2=\begin{pmatrix}1\\2\end{pmatrix}.$$

$\boldsymbol{\xi}_1$ 与 $\boldsymbol{\xi}_2$ 已正交,将它们单位化有

$$\boldsymbol{p}_1=\begin{pmatrix}\frac{2}{\sqrt{5}}\\-\frac{1}{\sqrt{5}}\end{pmatrix},\qquad \boldsymbol{p}_2=\begin{pmatrix}\frac{1}{\sqrt{5}}\\\frac{2}{\sqrt{5}}\end{pmatrix}.$$

于是,所求的正交变换为

$$\begin{pmatrix}x\\y\end{pmatrix}=\frac{1}{\sqrt{5}}\begin{pmatrix}2&1\\-1&2\end{pmatrix}\begin{pmatrix}x_1\\y_1\end{pmatrix},$$

将原二次圆锥曲线方程化为

$$2x_1^2-3y_1^2+\frac{4}{\sqrt{5}}(2x_1+y_1)+\frac{4}{\sqrt{5}}(-x_1+2y_1)=1.$$

配方后,得标准形

$$-2\left(x_1+\frac{1}{\sqrt{5}}\right)^2+3\left(y_1-\frac{2}{\sqrt{5}}\right)^2=1.$$

它是以$\left(-\frac{1}{\sqrt{5}},\frac{2}{\sqrt{5}}\right)$为中心,虚、实半轴长分别为$\frac{1}{\sqrt{2}},\frac{1}{\sqrt{3}}$的双曲线.

一般地,二次圆锥曲线

$$a_{11}x_1^2+2a_{12}x_1x_2+a_{22}x_2^2+b_1x_1+b_2x_2+c=0$$

在非退化(退化是指它表示两条直线或不表示任何曲线)情况下,它的类型决定于其二次项的对称矩阵

$$\boldsymbol{A}=\begin{pmatrix}a_{11} & a_{12}\\ a_{12} & a_{22}\end{pmatrix}$$

的特征值.具体如下:

$\boldsymbol{A}$ 的特征值 λ_1,λ_2	对应圆锥曲线的类型
$\lambda_1\lambda_2>0$	椭圆
$\lambda_1\lambda_2<0$	双曲线
$\lambda_1\lambda_2=0$	抛物线

对二次曲面也可进行类似判别.

二、二次曲面方程化标准形

一般地,三维空间中二次曲面方程表示为

$$a_{11}x_1^2+a_{22}x_2^2+a_{33}x_3^2+2a_{12}x_1x_2+2a_{13}x_1x_3+2a_{23}x_2x_3+$$
$$2a_1x_1+2a_2x_2+2a_3x_3+a=0(a_{ij}\text{不全为零}),$$

可用矩阵记为

$$f(x_1,x_2,x_3)=(x_1,x_2,x_3)\begin{pmatrix}a_{11} & a_{12} & a_{13}\\ a_{12} & a_{22} & a_{23}\\ a_{13} & a_{23} & a_{33}\end{pmatrix}\begin{pmatrix}x_1\\ x_2\\ x_3\end{pmatrix}+$$
$$2(a_1,a_2,a_3)\begin{pmatrix}x_1\\ x_2\\ x_3\end{pmatrix}+a=0,$$

令 $\boldsymbol{x}=\begin{pmatrix}x_1\\ x_2\\ x_3\end{pmatrix}$,$\boldsymbol{A}=\begin{pmatrix}a_{11} & a_{12} & a_{13}\\ a_{12} & a_{22} & a_{23}\\ a_{13} & a_{23} & a_{33}\end{pmatrix}$,$\boldsymbol{\alpha}=\begin{pmatrix}a_1\\ a_2\\ a_3\end{pmatrix}$,则有

$$f(\boldsymbol{x})=\boldsymbol{x}^{\mathrm{T}}\boldsymbol{A}\boldsymbol{x}+2\boldsymbol{\alpha}^{\mathrm{T}}\boldsymbol{x}+a=0.$$

对二次曲面 $f(\boldsymbol{x})=0$,我们有

定理 1　若实对称矩阵 $\boldsymbol{A}$ 的非零特征值为 $\lambda_1,\cdots,\lambda_r$,$1\leqslant r=R(\boldsymbol{A})\leqslant 3$,记 $\bar{r}=R\begin{pmatrix}\boldsymbol{A}\\ \boldsymbol{\alpha}^{\mathrm{T}}\end{pmatrix}$,则二次曲面

$$f(\boldsymbol{x})=\boldsymbol{x}^{\mathrm{T}}\boldsymbol{A}\boldsymbol{x}+2\boldsymbol{\alpha}^{\mathrm{T}}\boldsymbol{x}+a=0$$

可以经过正交和平移变换后,化为下列标准形之一:

(1) 当 $r=\bar{r}$ 时,$f=\lambda_1z_1^2+\cdots+\lambda_rz_r^2=0$;

(2) 当 $r=\bar{r}-1$ 时,$f=\lambda_1z_1^2+\cdots+\lambda_rz_r^2+b=0$;

(3) 当 $r=\bar{r}-2$ 时,

$$f=\lambda_1z_1^2+\cdots+\lambda_rz_r^2+2b_{r+1}z_{r+1}+\cdots+2b_nz_n+b=0.$$

证　由于 $\boldsymbol{x}^{\mathrm{T}}\boldsymbol{A}\boldsymbol{x}$ 是三元二次多项式,故存在正交变换 $\boldsymbol{x}=\boldsymbol{P}\boldsymbol{y}$,使

$$\boldsymbol{P}^{\mathrm{T}}\boldsymbol{A}\boldsymbol{P}=\begin{pmatrix}\lambda_1 & & & & & \\ & \ddots & & & & \\ & & \lambda_r & & & \\ & & & 0 & & \\ & & & & \ddots & \\ & & & & & 0\end{pmatrix},$$

其中 $\lambda_i(1\leqslant i\leqslant r)$ 为 $\boldsymbol{A}$ 的非零特征值.于是二次曲面化为

$$\begin{aligned}f(\boldsymbol{x})&=\boldsymbol{y}^{\mathrm{T}}(\boldsymbol{P}^{\mathrm{T}}\boldsymbol{A}\boldsymbol{P})\boldsymbol{y}+2(\boldsymbol{\alpha}^{\mathrm{T}}\boldsymbol{P})\boldsymbol{y}+a\\&=\sum_{i=1}^{r}\lambda_iy_i^2+2\sum_{i=1}^{n}b_iy_i+a=0,\end{aligned}$$

其中 $\boldsymbol{\alpha}^{\mathrm{T}}\boldsymbol{P}=(b_1,b_2,\cdots,b_n)$.

再作平移变换

$$\boldsymbol{z}=\boldsymbol{y}+\begin{pmatrix}\dfrac{b_1}{\lambda_1}\\ \vdots\\ \dfrac{b_r}{\lambda_r}\\ 0\\ \vdots\\ 0\end{pmatrix},$$

则二次曲面又可化为

$$f=\lambda_1 z_1^2+\cdots+\lambda_r z_r^2+2b_{r+1}z_{r+1}+\cdots+2b_n z_n+b=0,$$

其中 $b=a-\sum\limits_{i=1}^{r}\dfrac{b_i^2}{\lambda_i}$.于是

当 $r=\bar{r}$ 时,$b_{r+1}=\cdots=b_n=b=0, f=\lambda_1 z_1^2+\cdots+\lambda_r z_r^2=0$;

当 $r=\bar{r}-1$ 时,$b_{r+1}=\cdots=b_n=0, b\neq 0, f=\lambda_1 z_1^2+\cdots+\lambda_r z_r^2+b=0$;

当 $r=\bar{r}-2$ 时,$f=\lambda_1 z_1^2+\cdots+\lambda_r z_r^2+2b_{r+1}z_{r+1}+\cdots+2b_n z_n+b=0$.

证毕.

例 2 化二次曲面方程

$$f=x_1^2+2x_2^2+3x_3^2-4x_1x_2-4x_2x_3-4x_1+6x_2+2x_3+1=0$$

为标准形,并指出它的形状.

解 记 $\boldsymbol{A}=\begin{pmatrix}1&-2&0\\-2&2&-2\\0&-2&3\end{pmatrix},\boldsymbol{x}=\begin{pmatrix}x_1\\x_2\\x_3\end{pmatrix},\boldsymbol{\alpha}=\begin{pmatrix}-2\\3\\1\end{pmatrix}$,则二次曲面方程可化为

$$f=\boldsymbol{x}^{\mathrm{T}}\boldsymbol{A}\boldsymbol{x}+2\boldsymbol{\alpha}^{\mathrm{T}}\boldsymbol{x}+1=0.$$

先求 $\boldsymbol{A}$ 的特征值,解方程

$$\begin{vmatrix}1-\lambda&-2&0\\-2&2-\lambda&-2\\0&-2&3-\lambda\end{vmatrix}=0,$$

有 $\lambda_1=2,\lambda_2=5,\lambda_3=-1$.

再解线性方程组$(\boldsymbol{A}-\lambda\boldsymbol{E})\boldsymbol{x}=\boldsymbol{0}$,得相应的特征向量

$$\boldsymbol{\xi}_1=\begin{pmatrix}2\\-1\\-2\end{pmatrix},\boldsymbol{\xi}_2=\begin{pmatrix}1\\-2\\2\end{pmatrix},\boldsymbol{\xi}_3=\begin{pmatrix}2\\2\\1\end{pmatrix}.$$

再将 $\boldsymbol{\xi}_1,\boldsymbol{\xi}_2,\boldsymbol{\xi}_3$ 单位化,得

$$\boldsymbol{p}_1=\frac{1}{3}\begin{pmatrix}2\\-1\\-2\end{pmatrix},\boldsymbol{p}_2=\frac{1}{3}\begin{pmatrix}1\\-2\\2\end{pmatrix},\boldsymbol{p}_3=\frac{1}{3}\begin{pmatrix}2\\2\\1\end{pmatrix}.$$

于是得正交变换矩阵 $\boldsymbol{P}=\dfrac{1}{3}\begin{pmatrix}2&1&2\\-1&-2&2\\-2&2&1\end{pmatrix}$,使 $\boldsymbol{P}^{\mathrm{T}}\boldsymbol{A}\boldsymbol{P}=\begin{pmatrix}2&&\\&5&\\&&-1\end{pmatrix}$.

用正交变换 $\boldsymbol{x}=\boldsymbol{P}\boldsymbol{y}$ 将二次曲面方程化为

$$f=2y_1^2+5y_2^2-y_3^2-6y_1-4y_2+2y_3+1=0,$$

即

$$f=2\left(y_1-\frac{3}{2}\right)^2+5\left(y_2-\frac{2}{5}\right)^2-(y_3-1)^2-\frac{33}{10}=0.$$

令 $z_1=y_1-\frac{3}{2}$, $z_2=y_2-\frac{2}{5}$, $z_3=y_3-1$，有

$$f=2z_1^2+5z_2^2-z_3^2-\frac{33}{10}=0.$$

从而原二次曲面方程化为了标准形

$$2z_1^2+5z_2^2-z_3^2=\frac{33}{10},$$

它表示的是一个单叶双曲面.

习题 7-1

1. 将下列二次圆锥曲线方程化为标准形，并指出它们的形状：

(1) $f(x,y)=6x^2-6xy+6y^2-12x+9y+1=0$；

(2) $f(x,y)=x^2+4y^2-4xy+2x+6y+5=0$.

2. 将下列二次曲面方程化为标准形，并指出它们的形状：

(1) $f(x_1,x_2,x_3)=2x_1^2+x_2^2-4x_1x_2-4x_2x_3+6x_1-3x_3+1=0$；

(2) $f(x_1,x_2,x_3)=4x_1^2-6x_2^2-6x_3^2-4x_2x_3-4x_1+4x_2+4x_3-5=0$.

第二节　递归关系式的矩阵解法

在第 5 章，我们利用矩阵的对角化方法化简过方阵的乘幂运算.现在，更进一步，我们可以用此方法解某些递归关系式.下面，我们通过计算斐波那契(Fibonacci)数列的通项来说明此解法.

意大利数学家斐波那契在 1202 年所著《算法之书》中，提出了这样一个问题：有小兔一对，第二个月成年，第三个月产下小兔一对，以后每个月都生产一对小兔.而所生小兔也在第二个月成年，第三个月开始每月生产一对小兔.假定每产一对小兔必为一雌一雄，且均无死亡，试问一年后共有几对小兔？

若用○和△分别表示一对未成年和成年的兔子，则根据题设有：

从图 7-1 可知，从第三个月开始，每月的兔子总数恰等于它前面两个月的兔子总数之和，按此规律可写出数列：

月份	1	2	3	4	5	6	7	8	9	10	11	12
兔子对数	1	1	2	3	5	8	13	21	34	55	89	144

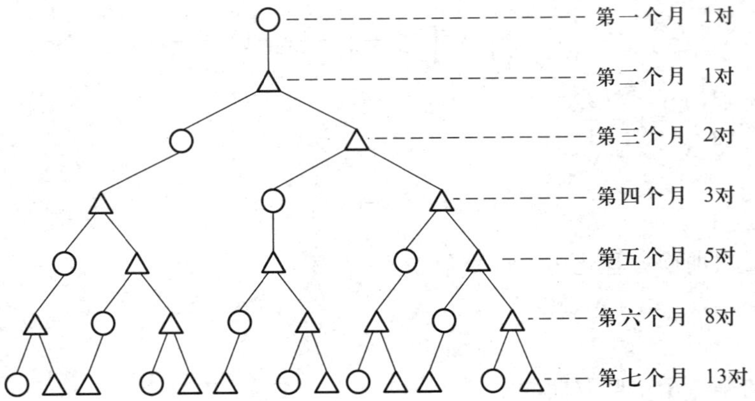

图 7-1 小兔繁殖图谱

可见一年后的兔子有 144 对.

将此有限项数列按上述规律写成无限项数列就是斐波那契数列,其中的每一项称为斐波那契数.

斐波那契数列可用递推关系式表示:

$$F_{n+2}=F_{n+1}+F_n,n=1,2,\cdots, \tag{1}$$

其中 $F_1=1,F_2=1$.

为了求出通项 F_n,我们将(1)式写成

$$\begin{cases}F_{n+2}=F_{n+1}+F_n,\\F_{n+1}=F_{n+1}, \quad F_1=F_2=1,\end{cases}$$

即

$$\begin{pmatrix}F_{n+2}\\F_{n+1}\end{pmatrix}=\begin{pmatrix}1&1\\1&0\end{pmatrix}\begin{pmatrix}F_{n+1}\\F_n\end{pmatrix},\quad\begin{pmatrix}F_2\\F_1\end{pmatrix}=\begin{pmatrix}1\\1\end{pmatrix}.$$

若记 $\boldsymbol{\alpha}_n=\begin{pmatrix}F_{n+1}\\F_n\end{pmatrix},\boldsymbol{\alpha}_1=\begin{pmatrix}1\\1\end{pmatrix},\boldsymbol{A}=\begin{pmatrix}1&1\\1&0\end{pmatrix}$,则有

$$\boldsymbol{\alpha}_{n+1}=\boldsymbol{A}\boldsymbol{\alpha}_n,n=1,2,\cdots \tag{2}$$

由此可得

$$\boldsymbol{\alpha}_n=\boldsymbol{A}^{n-1}\boldsymbol{\alpha}_1,n=1,2,\cdots \tag{3}$$

于是求 F_n 的问题就归结为求 $\boldsymbol{A}^{n-1}$的问题.

解特征方程 $|\boldsymbol{A}-\lambda\boldsymbol{E}|=0$,即 $\begin{vmatrix}1-\lambda&1\\1&-\lambda\end{vmatrix}=0$,可得特征值

$$\lambda_1=\frac{1+\sqrt{5}}{2},\lambda_2=\frac{1-\sqrt{5}}{2}. \tag{4}$$

将 λ_1,λ_2 代入方程组 $(\boldsymbol{A}-\lambda\boldsymbol{E})\boldsymbol{x}=\boldsymbol{0}$，可得相应的特征向量

$$\boldsymbol{p}_1=\begin{pmatrix}\lambda_1\\1\end{pmatrix},\boldsymbol{p}_2=\begin{pmatrix}\lambda_2\\1\end{pmatrix}.$$

记 $\boldsymbol{P}=(\boldsymbol{p}_1,\boldsymbol{p}_2)=\begin{pmatrix}\lambda_1&\lambda_2\\1&1\end{pmatrix}$，则

$$\boldsymbol{P}^{-1}=\frac{1}{\lambda_1-\lambda_2}\begin{pmatrix}1&-\lambda_2\\-1&\lambda_1\end{pmatrix}.$$

于是

$$\boldsymbol{P}^{-1}\boldsymbol{A}\boldsymbol{P}=\begin{pmatrix}\lambda_1&\\&\lambda_2\end{pmatrix},\boldsymbol{A}=\boldsymbol{P}\begin{pmatrix}\lambda_1&\\&\lambda_2\end{pmatrix}\boldsymbol{P}^{-1}.$$

所以

$$\boldsymbol{A}^{n-1}=\boldsymbol{P}\begin{pmatrix}\lambda_1^{n-1}&\\&\lambda_2^{n-1}\end{pmatrix}\boldsymbol{P}^{-1}=\frac{1}{\lambda_1-\lambda_2}\begin{pmatrix}\lambda_1^n-\lambda_2^n&\lambda_1\lambda_2^n-\lambda_2\lambda_1^n\\\lambda_1^{n-1}-\lambda_2^{n-1}&\lambda_1\lambda_2^{n-1}-\lambda_2\lambda_1^{n-1}\end{pmatrix},$$

$$\begin{pmatrix}F_{n+1}\\F_n\end{pmatrix}=\boldsymbol{A}^{n-1}\begin{pmatrix}1\\1\end{pmatrix}=\frac{1}{\lambda_1-\lambda_2}\begin{pmatrix}\lambda_1^n(1-\lambda_2)+\lambda_2^n(\lambda_1-1)\\\lambda_1^{n-1}(1-\lambda_2)+\lambda_2^{n-1}(\lambda_1-1)\end{pmatrix}.$$

注意到 $\lambda_1+\lambda_2=1$，从而有

$$\begin{pmatrix}F_{n+1}\\F_n\end{pmatrix}=\frac{1}{\lambda_1-\lambda_2}\begin{pmatrix}\lambda_1^{n+1}-\lambda_2^{n+1}\\\lambda_1^n-\lambda_2^n\end{pmatrix}.$$

将(4)式代入上式，有

$$F_n=\frac{1}{\sqrt{5}}\left[\left(\frac{1+\sqrt{5}}{2}\right)^n-\left(\frac{1-\sqrt{5}}{2}\right)^n\right].$$

习题 7-2

1. 某高楼共有 n 级楼梯，如果每步只能跨上一级或两级，若要登顶，问共有多少种不同的攀登方式？

2. 用矩阵方法解递归关系式

$$u_{n+2}=u_{n+1}+2u_n,u_1=0,u_2=1.$$

3. 设数列 $\{a_n\}$ 为

$$0,\frac{1}{2},\frac{1}{4},\frac{3}{8},\frac{5}{16},\frac{11}{32},\cdots,$$

从第三个数起，每个数是前两个数的平均值，即

$$a_{n+2}=\frac{1}{2}(a_{n+1}+a_n),n=1,2,\cdots,$$

试求 a_n 及 $\lim\limits_{n\to\infty}a_n$.

第三节 投入产出数学模型

投入产出分析是线性代数理论在经济分析与管理中的一个重要应用,它从数量上考察经济系统内部各部门间生产和分配的线性关系.

一、价值型投入产出数学模型

经济系统是由许多经济部门组成的一个有机总体,每一经济部门的活动,可以分为两个方面:一方面,作为消耗部门,为了完成其经济活动,需要供给它所需要的物质,叫做**投入**;另一方面,作为生产部门,把它的产品分配给各部门作为生产资料或提供社会消费和留作积累,叫做**产出**.

我们把一个经济系统分成 n 个物质生产部门,将这 n 个部门同时作为生产(投入)部门和消耗(产出)部门,按一定顺序列出一张表称为**投入产出表**.投入产出表分为实物型表和价值型表两种类型.实物型表采用实物计量单位编制,其特点是经济意义明确,适合于实际工作的需要;价值型表采用货币计量单位编制,其特点是单位统一,适合于对经济系统进行全面的分析研究.本节仅介绍价值型投入产出表的结构.我们将按统一货币计量单位编制的投入产出表,称为**价值型投入产出表**,如表 7-1 所示.将投入产出表及由此得出的平衡方程组,统称为**投入产出数学模型**.

表 7-1 价值型投入产出表

投入		产出								
		消耗部门				最终产品				总产品
		1	2	…	n	消费	积累	…	合计	
生产部门	1	x_{11}	x_{12}	…	x_{1n}				y_1	x_1
	2	x_{21}	x_{22}	…	x_{2n}				y_2	x_2
	⋮	⋮	⋮		⋮				⋮	⋮
	n	x_{n1}	x_{n2}	…	x_{nn}				y_n	x_n
新创造价值	报酬	v_1	v_2	…	v_n					
	利润	m_1	m_2	…	m_n					
	合计	z_1	z_2	…	z_n					
总产品价值		x_1	x_2	…	x_n					

注:$x_i(i=1,2,\cdots,n)$表示第 i 个生产部门的总产品或相应消耗部门的总产品价值.

在表 7-1 中,由双线将表分成四部分,左上角记作(Ⅰ),(Ⅰ)部分由 n 个部门交叉组成,其中 x_{ij}称为部门间的流量,它既表示第 j 个部门消耗第 i 个部门的产品数量,也表示第 i 个部门分配给第 j 个部门的产品数量.这部分反映了各部门之间的生产技术联系,它是投入产出表的最基本部分.

表中右上角记作(Ⅱ),(Ⅱ)部分反映各生产部门从总产品中扣除生产消耗后的最终产品的分配情况,其中 y_i表示第 i 个部门的最终产品.

表中左下角记作(Ⅲ),(Ⅲ)部分反映各部门的新创造价值,它包括劳动报酬、利润等,其中 v_j, m_j, z_j 分别表示第 j 个部门的劳动报酬、利润和净产值,且

$$z_j = v_j + m_j \quad (j=1,2,\cdots,n). \tag{1}$$

表中右下角记作(Ⅳ),(Ⅳ)部分反映国民收入的再分配情况,如非生产部门工作者的工资、非生产性事业单位和组织的收入等.由于再分配过程非常复杂,故常常空出不用.

表 7-1 中(Ⅰ)、(Ⅱ)部分的每一行有一个等式,即每一个生产部门分配给各部门的生产消耗加上该部门的最终产品等于它的总产品,可用方程组

$$\begin{cases} x_1 = x_{11}+x_{12}+\cdots+x_{1n}+y_1, \\ x_2 = x_{21}+x_{22}+\cdots+x_{2n}+y_2, \\ \qquad\cdots\cdots\cdots\cdots \\ x_n = x_{n1}+x_{n2}+\cdots+x_{nn}+y_n \end{cases} \tag{2}$$

表示,或简写为

$$x_i = \sum_{j=1}^{n} x_{ij}+y_i \quad (i=1,2,\cdots,n). \tag{3}$$

称式(2)或(3)为**分配平衡方程组**.

表 7-1 中(Ⅰ)、(Ⅲ)部分的每一列也有一个等式,即每一个消耗部门对各部门的生产消耗加上该部门新创造的价值等于它的总产品价值,可用方程组

$$\begin{cases} x_1 = x_{11}+x_{21}+\cdots+x_{n1}+z_1, \\ x_2 = x_{12}+x_{22}+\cdots+x_{n2}+z_2, \\ \qquad\cdots\cdots\cdots\cdots \\ x_n = x_{1n}+x_{2n}+\cdots+x_{nn}+z_n \end{cases} \tag{4}$$

表示,或简写成

$$x_j = \sum_{i=1}^{n} x_{ij}+z_j \quad (j=1,2,\cdots,n). \tag{5}$$

称式(4)或(5)为**消耗平衡方程组**.

一般地,

$$\sum_{j=1}^{n} x_{kj}+y_k = \sum_{i=1}^{n} x_{ik}+z_k \quad (k=1,2,\cdots,n), \tag{6}$$

即第 k 部门的总产出等于第 k 部门的总投入,且

$$\sum_{i=1}^{n} y_i = \sum_{j=1}^{n} z_j,$$

即整个经济系统的最终产品价值等于该系统新创造的价值,但

$$\sum_{j=1}^{n} x_{kj} \neq \sum_{i=1}^{n} x_{ik} \quad (k=1,2,\cdots,n),$$

即 $y_k \neq z_k(k=1,2,\cdots,n)$.

例 1 设三个经济部门某年的投入产出情况如表 7-2 所示.

表 7-2 单位:万元

投入		产出				
		消耗部门			最终产品	总产品
		Ⅰ	Ⅱ	Ⅲ		
生产部门	Ⅰ	196	102	70	192	x_1
	Ⅱ	84	68	42	146	x_2
	Ⅲ	112	34	28	106	x_3
新创造价值		z_1	z_2	z_3		
总产值		x_1	x_2	x_3		

求:(1) 各部门的总产品 x_1,x_2,x_3;

(2) 各部门新创造价值 z_1,z_2,z_3.

解 (1) 将表 7-2 中 x_{ij},y_i 的值代入分配平衡方程组

$$x_i = \sum_{j=1}^{3} x_{ij}+y_i \quad (i=1,2,3),$$

得

$$\begin{cases} x_1 = [(196+102+70)+192]\text{万元} = 560\text{ 万元}, \\ x_2 = [(84+68+42)+146]\text{万元} = 340\text{ 万元}, \\ x_3 = [(112+34+28)+106]\text{万元} = 280\text{ 万元}, \end{cases}$$

即三个部门的总产品分别为 560 万元,340 万元,280 万元.

(2) 将表 7-2 中 x_{ij} 的值和(1)中所求 x_j 的值代入消耗平衡方程组

$$x_j = \sum_{i=1}^{3} x_{ij}+z_j \quad (j=1,2,3),$$

得

$$\begin{cases} z_1=[560-(196+84+112)]\text{万元}=168\text{ 万元}, \\ z_2=[340-(102+68+34)]\text{万元}=136\text{ 万元}, \\ z_3=[280-(70+42+28)]\text{万元}=140\text{ 万元}, \end{cases}$$

即三个部门新创造的价值分别为 168 万元,136 万元,140 万元.

二、直接消耗系数

为了确定经济系统各部门间在生产消耗上的数量依存关系,我们引入直接消耗系数的概念.

定义 1　第 j 部门生产单位价值产品直接消耗第 i 部门的产品价值量,称为第 j 部门对第 i 部门的**直接消耗系数**,记作 a_{ij},即

$$a_{ij}=\frac{x_{ij}}{x_j}\quad(i,j=1,2,\cdots,n).\tag{7}$$

直接计算可求得例 1 中第Ⅱ个部门每生产一个单位价值产品要消耗第Ⅲ个部门的产品价值量为

$$a_{32}=\frac{x_{32}}{x_2}=\frac{34}{340}=0.1.$$

同理可求得

$$a_{11}=\frac{x_{11}}{x_1}=\frac{196}{560}=0.35,\qquad a_{21}=\frac{x_{21}}{x_1}=\frac{84}{560}=0.15,$$

$$a_{31}=\frac{x_{31}}{x_1}=\frac{112}{560}=0.20,\qquad a_{12}=\frac{x_{12}}{x_2}=\frac{102}{340}=0.30,$$

$$a_{22}=\frac{x_{22}}{x_2}=\frac{68}{340}=0.20,\qquad a_{13}=\frac{x_{13}}{x_3}=\frac{70}{280}=0.25,$$

$$a_{23}=\frac{x_{23}}{x_3}=\frac{42}{280}=0.15,\qquad a_{33}=\frac{x_{33}}{x_3}=\frac{28}{280}=0.10.$$

直接消耗系数是以生产技术性联系为基础的,因而是相对稳定的,通常也叫技术系数.各部门之间的直接消耗系数构成的 n 阶矩阵

$$\boldsymbol{A}=\begin{pmatrix} a_{11} & a_{12} & \cdots & a_{1n} \\ a_{21} & a_{22} & \cdots & a_{2n} \\ \vdots & \vdots & & \vdots \\ a_{n1} & a_{n2} & \cdots & a_{nn} \end{pmatrix}$$

称为**直接消耗系数矩阵**(或**技术系数矩阵**).

经上述计算可知例1中所示系统的直接消耗系数矩阵为

$$A=\begin{pmatrix}0.35 & 0.30 & 0.25\\ 0.15 & 0.20 & 0.15\\ 0.20 & 0.10 & 0.10\end{pmatrix}.$$

直接消耗系数 a_{ij} 具有下列性质：

性质1 $0\leqslant a_{ij}<1\ (i,j=1,2,\cdots,n).$ (8)

证 由于经济系统内部门间流量 $x_{ij}\geqslant 0(i,j=1,2,\cdots,n)$，第 j 部门的净产值 $z_j>0(j=1,2,\cdots,n)$. 于是由(5)式有

$$x_j=\sum_{i=1}^{n}x_{ij}+z_j>\sum_{i=1}^{n}x_{ij}\geqslant x_{ij}\geqslant 0\qquad(i,j=1,2,\cdots,n),$$

从而 $0\leqslant a_{ij}=\dfrac{x_{ij}}{x_j}<1(i,j=1,2,\cdots,n)$. 证毕.

性质2 $\sum\limits_{i=1}^{n}a_{ij}<1\ (j=1,2,\cdots,n).$ (9)

证 根据消耗平衡方程组(5)

$$x_j=\sum_{i=1}^{n}a_{ij}x_j+z_j\qquad(j=1,2,\cdots,n),$$

整理后得

$$\left(1-\sum_{i=1}^{n}a_{ij}\right)x_j=z_j.$$

因为 $x_j>0,z_j>0$，所以 $1-\sum\limits_{i=1}^{n}a_{ij}>0$，因此 $\sum\limits_{i=1}^{n}a_{ij}<1\ (j=1,2,\cdots,n)$. 证毕.

三、投入产出分析

1. 分配平衡方程组的解

将 $x_{ij}=a_{ij}x_j(i,j=1,2,\cdots,n)$ 代入分配平衡方程组(2)得

$$\begin{cases}x_1=a_{11}x_1+a_{12}x_2+\cdots+a_{1n}x_n+y_1,\\ x_2=a_{21}x_1+a_{22}x_2+\cdots+a_{2n}x_n+y_2,\\ \cdots\cdots\cdots\cdots\\ x_n=a_{n1}x_1+a_{n2}x_2+\cdots+a_{nn}x_n+y_n.\end{cases}\tag{10}$$

设 $X=\begin{pmatrix}x_1\\ x_2\\ \vdots\\ x_n\end{pmatrix}$，$Y=\begin{pmatrix}y_1\\ y_2\\ \vdots\\ y_n\end{pmatrix}$，则方程组(10)可写成矩阵形式

$$\boldsymbol{X}=\boldsymbol{A}\boldsymbol{X}+\boldsymbol{Y},$$

或

$$(\boldsymbol{E}-\boldsymbol{A})\boldsymbol{X}=\boldsymbol{Y}, \tag{11}$$

其中,$\boldsymbol{A}$ 为直接消耗系数矩阵.

定理 1 如果 n 阶方阵 $\boldsymbol{A}=(a_{ij})$ 具有以下性质:$0\leqslant a_{ij}<1(i,j=1,2,\cdots,n)$ 及 $\sum_{i=1}^{n} a_{ij}<1(j=1,2,\cdots,n)$,那么,方程$(\boldsymbol{E}-\boldsymbol{A})\boldsymbol{X}=\boldsymbol{Y}$,当 $\boldsymbol{Y}$ 为已知且为非负时,存在非负解

$$\boldsymbol{X}=(\boldsymbol{E}-\boldsymbol{A})^{-1}\boldsymbol{Y}. \tag{12}$$

这里,向量或矩阵非负,是指它们的每个元或量非负.本定理不予证明.

根据定理 1,关系式(11)和(12)建立了分配平衡方程组总产量 $\boldsymbol{X}$ 与最终产品 $\boldsymbol{Y}$ 之间的关系,若已知 $\boldsymbol{X},\boldsymbol{Y}$ 中的某一个,就可以由式(11)或(12)求出另外一个.

例 2 已知三个部门在某一生产周期内,直接消耗系数矩阵为

$$\boldsymbol{A}=\begin{pmatrix}0.3 & 0.4 & 0.1\\ 0.5 & 0.2 & 0.6\\ 0.1 & 0.3 & 0.1\end{pmatrix},$$

(1) 已知三个部门的总产值分别是 200 亿元,240 亿元,140 亿元,求各部门的最终产品;

(2) 已知各部门的最终产品分别是 20 亿元,10 亿元,30 亿元,求各部门的总产值.

解 (1) 已知 $\boldsymbol{X}=\begin{pmatrix}200\\240\\140\end{pmatrix}$,将 $\boldsymbol{A},\boldsymbol{X}$ 代入$(\boldsymbol{E}-\boldsymbol{A})\boldsymbol{X}=\boldsymbol{Y}$ 得

$$\begin{pmatrix}y_1\\y_2\\y_3\end{pmatrix}=\begin{pmatrix}0.7 & -0.4 & -0.1\\ -0.5 & 0.8 & -0.6\\ -0.1 & -0.3 & 0.9\end{pmatrix}\begin{pmatrix}200\\240\\140\end{pmatrix}=\begin{pmatrix}30\\8\\34\end{pmatrix},$$

即各部门的最终产品分别为 30 亿元,8 亿元,34 亿元.

(2) 已知 $\boldsymbol{Y}=\begin{pmatrix}20\\10\\30\end{pmatrix}$,将 $\boldsymbol{A},\boldsymbol{Y}$ 代入 $\boldsymbol{X}=(\boldsymbol{E}-\boldsymbol{A})^{-1}\boldsymbol{Y}$,其中

$$(\boldsymbol{E}-\boldsymbol{A})^{-1}=\frac{1}{0.151}\begin{pmatrix}0.54 & 0.39 & 0.32\\ 0.51 & 0.62 & 0.47\\ 0.23 & 0.25 & 0.36\end{pmatrix},$$

于是

$$X=\frac{1}{0.151}\begin{pmatrix}0.54&0.39&0.32\\0.51&0.62&0.47\\0.23&0.25&0.36\end{pmatrix}\begin{pmatrix}20\\10\\30\end{pmatrix}=\begin{pmatrix}160.93\\201.99\\118.54\end{pmatrix},$$

所以各部门的总产值为 $x_1=160.93$ 亿元，$x_2=201.99$ 亿元，$x_3=118.54$ 亿元.

2. 消耗平衡方程组的解

将 $x_{ij}=a_{ij}x_j(i,j=1,2,\cdots,n)$ 代入消耗平衡方程组(5)得

$$x_j=\sum_{i=1}^{n}a_{ij}x_j+z_j\quad(j=1,2,\cdots,n),$$

于是当 $x_j(j=1,2,\cdots,n)$ 为已知时，可求出新创造的价值

$$z_j=\left(1-\sum_{i=1}^{n}a_{ij}\right)x_j\quad(j=1,2,\cdots,n).\tag{13}$$

当 $z_j(j=1,2,\cdots,n)$ 为已知时，可求出总产品价值

$$x_j=\frac{z_j}{1-\sum\limits_{i=1}^{n}a_{ij}}\quad(j=1,2,\cdots,n).\tag{14}$$

在例 2 中，已知三个部门的总产品价值分别是 200 亿元，240 亿元，140 亿元时，根据公式(13)可求出三部门新创造的价值，分别是

$$z_1=(1-0.3-0.5-0.1)\cdot 200=20 \text{ 亿元},$$
$$z_2=(1-0.4-0.2-0.3)\cdot 240=24 \text{ 亿元},$$
$$z_3=(1-0.1-0.6-0.1)\cdot 140=28 \text{ 亿元}.$$

3. 完全消耗系数

经济系统各部门之间的生产与消耗，除了直接消耗外，还有间接消耗.如汽车制造需要消耗电力、钢铁、橡胶等，而生产钢铁和橡胶也需要消耗电力，又生产钢铁需要矿石，生产矿石也需要电力……依此类推，汽车制造部门对电力的消耗包括直接消耗和一次(透过钢铁)甚至多次(透过矿石)的间接消耗.我们把第 j 部门生产产品时，通过其他部门间接消耗第 i 部门的产品，称为第 j 部门对第 i 部门的**间接消耗**.直接消耗与间接消耗之和称为**完全消耗**.

由 $\boldsymbol{X}=(\boldsymbol{E}-\boldsymbol{A})^{-1}\boldsymbol{Y}$，令 $(\boldsymbol{E}-\boldsymbol{A})^{-1}=\boldsymbol{B}=(b_{ij})\ (i,j=1,2,\cdots,n)$，则

$$\boldsymbol{X}=(\boldsymbol{E}-\boldsymbol{A})^{-1}\boldsymbol{Y}=\boldsymbol{B}\boldsymbol{Y},$$

可写成

$$\begin{cases}x_1=b_{11}y_1+b_{12}y_2+\cdots+b_{1n}y_n,\\x_2=b_{21}y_1+b_{22}y_2+\cdots+b_{2n}y_n,\\\cdots\cdots\cdots\cdots\\x_n=b_{n1}y_1+b_{n2}y_2+\cdots+b_{nn}y_n.\end{cases}\tag{15}$$

由式(15)可以看出，当 y_1 增加一个单位产品时，$x_1,x_2,\cdots,x_n$ 相应增加 b_{11}，$b_{21},\cdots,b_{n1}$ 个单位产品，所以第一部门实际增加的消耗为 $b_{11}-1$ 个单位产品，同理，当 y_2 增加一个单位产品时，$x_1,x_2,\cdots,x_n$ 相应增加 $b_{12},b_{22},\cdots,b_{n2}$ 个单位产品，第二部门实际增加的消耗为 $b_{22}-1$，其余类推.我们把矩阵

$$\begin{pmatrix} b_{11}-1 & b_{12} & b_{13} & \cdots & b_{1n} \\ b_{21} & b_{22}-1 & b_{23} & \cdots & b_{2n} \\ \vdots & \vdots & \vdots & & \vdots \\ b_{n1} & b_{n2} & b_{n3} & \cdots & b_{nn}-1 \end{pmatrix}$$

称为**完全消耗矩阵**，记作 $\boldsymbol{C}$，矩阵中的元素叫做**完全消耗系数**.

由 $(\boldsymbol{E}-\boldsymbol{A})^{-1}=\boldsymbol{B}$ 知

$$\boldsymbol{C}=(\boldsymbol{E}-\boldsymbol{A})^{-1}-\boldsymbol{E}. \tag{16}$$

完全消耗系数全面地反映了各部门之间相互依存、相互制约的关系.利用完全消耗系数可以分析最终产品 $\boldsymbol{Y}$ 与总产品 $\boldsymbol{X}$ 的关系.

根据关系式(16)有

$$(\boldsymbol{E}-\boldsymbol{A})^{-1}=\boldsymbol{C}+\boldsymbol{E},$$

那么分配平衡方程组的解

$$\boldsymbol{X}=(\boldsymbol{E}-\boldsymbol{A})^{-1}\boldsymbol{Y}=(\boldsymbol{C}+\boldsymbol{E})\boldsymbol{Y}. \tag{17}$$

若已知报告期的完全消耗系数及计划期的各部门最终产品，可由式(17)求出各部门的总产品.

例 3　一个经济系统有三个部门，下一个生产周期的最终产品为：Ⅰ部门 60 亿元，Ⅱ部门 70 亿元，Ⅲ部门 60 亿元.该系统的完全消耗系数矩阵为

$$\boldsymbol{C}=\begin{pmatrix} 0.30 & 0.25 & 0.075 \\ 0.46 & 0.88 & 0.68 \\ 0.21 & 0.22 & 0.20 \end{pmatrix},$$

问各部门的总产品要达到多少才能完成计划？

解　因为

$$\boldsymbol{C}+\boldsymbol{E}=\begin{pmatrix} 1.30 & 0.25 & 0.075 \\ 0.46 & 1.88 & 0.68 \\ 0.21 & 0.22 & 1.20 \end{pmatrix},$$

由式(17)有

$$\boldsymbol{X}=(\boldsymbol{C}+\boldsymbol{E})\boldsymbol{Y}=\begin{pmatrix} 1.30 & 0.25 & 0.075 \\ 0.46 & 1.88 & 0.68 \\ 0.21 & 0.22 & 1.20 \end{pmatrix}\begin{pmatrix} 60 \\ 70 \\ 60 \end{pmatrix}=\begin{pmatrix} 100 \\ 200 \\ 100 \end{pmatrix},$$

即Ⅰ、Ⅱ、Ⅲ部门应完成的总产品分别为 100 亿元，200 亿元和 100 亿元.

四、投入产出数学模型的应用

投入产出数学模型常用于分析经济系统的部门结构和各类比例关系，制定或调整经济计划，研究价格变动的影响以及预测就业水平等各个方面.下面仅介绍投入产出数学模型在经济计划方面的应用.

1. 在经济预测中的应用

假定根据例1所示经济系统的生产发展情况，预计该系统三个部门的计划期总产品将在报告期总产品的基础上分别增长10%，12%，8%.由于在生产过程中系统内部存在着复杂的产品消耗关系，故一般说来，各个部门最终产品的增长幅度与总产品的增长幅度并不一致.为此，可利用投入产出数学模型对该系统计划期最终产品的增长情况进行预测.

将该系统的计划期总产品和最终产品分别记为 $\boldsymbol{X}=(x_1,x_2,x_3)^{\mathrm{T}}$ 和 $\boldsymbol{Y}=(y_1,y_2,y_3)^{\mathrm{T}}$.根据表7-2中的报告期总产品数据以及预计的计划期总产品增长幅度，该系统三个部门的计划期总产品应分别为

部门Ⅰ： $x_1=560\cdot(1+10\%)=616$ 亿元，

部门Ⅱ： $x_2=340\cdot(1+12\%)=380.8$ 亿元，

部门Ⅲ： $x_3=280\cdot(1+8\%)=302.4$ 亿元.

由(11)式得 $\boldsymbol{Y}=(\boldsymbol{E}-\boldsymbol{A})\boldsymbol{X}$，即

$$\begin{pmatrix} y_1 \\ y_2 \\ y_3 \end{pmatrix}=\begin{pmatrix} 0.65 & -0.3 & -0.25 \\ -0.15 & 0.8 & -0.15 \\ -0.2 & -0.1 & 0.9 \end{pmatrix}\begin{pmatrix} 616 \\ 380.8 \\ 302.4 \end{pmatrix}=\begin{pmatrix} 210.56 \\ 166.88 \\ 110.88 \end{pmatrix}.$$

由此可对该系统三个部门的计划期最终产品及其相对于报告期最终产品的增长幅度作出预测：

部门Ⅰ： $y_1=210.56$ 亿元，增长9.7%；

部门Ⅱ： $y_2=166.88$ 亿元，增长14.3%；

部门Ⅲ： $y_3=110.88$ 亿元，增长4.6%.

有了以上的预测结果，就能对该系统的计划期最终产品与实际需求是否相符有一个事先的了解或估计，避免出现大的偏差.

2. 在制定计划中的应用

投入产出数学模型为合理制定经济系统各部门的生产计划提供了一套科学方法.即根据以社会需求确定社会产品的原则，先通过对计划期需求量的调查或预测，确定系统各个部门的最终产品，再利用投入产出数学模型相应推算出各个部门的总产品，在此基础上编制出经济系统的计划期投入产出表，作为安排各个

部门计划期生产活动的依据.

例 4　设某经济系统三个部门报告期的投入产出如表 7-3 所示,并且该系统的生产技术条件不变.如果该系统三个部门的计划期最终产品分别确定为 $y_1=400$ 亿元,$y_2=2\ 100$ 亿元,$y_3=500$ 亿元,试编制该系统的计划期投入产出表.

表 7-3　　单位:亿元

投入		产出				
		消耗部门			最终产品	总产品
		农业	工业	服务业		
生产部门	农业	60	190	30	320	600
	工业	90	1 520	180	2 010	3 800
	服务业	30	95	60	415	600
新创造价值		420	1 995	330		
总产品价值		600	3 800	600		

解　该系统的直接消耗系数矩阵为

$$A=\begin{pmatrix}0.10 & 0.05 & 0.05\\ 0.15 & 0.40 & 0.30\\ 0.05 & 0.025 & 0.10\end{pmatrix}.$$

可以求出

$$(E-A)^{-1}=\begin{pmatrix}1.132\ 9 & 0.098\ 4 & 0.095\ 7\\ 0.319\ 1 & 1.718\ 0 & 0.590\ 4\\ 0.071\ 8 & 0.053\ 2 & 1.132\ 9\end{pmatrix},$$

且已知 $Y=\begin{pmatrix}400\\ 2\ 100\\ 500\end{pmatrix}$,故

$$X=(E-A)^{-1}Y=\begin{pmatrix}1.132\ 9 & 0.098\ 4 & 0.095\ 7\\ 0.319\ 1 & 1.718\ 0 & 0.590\ 4\\ 0.071\ 8 & 0.053\ 2 & 1.132\ 9\end{pmatrix}\begin{pmatrix}400\\ 2\ 100\\ 500\end{pmatrix}=\begin{pmatrix}707.65\\ 4\ 030.64\\ 706.89\end{pmatrix}.$$

即可知计划期农业、工业、服务业三个部门的总产品分别为

$$x_1=707.65\text{ 亿元},x_2=4\ 030.64\text{ 亿元},x_3=706.89\text{ 亿元}.$$

于是可计算出计划期各部门间产品流量为 $x_{ij}=a_{ij}x_j$,即

$x_{11}=a_{11}x_1=70.765\ 0, x_{12}=a_{12}x_2=201.532\ 0, x_{13}=a_{13}x_3=35.344\ 5,$

$x_{21}=a_{21}x_1=106.147\ 5, x_{22}=a_{22}x_2=1\ 612.256\ 0, x_{23}=a_{23}x_3=212.067\ 0,$

$x_{31}=a_{31}x_1=35.382\ 5, x_{32}=a_{32}x_2=100.766\ 0, x_{33}=a_{33}x_3=70.689\ 0.$

根据 $x_j=\sum_{i=1}^{n}a_{ij}x_j+z_j=\sum_{i=1}^{n}x_{ij}+z_j(j=1,2,\cdots,n)$,可以算出农业、工业、服务业三个部门的新创造价值:

$$z_1=x_1-\sum_{i=1}^{3}x_{i1}=495.355 \text{ 亿元},$$

$$z_2=x_2-\sum_{i=1}^{3}x_{i2}=2\ 116.086 \text{ 亿元},$$

$$z_3=x_3-\sum_{i=1}^{3}x_{i3}=388.789\ 5 \text{ 亿元},$$

从而计划期投入产出如表 7-4 所示.

表 7-4 单位:亿元

投入		产出				
		消耗部门			最终产品	总产品
		农业	工业	服务业		
生产部门	农业	70.765 0	201.532 0	35.344 5	400	707.65
	工业	106.147 5	1 612.256 0	212.067 0	2 100	4 030.64
	服务业	35.382 5	100.766 0	70.689 0	500	706.89
新创造价值		495.355 0	2 116.086 0	388.789 5		
总产品价值		707.65	4 030.64	706.89		

3. 在计划调整中的应用

一个经济系统在执行计划期间,可能会由于事先预料不到的原因,导致系统某些部门的最终产品出现缺口(计划产量小于需求量),或者某些部门的最终产品出现余量(计划产量大于需求量),从而破坏了经济系统原计划的平衡性.在这种情况下,可以利用投入产出数学模型及时调整原有的生产计划,重新协调各个部门的生产活动,使经济系统恢复平衡.

设某经济系统原计划最终产品量和总产品分别为 $\boldsymbol{Y}$ 和 $\boldsymbol{X}$,则 $(\boldsymbol{E}-\boldsymbol{A})\boldsymbol{X}=\boldsymbol{Y}$.如果对该系统的最终产品进行调整,其调整量设为 $\Delta\boldsymbol{Y}$,则系统的总产品量也应进行相应的调整,其调整量设为 $\Delta\boldsymbol{X}$,则有

$$(\boldsymbol{E}-\boldsymbol{A})(\boldsymbol{X}+\Delta\boldsymbol{X})=(\boldsymbol{Y}+\Delta\boldsymbol{Y}),$$

根据系统原有的平衡性,有 $(\boldsymbol{E}-\boldsymbol{A})\boldsymbol{X}=\boldsymbol{Y}$,故可得总产品的调整量 $\Delta\boldsymbol{X}$ 与最终产

品的调整量 $\Delta\boldsymbol{Y}$ 之间的关系式为

$$(\boldsymbol{E}-\boldsymbol{A})\Delta\boldsymbol{X}=\Delta\boldsymbol{Y},$$

或

$$\Delta\boldsymbol{X}=(\boldsymbol{E}-\boldsymbol{A})^{-1}\Delta\boldsymbol{Y}.$$

例 5　对例 4 中的三个部门的最终产品进行调整，调整量为 $\Delta\boldsymbol{Y}=\begin{pmatrix}-5\\-15\\-5\end{pmatrix}$，求这三个部门调整后的总产品量.

解　三个部门总产品的调整量为

$$\begin{aligned}\Delta\boldsymbol{X}&=(\boldsymbol{E}-\boldsymbol{A})^{-1}\Delta\boldsymbol{Y}\\&=\begin{pmatrix}1.132\,9&0.098\,4&0.095\,7\\0.319\,1&1.718\,0&0.590\,4\\0.071\,8&0.053\,2&1.132\,9\end{pmatrix}\begin{pmatrix}-5\\-15\\-5\end{pmatrix}\\&=\begin{pmatrix}-7.619\\-30.317\,5\\-6.821\,5\end{pmatrix}.\end{aligned}$$

于是调整后的总产品为

$$\boldsymbol{X}+\Delta\boldsymbol{X}=\begin{pmatrix}707.65\\4\,030.64\\706.89\end{pmatrix}+\begin{pmatrix}-7.619\\-30.317\,5\\-6.821\,5\end{pmatrix}=\begin{pmatrix}700.031\\4\,000.332\,5\\700.068\,5\end{pmatrix}.$$

习题 7-3

1. 某工厂有三个车间，各车间的一年生产情况如下表所示：

单位：万元

投入		产出				
		车间			出厂产量	总产量
		Ⅰ	Ⅱ	Ⅲ		
车间	Ⅰ	100	25	30	y_1	400
	Ⅱ	80	50	30	y_2	250
	Ⅲ	40	25	60	y_3	300
新创造价值		z_1	z_2	z_3		
总产值		400	250	300		

求:(1) 各车间的出厂产量 y_1,y_2,y_3;

(2) 各车间的新创造价值 z_1,z_2,z_3;

(3) 直接消耗系数矩阵 $\boldsymbol{A}$.

2. 设某一经济系统在所考察期内部门投入产出情况如下表所示:

单位:万元

投入		产出				
		消耗部门			最终产品	总产品
		Ⅰ	Ⅱ	Ⅲ		
生产部门	Ⅰ	50	110	100	240	500
	Ⅱ	20	15	40	175	250
	Ⅲ	10	15	80	195	300
新创造价值		420	110	80		
总 产 值		500	250	300		

求:(1) 计算直接消耗系数矩阵 $\boldsymbol{A}$;

(2) 完全消耗系数矩阵 $\boldsymbol{C}$.

3. 已知某经济系统报告期的直接消耗系数矩阵为

$$\boldsymbol{A}=\begin{pmatrix}0.2 & 0.2 & 0.312\,5\\ 0.14 & 0.15 & 0.25\\ 0.16 & 0.5 & 0.187\,5\end{pmatrix},$$

如果计划期最终产品分别确定为 $y_1=60$ 万元,$y_2=55$ 万元,$y_3=120$ 万元,试求计划期的各部门总产品 x_1,x_2,x_3.

4. 已知某经济系统在一个生产周期内直接消耗系数矩阵 $\boldsymbol{A}$ 和最终产品 $\boldsymbol{Y}$(单位:万元)分别为

$$\boldsymbol{A}=\begin{pmatrix}0.2 & 0.3 & 0.2\\ 0.4 & 0.1 & 0.3\\ 0.3 & 0.5 & 0.2\end{pmatrix},\boldsymbol{Y}=\begin{pmatrix}150\\ 200\\ 210\end{pmatrix}.$$

试求:(1) 各部门的总产品 $\boldsymbol{X}$;

(2) 当最终产品分别增加 40 万元,20 万元和 25 万元时的总产品.

5. 已知某经济系统报告期的直接消耗系数矩阵为

$$\boldsymbol{A}=\begin{pmatrix}0.35 & 0.3 & 0.25\\ 0.15 & 0.2 & 0.15\\ 0.2 & 0.1 & 0.1\end{pmatrix},$$

如果该经济系统三个部门的计划期最终产品分别确定为 $y_1=216$ 万元,$y_2=176$ 万元,$y_3=120$ 万元,试编制该系统的计划期投入产出表.

第四节　基于二次型理论的最优化问题

在经济学中，最常见的选择标准是最大化目标（如厂商利润最大化，消费者效用最大化等）或最小化目标（如在给定产出条件下使成本最小化等），最大化问题和最小化问题统称最优化问题.

一、多变量的目标函数的极值

我们知道，许多实际问题都可以归结成多元函数的极值问题.在微积分中，我们已经得到了判定二元函数 $f(x,y)$ 极值存在的充分条件.下面我们利用二次型的理论对这个极值的充分条件重新加以证明，新的证法不仅简单，而且还可以完全类似地用来证明 n 元函数极值的充分条件.

定理 1　设 $f(x,y)$ 在点 $P_0(x_0,y_0)$ 的某一邻域 $U(P_0,\delta)$ 内有二阶连续偏导数，且 (x_0,y_0) 是 $f(x,y)$ 的驻点（即 $f_x'(x_0,y_0)=f_y'(x_0,y_0)=0$），记

$$\boldsymbol{H}=\begin{pmatrix} f_{xx}''(x_0,y_0) & f_{xy}''(x_0,y_0) \\ f_{xy}''(x_0,y_0) & f_{yy}''(x_0,y_0) \end{pmatrix},$$

则(1) 当 $\boldsymbol{H}$ 为正定矩阵时，$f(x_0,y_0)$ 为 $f(x,y)$ 的极小值；(2) 当 $\boldsymbol{H}$ 为负定矩阵时，$f(x_0,y_0)$ 为 $f(x,y)$ 的极大值.

证　利用二元函数的二阶泰勒公式可以证明

$$\begin{aligned} f(x_0+\Delta x,y_0+\Delta y)=f(x_0,y_0)+f_x'(x_0,y_0)\Delta x+f_y'(x_0,y_0)\Delta y+ \\ f_{xx}''(x_0,y_0)(\Delta x)^2+2f_{xy}''(x_0,y_0)\Delta x\Delta y+ \\ f_{yy}''(x_0,y_0)(\Delta y)^2+o((\Delta x)^2+(\Delta y)^2), \end{aligned}$$

其中 $(x_0+\Delta x,y_0+\Delta y)$ 为邻域 $O_\delta(P_0)$ 中任意一点.

由于 $f_x'(x_0,y_0)=f_y'(x_0,y_0)=0$，当 $(\Delta x,\Delta y)\to(0,0)$ 时，$f(x_0+\Delta x,y_0+\Delta y)-f(x_0,y_0)$ 的符号与二次型

$$\begin{aligned} q(\Delta x,\Delta y)&=f_{xx}''(x_0,y_0)(\Delta x)^2+2f_{xy}''(x_0,y_0)\Delta x\Delta y+f_{yy}''(x_0,y_0)(\Delta y)^2 \\ &=(\Delta x,\Delta y)\begin{pmatrix} f_{xx}''(x_0,y_0) & f_{xy}''(x_0,y_0) \\ f_{xy}''(x_0,y_0) & f_{yy}''(x_0,y_0) \end{pmatrix}\begin{pmatrix} \Delta x \\ \Delta y \end{pmatrix} \\ &=(\Delta x,\Delta y)\boldsymbol{H}\begin{pmatrix} \Delta x \\ \Delta y \end{pmatrix} \end{aligned}$$

的符号相同.

因此，当矩阵 $\boldsymbol{H}$ 是正定的（或负定的），即 $q(\Delta x,\Delta y)$ 为正定（或负定）时，$f(x,y)$ 在 (x_0,y_0) 处取得极小（或极大）值 $f(x_0,y_0)$.

由第6章第三节的定理3和定理4可知,当$f''_{xx}(x_0,y_0)>0$和$|\boldsymbol{H}|>0$时,$\boldsymbol{H}$是正定的;当$f''_{xx}(x_0,y_0)<0$和$|\boldsymbol{H}|>0$时,$\boldsymbol{H}$是负定的.

与定理1类似,我们也可以证明n元函数$f(\boldsymbol{x})=f(x_1,x_2,\cdots,x_n)$的极值存在的充分条件.

定理2(极值存在的充分条件)　设函数$f(\boldsymbol{x})$在点$\boldsymbol{x}_0\in\mathbf{R}^n$的某个邻域内具有二阶连续偏导数,且$\boldsymbol{x}_0$是$f(\boldsymbol{x})$的驻点(即$f'_{x_1}(\boldsymbol{x}_0)=f'_{x_2}(\boldsymbol{x}_0)=\cdots=f'_{x_n}(\boldsymbol{x}_0)=0$),记

$$\boldsymbol{H}=\begin{pmatrix} f''_{x_1x_1}(\boldsymbol{x}_0) & f''_{x_1x_2}(\boldsymbol{x}_0) & \cdots & f''_{x_1x_n}(\boldsymbol{x}_0) \\ f''_{x_2x_1}(\boldsymbol{x}_0) & f''_{x_2x_2}(\boldsymbol{x}_0) & \cdots & f''_{x_2x_n}(\boldsymbol{x}_0) \\ \vdots & \vdots & & \vdots \\ f''_{x_nx_1}(\boldsymbol{x}_0) & f''_{x_nx_2}(\boldsymbol{x}_0) & \cdots & f''_{x_nx_n}(\boldsymbol{x}_0) \end{pmatrix},$$

则(1)当$\boldsymbol{H}$为正定矩阵时,$f(\boldsymbol{x}_0)$为$f(\boldsymbol{x})$的极小值;(2)当$\boldsymbol{H}$为负定矩阵时,$f(\boldsymbol{x}_0)$为$f(\boldsymbol{x})$的极大值.

证明略.

矩阵$\boldsymbol{H}$称为函数$f(\boldsymbol{x})=f(x_1,x_2,\cdots,x_n)$在点$\boldsymbol{x}_0\in\mathbf{R}^n$处的**黑塞矩阵**(Hessian matrix),它是一个对称矩阵.

例1　设某市场上产品1和产品2的价格分别为$P_{10}=12$和$P_{20}=18$,那么两产品厂商的收益函数为

$$R=R(Q_1,Q_2)=P_{10}Q_1+P_{20}Q_2=12Q_1+18Q_2,$$

其中Q_i表示单位时间内产品i的产出水平.假设这两种产品在生产上存在技术的相关性,厂商的成本函数是自变量Q_1,Q_2的二元函数

$$C=C(Q_1,Q_2)=2Q_1^2+Q_1Q_2+2Q_2^2, \tag{1}$$

那么厂商的利润函数为

$$\pi=R-C=12Q_1+18Q_2-2Q_1^2-Q_1Q_2-2Q_2^2. \tag{2}$$

求使π最大化的产出水平$\overline{Q}_1$和$\overline{Q}_2$的组合.

解　由(2)式得

$$\begin{cases}\pi'_{Q_1}=12-4Q_1-Q_2,\\ \pi'_{Q_2}=18-Q_1-4Q_2.\end{cases}$$

令$\pi'_{Q_1}=\pi'_{Q_2}=0$,解方程组

$$\begin{cases}4Q_1+Q_2=12,\\ Q_1+4Q_2=18,\end{cases}$$

得到唯一解:$\overline{Q}_1=2,\overline{Q}_2=4$.于是,$(\overline{Q}_1,\overline{Q}_2)=(2,4)$是函数$\pi(Q_1,Q_2)$的一个驻点.

由于$\pi''_{Q_1Q_1}=-4,\pi''_{Q_1Q_2}=\pi''_{Q_2Q_1}=-1,\pi''_{Q_2Q_2}=-4$,所以黑塞矩阵为

$$H=\begin{pmatrix}-4 & -1\\ -1 & -4\end{pmatrix}.$$

又因为 $\pi''_{Q_1Q_1}(\overline{Q}_1,\overline{Q}_2)=-4<0$，$|H|=15>0$，所以 H 为负定的，也就是说，当单位时间的产出水平为 $(\overline{Q}_1,\overline{Q}_2)=(2,4)$ 时，可使单位时间的利润达到最大值 $\overline{\pi}=48$.

例 2　假设一个两产品厂商的两产品价格将随其产出水平（这里假设产出水平与销售水平一致，即供给等于需求，不考虑存货积压）的变化而变化，其中价格随产出水平变化的函数关系可以从厂商的两种产品的需求函数中求出.

假设两种产品的需求函数为

$$\begin{cases}Q_1=40-2P_1+P_2,\\ Q_2=15+P_1-P_2,\end{cases}\tag{3}$$

其中 P_i 是产品 i 的价格，且(3)式表明，一种产品价格的提高将增加对另一产品的需求，这两种产品在消费中存在着某种联系，具体地说，它们是替代品.

为了将 P_1 和 P_2 表示成 Q_1 和 Q_2 的函数，我们对方程组(3)用克拉默法则求解，得

$$\begin{cases}P_1=55-Q_1-Q_2,\\ P_2=70-Q_1-2Q_2.\end{cases}\tag{4}$$

因此，厂商的总收益函数为

$$\begin{aligned}R&=P_1Q_1+P_2Q_2\\ &=(55-Q_1-Q_2)Q_1+(70-Q_1-2Q_2)Q_2\\ &=55Q_1+70Q_2-2Q_1Q_2-Q_1^2-2Q_2^2.\end{aligned}$$

如果再假设总成本函数为

$$C=Q_1^2+Q_1Q_2+Q_2^2,$$

那么利润函数为

$$\pi=R-C=55Q_1+70Q_2-3Q_1Q_2-2Q_1^2-3Q_2^2.\tag{5}$$

这是一个有两个自变量的目标函数，一旦求出使利润 π 最大化的产出水平 $\overline{Q}_1$ 和 $\overline{Q}_2$，最优价格水平 $\overline{P}_1$ 和 $\overline{P}_2$ 也即刻可由(4)求出.

由(5)式得

$$\begin{cases}\pi'_{Q_1}=55-3Q_2-4Q_1,\\ \pi'_{Q_2}=70-3Q_1-6Q_2.\end{cases}$$

令 $\pi'_{Q_1}=\pi'_{Q_2}=0$，解方程组

$$\begin{cases}4Q_1+3Q_2=55,\\ 3Q_1+6Q_2=70,\end{cases}$$

得到唯一解$(\bar{Q}_1,\bar{Q}_2)=\left(8,\dfrac{23}{3}\right)$.

由 $\pi''_{Q_1Q_1}=-4,\pi''_{Q_1Q_2}=\pi''_{Q_2Q_1}=-3,\pi''_{Q_2Q_2}=-6$,得

$$\boldsymbol{H}=\begin{pmatrix}-4 & -3\\ -3 & -6\end{pmatrix}.$$

显然,$\boldsymbol{H}$ 为负定的,所以当单位时间的产出水平为$(\bar{Q}_1,\bar{Q}_2)=\left(8,\dfrac{23}{3}\right)$时,单位时间的利润达到最大值 $\bar{\pi}=\dfrac{1\,465}{3}$.由(4)式得,最优价格水平为

$$\bar{P}_1=\frac{118}{3},\bar{P}_2=\frac{140}{3}.$$

二、具有约束方程的最优化问题

在实际问题中,我们还常常会遇到这样的最优化问题:求 $f(x,y)$ 在条件 $g(x,y)=0$下的极值.这种需要满足约束条件的最优化问题称为**约束最优化问题**,而称前面的最优化问题为**无约束最优化问题**.例如:在例 1 中,如果厂商还需要遵守形式为 $Q_1+Q_2=8$ 的约束(比如生产配额),那么厂商利润的最大化问题就成为求 $\pi(Q_1,Q_2)$在条件 $Q_1+Q_2=8$ 下的极大值问题.在这种情况下,厂商利润最大化的产出水平 $\bar{Q}_1$ 和 $\bar{Q}_2$ 不仅同时确定,而且还相互关联(因为要维持在 8 的配额内,$\bar{Q}_1$ 提高,$\bar{Q}_2$ 便要相应降低).这个问题的求解还比较简单,直接从约束方程 $Q_1+Q_2=8$ 中解出 $Q_2=8-Q_1$,将它代入(2)式,$\pi(Q_1,Q_2)$就变成了一元函数

$$\pi(Q_1,8-Q_1)=-3Q_1^2+18Q_1+16,$$

容易求出,它在极值点 $Q_1=\bar{Q}_1=3$ 处取得最大值.由此得出,$\bar{Q}_2=8-\bar{Q}_1=5$,以及当单位时间的产出水平为$(\bar{Q}_1,\bar{Q}_2)=(3,5)$时,可使单位时间的利润达到最大值 $\bar{\pi}=43$.

在一般情况下,如果不能由约束方程 $g(x,y)=0$ 解出显函数 $x=x(y)$或 $y=y(x)$,从而将二元函数的约束最优化问题化成一元函数的无约束最优化问题,那么拉格朗日(Lagrange)乘数法将是求解这类约束最优化问题的有效方法,有兴趣的读者可以查阅本系列教材之《经济数学——微积分》,这里就不再介绍了.下面考虑如下的问题:

$$\max_{x} f(\boldsymbol{x}),约束条件\ g(\boldsymbol{x})=0,$$

其中 $\boldsymbol{x}\in\mathbf{R}^n$,$f(\boldsymbol{x})$是二次型 $\boldsymbol{x}^{\mathrm{T}}\boldsymbol{A}\boldsymbol{x}$,$g(\boldsymbol{x})=\boldsymbol{x}^{\mathrm{T}}\boldsymbol{x}-1$.

这类问题可以使用拉格朗日乘数法求解,但是,由于 $f(\boldsymbol{x})$是二次型,我们可

以采用纯代数的求解方法.

例 3　求 $f(\boldsymbol{x})=9x_1^2+4x_2^2+3x_3^2$ 在 $\boldsymbol{x}^{\mathrm{T}}\boldsymbol{x}=1$(即 $\boldsymbol{x}$ 是单位向量,$\|\boldsymbol{x}\|=x_1^2+x_2^2+x_3^2=1$)条件下的最大值与最小值.

解　因为 x_2^2 和 x_3^2 都是非负的,所以

$$4x_2^2\leqslant 9x_2^2,\quad 3x_3^2\leqslant 9x_3^2,$$

又因为 $x_1^2+x_2^2+x_3^2=1$,所以

$$f(\boldsymbol{x})=9x_1^2+4x_2^2+3x_3^2\leqslant 9x_1^2+9x_2^2+9x_3^2=9(x_1^2+x_2^2+x_3^2)=9.$$

因此,在 $\boldsymbol{x}$ 是单位向量的条件下,$f(\boldsymbol{x})$ 的最大值不大于 9.另一方面,对于 $\boldsymbol{e}_1=(1,0,0)^{\mathrm{T}}$,有 $f(\boldsymbol{e}_1)=9$.因此,$f(\boldsymbol{x})$ 在 $\boldsymbol{x}=\boldsymbol{e}_1$ 处取得条件 $\|\boldsymbol{x}\|=1$ 下的最大值 9.

同样,当 $x_1^2+x_2^2+x_3^2=1$ 时,有

$$f(\boldsymbol{x})\geqslant 3x_1^2+3x_2^2+3x_3^2=3(x_1^2+x_2^2+x_3^2)=3,$$

且当 $\boldsymbol{x}=\boldsymbol{e}_3=(0,0,1)^{\mathrm{T}}$ 时,$f(\boldsymbol{e}_3)=3$,因此,$f(\boldsymbol{x})$ 在 $\boldsymbol{x}=\boldsymbol{e}_3$ 处取得条件 $\|\boldsymbol{x}\|=1$ 下的最小值 3.

由例 3 我们可以看到,二次型 $f(\boldsymbol{x})=9x_1^2+4x_2^2+3x_3^2$ 的矩阵

$$\boldsymbol{A}=\begin{pmatrix}9 & & \\ & 4 & \\ & & 3\end{pmatrix}$$

的特征值为 9,4,3,其中最大特征值和最小特征值恰好分别等于 $f(\boldsymbol{x})$ 在条件 $\|\boldsymbol{x}\|=1$ 下的最大值和最小值.从下面定理将看到这个结果对于任一实对称矩阵 $\boldsymbol{A}$ 都成立.

定理 3　设 $\boldsymbol{A}$ 是 n 阶实对称矩阵,记

$$m=\min\{\boldsymbol{x}^{\mathrm{T}}\boldsymbol{A}\boldsymbol{x}\mid\|\boldsymbol{x}\|=1\},M=\max\{\boldsymbol{x}^{\mathrm{T}}\boldsymbol{A}\boldsymbol{x}\mid\|\boldsymbol{x}\|=1\},$$

那么 M 是 $\boldsymbol{A}$ 的最大特征值,m 是 $\boldsymbol{A}$ 的最小特征值.设 $\boldsymbol{\xi}$ 是 $\boldsymbol{A}$ 的属于特征值 M 的单位特征向量,则 $\boldsymbol{\xi}^{\mathrm{T}}\boldsymbol{A}\boldsymbol{\xi}=M$;设 $\boldsymbol{\eta}$ 是 $\boldsymbol{A}$ 的属于特征值 m 的单位特征向量,则 $\boldsymbol{\eta}^{\mathrm{T}}\boldsymbol{A}\boldsymbol{\eta}=m$.

证　由第 6 章第二节定理 1 及相关讨论可知,可以选择一个正交变换 $\boldsymbol{x}=\boldsymbol{P}\boldsymbol{y}$,把二次型 $\boldsymbol{x}^{\mathrm{T}}\boldsymbol{A}\boldsymbol{x}$ 变成平方项和

$$\lambda_1y_1^2+\lambda_2y_2^2+\cdots+\lambda_ny_n^2=\boldsymbol{y}^{\mathrm{T}}\boldsymbol{\Lambda}\boldsymbol{y},$$

其中

$$\boldsymbol{\Lambda}=\begin{pmatrix}\lambda_1 & & & \\ & \lambda_2 & & \\ & & \ddots & \\ & & & \lambda_n\end{pmatrix},$$

$\lambda_1,\lambda_2,\cdots,\lambda_n$ 就是矩阵 $\boldsymbol{A}$ 的全部特征值,且使得 $\boldsymbol{P}$ 的列向量 $\boldsymbol{\alpha}_1,\boldsymbol{\alpha}_2,\cdots,\boldsymbol{\alpha}_n$ 恰好就是 $\boldsymbol{A}$ 的分别属于特征值 $\lambda_1,\lambda_2,\cdots,\lambda_n$ 的单位特征向量.

由于 $\boldsymbol{P}$ 是正交矩阵,所以 $\boldsymbol{P}^{\mathrm{T}}\boldsymbol{P}=\boldsymbol{E}$,因此

$$\|\boldsymbol{P}\boldsymbol{y}\|^2=(\boldsymbol{P}\boldsymbol{y})^{\mathrm{T}}(\boldsymbol{P}\boldsymbol{y})=\boldsymbol{y}^{\mathrm{T}}\boldsymbol{P}^{\mathrm{T}}\boldsymbol{P}\boldsymbol{y}=\boldsymbol{y}^{\mathrm{T}}\boldsymbol{y}=\|\boldsymbol{y}\|^2.$$

又因为 $\boldsymbol{x}=\boldsymbol{P}\boldsymbol{y}$,所以

$$\|\boldsymbol{x}\|=\|\boldsymbol{P}\boldsymbol{y}\|=\|\boldsymbol{y}\|,\ \forall\,\boldsymbol{y}\in\mathbf{R}^n.$$

于是,我们有

$$\|\boldsymbol{x}\|=1\Leftrightarrow\|\boldsymbol{y}\|=1.$$

因此,

$$M=\max\{\boldsymbol{x}^{\mathrm{T}}\boldsymbol{A}\boldsymbol{x}\mid\|\boldsymbol{x}\|=1\}=\max\{\boldsymbol{y}^{\mathrm{T}}\boldsymbol{\Lambda}\boldsymbol{y}\mid\|\boldsymbol{y}\|=1\}.$$

不妨设 $\lambda_1\geqslant\lambda_2\geqslant\cdots\geqslant\lambda_n$,那么对于 $\mathbf{R}^n$ 中任一单位向量 $\boldsymbol{y}=(y_1,y_2,\cdots,y_n)^{\mathrm{T}}$,有

$$\begin{aligned}\boldsymbol{y}^{\mathrm{T}}\boldsymbol{\Lambda}\boldsymbol{y}&=\lambda_1y_1^2+\lambda_2y_2^2+\cdots+\lambda_ny_n^2\\&\leqslant\lambda_1y_1^2+\lambda_1y_2^2+\cdots+\lambda_1y_n^2\\&=\lambda_1(y_1^2+y_2^2+\cdots+y_n^2)\\&=\lambda_1\|\boldsymbol{y}\|^2=\lambda_1.\end{aligned}$$

因此,$M\leqslant\lambda_1$.但是,对于 $\boldsymbol{e}_1=(1,0,\cdots,0)^{\mathrm{T}}$,有

$$\boldsymbol{e}_1^{\mathrm{T}}\boldsymbol{\Lambda}\boldsymbol{e}_1=\lambda_1,$$

因此,$M=\lambda_1$.

下面再证明 $\boldsymbol{A}$ 的属于特征值 $M=\lambda_1$ 的单位特征向量 $\boldsymbol{\alpha}_1$ 满足条件 $\boldsymbol{\alpha}_1^{\mathrm{T}}\boldsymbol{A}\boldsymbol{\alpha}_1=M$.事实上,由于 $\boldsymbol{P}=(\boldsymbol{\alpha}_1,\boldsymbol{\alpha}_2,\cdots,\boldsymbol{\alpha}_n)$,所以

$$\boldsymbol{P}\boldsymbol{e}_1=(\boldsymbol{\alpha}_1,\boldsymbol{\alpha}_2,\cdots,\boldsymbol{\alpha}_n)\begin{pmatrix}1\\0\\\vdots\\0\end{pmatrix}=\boldsymbol{\alpha}_1,$$

因此,

$$\boldsymbol{\alpha}_1^{\mathrm{T}}\boldsymbol{A}\boldsymbol{\alpha}_1=(\boldsymbol{P}\boldsymbol{e}_1)^{\mathrm{T}}\boldsymbol{A}(\boldsymbol{P}\boldsymbol{e}_1)=\boldsymbol{e}_1^{\mathrm{T}}(\boldsymbol{P}^{\mathrm{T}}\boldsymbol{A}\boldsymbol{P})\boldsymbol{e}_1=\boldsymbol{e}_1^{\mathrm{T}}\boldsymbol{\Lambda}\boldsymbol{e}_1=\lambda_1=M.$$

同理可证 $m=\lambda_n$,且 $\boldsymbol{A}$ 的属于特征值 $m=\lambda_n$ 的单位特征向量 $\boldsymbol{\alpha}_n=\boldsymbol{P}\boldsymbol{e}_n=\boldsymbol{P}(0,0,\cdots,1)^{\mathrm{T}}$ 满足条件 $\boldsymbol{\alpha}_n^{\mathrm{T}}\boldsymbol{A}\boldsymbol{\alpha}_n=m$.

例 4 设

$$\boldsymbol{A}=\begin{pmatrix}3&2&1\\2&3&1\\1&1&4\end{pmatrix},$$

求 $M=\max\{\boldsymbol{x}^{\mathrm{T}}\boldsymbol{A}\boldsymbol{x}\mid\|\boldsymbol{x}\|=1\}$ 以及单位向量 $\boldsymbol{\xi}$ 使得 $\boldsymbol{\xi}^{\mathrm{T}}\boldsymbol{A}\boldsymbol{\xi}=M$.

解　$\boldsymbol{A}$ 的特征多项式为

$$|\boldsymbol{A}-\lambda\boldsymbol{E}|=-\lambda^3+10\lambda^2-27\lambda+18=-(\lambda-6)(\lambda-3)(\lambda-1),$$

所以最大的特征值为 6,由定理 3,得

$$M=6.$$

解 $(\boldsymbol{A}-6\boldsymbol{E})\boldsymbol{x}=\boldsymbol{0}$,求得特征向量 $\begin{pmatrix}1\\1\\1\end{pmatrix}$,将它单位化得

$$\boldsymbol{\xi}=\begin{pmatrix}\dfrac{1}{\sqrt{3}}\\\dfrac{1}{\sqrt{3}}\\\dfrac{1}{\sqrt{3}}\end{pmatrix}.$$

例 5　某地区计划明年修建公路 $100x$ 千米和创建工业园区 $100y$ 公顷,假设收益函数为

$$f(x,y)=xy,$$

受所能提供的资源(包括资金、设备、劳动力等)的限制,x 和 y 需要满足约束条件

$$4x^2+9y^2\leqslant 36.$$

求使 $f(x,y)$ 达到最大值的计划数 x 和 y.

有时我们称满足约束条件的一组值为**可行解**,而称约束最优化问题的解为**最优解**,最优解对应的目标函数值为最优值.在两个变量的情形下,约束条件和目标函数都可以在坐标平面上清楚地表示出来.

在本例中,由于 $x\geqslant 0,y\geqslant 0$,约束条件为 $4x^2+9y^2\leqslant 36$,所以满足这些条件的点 (x,y) 在平面直角坐标系中构成一个区域,如图 7-2 中阴影所示.我们将此区域称为**可行域**.可行域中任一点的坐标都是一个可行解.

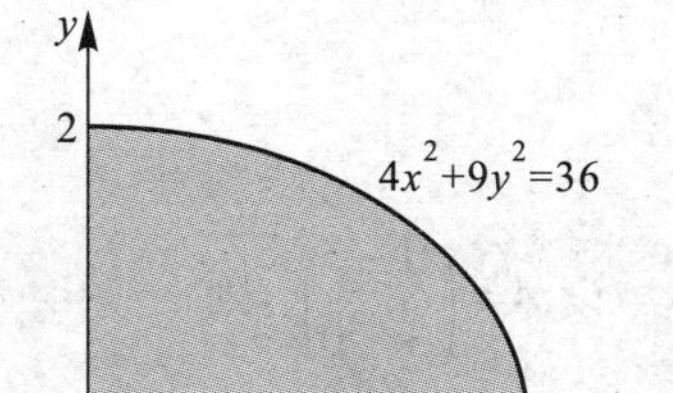

图 7-2

我们把使目标函数 $f(x,y)$ 取某定值的点 (x,y) 的集合称为**无差异曲线**.如图 7-3 所示的 3 条曲线 $f(x,y)=2,3,4$ 都是无差异曲线,且每一条曲线上的一切点 (x,y) 都使目标函数取同一值 2(或 3,或 4).由于过可行域

内任一点的无差异曲线必与可行域的边界线 $4x^2+9y^2=36$ 相交，所以只需在边界线 $4x^2+9y^2=36$ 上寻求最优解.于是，问题就归结为求 $f(x,y)$ 在条件 $4x^2+9y^2=36$ 下的最大值.

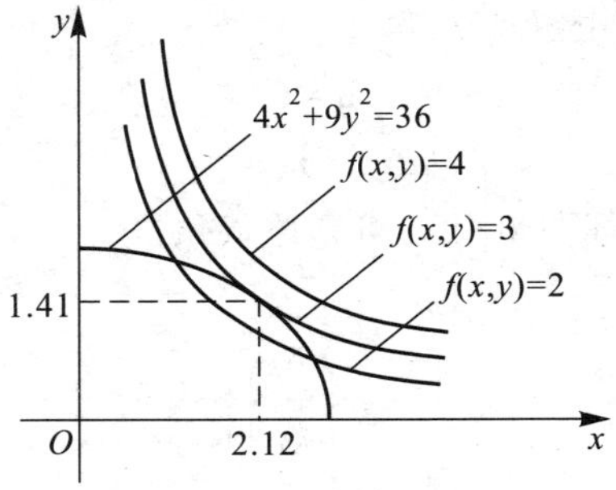

图 7-3

解 由于约束方程 $4x^2+9y^2=36$ 刻画的不是坐标平面上单位向量的集合，我们需要作变量替换.将这个约束方程写成

$$\left(\frac{x}{3}\right)^2+\left(\frac{y}{2}\right)^2=1,$$

再设 $x_1=\frac{x}{3}, x_2=\frac{y}{2}$，即

$$x=3x_1, y=2x_2,$$

则约束方程可以写成

$$x_1^2+x_2^2=1,$$

而目标函数变成

$$f(3x_1,2x_2)=(3x_1)(2x_2)=6x_1x_2.$$

现在的问题就变成为求 $F(\boldsymbol{x})=6x_1x_2$ 在 $\boldsymbol{x}^{\mathrm{T}}\boldsymbol{x}=1$ 条件下的最大值，其中

$$\boldsymbol{x}=\begin{pmatrix}x_1\\x_2\end{pmatrix}.$$

设 $\boldsymbol{A}=\begin{pmatrix}0&3\\3&0\end{pmatrix}$，则

$$F(\boldsymbol{x})=\boldsymbol{x}^{\mathrm{T}}\boldsymbol{A}\boldsymbol{x},$$

$\boldsymbol{A}$ 的特征值是 ±3.属于 $\lambda_1=3$ 的单位特征向量是 $\begin{pmatrix}\frac{1}{\sqrt{2}}\\\frac{1}{\sqrt{2}}\end{pmatrix}$，由此得，当 $x_1=\frac{1}{\sqrt{2}}$，

$x_2=\dfrac{1}{\sqrt{2}}$时，$F(\boldsymbol{x})$取得最大值 3，即当 $x=3x_1=\dfrac{3}{\sqrt{2}}\approx 2.12$，$y=2x_2=\sqrt{2}\approx 1.41$ 时，收益函数 $f(x,y)$ 取得最大值 3.

习题 7-4

1. 如果将例 2 中两产品的需求函数和成本函数改为

$$\begin{cases}Q_1=24-2P_1-P_2,\\ Q_2=22-P_1-P_2,\end{cases}\qquad C=Q_1^2+2Q_2^2+10.$$

求满足利润最大化的产出水平 $\overline{Q}_1$ 和 $\overline{Q}_2$ 及其最大利润.

2. 某公司在生产中使用甲、乙两种原料，如果甲和乙两种原料分别使用 x 单位和 y 单位，那么可生产 Q 单位的产品，且

$$Q=Q(x,y)=10xy+20.2x+30.3y-10x^2-5y^2.$$

已知甲原料价格为 20 元/单位，乙原料价格为 30 元/单位，产品每单位售价为 100 元，产品固定成本为 1 000 元，求该公司的最大利润.

3. 求下列目标函数 $f(\boldsymbol{x})$ 在 $\boldsymbol{x}^{\mathrm{T}}\boldsymbol{x}=1$ 下的最大值，以及使 $f(\boldsymbol{x})$ 取得最大值的单位向量 $\boldsymbol{\xi}$：

(1) $f(\boldsymbol{x})=5x_1^2+6x_2^2+7x_3^2+4x_1x_2-4x_2x_3$；

(2) $f(\boldsymbol{x})=5x_1^2+5x_2^2-4x_1x_2$.

部分习题答案

习题 1-1

1. (1) $(x_1,x_2,x_3)^{\mathrm{T}}=(3,1,-2)^{\mathrm{T}}$;

   (2) $(x_1,x_2,x_3,x_4)^{\mathrm{T}}=\left(-2k+\frac{1}{2},\frac{1}{2},k,\frac{1}{2}\right)^{\mathrm{T}},k\in\mathbf{R}$;

   (3) $(x_1,x_2,x_3)^{\mathrm{T}}=\left(\frac{3}{5},\frac{37}{15},\frac{16}{3}\right)^{\mathrm{T}}$.

习题 1-2

1. (1) $(x_1,x_2,x_3)^{\mathrm{T}}=(3,1,-2)^{\mathrm{T}}$;

   (2) $(x_1,x_2,x_3,x_4)^{\mathrm{T}}=\left(-2k+\frac{1}{2},\frac{1}{2},k,\frac{1}{2}\right)^{\mathrm{T}},k\in\mathbf{R}$;

   (3) $(x_1,x_2,x_3)^{\mathrm{T}}=(k,k,k)^{\mathrm{T}},k\in\mathbf{R}$;

   (4) $(x_1,x_2,x_3)^{\mathrm{T}}=(2+11k,k,-1+7k)^{\mathrm{T}},k\in\mathbf{R}$;

   (5) 无解;

   (6) $(x_1,x_2,x_3,x_4)^{\mathrm{T}}=(-2c_1+c_2,c_1,0,c_2)^{\mathrm{T}},c_1,c_2\in\mathbf{R}$.

2. (1) $\begin{pmatrix}0&1&0&5\\0&0&1&3\\0&0&0&0\end{pmatrix}$;　　(2) $\begin{pmatrix}1&0&2&0&-2\\0&1&-1&0&3\\0&0&0&1&4\\0&0&0&0&0\end{pmatrix}$.

3. 应当分别给 A_1,A_2,A_3 投资$\frac{5}{6}$万元,$\frac{5}{3}$万元,7.5 万元.

第 1 章总习题

1. $\begin{pmatrix} 1 & 0 & 0 & 6 & 3 & 4 \\ 0 & 1 & 0 & 4 & 2 & 3 \\ 0 & 0 & 1 & 9 & 4 & 6 \end{pmatrix}$.

2. $(x_1,x_2,x_3,x_4,x_5,x_6)^{\mathrm{T}}=(15+s+t,20-s,10-t,25-s-t,s,t)^{\mathrm{T}}$，其中 s,t 为任意常数，将上面的 $x_1,\cdots,x_6$ 代入 S 表达式，得 $S=4\ 205+s-69t$，由于 s,t 分别是 x_5,x_6 的值，从而 $0\leqslant s\leqslant 20,0\leqslant t\leqslant 10$，易知当 $s=0,t=10$ 时，S 才取最小值，于是线性方程组的一个解 $(25,20,0,15,0,10)^{\mathrm{T}}$ 是物资调运问题的解.

3. (1) $\lambda\neq 1$ 且 $\lambda\neq -2$ 时，方程组有唯一解；

(2) $\lambda=-2$ 时，方程组无解；

(3) $\lambda=1$ 时，方程组有无穷多解.

4. (1) $\lambda=-2$ 时，方程组无解；

(2) $\lambda\neq 1$ 且 $\lambda\neq -2$ 时，方程组有唯一解；

(3) $\lambda=1$ 时，方程组有无穷多解.

习题 2-1

1. (1) -1；(2) 0；(3) 0；(4) 2；(5) $2x^3-6x^2+6$.

2. $x=2$ 或 $x=3$.

3. $(x_1,x_2,x_3)^{\mathrm{T}}=(3,1,1)^{\mathrm{T}}$.

习题 2-2

1. (1) 0；(2) 4；(3) 5；(4) 3；(5) 7；(6) $\dfrac{n(n-1)}{2}$；(7) $n(n-1)$.

2. (1) $i=8,k=3$；(2) $i=3,k=6$.

3. $\dfrac{n(n-1)}{2}$，

当 $n=4k,4k+1$ 时 $\dfrac{n(n-1)}{2}$ 均为偶数，故原排列为偶排列；

当 $n=4k+2,4k+3$ 时 $\dfrac{n(n-1)}{2}$ 均为奇数，故原排列为奇排列.

*4. 这种变换步骤不唯一,比如可按如下步骤变换:

$12345 \xrightarrow{(15)} 52431 \xrightarrow{(52)} 25431 \xrightarrow{(43)} 25341.$

5. $\dfrac{n(n-1)}{2}-k.$

习题 2-3

1. (1) 不是;(2) "+".
2. $a_{11}a_{23}a_{32}a_{44}, a_{14}a_{23}a_{31}a_{42}, a_{12}a_{23}a_{34}a_{41}$.
3. $D_1=(-1)^{\frac{n(n-1)}{2}}n!$;$D_2=(-1)^{n-1}n!$;$D_3=(-1)^{\frac{(n-1)(n-2)}{2}}n!$.
4. x^4 的系数为 2,x^3 的系数为-1.
5. (1) 0;(2) 8;(3) -160;(4) $4abcdef$;
   (5) -7;(6) 32;(7) -20;
   (8) $xy(xy+2x+2y)$ 或 $x^2y^2+2x^2y+2xy^2$.

习题 2-4

2. (1) $(a^2-b^2)^n$; (2) $a^{n-2}(a^2-1)$; (3) $-2(n-2)!$;
   (4) $x^n+(-1)^{n+1}y^n$; (5) $a_1a_2\cdots a_n\left(1+\sum\limits_{i=1}^{n}\dfrac{1}{a_i}\right)$.

习题 2-5

1. (1) $(x_1,x_2,x_3)^{\mathrm{T}}=(1,-1,1)^{\mathrm{T}}$;
   (2) $(x_1,x_2,x_3,x_4)^{\mathrm{T}}=(1,1,-1,-1)^{\mathrm{T}}$.
2. $\lambda=2$ 或 $\lambda=5$ 或 $\lambda=8$.
3. 2,20.

第 2 章总习题

1. (1) D; (2) A.
2. 0;0.
3. (1) $(-1)^{\frac{n(n-1)}{2}}\dfrac{n^{n-1}(n+1)}{2}$; (2) $\dfrac{1}{2}[(x+a)^n+(x-a)^n]$;

(3) $(-1)^{\frac{n(n+1)}{2}}(n+1)^{n-1}$.

5. 400,500,600.

6. $\lambda=1$ 或 $\mu=0$.

习题 3-1

1. $\begin{pmatrix} 2 & 0 & 1 \\ 1 & 4 & 0 \end{pmatrix}$; $\begin{pmatrix} 8 & -4 & 1 \\ 5 & 4 & -2 \end{pmatrix}$; $\begin{pmatrix} 19 & -10 & 2 \\ 12 & 8 & -5 \end{pmatrix}$.

2. (1) $\begin{pmatrix} 35 \\ 6 \\ 49 \end{pmatrix}$; (2) $\begin{pmatrix} 2 & 0 \\ 3 & 2 \\ 1 & 4 \end{pmatrix}$; (3) $\begin{pmatrix} 8 & -2 & 1 \\ -1 & 9 & 0 \\ -9 & -3 & 1 \\ -1 & 2 & 1 \end{pmatrix}$; (4) 0.

(5) $\begin{pmatrix} 2 & 3 & -1 \\ -2 & -3 & 1 \\ -2 & -3 & 1 \end{pmatrix}$; (6) $a_{11}x_1^2+2a_{12}x_1x_2+a_{22}x_2^2$; (7) $\begin{pmatrix} -5 & -2 \\ 4 & 0 \end{pmatrix}$;

(8) $\begin{pmatrix} \lambda_1^5 & 0 & 0 \\ 0 & \lambda_2^5 & 0 \\ 0 & 0 & \lambda_3^5 \end{pmatrix}$.

3. (1) 取 $\boldsymbol{A}=\begin{pmatrix} 1 & 1 \\ -1 & -1 \end{pmatrix}\neq\boldsymbol{0}$,而 $\boldsymbol{A}^2=\boldsymbol{0}$;

(2) 取 $\boldsymbol{A}=\begin{pmatrix} 1 & 0 \\ 0 & 0 \end{pmatrix}$,有 $\boldsymbol{A}\neq\boldsymbol{0},\boldsymbol{A}\neq\boldsymbol{E}$,而 $\boldsymbol{A}^2=\boldsymbol{A}$;

(3) 取 $\boldsymbol{A}=\begin{pmatrix} 1 & 0 \\ 0 & 0 \end{pmatrix}$,$\boldsymbol{X}=\begin{pmatrix} 1 & 0 \\ 0 & 0 \end{pmatrix}$,$\boldsymbol{Y}=\begin{pmatrix} 1 & 0 \\ 0 & 1 \end{pmatrix}$,有 $\boldsymbol{X}\neq\boldsymbol{Y}$,而 $\boldsymbol{AX}=\boldsymbol{AY}$.

7. $\begin{pmatrix} 1 & 0 \\ n\lambda & 1 \end{pmatrix}$.

8. 乙.

习题 3-2

1. $\begin{pmatrix} 14 & -4 & 8 \\ -4 & 2 & -2 \\ 8 & -2 & 10 \end{pmatrix}$, $\begin{pmatrix} 4 & -2 & 6 \\ -2 & 3 & -1 \\ 6 & -1 & 19 \end{pmatrix}$.

3. $A^2=\begin{pmatrix}1&2&1&0\\0&1&2&1\\0&0&1&2\\0&0&0&1\end{pmatrix}$, $A^3=\begin{pmatrix}1&3&3&1\\0&1&3&3\\0&0&1&3\\0&0&0&1\end{pmatrix}$, $A^n=\begin{pmatrix}1&C_n^1&C_n^2&C_n^3\\0&1&C_n^1&C_n^2\\0&0&1&C_n^1\\0&0&0&1\end{pmatrix}$.

（提示：仿例 1 的方法.）

7. $9(a^2+b^2)^2$.

8. (1) $A^*=\begin{pmatrix}1&3&3\\2&-4&1\\1&-2&-2\end{pmatrix}$; (2) $A^*=\begin{pmatrix}0&0&0\\-24&12&0\\16&-8&0\end{pmatrix}$.

习题 3-3

1. (1) $\begin{pmatrix}\frac{5}{17}&\frac{1}{17}\\\frac{2}{17}&-\frac{3}{17}\end{pmatrix}$; (2) $\begin{pmatrix}\cos\theta&\sin\theta\\-\sin\theta&\cos\theta\end{pmatrix}$; (3) $\begin{pmatrix}0&0&1\\0&1&0\\1&0&0\end{pmatrix}$; (4) 不可逆;

(5) 不可逆; (6) $\begin{pmatrix}1&-1&0&0\\0&1&-1&0\\0&0&1&-1\\0&0&0&1\end{pmatrix}$; (7) $\begin{pmatrix}1&0&0&0\\-a&1&0&0\\0&-a&1&0\\0&0&-a&1\end{pmatrix}$.

2. $\begin{pmatrix}5&-2&-1\\-2&2&0\\-1&0&1\end{pmatrix}$.

3. (1) $\begin{pmatrix}1&2\\1&3\end{pmatrix}$; (2) $\begin{pmatrix}-6&-11&8\\0&1&1\\-11&-21&15\end{pmatrix}$; (3) $\begin{pmatrix}1&1\\\frac{1}{4}&0\end{pmatrix}$.

4. (1) $(x_1,x_2,x_3)^{\mathrm T}=(26,-15,-20)^{\mathrm T}$; (2) $(x,y,z)^{\mathrm T}=(4,-2,-3)^{\mathrm T}$.

7. $A^{-1}=\frac{1}{2}(A-E)$, $(A+2E)^{-1}=\frac{1}{4}(3E-A)$.

8. $\begin{pmatrix}1&0&0\\2&0&0\\6&-1&-1\end{pmatrix}$, $\begin{pmatrix}1&0&0\\2&0&0\\-2&1&1\end{pmatrix}$.

9. -1.

习题 3-4

2. $\boldsymbol{A}=(\boldsymbol{C}^{-1},\boldsymbol{B})$,其中 $\boldsymbol{B}$ 是第一列元全为零,其余元为任意的 $n\times 3$ 矩阵.

3. 3,$\begin{pmatrix} -2 & 1 & 0 & 0 \\ 3 & -1 & 0 & 0 \\ 0 & 0 & \frac{1}{3} & -\frac{2}{3} \\ 0 & 0 & 0 & -1 \end{pmatrix}$,$3^{10}$,$\begin{pmatrix} 2 & 5 & 0 & 0 \\ 5 & 13 & 0 & 0 \\ 0 & 0 & 13 & 2 \\ 0 & 0 & 2 & 1 \end{pmatrix}$.

4. $\begin{pmatrix} 0 & 0 & 1 & 0 \\ 0 & 0 & 0 & 1 \\ 1 & \frac{2}{3} & 0 & 0 \\ 0 & \frac{1}{3} & 0 & 0 \end{pmatrix}$.

6. $\begin{pmatrix} \boldsymbol{0} & 2\boldsymbol{B}^{*} \\ 3\boldsymbol{A}^{*} & \boldsymbol{0} \end{pmatrix}$.

习题 3-5

1. $\begin{pmatrix} a_3 & a_2 & a_1 \\ b_3 & b_2 & b_1 \\ c_3 & c_2 & c_1 \end{pmatrix}$.

2. (1) $\begin{pmatrix} 1 & 0 & 0 & 0 \\ -\frac{1}{2} & \frac{1}{2} & 0 & 0 \\ 0 & -\frac{1}{3} & \frac{1}{3} & 0 \\ 0 & 0 & -\frac{1}{4} & \frac{1}{4} \end{pmatrix}$;(2) $\begin{pmatrix} \frac{7}{6} & \frac{2}{3} & -\frac{3}{2} \\ -1 & -1 & 2 \\ -\frac{1}{2} & 0 & \frac{1}{2} \end{pmatrix}$;

(3) $\begin{pmatrix} 22 & -17 & -1 & 4 \\ -6 & 5 & 0 & -1 \\ -26 & 20 & 2 & -5 \\ 17 & -13 & -1 & 3 \end{pmatrix}$.

3. (1) $\boldsymbol{X}=\begin{pmatrix}1&2&3\\4&5&6\\7&8&9\end{pmatrix}$;(2) $\boldsymbol{X}=\begin{pmatrix}1&-1&1\\-1&1&1\\1&1&-1\end{pmatrix}$.

4. (2) $\boldsymbol{E}(2,3)$.

5. $\begin{pmatrix}2&1&0\\1&1&0\\0&0&2\end{pmatrix}$.

习题 3-6

1. $\begin{pmatrix}0&1&0&5\\0&0&1&3\\0&0&0&0\end{pmatrix}$.

2. 能,能,不能.

3. (1) 3;(2) 2;(3) 3;(4) 2.

4. $a=2$.

7. $\lambda=1$ 时,$R(\boldsymbol{A})=2$.

第 3 章总习题

1. (1) 3; (2) $3^{n-1}\begin{pmatrix}1&1\\2&2\end{pmatrix}$; (3) $a=-1$;

   (4) $\boldsymbol{C}^*=\begin{pmatrix}|\boldsymbol{B}|\boldsymbol{A}^*&\boldsymbol{0}\\\boldsymbol{0}&|\boldsymbol{A}|\boldsymbol{B}^*\end{pmatrix}$; (5) 2;(6) 3.

2. (1) C; (2) B.

3. 1.

4. -1.

5. $\begin{pmatrix}1&0&0&0\\-2&1&0&0\\1&-2&1&0\\0&1&-2&1\end{pmatrix}$.

7. (1) $\boldsymbol{PQ}=\begin{pmatrix}\boldsymbol{A}&\boldsymbol{a}\\\boldsymbol{0}&|\boldsymbol{A}|(b-\boldsymbol{a}^{\mathrm{T}}\boldsymbol{A}^{-1}\boldsymbol{a})\end{pmatrix}$.

9. 丁.

10. $1.053\,3\times10^{7}$ 元.

习题 4-1

1. A,C; 2. A;

3. (1) $(x_1,x_2,x_3,x_4)^{\mathrm{T}}=k\left(-8,\dfrac{8}{3},\dfrac{8}{9},1\right)^{\mathrm{T}}(k\in\mathbf{R})$;

(2) $(x_1,x_2,x_3,x_4)^{\mathrm{T}}=c_1\left(-\dfrac{1}{2},1,0,0\right)^{\mathrm{T}}+c_2\left(\dfrac{1}{2},0,1,0\right)^{\mathrm{T}}+\left(\dfrac{1}{2},0,0,0\right)^{\mathrm{T}}(c_1,c_2\in\mathbf{R})$.

5. 当 $a\neq1,b\neq0$ 时有唯一解;$a=1,b=\dfrac{1}{2}$时有无穷多个解;其余情形无解.

6. 当 $\lambda\neq0$ 且 $\lambda\neq-3$ 时,方程组有唯一解;当 $\lambda=0$ 时,方程组无解;当 $\lambda=-3$ 时,方程组有无穷多个解,通解为

$$(x_1,x_2,x_3)^{\mathrm{T}}=c(1,1,1)^{\mathrm{T}}+(-1,-2,0)^{\mathrm{T}}(c\in\mathbf{R}).$$

习题 4-2

1. (1) $(9,-1,-5)^{\mathrm{T}}$; (2) $(-10,-4,12)^{\mathrm{T}}$.

2. $\boldsymbol{x}=\left(-1,0,\dfrac{1}{2},0\right)^{\mathrm{T}}$.

3. $\boldsymbol{\beta}=(0,1,2,-2)^{\mathrm{T}}$.

4. $\boldsymbol{\alpha}=(1,2,3)^{\mathrm{T}}$.

5. $k=5,\lambda=-4,\mu=-1$.

习题 4-3

1. (1) $\boldsymbol{\beta}=\boldsymbol{\alpha}_1+2\boldsymbol{\alpha}_2-\boldsymbol{\alpha}_3$; (2) $\boldsymbol{\beta}=2\boldsymbol{\alpha}_1-\boldsymbol{\alpha}_2+\boldsymbol{\alpha}_3$; (3) 不能; (4) $\boldsymbol{\beta}=\boldsymbol{\alpha}_1+2\boldsymbol{\alpha}_2+3\boldsymbol{\alpha}_3-\boldsymbol{\alpha}_4$.

2. $\lambda=15$.

3. (1) 不正确; (2) 不正确; (3) 推理不正确,结论不正确; (4) 不正确; (5) 正确.

4. (1) 线性相关; (2) 线性无关; (3) 线性无关.

7. $t=-1$ 或 $t=2$.

8. (1) $a=-1,b\neq 0$; (2) $a\neq -1,b$ 为任意常数.

9. (1) $\boldsymbol{A}$ 线性相关,$\boldsymbol{B}$ 线性无关; (2) $\boldsymbol{A},\boldsymbol{B}$ 都线性无关; (3) $\boldsymbol{A}$ 线性无关,$\boldsymbol{B}$ 线性相关.

习题 4-4

1. (1) 列向量组的秩为 3,$\boldsymbol{\alpha}_1,\boldsymbol{\alpha}_2,\boldsymbol{\alpha}_4$ 为列向量组的一个最大无关组,且$\boldsymbol{\alpha}_3=-\boldsymbol{\alpha}_1-\boldsymbol{\alpha}_2,\boldsymbol{\alpha}_5=4\boldsymbol{\alpha}_1+3\boldsymbol{\alpha}_2-3\boldsymbol{\alpha}_4$;

   (2) 列向量组的秩为 3,$\boldsymbol{\alpha}_1,\boldsymbol{\alpha}_2,\boldsymbol{\alpha}_4$ 为列向量组的一个最大无关组,且$\boldsymbol{\alpha}_3=2\boldsymbol{\alpha}_1-\boldsymbol{\alpha}_2+0\boldsymbol{\alpha}_4$.

2. (1) 秩为 2,最大无关组:$\boldsymbol{\alpha}_1,\boldsymbol{\alpha}_2$,或 $\boldsymbol{\alpha}_1,\boldsymbol{\alpha}_3$,或 $\boldsymbol{\alpha}_2,\boldsymbol{\alpha}_3$,或 $\boldsymbol{\alpha}_1,\boldsymbol{\alpha}_4$;

   (2) 秩为 3,最大无关组:$\boldsymbol{\alpha}_1,\boldsymbol{\alpha}_2,\boldsymbol{\alpha}_3$(不唯一).

3. 秩为 3.

4. 不唯一.

习题 4-5

1. (1) C; (2) D; (3) B; (4) A.

2. (1) $c_1\left(-\dfrac{3}{2},\dfrac{7}{2},1,0\right)^{\mathrm{T}}+c_2(-1,-2,0,1)^{\mathrm{T}}\quad(c_1,c_2\in\mathbf{R})$;

   (2) $c_1(1,0,\cdots,0,-n)^{\mathrm{T}}+c_2(0,1,0,\cdots,-n+1)^{\mathrm{T}}+\cdots+c_{n-1}(0,0,\cdots,1,-2)^{\mathrm{T}}$
   $(c_1,c_2,\cdots,c_{n-1}\in\mathbf{R})$.

3. $(x_1,x_2,\cdots,x_n)^{\mathrm{T}}=k(1,1,\cdots,1)^{\mathrm{T}},k\in\mathbf{R}$.

* 习题 4-6

1. V_1 是,V_2 不是.

4. $\boldsymbol{v}_1=2\boldsymbol{a}_1+3\boldsymbol{a}_2-\boldsymbol{a}_3,\boldsymbol{v}_2=3\boldsymbol{a}_1-3\boldsymbol{a}_2-2\boldsymbol{a}_3$.

5. $\begin{pmatrix}2&3&4\\0&-1&0\\-1&0&-1\end{pmatrix}$.

第 4 章总习题

1. (1) D; (2) B; (3) B.

2. 当 s 为奇(偶)数时,所给向量组线性无关(线性相关).

3. 线性无关.

4. (1) $\lambda\neq-3$;　(2) $\lambda=-3$.

5. $a=15$,　$b=5$.

6. (1) $\boldsymbol{x}=k_1(0,1,0,0)^{\mathrm{T}}+k_2(-1,0,1,1)^{\mathrm{T}}$;

(2) 有非零公共解为 $\boldsymbol{x}_0=\lambda(-1,-1,1,1)^{\mathrm{T}}$　$(\lambda\in\mathbf{R})$.

10. (1) $a\neq-1$;　(2) $a=-1$.

11. $\boldsymbol{x}=(1,1,1,1)^{\mathrm{T}}+k(1,-2,1,0)^{\mathrm{T}}$　$(k\in\mathbf{R})$.

12. (1) $\boldsymbol{x}=(-2,-4,-5,0)^{\mathrm{T}}+k(1,1,2,1)^{\mathrm{T}}$　$(k\in\mathbf{R})$;

(2) $m=2,n=4,t=6$.

13. 当 $a\neq b$ 且 $a\neq(1-n)b$ 时,方程组仅有零解;

当 $a=b$ 时,基础解系是 $\boldsymbol{\xi}_1=(-1,1,0,\cdots,0)^{\mathrm{T}},\boldsymbol{\xi}_2=(-1,0,1,\cdots,0)^{\mathrm{T}},\cdots,\boldsymbol{\xi}_{n-1}=(-1,0,0,\cdots,1)^{\mathrm{T}}$.

方程组的通解为

$$\boldsymbol{x}=c_1\boldsymbol{\xi}_1+c_2\boldsymbol{\xi}_2+\cdots+c_{n-1}\boldsymbol{\xi}_{n-1}\qquad(c_1,c_2,\cdots,c_{n-1}\in\mathbf{R});$$

当 $a=(1-n)b$ 时,基础解系为 $\boldsymbol{\xi}=(1,1,1,\cdots,1)^{\mathrm{T}}$,方程组的通解为

$$\boldsymbol{x}=c\boldsymbol{\xi}\qquad(c\in\mathbf{R}).$$

*14. $\boldsymbol{P}=\begin{pmatrix}\dfrac{9}{7} & \dfrac{71}{21} & \dfrac{65}{7}\\ -\dfrac{2}{7} & -\dfrac{12}{7} & -\dfrac{44}{7}\\ \dfrac{1}{7} & \dfrac{11}{21} & \dfrac{15}{7}\end{pmatrix}$.

*15. $\boldsymbol{\alpha}$ 在后一组基下的坐标为 $-3,\dfrac{9}{2},-\dfrac{11}{2}$.

*16. $\boldsymbol{\beta}=\begin{pmatrix}5k\\-k\end{pmatrix}$($k$ 为非零常数).$\boldsymbol{\beta}$ 在 $\boldsymbol{\xi}_1,\boldsymbol{\xi}_2$ 下的坐标为 $-3k,2k$(k 为非零常数).

习题 5-1

1. (1) $\dfrac{\pi}{2}$;　(2) $\dfrac{\pi}{4}$.

2. (1) $\boldsymbol{\beta}_1=\begin{pmatrix}1\\1\\1\end{pmatrix},\boldsymbol{\beta}_2=\begin{pmatrix}-1\\0\\1\end{pmatrix},\boldsymbol{\beta}_3=\frac{1}{3}\begin{pmatrix}1\\-2\\1\end{pmatrix}$;

(2) $\boldsymbol{\beta}_1=\begin{pmatrix}1\\0\\-1\\1\end{pmatrix},\boldsymbol{\beta}_2=\frac{1}{3}\begin{pmatrix}1\\-3\\2\\1\end{pmatrix},\boldsymbol{\beta}_3=\frac{1}{5}\begin{pmatrix}-1\\3\\3\\4\end{pmatrix}$.

3. (1) 不是; (2) 是.

4. $\boldsymbol{\alpha}_2=\begin{pmatrix}-2\\1\\0\end{pmatrix},\boldsymbol{\alpha}_3=\begin{pmatrix}-3\\-6\\5\end{pmatrix}$.

习题 5-2

1. (1) 错; (2) 错; (3) 错.

2. (1) $\lambda_1=-1,\boldsymbol{p}_1=c_1\begin{pmatrix}4\\3\end{pmatrix},c_1\neq 0.\lambda_2=6,\boldsymbol{p}_2=c_2\begin{pmatrix}-1\\1\end{pmatrix},c_2\neq 0$;

(2) $\lambda_1=\lambda_2=-2,\boldsymbol{p}_1=c_1\begin{pmatrix}1\\1\\0\end{pmatrix}+c_2\begin{pmatrix}0\\1\\1\end{pmatrix}$, c_1,c_2 不同时为零;

$\lambda_3=4,\boldsymbol{p}_3=c_3\begin{pmatrix}1\\1\\2\end{pmatrix},c_3\neq 0$;

(3) $\lambda_1=\lambda_2=\lambda_3=-1,\boldsymbol{p}=c\begin{pmatrix}1\\1\\-1\end{pmatrix},c\neq 0$.

3. $\boldsymbol{A}^{-1}$的特征值为$\frac{1}{\lambda_1},\frac{1}{\lambda_2},\frac{1}{\lambda_3}$;$\boldsymbol{A}^*$的特征值为$\frac{|\boldsymbol{A}|}{\lambda_1},\frac{|\boldsymbol{A}|}{\lambda_2},\frac{|\boldsymbol{A}|}{\lambda_3}$;$3\boldsymbol{A}-2\boldsymbol{E}$ 的特征值为 $3\lambda_1-2,3\lambda_2-2,3\lambda_3-2$.

4. $k=1$ 或-2.

习题 5-3

1. D.

2. $k=2$.

3. （1） $x=0,y=1$；　（2） $\boldsymbol{P}=\begin{pmatrix}1&0&0\\0&1&1\\0&1&-1\end{pmatrix}$.

4. 令 $\boldsymbol{P}=\boldsymbol{A}$ 即可.

5. $\boldsymbol{A}=\dfrac{1}{3}\begin{pmatrix}-1&0&2\\0&1&2\\2&2&0\end{pmatrix}$，　$\boldsymbol{A}^{50}=\dfrac{1}{9}\begin{pmatrix}5&4&-2\\4&5&2\\-2&2&8\end{pmatrix}$.

6. $x+y=0$.

7. $a=-1,b=-3$.因 $\boldsymbol{A}$ 有三个不同的特征值 $\lambda_1=-2,\lambda_2=-1,\lambda_3=1$,故 $\boldsymbol{A}$ 可对角化.

习题 5-4

1. （1） $\boldsymbol{P}=\begin{pmatrix}-\dfrac{1}{\sqrt{2}}&-\dfrac{1}{\sqrt{6}}&\dfrac{1}{\sqrt{3}}\\\dfrac{1}{\sqrt{2}}&-\dfrac{1}{\sqrt{6}}&\dfrac{1}{\sqrt{3}}\\0&\dfrac{2}{\sqrt{6}}&\dfrac{1}{\sqrt{3}}\end{pmatrix},\boldsymbol{P}^{-1}\boldsymbol{AP}=\begin{pmatrix}2&&\\&2&\\&&8\end{pmatrix}$；

（2） $\boldsymbol{P}=\begin{pmatrix}\dfrac{1}{\sqrt{6}}&\dfrac{1}{\sqrt{2}}&\dfrac{1}{\sqrt{3}}\\\dfrac{2}{\sqrt{6}}&0&-\dfrac{1}{\sqrt{3}}\\\dfrac{1}{\sqrt{6}}&-\dfrac{1}{\sqrt{2}}&\dfrac{1}{\sqrt{3}}\end{pmatrix},\boldsymbol{P}^{-1}\boldsymbol{AP}=\begin{pmatrix}1&&\\&3&\\&&4\end{pmatrix}$.

2. $\boldsymbol{A}=\begin{pmatrix}1&0&0\\0&\dfrac{1}{2}&-\dfrac{1}{2}\\0&-\dfrac{1}{2}&\dfrac{1}{2}\end{pmatrix}$.

4. $\boldsymbol{A}$ 与 $\boldsymbol{B}$ 相似，因为它们都相似同一对角矩阵 $\boldsymbol{\Lambda}=\begin{pmatrix} n & & & \\ & 0 & & \\ & & \ddots & \\ & & & 0 \end{pmatrix}$.

第 5 章总习题

1. $\left(\dfrac{|\boldsymbol{A}|}{\lambda}\right)^2+1$.

2. $a=2,b=-3,c=2,\lambda_0=1$.

3. (1) $\boldsymbol{\beta}=2\boldsymbol{\alpha}_1-2\boldsymbol{\alpha}_2+\boldsymbol{\alpha}_3$;

(2) $\boldsymbol{A}^n\boldsymbol{\beta}=\boldsymbol{A}^n(2\boldsymbol{\alpha}_1-2\boldsymbol{\alpha}_2+\boldsymbol{\alpha}_3)=2\lambda_1^n\boldsymbol{\alpha}_1-2\lambda_2^n\boldsymbol{\alpha}_2+\lambda_3^n\boldsymbol{\alpha}_3$

$$=\begin{pmatrix} 2-2^{n+1}+3^n \\ 2-2^{n+2}+3^{n+1} \\ 2-2^{n+3}+3^{n+2} \end{pmatrix}.$$

4. $2\sqrt{2}$.

5. (1) $\boldsymbol{A}^2=\boldsymbol{0}$;

(2) $\lambda=0$，不妨设 $a_1b_1\neq 0$，则所求特征向量为

$$\boldsymbol{\alpha}=k_1\begin{pmatrix} -b_2 \\ b_1 \\ 0 \\ \vdots \\ 0 \end{pmatrix}+k_2\begin{pmatrix} -b_3 \\ 0 \\ b_1 \\ \vdots \\ 0 \end{pmatrix}+\cdots+k_{n-1}\begin{pmatrix} -b_n \\ 0 \\ 0 \\ \vdots \\ b_1 \end{pmatrix}\ (k_1,k_2,\cdots,k_{n-1}\text{不全为零}).$$

9. (1) $\boldsymbol{P}=\begin{pmatrix} -a & -a^2 & a^2 \\ 1 & 0 & a \\ 0 & 1 & 1 \end{pmatrix}$，使 $\boldsymbol{P}^{-1}\boldsymbol{A}\boldsymbol{P}=\begin{pmatrix} -1 & & \\ & -1 & \\ & & 2 \end{pmatrix}$;

(2) $\boldsymbol{A}^n=\boldsymbol{P}\boldsymbol{\Lambda}^n\boldsymbol{P}^{-1}$

$$=\frac{1}{3a^2}\begin{pmatrix} [2^n+2(-1)^n]a^2 & [2^n+(-1)^{n+1}]a^3 & [2^n+(-1)^{n+1}]a^4 \\ [2^n+(-1)^{n+1}]a & [2^n+2(-1)^n]a^2 & [2^n+(-1)^{n+1}]a^3 \\ 2^n+(-1)^{n+1} & [2^n+(-1)^{n+1}]a & [2^n+2(-1)^n]a^2 \end{pmatrix}$$

10. $a=c=0$，b,a_1,b_1,a_2 任意.

11. (1) $y=2$;

(2) $P=\begin{pmatrix} \frac{1}{\sqrt{2}} & 0 & -\frac{1}{\sqrt{2}} & 0 \\ \frac{1}{\sqrt{2}} & 0 & \frac{1}{\sqrt{2}} & 0 \\ 0 & -\frac{1}{\sqrt{2}} & 0 & \frac{1}{\sqrt{2}} \\ 0 & \frac{1}{\sqrt{2}} & 0 & \frac{1}{\sqrt{2}} \end{pmatrix}$,使$(AP)^{\mathrm{T}}(AP)=\begin{pmatrix} 1 & & & \\ & 1 & & \\ & & 1 & \\ & & & 9 \end{pmatrix}$.

13. (1) $\begin{pmatrix} x_{n+1} \\ y_{n+1} \end{pmatrix}=\begin{pmatrix} \frac{9}{10} & \frac{2}{5} \\ \frac{1}{10} & \frac{3}{5} \end{pmatrix}\begin{pmatrix} x_n \\ y_n \end{pmatrix}$;

(2) $\lambda_1=1, \lambda_2=\frac{1}{2}$;

(3) $\begin{pmatrix} x_{n+1} \\ y_{n+1} \end{pmatrix}=\frac{1}{10}\begin{pmatrix} 8-\frac{3}{2^n} \\ 2+\frac{3}{2^n} \end{pmatrix}$.

14. (1) 记 $A=\begin{pmatrix} 1.1 & -0.15 \\ 0.1 & 0.85 \end{pmatrix}$,则 $\boldsymbol{\alpha}_n=A\boldsymbol{\alpha}_{n-1}, n=1,2,\cdots$;

(2) $\boldsymbol{\alpha}_n=\begin{pmatrix} 6 \\ 4 \end{pmatrix}+0.95^n\begin{pmatrix} 4 \\ 4 \end{pmatrix}$;

(3) $\lim\limits_{n\to\infty}\boldsymbol{\alpha}_n=\begin{pmatrix} 6 \\ 4 \end{pmatrix}$.

15. (2) $B=\begin{pmatrix} 0 & 1 & -1 \\ 1 & 0 & 1 \\ -1 & 1 & 0 \end{pmatrix}$.

16. (2) $P^{-1}AP=\begin{pmatrix} -1 & 0 & 0 \\ 0 & 1 & 1 \\ 0 & 0 & 1 \end{pmatrix}$.

习题 6-1

1. (1) $A=\begin{pmatrix}1 & 2 & 0\\ 2 & 2 & -3\\ 0 & -3 & -3\end{pmatrix}, R(A)=3$;

(2) $A=\begin{pmatrix}2 & 1 & 5\\ 1 & 3 & 3\\ 5 & 3 & 5\end{pmatrix}, R(A)=3$.

2. $A^{\mathrm{T}}A$. 提示：记 $A=\begin{pmatrix}\boldsymbol{\alpha}_1\\ \boldsymbol{\alpha}_2\\ \vdots\\ \boldsymbol{\alpha}_m\end{pmatrix}, \boldsymbol{x}=\begin{pmatrix}x_1\\ x_2\\ \vdots\\ x_n\end{pmatrix}$，则

$$a_{i1}x_1+a_{i2}x_2+\cdots+a_{in}x_n=\boldsymbol{\alpha}_i\boldsymbol{x}=\boldsymbol{x}^{\mathrm{T}}\boldsymbol{\alpha}_i^{\mathrm{T}},$$

$$(a_{i1}x_1+a_{i2}x_2+\cdots+a_{in}x_n)^2=\boldsymbol{x}^{\mathrm{T}}\boldsymbol{\alpha}_i^{\mathrm{T}}\boldsymbol{\alpha}_i\boldsymbol{x},$$

$$f=\sum_{i=1}^{m}\boldsymbol{x}^{\mathrm{T}}\boldsymbol{\alpha}_i^{\mathrm{T}}\boldsymbol{\alpha}_i\boldsymbol{x}=\boldsymbol{x}^{\mathrm{T}}\left(\sum_{i=1}^{m}\boldsymbol{\alpha}_i^{\mathrm{T}}\boldsymbol{\alpha}_i\right)\boldsymbol{x}=\boldsymbol{x}^{\mathrm{T}}(A^{\mathrm{T}}A)\boldsymbol{x}.$$

3. (1) $f=-x_2^2+x_4^2+x_1x_2-2x_1x_3+x_2x_3+x_2x_4+x_3x_4$;

(2) $f=\sum_{i=1}^{n}x_i^2-2\sum_{i=1}^{n-1}x_ix_{i+1}$.

4. (1) $f=2y_1^2-y_2^2+4y_3^2$;

(2) $f=y_1^2-y_2^2+y_3^2$;

(3) $f=2y_1^2+7y_2^2-4y_3^2-8y_1y_2-8y_1y_3+8y_2y_3$.

习题 6-2

1. (1) $\boldsymbol{x}=\begin{pmatrix}\frac{2}{3} & \frac{2}{3} & \frac{1}{3}\\ \frac{1}{3} & -\frac{2}{3} & \frac{2}{3}\\ -\frac{2}{3} & \frac{1}{3} & \frac{2}{3}\end{pmatrix}\boldsymbol{y}, f=y_1^2+4y_2^2-2y_3^2$;

（2）$\boldsymbol{x}=\begin{pmatrix} 0 & \frac{4}{3\sqrt{2}} & \frac{1}{3} \\ \frac{1}{\sqrt{2}} & \frac{1}{3\sqrt{2}} & -\frac{2}{3} \\ \frac{1}{\sqrt{2}} & -\frac{1}{3\sqrt{2}} & \frac{2}{3} \end{pmatrix}\boldsymbol{y}, f=9y_3^2$.

2.（1）$\boldsymbol{C}=\begin{pmatrix} 1 & 0 & 0 \\ -1 & 1 & 1 \\ 0 & 0 & 1 \end{pmatrix}, f=-2y_1^2+2y_2^2-3y_3^2$；

$\boldsymbol{C}=\begin{pmatrix} 0 & 1 & 0 \\ 1 & -1 & 1 \\ 0 & 0 & 1 \end{pmatrix}, f=2y_1^2-2y_2^2-3y_3^2$；

（2）$\boldsymbol{C}=\begin{pmatrix} 1 & 1 & 0 \\ 1 & -1 & -2 \\ 0 & 0 & 1 \end{pmatrix}, f=2y_1^2-2y_2^2$；

$\boldsymbol{C}=\begin{pmatrix} 1 & -\frac{1}{2} & 0 \\ 1 & \frac{1}{2} & -2 \\ 0 & 0 & 1 \end{pmatrix}, f=2y_1^2-\frac{1}{2}y_2^2$.

3.（1）$c=3, \lambda_1=0, \lambda_2=4, \lambda_3=9$；

（2）$f=1$ 表示了一个椭圆柱面：$4y_2^2+9y_3^2=1$.

4. $t=-2, \boldsymbol{P}=\begin{pmatrix} 0 & 1 & 0 \\ \frac{1}{\sqrt{2}} & 0 & \frac{1}{\sqrt{2}} \\ -\frac{1}{\sqrt{2}} & 0 & \frac{1}{\sqrt{2}} \end{pmatrix}$.

5.（1）$a=-1$；（2）$2y_1^2+6y_2^2$.

习题 6-3

1.（1）正定；（2）负定；（3）正定.

2.（1）负定；（2）既不正定，也不负定；（3）正定.

3. $|t|<\sqrt{\dfrac{5}{3}}$.

4. $0<t<\dfrac{4}{5}$.

5. 提示：利用特征值进行证明.

6. 提示：利用定义进行证明.

7. 提示：分别取 $\boldsymbol{x}=\begin{pmatrix}1\\0\\\vdots\\0\end{pmatrix},\begin{pmatrix}0\\1\\\vdots\\0\end{pmatrix},\cdots,\begin{pmatrix}0\\0\\\vdots\\1\end{pmatrix}$，用定义证明.

第 6 章总习题

1. $f=\sum\limits_{i=1}^{n}x_i^2-2\sum\limits_{i=1}^{n-1}x_ix_{i+1}-2\sum\limits_{i=1}^{n-2}x_ix_{i+2}$.

2. 提示：利用 $\boldsymbol{Ax}=\lambda\boldsymbol{x}$ 证明，或利用正交变换 $\boldsymbol{x}=\boldsymbol{Py}$ 证明.

3. 提示：取特殊向量 $\boldsymbol{x}=\begin{pmatrix}1\\0\\\vdots\\0\end{pmatrix},\begin{pmatrix}0\\0\\\vdots\\1\end{pmatrix},\cdots,\begin{pmatrix}1\\1\\\vdots\\0\end{pmatrix}$ 等加以证明.

4. $a=3,b=1,\boldsymbol{P}=\begin{pmatrix}\frac{1}{\sqrt{2}} & \frac{1}{\sqrt{3}} & \frac{1}{\sqrt{6}}\\ 0 & -\frac{1}{\sqrt{3}} & \frac{2}{\sqrt{6}}\\ -\frac{1}{\sqrt{2}} & \frac{1}{\sqrt{3}} & \frac{1}{\sqrt{6}}\end{pmatrix}$.

5. $f=2y_1^2+\dfrac{3}{2}y_2^2,\boldsymbol{C}=\begin{pmatrix}1 & \frac{1}{2} & 1\\ 0 & 1 & 1\\ 0 & 0 & 1\end{pmatrix}$.

6. 正定二次型.

7. (1) $A^{-1}=\begin{pmatrix}0&1&&\\1&0&&\\&&\frac{2}{3}&-\frac{1}{3}\\&&-\frac{1}{3}&\frac{2}{3}\end{pmatrix}$,

$x^{\mathrm{T}}Ax=2x_1x_2+2x_3^2+2x_3x_4+2x_4^2$,

$x^{\mathrm{T}}A^{-1}x=2x_1x_2+\frac{2}{3}x_3^2-\frac{2}{3}x_3x_4+\frac{2}{3}x_4^2$;

(2) A 的特征值为 $1,1,-1,3$;A^{-1}的特征值为 $1,1,-1,\frac{1}{3}$;

(3) A 是不定矩阵;

(4) $P=\begin{pmatrix}\frac{1}{\sqrt{2}}&0&-\frac{1}{\sqrt{2}}&0\\\frac{1}{\sqrt{2}}&0&\frac{1}{\sqrt{2}}&0\\0&-\frac{1}{\sqrt{2}}&0&\frac{1}{\sqrt{2}}\\0&\frac{1}{\sqrt{2}}&0&\frac{1}{\sqrt{2}}\end{pmatrix}$, $P^{-1}AP=\begin{pmatrix}1&&&\\&1&&\\&&-1&\\&&&3\end{pmatrix}$.

8. $a_1a_2\cdots a_n\neq(-1)^n$.

9. 提示:考察 $tE+A$ 的特征值.

10. 提示:利用 A 有小于零的特征值加以证明.

11. 提示:f 经过满秩线性变换后 $x=Cy$ 可化为规范形

$$f=y_1^2+\cdots+y_p^2-y_{p+1}^2-\cdots-y_q^2\quad(q>p).$$

令 $y_p=y_{p+1}=1,y_i=0(i\neq p,p+1)$ 代入 $x=Cy$ 有 x_0.

12. 提示:定义证明.

13. 提示:证明 A 的特征值都是 1.

14. $A=\begin{pmatrix}(k+2)^2&&\\&(k+2)^2&\\&&k^2\end{pmatrix}$; $k\neq-2,0$.

15. (1) A^{-1};

(2) f 与 g 有相同的规范形,因为 A 与 A^{-1}合同.

16. (1) $\lambda_1=a,\lambda_2=a-2,\lambda_3=a+1$;(2) $a=2$.

习题 7-1

1. （1）$3\left(x_1-\frac{1}{2\sqrt{2}}\right)^2+9\left(y_1-\frac{7}{6\sqrt{2}}\right)^2=\frac{11}{2}$，中心在点$\left(\frac{1}{2\sqrt{2}},\frac{7}{6\sqrt{2}}\right)$的椭圆；

（2）$x_1+\frac{2\sqrt{5}}{5}=-\frac{\sqrt{5}}{2}\left(y_1+\frac{1}{\sqrt{5}}\right)^2$，顶点是$\left(-\frac{2\sqrt{5}}{5},-\frac{1}{\sqrt{5}}\right)$，对称轴为 $y_1=-\frac{1}{\sqrt{5}}$的抛物线.

2. （1）$z_1^2+4z_2^2-2z_3^2=\frac{137}{16}$，单叶双曲面；

（2）$\frac{4}{5}z_1^2-\frac{4}{5}z_2^2-\frac{8}{5}z_3^2=1$，双叶双曲面.

习题 7-2

1. 提示：记 F_n 为登上 n 级台阶的不同方式数，则 $F_1=1, F_2=2$，且

$$F_{n+2}=F_{n+1}+F_n, n=1,2,\cdots, F_n=\frac{1}{\sqrt{5}}\left[\left(\frac{1+\sqrt{5}}{2}\right)^{n+1}-\left(\frac{1-\sqrt{5}}{2}\right)^{n+1}\right].$$

2. $u_n=\frac{1}{3}[2^{n-1}+(-1)^n]$.

3. $a_n=\frac{1}{3}\left[1+\frac{(-1)^n}{2^{n-1}}\right], \lim\limits_{n\to\infty}a_n=\frac{1}{3}$.

习题 7-3

1. （1）245 万元，90 万元，175 万元；（2）180 万元，150 万元，180 万元；

（3）$\boldsymbol{A}=\begin{pmatrix}0.25 & 0.10 & 0.10\\ 0.20 & 0.20 & 0.10\\ 0.10 & 0.10 & 0.20\end{pmatrix}$.

2. （1）$\boldsymbol{A}=\begin{pmatrix}0.10 & 0.44 & 0.33\\ 0.04 & 0.06 & 0.13\\ 0.02 & 0.06 & 0.27\end{pmatrix}$；（2）$\boldsymbol{C}=\begin{pmatrix}0.170 & 0.571 & 0.563\\ 0.054 & 0.104 & 0.223\\ 0.035 & 0.106 & 0.391\end{pmatrix}$.

3. 250 万元，200 万元，320 万元

4. (1) $\boldsymbol{X}=\begin{pmatrix} 879.50 \\ 1\ 023.85 \\ 1\ 232.22 \end{pmatrix}$; (2) $\boldsymbol{X}+\Delta\boldsymbol{X}=\begin{pmatrix} 1\ 031.59 \\ 1\ 174.48 \\ 1\ 414.65 \end{pmatrix}$.

5.

计划期投入产出表

单位:万元

投入		产出				
		消耗部门			最终产品	总产品
		Ⅰ	Ⅱ	Ⅲ		
生产部门	Ⅰ	224	120	80	216	640
	Ⅱ	96	80	48	176	400
	Ⅲ	128	40	32	120	320
新创造价值		192	160	160		
总产值		640	400	320		

习题 7-4

1. $\overline{Q}_1=2, \overline{Q}_2=3$,最大利润为 22.

2. 16 000 元(甲和乙两种原料分别使用 5 和 8 单位).

3. (1) $9, \left(\frac{1}{3}, \frac{2}{3}, -\frac{2}{3}\right)^{\mathrm{T}}$;

(2) $7, \left(\frac{1}{\sqrt{2}}, -\frac{1}{\sqrt{2}}\right)^{\mathrm{T}}$.

郑重声明